Rudolf Wimmer (Hrsg.) · Organisationsberatung

Rudolf Wimmer (Hrsg.)

Organisationsberatung

Neue Wege und Konzepte

GABLER

Die Deutsche Bibliothek – CIP-Einheitsaufnahme

Organisationsberatung : Neue Wege und Konzepte /
Rudolf Wimmer (Hrsg.). – Wiesbaden : Gabler, 1992
ISBN 3-409-19649-8
NE : Wimmer, Rudolf [Hrsg.]

1. Auflage 1992
Nachdruck 1995

Der Gabler Verlag ist ein Unternehmen der Bertelsmann Fachinformation.

© Betriebswirtschaftlicher Verlag Dr. Th. Gabler GmbH, Wiesbaden 1995
Lektorat: Ulrike M. Vetter

Umschlaggestaltung: Schrimpf und Partner, Wiesbaden
Satz: Satzstudio RESchulz, Dreieich-Buchschlag
Druck: Wilhelm & Adam, Heusenstamm
Bindung: Osswald + Co., Neustadt/Weinstr.
Printed in Germany

ISBN 3-409-19649-8

Vorwort

Allein in den letzten paar Jahren haben im deutschsprachigen Bereich sicherlich mehrere tausend Berater und Beraterinnen neu in der Beratungsbranche fußgefaßt. Dem aufmerksamen Beobachter der Szene erschließen sich gegenwärtig eine enorme Expansionsdynamik dieses speziellen Marktes sowie eine starke innere Differenzierung des Angebots an organisationsbezogenen Beratungsdienstleistungen. Diese sich beschleunigende Ausdifferenzierung reicht von den verschiedenen Dimensionen der Personalberatung über die unterschiedlichsten Aspekte technologieunterstützter Informationsverarbeitung, über strategische Neuorientierungen und ihre organisationsinternen Umsetzungskonsequenzen bis hin zu den vielfältigen Fragen der Identitätsentwicklung von Organisationen und ihrer Selbstdarstellung nach innen und nach außen. Sowohl die quantitative Ausweitung als auch die innere Diversifikation dieses Dienstleistungsangebotes werden von einer charakteristischen, sich selbst stimulierenden Marktdynamik begleitet bzw. getragen. Denn gleichsam in Ko-Evolution zu all diesen an Organisationen (speziell an Unternehmungen) adressierten Beratungsangeboten hat sich eine eigene Medienlandschaft entfaltet, die im Grunde eine ähnliche Klientel zu bedienen versucht (man denke nur an die breite Palette an wirtschafts-, insbesondere managerorientierten Magazinen). Beide Branchen sind bemüht, mit einer speziellen „Rhetorik des Neuen" auf sich aufmerksam zu machen, und können sich zu diesem Zweck bis zu einem gewissen Grade wechselseitig benutzen. Eine kluge Entlehnung von Begriffen (wie zum Beispiel aus den verschiedenen Theorien der Selbstorganisation, der Chaos- und Katastrophenforschung oder der neueren Systemtheorie) läßt wissenschaftlichen Tiefgang vermuten und signalisiert dem Adressaten ein ganz neues, in seiner Wirkung fast zauberhaftes Problemlösungswissen. Dem Druck, ständig Angebote und Informationen mit einigem Neuheitswert zu produzieren, ist allerdings immanent, daß sich eine solche Begrifflichkeit rasch verbraucht. Was heute noch der letzte Stand im Denken über Management und Unternehmensführung ist, gehört schon morgen zum alten Eisen.

Wie immer man als Mitarbeiter oder auch als Nachfrager von organisationsbezogenen Beratungsdienstleistungen zu dieser immer wieder neue intellektuelle Moden hervorbringenden Innovationsdynamik stehen mag, sie prägt in einem nicht unerheblichen Ausmaß die Realität dieser Branche. Eine der Antwortstrategien auf diese Realität kann sein, solche Moden schlicht zu ignorieren und unbeeindruckt vom letzten Schrei seine beraterischen Unterstützungsleistungen in und mit Organisationen in der gewohnten Weise zu erbringen.

Zweifelsohne fährt man mit dieser Strategie in manchen Bereichen ganz gut, allerdings auch nur dann, wenn man in einem bestimmten Segment bereits ganz gut etabliert ist. Eine andere Antwortstrategie besteht darin, sich als Berater ein eigenständiges, professionelles Selbstverständnis zu erarbeiten, das sowohl ein elaboriertes Praxisrepertoire als auch ein angemessenes theoretisches Hintergrundwissen speziell für diese Art von Arbeit beinhaltet. Eine solche persönliche Selbstvergewisserung mit Blickrichtung auf eine Steigerung der beraterischen Professionalität schafft jene Grundlage, von der aus man sich doch mit einigem Selbstbewußtsein mit den beobachtbaren intellektuellen Moden der eigenen Branche auseinandersetzen kann. In der Österreichischen Gesellschaft für Gruppendynamik und Organisationsberatung (ÖGGO) sind Berater und Beraterinnen zusammengefaßt, die seit mehr als zwei Jahrzehnten, ausgehend von einem eher prozeßorientierten Beratungsverständnis, darum bemüht sind, eine solche Professionalisierung des eigenen Feldes voranzutreiben. Das vorliegende Buch entstammt diesem Arbeitszusammenhang. Es faßt eine Reihe von Beiträgen zusammen, die im Rahmen eines Symposiums entstanden sind, das im Herbst 1991 von der Gesellschaft durchgeführt worden ist und das speziell dem Thema der Neuorientierung von Organisationsberatung gewidmet war.

Dieses Buch gibt dem interessierten Leser Gelegenheit, anspruchsvolle theoretische Überlegungen mit einer praxisbezogenen Reflexion der Beratungstätigkeit in unterschiedlichen Arbeitsfeldern und zu unterschiedlichen Problembereichen zu verbinden. Wozu diese Verbindung? Berater und Beraterinnen stehen in ihrer Arbeit unter einem ganz speziellen Handlungsdruck. Aus diesem Grunde stehen in den einschlägigen Diskussionen pragmatische Fragen sehr viel mehr im Vordergrund. Was sollen also in diesem Kontext besondere theoretische Reflexionen? Die meisten der organisationsbezogenen Beratungsdienstleistungen (vielleicht mit Ausnahme der

Rechts- und Steuerberatung) haben sich erst in der jüngsten Zeit herausgebildet. Entsprechend sind diesbezügliche Berufsbilder und geeignete Organisationsformen dieser Arbeit erst in einem Ausformungsprozeß. In der Entstehungsphase neuer Professionen ist es im allgemeinen besonders identitätsfördernd, wenn es auch zu theoretischen Auseinandersetzungen um Sinn und Zweck bzw. um die inhaltlichen Kriterien und Qualitätsstandards dieser Profession kommt. Was ist denn das für eine Art von Tätigkeit, wenn man Organisationen berät? Worauf kommt es denn bei dieser Arbeit im speziellen an? Antworten auf diese Fragen helfen, sich mit ähnlichen, schon länger bestehenden Tätigkeitsfeldern vernünftig in Beziehung zu setzen.

An zwei Beispielen sei dies hier kurz angedeutet. Die klassische Unternehmensberatung ist auf Wirtschaftsorganisationen spezialisiert, also auf einen ganz bestimmten Typus von Organisationen. Obwohl es hier inzwischen auch große Unterschiede gibt, herrscht doch vielfach das Selbstverständnis vor, Berater hätten fachlich die besseren Manager zu sein, sie kompensieren in ihrer Beratungsarbeit vorhandene Managementdefizite. Professionalisierung von Beratung heißt in diesem Zusammenhang, sich auf die wichtigsten Kernbereiche moderner Unternehmensführung zu konzentrieren. Mit einer solchen Identität im Hintergrund entsteht weder ein Verständnis für die Eigenheiten von Beratung noch eine Sensibilität für die Besonderheiten von Organisationen in anderen gesellschaftlichen Bereichen (für Krankenhäuser, Universitäten, politische Parteien, Ministerien etc.). In der Philosophie des vorliegenden Bandes gilt es, beide Mängel der klassischen Unternehmensberatung zu überwinden. Dafür sind eigenständige Theorie- und Forschungsanstrengungen zum Problemfeld Beratung unerläßlich. Auf der anderen Seite benötigt das Geschäft der Organisationsberatung auch eine Abgrenzung zu allen Formen der Therapie. Sie benötigt insbesondere ein klares Verhältnis zur Familientherapie, weil es sich in diesem Fall ja auch um eine bestimmte Form des professionellen Arbeitens mit sozialen Systemen handelt. Es ist ratsam, sich in der Beratung von Organisationen vor einer flinken Analogie und Übertragung von familientherapeutischen Praxiskonzepten zu hüten. Ein solches Außerachtlassen der Differenz von Familie und Organisation ist gegenwärtig um so naheliegender, als die Familientherapie auf ein relativ hohes Niveau bewährter Interventionsformen zurückgreifen kann und zum anderen überall in Organisationen mehr oder weniger ausgeprägt familiale Muster anzutreffen sind. Auch in dieser Hinsicht erscheint es wichtig, die Produktion von anwendungsorientiertem Wissen, bezogen auf die professionelle Beratung von Organisationen unterschiedlichster Typen, voranzutreiben.

Die hier vorgestellten Beiträge geben einen Einblick in dieses Ringen um ein eigenständiges, professionelles Verständnis von Organisationsberatung. Dabei geht es in den stärker theoretisch ausgerichteten Arbeiten des ersten Teiles um ganz bestimmte zentrale Fragen:

Wer sind eigentlich die Adressaten dieser Art von Dienstleistungen? Mit wem hat man es da zu tun? Wie läßt sich dieser Typus von sozialen Gebilden, die man landläufig als Organisationen bezeichnet, sinnvoll charakterisieren? Wir brauchen in der Beratung ein angemessenes Verständnis unseres Gegenübers und seiner spezifischen Probleme. Wir benötigen einen realitätsgerechten Sinn für die Besonderheiten von Organisationen, je nach dem gesellschaftlichen Bereich, in dem sie schwerpunktmäßig operieren.

Obwohl wir es in der Beratung mit hochkomplexen sozialen Systemen zu tun haben, kommunizieren wir bei dieser Arbeit in erster Linie mit Personen und Gruppen. Wir können uns ausschließlich über das „Nadelöhr des individuellen Bewußtseins" mit Organisationen in Beziehung setzen und, vermittelt über dieses Nadelöhr, Wirkungen auslösen. Der Umgang mit der Differenz Individuum, Gruppe und Organisation spielt deshalb im Beratungsalltag eine ganz essentielle Rolle und stellt auch die diesbezügliche Theoriearbeit vor schwierige Problemstellungen. Letztlich gibt uns das beobachtbare Alltagsverständnis von dem, was Beratung eigentlich heißt, keine ausreichende Orientierung für diese Art von Dienstleistung.

Ganz im Gegenteil, dieses Alltagsverständnis legt in der Regel Verhaltensweisen nahe, die sich als ausgesprochen kontraproduktiv erweisen, will man eine Organisation bei der Bearbeitung ihrer Probleme nachhaltig behilflich sein. So wie es auch für die unterschiedlichen Therapieformen unerläßlich ist, sich um eine Theorie des eigenen Tuns, der eigenen

Praxeologie zu bemühen, so ist dies auch für die Beratung von Organisationen notwendig. Was macht das Charakteristische dieses Geschäftes aus? Worin liegen die Kriterien für Erfolg und Mißerfolg? Welche Standards werden für Qualitäts- und Qualifikationseinschätzungen angelegt?

In den Teilen II bis IV stößt der Leser auf eine Reihe von Anwendungsbeispielen von Beratung. Es geht dabei einerseits um bestimmte methodische Fragestellungen, andererseits um Reorganisationsmaßnahmen, Strategieentwicklungsprozesse, EDV-Probleme, Personalmanagement und ähnliche Problemfelder, die gegenwärtig vor allem in Wirtschaftsorganisationen zu Beratungsprojekten führen. Darüber hinaus werden einige interkulturelle Besonderheiten berührt, und es wird auf Beratungsprobleme im Krankenhaus und in der öffentlichen Verwaltung näher eingegangen. Den Abschluß des Buches bildet eine ausführliche Auseinandersetzung mit der Frage, wie Berater und Beraterinnen ihre besondere Qualifikation erwerben. Handelt es sich hier um ein Know-how, das auf einem der üblichen Ausbildungswege erworben werden kann? Oder haben wir es vornehmlich mit einem speziellen Erfahrungswissen zu tun, das primär durch das praktische Mittun im Feld angeeignet werden kann? Fragen der Berateraus- und Weiterbildung beginnen jedenfalls in dem Moment eine wachsende Rolle zu spielen, in dem man anfängt, bestimmte Professionalisierungsstandards zu entwickeln und auch praktisch umzusetzen.

Der vorliegende Band wäre nicht entstanden, wenn die beteiligten Autoren und Autorinnen nicht neben ihrer praktischen Beratungstätigkeit viel Zeit und Energie aufgewandt hätten, um ihre in ihrer Arbeit gewonnenen Überlegungen und Erfahrungen in eine schriftliche Form zu bringen. Weil die forschende Auswertung von organisationsbezogener Beratungsarbeit für Praktiker ganz besondere Schwierigkeiten aufwirft, deren Ausmaß wohl nur Insider voll ermessen können, sei an dieser Stelle allen Beteiligten ein herzliches Dankeschön gesagt. Viel Zeit, Mühe und vor allem Geduld haben Frau Mag. Margot Wieser und Frau Monika Ljubicic aufgewandt, um die einzelnen Arbeiten in eine technisch brauchbare Form zu bringen. Ihnen gilt der ganz besondere Dank des gesamten Autorenteams.

RUDOLF WIMMER

9

Inhalt

Vorwort 5

Teil I: Theoretische Fundamente der Organisationsberatung . 15

Helmut Willke
Beobachtung, Beratung und Steuerung von Organisationen
in systemtheoretischer Sicht 17

Peter Fürstenau
Warum braucht der Organisationsberater eine mit der
systemischen kompatible ichpsychologisch-psychoanalytische Orientierung? 43

Rudolf Wimmer
Was kann Beratung leisten? Zum Interventionsrepertoire
und Interventionsverständnis der systemischen Organisationsberatung 59

**Teil II: Methodische Zugänge in der Beratung
von Organisationen** 113

Gerhard Fatzer
Prozeßberatung als Organisationsberatungsansatz
der neunziger Jahre 115

Peter Heintel/Ewald E. Krainz
Beratung als Projekt. Zur Bedeutung des Projektmanagements
in Beratungsprojekten 128

Kurt Buchinger
Ist Teamsupervision Organisationsberatung?
Zur Professionalisierung von Selbstreflexion 151

Wolfgang Looss
Coaching im Kontext von Organisations-
und Personalentwicklung 170

Teil III: Arbeitsfelder der Organisationsberatung 177

Alfred Janes/Herbert Schober
Neutralität und kultureller Wandel in Organisationen am Beispiel
von zwei Strukturentwicklungsprojekten 179

Frank Boos
Planlose Planung? Zur Steuerung von Unternehmen
durch Planung 205

Barbara Heitger/Wolfgang Weber
Alte Organisation – neue EDV: „Alles geht?!"
oder „Nichts geht mehr?!" 219

Richard Timel
Personalabteilungen im Umbruch 244

Marin Ignatov
Organisationsberatung in Osteuropa 255

Gunnar Hjelholt
Beratung im interkulturellen Kontext 269

Teil IV: Organisationsberatung außerhalb der Wirtschaft 283

Jürgen M. Pelikan/Ralph Grossmann/Veronika Dalheimer
„Neue Wege" der Organisationsberatung im Krankenhaus am
Beispiel des WHO-Projekts „Gesundheit und Krankenhaus" 285

12

Alfred Zauner
Im Spannungsfeld von Zentralismus und Informalität –
Beratung in der öffentlichen Verwaltung 323

**Teil V: Professionalisierung von Organisations-
beratern (innen)** 343

Peter Heintel
Läßt sich Beratung erlernen? Perspektiven für die Aus- und Weiterbildung von Organisationsberatern 345

Die Autoren 379

Teil I:

Theoretische Fundamente
der Organisationsberatung

Helmut Willke

Beobachtung, Beratung und Steuerung von Organisationen in systemtheoretischer Sicht

Die Erkenntnismittel der sozialwissenschaftlichen Systemtheorie haben sich grundlegend am Fall der Beobachtung von Organisationen herausgebildet, und Organisationen sind ein wichtiger Bereich der Anwendung systemtheoretischer Erkenntnisse. Zwischen Gruppe und Gesellschaft ist die Organisation ein Prototyp des sozialen Systems, in welchem sich die Gesellschaft ebenso wiederfindet wie die Gruppe, und der als Typus dennoch eine eigene Identität aufweist.

Der wohl wichtigste Beitrag, den die Systemtheorie zu einem angemessenen Verständnis von Organisationen leisten kann, liegt zunächst nicht in einer bestimmten Konzeptualisierung von Organisation selbst. Er liegt vielmehr darin, die *Differenz* zwischen Organisation und Gesellschaft einerseits, zwischen Organisation und Gruppe sowie Individuum andererseits ernst zu nehmen. In einem ersten Schritt kommt es darauf an, diese Differenz in theoretisch reflektierter Weise zu entfalten, um überhaupt erst einen geeigneten Zugang zum Gegenstandsbereich ‚Organisation‘ zu gewinnen.

Klar ist, daß der gesellschaftliche Kontext, in den Organisationen eingebettet sind, die Wirklichkeit von Organisationen mit definiert. Es bedarf aber schon einer ziemlich elaborierten Gesellschaftstheorie, um genauer bestimmen zu können, in welchen Aspekten und in welchen Formen moderne Gesellschaften den Ort und den Spielraum für Organisationen bestimmen. Der Primat funktionaler Differenzierung und die Radikalisierung der Autonomie der Funktionssyteme moderner Gesellschaften sind hier die wichtigsten Stichwörter.

Zugleich ist es ein soziologischer Gemeinplatz, daß die Mitglieder einer Organisation sowohl als individuelle Personen als auch als Mitglieder von sozialen Gruppen für die Organisation eine erhebliche Bedeutung haben.

Dennoch liegen diese Bedeutungen keineswegs fest, sondern variieren mit dem gesellschaftshistorisch typisierten Bild von Individuum und Gruppe. Diese komplizierte Zwischenlage der Organisation ist ihre Stärke und ihr Problem. Von vornherein muß man deshalb sagen, daß ein angemessenes Verständnis von Organisationen weder die Reduktion der Organisation auf gesellschaftlich vorgegebene Strukturen verträgt noch die Reduktion auf Gruppendynamik oder Persönlichkeitstheorien. Eine systemtheoretische Perspektive anlegen heißt deshalb in erster Linie, die vielschichtige Dynamik, in die Organisationen eingespannt sind, nicht einseitig aufzulösen, sondern sie ernst zu nehmen und sie zur Grundlage der Analyse von Organisation zu machen. Voraussetzung dafür ist ein klares Verständnis der Gesetzmäßigkeiten der Emergenzstufen sozialer Ordnung, das heißt: die klare Unterscheidung der Ebenen Individuum, Gruppe, Organisation und Gesellschaft. Dem korrespondiert auf der anderen Seite die Anstrengung, die Formen der *Kopplung und Interferenz* zwischen diesen unterschiedlichen Ebenen herauszuarbeiten.

Die Problemkreise, die ich behandeln möchte, sind drei Bewegungen, welche nach meinem Eindruck die gegenwärtige Situation komplexer differenzierter Organisationen kennzeichnen. Es sind dies die Bewegungen:

– von Offenheit zu Geschlossenheit;
– von Person zu Kommunikation und
– von Planung zu Steuerung.

1. Von Offenheit zu Geschlossenheit

Jedermann sieht auf den ersten Blick, daß Organisationen *keine* geschlossenen Systeme sind. Sie haben massive Verbindungen zu ihrer Umwelt, zu Lieferanten, Kunden, Märkten und sogar zu Beratern. Welchen Sinn sollte es dann haben, von einer Entwicklung zu sprechen, die von Offenheit zu Geschlossenheit sich bewegt? Nachdem die inzwischen weit bekannte Konzeption autopoietisch geschlossener lebender Systeme von Humberto Maturana zwar sehr wichtige Anregungen gegeben hat, zugleich aber auch vielerlei Mißverständnisse produziert hat, möchte ich vorschlagen, alle

18

biologischen und physiologischen Konnotationen ganz wegzulassen. Zu prüfen ist statt dessen, was an genuin sozialwissenschaftlichen Erkenntnismitteln verfügbar ist und wie sich Organisationen einem zweiten, sozialwissenschaftlich geschulten Blick darstellen.

Wenn man das tut, kommt zunächst nicht Geschlossenheit, sondern Offenheit in den Blick. Seit den sechziger Jahren wird der Fortschritt sowohl in der Systemtheorie als auch in der Organisationssoziologie gerade darin gesehen, daß gegenüber der Erstarrung im Strukturdenken nun die Anpassungsfähigkeit von Organisationen gegenüber dynamischen Umwelten in den Vordergrund rückt. Vor allem die Arbeiten von Parsons über das soziale System (1965) oder von Walter Buckley über „Gesellschaft als komplexes, adaptives System" (1974) bereiten den Boden für mehrere Formen einer elaborierten System-Umwelt-Theorie von Organisationen, vor allem für die „Kontingenz-Theorie der Organisation" (Lawrence/Lorsch 1969; dies. 1969a; Litwak/Meyer 1966)[1]. In mustergültigen empirischen Untersuchungen ließ sich im Vergleich unterschiedlicher Branchen ein Zusammenhang zwischen unterschiedlichen Umweltdynamiken und der internen Struktur der jeweiligen Unternehmen nachweisen und somit aufs schönste belegen, daß Organisationen sich ihren spezifischen Umweltbedingungen anpassen.

Was ist passiert, daß diese unmittelbar einleuchtende Konzeption von neuerem systemtheoretischem Denken in Frage gestellt und von der geradezu kontraintuitiven Vorstellung operativer Geschlossenheit bedroht wird? Die Antwort ist: *nicht viel.* Kleine Verschiebungen in den Gewichtungen, die Rückbesinnung auf lange Verschüttetes und schließlich die Radikalisierung längst geläufiger Ideen über Autonomie und Selbstreferentialität. Dies werde ich nun kurz erläutern, allerdings nicht ohne den Hinweis hinzuzufügen, daß die Annahme der operativen Geschlossenheit sozialer Systeme das Problem der Rückkopplung von System und Umwelt nicht löst, sondern in neuer und radikalerer Weise stellt.

---

1 Besonders eindrucksvoll ist diese System-Umwelt-Perspektive in der gegenwärtigen Organisationssssoziologie von March (1990) und seinen Mitarbeitern elaboriert worden.

Um die Tragweite der gegenwärtigen Erschütterung erkennen zu können, muß man sich vor Augen halten, daß wir eine spätestens mit der Französischen Revolution einsetzende Geschichte hinter uns haben, in deren Verlauf die Idee

- der Machbarkeit der Welt,
- der Gestaltbarkeit sozialer Verhältnisse sowie
- der Kontrollierbarkeit unserer Handlungsfolgen

Triumphe feierte. Von Saint Simon über Compte und Marx bis zu Keynes war bis vor kurzem die übereinstimmende Botschaft: der moderne Mensch bestimmt sein Schicksal selbst und gestaltet die Welt nach seinen Vorstellungen. Erst in den siebziger Jahren dieses Jahrhunderts brach dieser Glaube an Machbarkeit, Kontrolle und Korrektur auf breiter Front zusammen, weil zu viele Strategien, Projekte, Reformen und Planungen bitter scheiterten – und darüber hinaus oft sogar das Gegenteil dessen bewirkten, was ursprünglich Absicht war. Was sich in einem katastrophischen Umschlag herauskristallisierte, war die Erkenntnis einer Operationslogik sozialer Systeme, die Dietrich Dörner in die prägnante Formel einer „Logik des Mißlingens" gefaßt hat (1982; mit aufschlußreichen Beispielsfällen aus unterschiedlichen Bereichen, wie kommunale Steuerung, Entwicklungshilfepolitik, Technologiesteuerung).

Wie immer bei solchen scheinbar dramatischen Umschlägen läßt sich im Nachhinein sehen, daß nahezu alle Ingredienzen der neuen Situation schon bereit lagen und es nur noch eines heftigen Auslösers bedurfte, – Ölpreiskrise, Tschernobyl, – um den Gestaltswitch eintreten zu lassen.

Auf Organisationen bezogen und aus systemtheoretischer Perspektive sind die beiden entscheidenden Hilfen für ein Verstehen der neuen Situation die Konzepte der *Selbstreferentialität* und der *organisierten Komplexität*. Selbstreferentialität als zentrale Bedingung der Möglichkeit operativer Schließung eines komplexen Zusammenhanges ist eine sehr alte Idee. Sie hat in der Soziologie insbesondere in der Auseinandersetzung der Phänomenologie mit Max Weber und zentral in der Kritik von Alfred Schütz an Webers Begriff des Handelns und des Verstehens eine wichtige Rolle gespielt. Schütz kommt zu glasklaren Formulierungen über die unüberbrückbare Differenz von subjektiv gemeintem Sinn- und Fremdverstehen und mithin zur Geschlossenheit subjektiver Verstehensprozesse. Er sagt: „‚Gemeinter Sinn' ist also wesentlich subjektiv und prinzipiell an die Selbstauslegung durch den Erlebenden gebunden. Er ist für jedes Du wesentlich unzugänglich, weil er sich nur innerhalb des jemeinigen Bewußtseinsstromes konstituiert."(Schütz 1974 (1932), S.140). Und selbst bezüglich der scheinbar klarsten soziologischen Kategorie, dem „Handeln", hält Alfred Schütz gegen Max Weber fest: „Es bleibt also dem Beobachter – sei es dem Partner in der Sozialwelt, sei es dem Soziologen – überlassen, den Anfangs- und Endpunkt eines fremden Handelns, nach dessen gemeintem Sinn geforscht wird, aus eigener Machtvollkommenheit zu fixieren, da ja der objektive Verlauf keinerlei Kriterien für eine Abgrenzung der ‚einheitlichen' Handlung bietet. *Dies aber führt zu einer unauflöslichen Paradoxie.*" (Schütz 1974, S. 82; Hervorhebung vom Autor). Früher schon hatte Sigmund Freud an einer epistemologisch zentralen Stelle die Selbstreferentialität jeder Beobachtung psychischer Prozesse genau gesehen: „Alle Wissenschaften ruhen auf Beobachtungen und Erfahrungen, die unser psychischer Apparat vermittelt. Da aber unsere Wissenschaft (hier: die Psychoanalyse, H.W.) diesen Apparat selbst zum Objekt hat, findet hier die Analogie ein Ende. Wir machen unsere Beobachtungen mittels desselben Wahrnehmungsapparats, gerade mit Hilfe der Lücken im Psychischen, indem wir das Ausgelassene durch nahe liegende Schlußfolgerungen ergänzen und es in bewußtes Material übersetzen." (1966 (1947), S. 81).

Eine weiterführende Formel finden wir bei Piaget, der den Zwang des Übergangs von offenen zu geschlossenen Systemen auf der Ebene von Organismen gerade im Zusammenhang des Erwerbs von Wissen betont: „This extension (hier: des Organismus qua Verhalten in die Umwelt, H.W.) must, then be translated into a language which expresses its effective functioning; *it is essentially a search for the means to close the system simply because it is too ‚open'.* From the probabilistic point of view, which is the only valid one in this case, the risk adhering to the open system is the fact that its immediate environment or frontier does not supply the elements necessary for its survival." (Piaget 1971, S. 351). Weiterführend ist, daß

Piaget die Notwendigkeit der selbstreferentiellen Schließung des Systems damit begründet, daß ‚Offenheit‘ zu einer Überwältigung des Systems durch externe Komplexität führen müßte. Für die Informationsaufnahme menschlicher Sinnesorgane und die Verarbeitungskapazität des Zentralnervensystems ist dieser Zusammenhang unmittelbar einsichtig: die scharfe Selektivität der Kriterien für relevante Informationen schließt das meiste aus und läßt nur ganz Spezifisches durch.

Dies führt uns zurück zu Organisationen. Ganz offensichtlich würde eine wirkliche Offenheit gegenüber Umwelteinflüssen jede Organisation im Chaos wechselnder Konstellationen zerfließen lassen. Sie könnte keine Identität ausbilden. Und ebenso offensichtlich hat dies die Organisationstheorie immer schon reflektiert in der Notwendigkeit von Strukturen, Verfahrensregeln, internen Programmatiken und Mitgliedschaftsregeln. Eine neue Qualität dieser Überlegungen kommt aber ins Spiel, seit die Gesellschaftstheorie die grundlegende Bedeutung des Primats funktionaler Differenzierung für die Modernität von Gesellschaften ins Zentrum rückt. Der Primat funktionaler Differenzierung wird nicht mehr wie bei Adam Smith, Durkheim, Simmel und noch Weber auf gesellschaftliche Arbeitsteilung und die produktiven Gewinne der Spezialisierung beschränkt. Vor allem die soziologische Systemtheorie fragt vielmehr genauer nach den *Konsequenzen* funktionaler Differenzierung für die Operationsform der entstehenden gesellschaftlichen Funktionssysteme. Und sie – d.h. vor allem: Niklas Luhmann – findet den Kern einer grundlegenden Umgestaltung moderner Gesellschaften in der Ausbildung eigenständiger und eigensinniger Kommunikationsmedien, spezialisierter Medien mit bereichsspezifischer Kommunikation etwa für die Politik, die Wirtschaft, die Wissenschaft, das Erziehungssystem, das Gesundheitssystem, die Religion, die Kunst etc. Die Kommunikationsmedien treiben als Spezialsprachen und als Kommunikationsverstärker die Ausbildung einer multilingualen Kommunikationsgesellschaft voran. Der entscheidende Punkt ist, daß die Ausbildung dieser Spezialsprachen es erleichtert, bereichsspezifische Kommunikationen immer stärker auf leicht anschließbare bereichsspezifische Kommunikationen auszurichten, bis schließlich am Ende einer langen Entwicklung zunehmender Autonomie selbstreferentielle Kommunikationen zum Normalfall werden und genau darin die operative Schließung gesellschaftlicher Funktionssysteme sich durchsetzt.

Hier steht im Vordergrund, daß all dies weitreichende Konsequenzen nicht nur für die Gesellschaft hat, sondern auch für die Ebene von Organisationen. Organisationen haben den gesellschaftsgeschichtlichen Prozeß funktionaler Differenzierung als Kristallisationspunkte hochspezifischer Kommunikation mitgetragen: als Unternehmen für die Wirtschaft, als Parteien für die Politik, als Universitäten für die Wissenschaft, als Schulen für das Erziehungssystem, als Krankenhäuser für das Gesundheitssystem, Gerichte für das Rechtssystem etc. Im Zuge dieser Spezialisierung entstanden Organisationen, deren Kriterien für relevante Ereignisse sich auf je eine einzige *Leitdifferenz* reduzierte, während alle anderen Kriterien zwar nicht unbedingt irrelevant, jedoch klar nachgeordnet wurden. So bilden auch Organisationen eigene und eigensinnige Kommunikationsmuster aus, die im Laufe der Systemgeschichte kondensieren und zur Basis selbstreferentieller Anschlüsse werden. Soziale Systeme können dann als operativ geschlossen angesehen werden, wenn sie semantische Strukturen (insbesondere: Codes und Programme) ausbilden, welche die in ihnen ablaufenden kommunikativen Operationen auf selbstreferentielle, rekursive Umlaufbahnen zwingen. Diese Bedingung ist für Gesellschaft als dem Gesamtzusammenhang aneinander anschließbarer Kommunikationen qua Definition gegeben. Für gesellschaftliche Teilsysteme und andere soziale Systeme aber nur dann, wenn sie Spezialsemantiken ausbilden, die sowohl die präzise Bezeichnung einer systemspezifischen elementaren Operation als auch eine trennscharfe Differenzierung zwischen allgemeinen (gesellschaftlichen) Kommunikationen und systemischen Operationen erlauben. So läßt sich zum Beispiel begründen, daß das gesellschaftliche Teilsystem Ökonomie mit dem abstrakten Geld eine Spezialsemantik ausgebildet hat, innerhalb derer die elementare Operation der Zahlung einen Verweisungszusammenhang erzeugt, in dem trennscharf ökonomisches Handeln von anderem sozialen Handeln unterschieden werden kann (ausführlich dazu Baecker 1988 und Luhmann 1988).

Genau darauf kommt es an! Man darf sich die Ausbildung selbstreferentieller sozialer Systeme und ihre Absonderung vom gesellschaftlichen Gesamtzusammenhang nicht so vorstellen, daß nun im Rechtssystem nur über Recht, in der Ökonomie nur über Zahlungen oder im Wissenschaftssystem nur über Wahrheit geredet würde. Entscheidend ist vielmehr, daß die Qualität (im Sinne des Informationsgehaltes) von Kommunikationen durch die jeweilige Art der Bezugnahme, also durch die Art der Beziehung zwischen Referent und Referiertem, definiert wird als politische, rechtliche, ökonomische, wissenschaftliche oder sonstige Kommunikation. Eine schnelle und zuverlässige Einordnung von Kommunikationen in je spezifische Kontexte geschieht durch eine Engführung des Bedeutungsstromes von Kommunikationen durch differentielle semantische Codes. Diese werden im Prozeß der Kommunikation zwischen Personen stetig in Form von Code-Schlüsseln mitsignalisiert. In Organisationen werden sie durch selbstreferentielle Bezugnahmen der Kommunikationen als systemspezifische und systemspezifisch anschlußfähige gekennzeichnet.

All dies würde allerdings noch nicht hinreichen, die Idee der operativen Schließung sozialer Systeme plausibel zu machen, denn noch ist die Frage offen, welchen Sinn eine so kontra-intuitiv erscheinende Abschließung haben sollte und welche Leistung sie für das System erbringt. Die Antwort liegt ganz auf der Linie der oben zitierten Äußerung von Piaget: Selbstreferentielle Schließung kann als derjenige Mechanismus angesehen werden, der es einem komplexen, intern differenzierten System ermöglicht, gegenüber den Turbulenzen der Umwelt seine innere Ordnung zu erhalten und in produktiver und selbst-reproduktiver Weise mit seiner Eigenkomplexität umzugehen. Selbstreferentialität und operative Schließung sind die unabdingbaren Voraussetzungen der Möglichkeit der Stabilisierung und Reproduktion eines komplexen Systems. Auf einer sehr elementaren Ebene ließe sich dies am Modell des Hyperzyklus von Eigen und Schuster (Eigen 1971 und Eigen/Schuster 1979) beispielhaft zeigen. Sozialwissenschaftlich aufschlußreicher ist aber wohl die Konzeption *organisierter Komplexität*. Vor über 30 Jahren bereits hat Warren Weaver die Probleme organisierter Komplexität als jenen Bereich bezeichnet, in welchem wissenschaftliche Analyse nur sehr wenig Fortschritte gemacht habe (Weaver 1978). Inzwischen gibt es immerhin einige Forschungslinien, wenngleich sie insgesamt nur allzu deutlich machen, wie weit wir noch davon entfernt sind, hochkomplexe Systeme zu verstehen, adäquat zu modellieren oder gar kontrolliert zu beeinflussen.

Hohe organisierte Komplexität impliziert vor allem, daß ein System sowohl gegenüber seinen Umwelten als auch gegenüber seinen internen Möglichkeiten (Kontingenzen) ein hohes Maß an spezifischer Selektivität aufbringt. Dies wiederum hat die praktische Folge, daß es sich gegenüber den meisten Ereignissen in seiner Umwelt *indifferent* verhält, sich also nur von wenigen spezifischen Ereignissen beeindrucken läßt und daß es einen eigenen Spielraum von Möglichkeiten und Alternativen annimmt und solche Entscheidungen fällt, welche mit seiner spezifischen Sicht von sich selbst übereinstimmen. Aus beidem folgen erhebliche Schwierigkeiten für Intervention und Steuerung von Organisationen, mithin praktische Schwierigkeiten sowohl für (internes) Management und interne Organisationsentwicklung als auch für (externe) Organisationsberatung.

Die Operationsweise komplexer Sozialsysteme zeigt dem Beobachter Besonderheiten, ohne deren Aufhellung nicht zu verstehen ist, wie solche Systeme mit sich selbst und miteinander instruktiv umgehen können. Forrester (1971, S. 85 ff) z. B. nennt folgende:

1. Komplexe Systeme wie etwa große Organisationen sind nicht-linear vernetzt; ihr Verhalten ist deshalb, gemessen am Maßstab logisch-rationaler Erwartungen, kontra-intuitiv. Ursachen und Wirkungen sind nicht eng miteinander verknüpft, sondern räumlich und zeitlich, sachlich und kognitiv variabel und verwickelt verbunden.
2. Komplexe Systeme wie insbesondere moderne Unternehmen reagieren auf die Veränderung vieler Systemparameter bemerkenswert gering. Diese Parameter können noch so genau gemessen und gesteuert werden: Weder sagen sie etwas wesentliches über die Operationsweise des Systems aus, noch beeinflußt ihre Beeinflussung das Verhalten des Systems.
3. Daraus folgt, daß komplexe Sozialsysteme auf die meisten Strategien oder Politiken externer oder interner Intervention (etwa „Reformen", Umstrukturierungen) gar nicht ansprechen. Ihre Struktur erscheint starr, ein bürokratischer Immobilismus scheint eingebaut zu sein (vgl. hierzu auch Scheuch 1992).

4. Allerdings reagieren komplexe Sozialsysteme stark auf einige wenige Parameter – wie im übrigen auch Menschen als komplexe psychische Systeme! Jedes System hat Stellen oder Druckpunkte, auf die es sehr sensibel reagiert. Um diese Stellen bezeichnen zu können, bedarf es einer sehr genauen Analyse und Kenntnis der Systemdynamik.

Diese und weitere Besonderheiten hat H. v. Foerster (1984, S. 9 ff) in dem bezeichnenden Begriff des *„nicht-trivialen Systems"* zusammengefaßt. Damit soll gesagt sein, daß komplexe soziale Systeme nicht adäquat als „input-output-Systeme" verstanden werden können. Denn ein bestimmtes input-Ereignis führt bei ihnen nicht zu einer durchkalkulierbaren und mithin voraussagbaren output-Reaktion. Da sie externe Ereignisse oder Signale in spezifischer Weise intern verarbeiten und zwar in einer Weise, die vom jeweiligen Zustand des Systems selbst abhängt, können dieselben Ereignisse oder Interventionen zu unterschiedlichen Zeiten oder in unterschiedlichen Situationen ganz unterschiedliche Wirkungen haben. Ein nicht-triviales System reagiert in seinen Operationen auf seinen eigenen Zustand und es ändert mit seinen Operationen seinen jeweiligen Zustand, so daß eine rekursive Selbstkonditionierung einsetzt. Diese kann sich entweder in einem „Eigenwert" stabilisieren oder aber sich durch aufwendige Mechanismen der Systemstabilisierung – wie Selbstbeobachtung, Selbstbeschreibung, Gedächnis und Identität – in reproduzierbare und erwartbare Formen verdichten.

Komplexe Systeme sind mithin nicht nur von ihrer Umwelt abhängig, sondern ebenso von sich selbst: von ihrer Vergangenheit, indem sie ihren inneren Zustand durch ihre ablaufenden Operationen verändern; und von ihrer Zukunft, sobald sie Erwartungen ausbilden können und über Erwartungen ihre gegenwärtigen Operationen beeinflussen lassen. Da es für einen Manager oder Berater nicht möglich ist, diesen jeweiligen internen Zustand insgesamt zu bestimmen, ist die tatsächliche Reaktion des Systems auf ein externes Signal nicht mehr ohne weiteres kalkulierbar (ganz ähnlich aus der Sicht der traditionellen Organisationstheorie March 1990, S. 187 ff., besonders betont etwa von Mayntz 1987 und Geser 1990).

Der Grundgedanke operativer Schließung ist in der Organisationssoziologie keineswegs neu. Stichworte wie relative Autonomie, Eigendynamik, partikulare Rationalität, Selbstorganisation oder Eigenlogik weisen auf die ubiquitäre Beobachtung eines Prozesses der Absonderung und des Eigenständig-Werdens organisierter sozialer Systeme hin. Nimmt man zu diesen Beobachtungen die beiden hier kurz skizzierten Momente der organisierten Komplexität und der Selbstreferentialität hinzu, dann läßt sich begründen, wann und warum von der operativen Schließung eines komplexen Systems plausibel gesprochen werden kann. Der Kern operativer Geschlossenheit ist ein selbstreferentieller Verweisungszusammenhang von organisationsspezifischen Kommunikationen. Dieser Verweisungszusammenhang wird stabilisiert und auf eine intern definierte Identität der Organisation hin fokussiert, weil nur so die sich aufbauende Eigenkomplexität des Systems in eine reproduzierbare Form zu bringen ist. Operative Geschlossenheit ist die Lösung eines von der komplexen Organisation selbst gestellten Problems – und gerade deshalb unvermeidbar.

Allerdings ist damit erst die Hälfte der Geschichte erzählt. Der notwendige komplementäre Schritt ist die Klärung der Frage, wie *auf der Basis der operativen Geschlossenheit* ein System seine unabdingbaren Umweltbeziehungen erzeugt. Ich komme darauf unter Punkt 3 zurück. Festzuhalten ist, daß mit der Annahme operativer Geschlossenheit komplexer Systeme eine kopernikanische Wende der Beobachtungsperspektive einhergeht: Ausgangspunkt ist nun nicht mehr die Offenheit, Anpassungsfähigkeit und Transparenz eines Systems, sondern seine Geschlossenheit, Intransparenz und Nicht-Trivialität. In Bezug auf die zentrale Frage der System-Umwelt-Relationen kommt es deshalb zu einer radikalen Umkehrung der erkenntnisleitenden Vermutung: an die Stelle eines im Prinzip klaren Bedingungsverhältnisses zwischen Umwelt und System etwa im Sinne der klassischen Evolutionstheorie tritt nun die Annahme der *Unwahrscheinlichkeit* gelingender Abstimmung, der *Inkompatibilität* von Systemoperationen und Umweltereignissen, des *Mißlingens* von Intervention und Steuerung.

2. Von Personen zu Kommunikationen

Die Bewegung von Offenheit zu Geschlossenheit läßt sich ziemlich kühl als eine Frage der Beobachtungsperspektive behandeln – obwohl sich dahinter der „Explosivstoff Selbstreferenz" (Luhmann 1984, S. 656) verbirgt. Mit der nun zu behandelnden Bewegung von Personen zu Kommunikationen begeben wir uns dagegen auf ein heißes Pflaster. Seit über zwanzig Jahren notiert die sozialwissenschaftliche Systemtheorie die Beobachtung dieser Bewegung und seit zwanzig Jahren hat ihr dies den hartnäckigen Vorwurf der Menschenfeindlichkeit, des Zynismus und sogar, mit dem Absehen vom Körper, den Vorwurf der Verdrängung von Endlichkeit und Tod[2] eingebracht.

Deshalb zur Klärung vorweg: Die Herausverlagerung des Menschen aus dem sozialen System in die Umwelt des Systems (in der Form des „personalen Systems") verringert nicht die Bedeutung des Menschen, sondern verstärkt und unterstreicht sie. Denn nun läßt sich unabhängig von den Operationsimperativen des Systems die Besonderheit des Menschen definieren und als spezifische Umweltanforderung an das System herantragen. Wäre der Mensch tatsächlich „mit Haut und Haaren" Teil des sozialen Systems, dann handelte es sich im Wortsinne um ein „totales System", etwa ein Hochsicherheitsgefängnis, ein Kloster, eine totalitäre oder autistische soziale Bewegung oder ähnliches. Wird der Mensch als Person aus dem Sozialsystem herausgenommen, so schützt gerade dies seine Autonomie und Eigenständigkeit. Lange vor der Systemtheorie hat die Rollentheorie all dies detailliert ausgeführt und nicht umsonst zum Standard soziologischen Denkens gemacht.

Der Sündenfall der Systemtheorie beginnt für ihre Kritiker dort, wo sie aus den rollentheoretischen Überlegungen die notwendigen Konsequenzen zieht und sieht, daß es in organisatorischen und systemischen Kontexten weder Personen noch personen-nah gedachte „Charaktermasken" sind, die

---

2 So mit besonders hübschen Formulierungen Englisch 1991, S. 228 ff., Selbst Habermas (1985, S. 436) scheut sich nicht, der Systemtheorie Luhmanns einen „methodischen Antihumanismus", allerdings ausdrücklich keinen normativen Antihumanismus, vorzuwerfen. Siehe dagegen Luhmann 1985 a und die „körpernahe", dezidiert systemtheoretische Arbeit von Bette 1987.

organisationale und systemische Prozesse und Operationen erklären. Statt dessen ist es in systemtheoretischer Perspektive für eine brauchbare Erklärung von Systemverhalten notwendig, von den Personen abstrahierte *Kommunikationsstrukturen, Sprachspiele, organisationsspezifische Semantiken, letzlich Spezialsprachen und ausdifferenzierte Kommunikationsmedien* als grundlegend anzunehmen. Auch dieser kühne Schritt hat selbstverständlich Vorläufer, etwa in der Erkenntnistheorie[3] oder in der Mythentheorie von Lévi-Strauss. So schreibt Lévi-Strauss: „Wir behaupten also nicht, zeigen zu können, wie die Menschen in Mythen denken, sondern wie sich die Mythen in den Menschen ohne deren Wissen denken ... da sich die Mythen in gewisser Weise *untereinander* denken. Denn es geht hier nicht so sehr darum, was in den Mythen ist ..., als vielmehr das System der Axiome und Postulate freizulegen, die den bestmöglichen Code definieren, welcher geeignet ist, unbewußten Schöpfungen eine gemeinsame Bedeutung zu geben" (Lévi-Strauss, zit. in: Castoriades 1990, 243, Fn 38). Organisationen, so läßt sich hier anschließen, sind die Mythen der Moderne. Sie haben „hinter dem Rücken der Akteure" in ihren Spezialsemantiken und den darin eingebauten Erwartungs- und Entscheidungsmustern eigenständige Realitäten erzeugt, die nicht mehr auf die Handlungen von Personen allein zurückführbar sind. Jeder Versuch eines adäquaten Verständnisses von Organisationen muß dies in systemtheoretischer Perspektive als Ausgangspunkt der Analyse zugrunde legen.

Aus heutiger Sicht läßt sich vielleicht sagen, daß der größte Erkenntnisgewinn systemtheoretischen Denkens in der Soziologie bislang darin liegt, die Vor- und Parallelarbeiten systemischen Denkens in den unterschiedlichsten Disziplinen, etwa in Biologie und Psychologie, Erkenntnistheorie und Linguistik, für die Frage der Besonderheit und Gemeinsamkeit sozialer Systeme gegenüber anderen Systemen begreifbar gemacht zu haben. In diesen Disziplinen hatte die Arbeit mit der eigenständigen Bedeutung von semantischen Ordnungen und kommunikativen Mustern ihre heuristische Fruchtbarkeit vielfältig bewiesen, so daß die soziologische Systemtheorie mit einem reichen Netz interdisziplinärer Anschlußmöglichkeiten arbeiten

---

3 „Es ist tatsächlich korrekter zu sagen, daß Sprache uns spricht, als daß wir sie sprechen." (Gadamer 1986, S. 465)

konnte.[4] Der darin zugleich begründete Anreiz, gegenüber biologischen und psychischen Systemen die Eigensinnigkeit sozialer Systeme zu begründen, führte zu der wohl folgenreichsten theorie-architektonischen Weichenstellung in der soziologischen Systemtheorie: der Intuition nämlich, als Element sozialer Systeme nicht Menschen, sondern Kommunikationen zu begreifen (Luhmann 1984, Kap. 4).

Entgegen naiven Vorstellungen von Kommunikation und Handeln kommt es für die Inhalte der systemischen Interaktion nicht auf die Intentionen oder Interessen der beteiligten Individuen an, sondern auf die Gesetzmäßigkeiten der Operationsweise der betroffenen Sozialsysteme. Einen eindrucksvollen Anschauungsunterricht hierfür bieten die bekannten „Praxis-Schocks", denen angehende Lehrer in Schulen, Juristen an Gerichten, Kleriker in Kirchen oder neue Mitarbeiter in Unternehmen ausgesetzt sind, die auf sehr handfeste Weise die Intransigenz und Härte systemischer Realität erfahren müssen. Ein Lehrbeispiel sind aber auch die seit Herbst 1989 sich überstürzenden Veränderungsprozesse der mitteleuropäischen sozialistischen Gesellschaften, insbesondere die radikale Transformation der DDR bis zur Vereinigung mit der BRD. Reformgruppierungen mit einem „naiven" Politikverständnis, die auf die Wirkung von Personen und individuellen Intentionen setzten, scheiterten in einer schon tragisch anmutenden Weise an der Realität organisierter Interessenvermittlung und systemischer Kommunikation.

Hochdifferenzierte Gesellschaften sind geprägt durch verdichtete, vernetzte und hochorganisierte Formen kollektiven Handelns, welches sich seinerseits zunehmend selbst auf anderes kollektives Handeln beziehen kann und so ein eigenständiges Verweisungs- und Beziehungsgefüge aufbaut. Dies heißt, daß Organisationen, Verbände oder Unternehmen sich in Kommunikationen und Handlungen auf andere kooperative Systeme *insgesamt und als Einheiten* beziehen und ganz bewußt und dediziert darüber hinwegsehen, daß diese organisierten Systeme natürlich intern differenziert sind und unter anderem auch Mitgliedschaftsrollen für Personen umfassen. Sie tun dies, weil es für eine bestimmte Art und Ebene der Kommunikation nicht auf die jeweiligen Rolleninhaber oder sonstige interne Differenzierungen an-

---

4 Natürlich brachte ihr das den Vorwurf der „Übernahme" biologistischer bzw. psychologistischer Konzepte ein!

30

kommt, sondern auf das System als Ganzes: auf das *System* als Akteur (was besonders deutlich an bürokratischen Systemen gezeigt werden kann).

Hier sind wir an einer kritischen Weichenstellung für das Verständnis der Möglichkeit systemischen bzw. organisationalen Handelns angelangt. Denn wenn man die Frage stellt, woran genau sich eine Kommunikation oder eine Handlung orientiert, wenn sie sich auf „ein System insgesamt" bezieht, dann scheint die Antwort nahezuliegen: sie beziehe sich „letzlich" doch auf bestimmte Personen, die zwar in irgendeiner Weise für das System repräsentativ oder stellvertretend sein mögen – aber der Anknüpfungspunkt sei eben doch kein System, sondern eine Person. Um diese Antwort aus den Angeln zu heben ist es nötig, einen besonders schwierigen Schlüsselbegriff systemtheoretischen Denkens zu spezifizieren: den Begriff der *Identität*.

Die Identität eines Dings, einer Person oder einer Organisation ist nicht einfach da, sondern sie existiert nur für einen Beobachter, der diese Identität als solche beobachtet. So wurde die Kategorie des Individuums und der Individualität im Kontext sich modernisierender Gesellschaften erst spät „entdeckt", d. h. überhaupt beobachtbar, beschreibbar und verstehbar. Noch später erst ließen sich verschiedene Identitäten desselben Individu-ums beobachten und begreifen, etwa die Identität als Kind mit der „Ent-deckung der Kindheit" (Ariès) oder die Identität als Mann vs. Frau mit der gegenwärtig sich vollziehenden Emanzipation der Frau aus einer nachran-gigen Position. Dies alles ist ziemlich unproblematisch.

Schwieriger wird es, wenn erklärt werden soll, was denn nun genau die Identität einer identischen Einheit ausmacht. Was macht die Identität eines Apfels, einer Person, eines Unternehmens aus? Wir betrachten eine Person in der Regel als individuelle Identität, obwohl sie sich von Tag zu Tag in vielen Hinsichten ändert und nur in manchen Hinsichten ähnlich bleibt. Was erlaubt es uns dann, von Identität zu sprechen? Diese Frage wird die Theo-logie anders beantworten als die Naturwissenschaft, die Biologie anders als die Soziologie. Wichtig ist festzuhalten, daß jede disziplin-spezifische Per-spektive eben nur eine unter vielen möglichen Beobachterperspektiven ist und daß für jede davon das gilt, was in systemtheoretischer Sicht grundsätz-lich über Beobachten, Beschreiben und Verstehen zu sagen ist (ausführlich dazu Wilke 1991, Kap. 5).

In einer sozialwissenschaftlichen Perspektive hängt die Identität einer Person in erster Linie mit der *Konstanz von Erwartungen* zusammen, welche sich auf diese Person beziehen und welche diese Person auf sich zieht. Eine Person konstituiert sich danach als eine bestimmte Form oder Konfiguration von gebündelten Erwartungen, die in dieser Form das Spezifische und Einmalige der Person ausmachen (= Persönlichkeit). Daß es Erwartungen sind, und nicht etwa die Form der Ohren oder die Farbe der Haut, die personale Identität konstituieren, stimmt gut mit der (entwicklungspsychologischen ebenso wie soziologischen) Grundthese der sozialen Konstituierung personaler Identität überein. Dennoch ist die Unwahrscheinlichkeit dieser Konstruktion bemerkenswert. Kernpunkt personaler Identität ist nicht die physikalische Erscheinung oder die biologische Abstammung, sondern ein soziales Konstrukt. Es ist nicht mit Händen greifbar und man kann es nicht auf eine Waage stellen oder abmessen. Realität hat es als Ergebnis von Beobachtungen, die in Kategorien interpersonaler Kommunikation abfragen, welche Erwartungen sich als konstant erwarten lassen. In analoger Weise gilt dies auch für soziale Systeme, etwa für Organisationen.

Eigendynamik und operative Logik sozialer Systeme lassen sich in ihren Besonderheiten erst erfassen, wenn dieser entscheidende Schritt gemacht worden ist: wenn soziale Systeme vorbehaltlos als systemisch konstituierte soziale Tatsachen analysiert und begriffen werden, die zwar nach wie vor mit Menschen etwas zu tun haben, aber mit homologisierenden Denkmustern nicht adäquat verstanden werden können. Dies ist nicht gerade ein neuer Gedanke, aber er macht immer noch Schwierigkeiten. So hat etwa Adam Smith die Gesetzmäßigkeiten des Funktionierens des Marktes in damals revolutionärer und heute im Prinzip noch gültiger Weise beschreiben können, weil er sie nicht auf das Handeln von Personen reduzierte, sondern im Gegenteil die Kühnheit besaß, das über-persönlich ,anonyme' Wirken einer eigenständigen operativen Logik des Marktes, das Wirken der „unsichtbaren Hand" herauszuarbeiten. Und so hat Karl Marx die spezifische Wirkungsweise einer kapitalbasierten Ökonomie von der bis dahin vorherrschenden Perspektive personalen Reichtums und personaler Armut gelöst und die unerhörte intellektuelle Leistung vollbracht, eine völlig neue Sprache der Analyse spezifisch ökonomischer Prozesse zu schaffen. Konsequenterweise heißt sein Hauptwerk (das muß man heute ausdrücklich sagen) nicht „Die Kapitalisten", sondern „Das Kapital"; denn es geht ihm nicht um die Aktionen von Personen, sondern um die Operationsweise eines sich (zu seiner Zeit) dramatisch zu operativer Autonomie entwickelnden gesellschaftlichen Teilsystems. Ähnliches ließe sich z. B. über Max Webers Analyse der Operationsweise bürokratischer Verwaltungssysteme sagen, die Gültigkeit bis heute genau darin hat, daß sie sich nicht auf das Handeln von Personen beschränkt, sondern die innere Dynamik eines funktional spezialisierten und ausdifferenzierten Sozialsystems offen legt (und insofern Webers eigenen apodiktischen Aussagen in den „Grundbegriffen" widerspricht, siehe dazu Luhmann 1971, S. 99 ff., bes. 104 ff.).

Was heißt all dies für ein soziologisch adäquates Verständnis des Problems der Steuerung von Organisationen? In einen einzigen Satz zusammengepreßt heißt dies, daß organisationssoziologisches Beobachten durch die Person (als Mitglied der Organisation) hindurch auf die hinter der Person wirkenden Kommunikationsstrukturen schauen muß, um erkennen zu können, was vor sich geht. Sicherlich kann man die Konsequenzen systemtheoretischen Denkens für das Organisationsverständnis und die Steuerung von Organisationen nicht so verkürzen. Abschließend möchte ich deshalb wenigstens kurz auf eine Bewegung eingehen, an der sich die praktischen Konsequenzen eines systemtheoretischen Ansatzes am deutlichsten zeigen lassen: an der Unmöglichkeit der autoritativen Planung und hierarchischen Kontrolle von komplexen Prozessen organisatorischer Veränderung.

3. Von Planung zu Steuerung

Hierarchisch gesteuerte zentrale Planung setzt eine hierarchische Spitze in der Organisation voraus, die in der Lage ist, die Komplexität des Systems adäquat abzubilden und die Wirkungen von Maßnahmen zu kalkulieren. Schon bei mäßiger Komplexität von Organisationen ist diese Voraussetzung nicht mehr gegeben. Hierarchie ist suboptimal, weil in hochkomplexen Systemen zentrale Vorgaben die Möglichkeiten der Teile nicht erfassen können und deshalb von diesen unterlaufen oder umgebogen werden.

Ich möchte das hier im einzelnen nicht mehr begründen, nachdem neben vielen anderen Tom Peters und Robert Reich dies speziell mit Blick auf große Unternehmen ausführlich analysiert und begründet haben (Peters 1989; Reich 1991; Senge 1990).

Wenn zentrale Planung nicht geht, dann geht vielleicht Evolution. Im Gegensatz zu einer Steuerung durch direkte, zielgerichtete Intervention bedeutet das Steuerungsprinzip Evolution zufallsgesteuerte wechselseitige Anpassung in kleinen Schritten. Gleichbedeutend damit ist das inkrementalistische „muddling through", welches sich damit begnügt, die gerade anstehenden Probleme dezentral, vor Ort, kurzfristig und ohne Rücksicht auf Zukunft zu lösen. Die Intelligenz dieses Steuerungsprinzips liegt in der Beschränkung auf die Möglichkeiten evolutionärer Notwendigkeit.

Aber auch Evolution ist suboptimal, weil sie keine angemessene Reaktion auf langfristige Risiken und Gefährdungslagen erlaubt. Sie *verzichtet* auf Intervention, wie etwa der Gegensatz zwischen einem „laissez-faire"-Regime und einer hierarchisch kontrollierten Organisation deutlich macht. Das Problem ist, daß unter heutigen Bedingungen weder „laissez-faire" noch Hierarchie optimale Problemlösungen darstellen.

Demgegenüber beinhaltet *kontextuelle Intervention* ein sehr viel komplexer gebautes und voraussetzungsvolleres Steuerungsprinzip (ausführlich dazu Willke 1987 und 1987 a). Ich möchte dies nicht im einzelnen ausführen, sondern abschließend auf einige praktische Folgerungen für Organisationsentwicklung und -steuerung im Sinne von kontextueller Intervention eingehen.

Oben (unter Punkt 1) habe ich ausgeführt, daß ohne Selbstreferentialität und organisatorische Abschließung die Stabilisierung komplexer Systeme gar nicht möglich wäre. Erst die rekursive Schließung eines Prozesses, der sich in seinen Operationen ausschließlich auf sich selbst bezieht und deshalb alle Teilreaktionszyklen des Gesamtprozesses erfassen und deshalb geschlossen sein muß, ermöglicht die eigene Reproduktion dieses Gesamtprozesses nach immanenten Steuerungsregeln. Ein selbstreferentielles System erscheint in diesen Regeln als gänzlich unabhängig und unbeeinflußbar von seiner Umwelt; und es muß dies auch sein, weil sonst die eigene

Kontinuierung von der Umwelt, mithin von Zufällen, abhängig wäre, und nicht von den Notwendigkeiten rekursiv organisierter, selbst gesteuerter systemischer Operationen. Erst wenn zwei oder mehrere selbstreferentielle Systeme miteinander in Kontakt treten, ergibt sich ein neuartiges Problem mit der Frage, wie unter den Bedingungen operativer Geschlossenheit eine instruktive Interaktion möglich sein könne.

Um die Schwierigkeiten der Steuerung von sozialen Systemen, etwa von Organisationen oder Unternehmen, näher zu beleuchten, erscheint es sinnvoll, von der „Nullhypothese" einer „Black-box-Interaktion" zwischen intervenierendem und interveniertem System auszugehen. Die Annahme einer „Black-box-Interaktion" bedeutet, daß die Interaktion zwischen zwei nicht-trivialen Systemen (z. B. zwischen Berater und Unternehmen) auf der Grundlage wechselseitiger Intransparenz anläuft. Keiner kann in das Innere, das Bewußtsein, die „Schaltzentrale" , die interne Wirklichkeit des anderen schauen und beobachten, nach welchen Operationsregeln der andere arbeitet. Kein Manager, Entwickler oder Berater weiß, wie sich die organisationsspezifischen Operationen bilden, verknüpfen, verändern und reproduzieren. Aber dies ist nur die eine Hälfte der Ungewißheit. Hinzu kommt, daß etwa ein komplexes Unternehmen als System nicht nur für andere, sondern auch für sich selbst weitgehend unzugänglich ist[5].

In dieser Situation grundlegender Ungewißheit gibt es zwei Möglichkeiten der Bearbeitung des prinzipiell nicht auflösbaren Problems: Beobachtung und Kommunikation. Beide sind nicht nur höchst voraussetzungsvoll, sondern stehen zudem in einem schwer entwirrbaren Zusammenhang. Aber in den Möglichkeiten der Beobachtung und der Kommunikation liegt all das, was aus dem weltvergessenen Operieren monadischer „black boxes" herausführen könnte. In der beobachtenden Interaktion zweier Systeme entpuppt sich die doppelte Ungewißheit eigener und anderer Intransparenz als eine über doppelte Negation gesteuerte Gewißheit: die Intransparenz

---

5 „Kein Bewußtsein kann die Totalität seiner Systembedingungen als Prämissen oder als Gegenstände seiner eigenen Operationen ins System wieder einführen. Alter ego heißt demnach: er ist für mich so intransparent, wie ich selbst es für mich bin" (Luhmann 1985, S. 405).

des anderen komplexen Systems wird verständlich, weil auch das beobachtende System für sich selbst intransparent ist. Notwendig ist vor allem die Fähigkeit, zu sich selbst in Distanz treten zu können, um aus dieser Differenz zwischen Selbstbild und Selbstbeobachtung Informationen über die eigene Operationsweise gewinnen zu können (vgl. zugrundeliegenden Informationsbegriff Bateson 1972 (dt. 1983; S. 412); zur Konzeption des Verstehens Luhmann 1986 und Willke 1987 a). Dieser reflektierte Zugang zur eigenen Selbstbeschreibung eröffnet die Möglichkeit, andere selbstreferentielle, operativ geschlossene Systeme zu verstehen, indem der Beobachter deren Selbstbeschreibung rekonstruiert. Es kommt so zu wechselseitigen vorläufigen Beschreibungen, welche so lange Geltung behalten, wie sie das Verhalten des jeweils beschriebenen Systems brauchbar erklären können (in Glanvilles Worten:„When the observer and the black box, interacting in this manner, behave in such a way that the description remains valid, it is said that the black box has become white" (Glanville 1982, S. 4).

Der Begriff der steuernden Intervention beschreibt die Paradoxie einer nicht intendierbaren Intention. In einem ganz strengen Sinne ist es unmöglich, intentional in ein operativ geschlossenes System einzugreifen. Denn dieses spielt nur seine eigene Melodie und kann nur seine eigene Musik hören. Ähnlich wie für Gesellschaftssteuerung, Entwicklungspolitik, Therapie oder Erziehung stellt sich für Organisationsentwicklung und -steuerung das Problem, wie die paradoxe Anforderung einer Hilfe zur Selbsthilfe oder Bestimmung zur Selbstbestimmung oder Anleitung zur Selbständerung so gelöst werden kann, daß nicht bereits die Absicht der Steuerung deren Möglichkeit und Erfolg desavouiert.

Die Ausgangslage für Interventionen in komplexe, selbstreferentielle Systeme ist dadurch gekennzeichnet, daß sich zwei verschiedene, nichttriviale, komplexe Systeme gegenüberstehen. Ganz im Gegensatz zu herkömmlichen Vorstellungen von Intervention bedeutet dies, daß jede externe Intervention darauf angewiesen ist, sich als Ereignis im Bereich der möglichen Perzeptionen des intervenierten Systems darzustellen und als Information in die operativen Kreisläufe dieses Systems eingeschleust zu werden. Wie diese Informationen sich auswirken, hängt demnach in erster

Linie nicht von den Absichten der Intervention, sondern von der Operationsweise und den Regeln der Selbststeuerung des Systems ab, in das interveniert werden soll. Damit ist jede direkte Verhaltenslenkung nach dem Muster der Lenkung trivialer Maschinen ausgeschlossen. Jede Beeinflussung eines psychischen oder sozialen Systems setzt deshalb voraus, daß Umweltereignisse als perzipierte Differenzen auf den Bahnen des Regelwerks der Selbststeuerung dieses Systems prozessiert werden. Um bleibende Veränderungen zu bewirken, müssen die aus diesen Differenzen intern gewonnenen Informationen Veränderungen dieses Regelwerks induzieren, ohne dabei den Zusammenhang des Regelwerkes als Netzwerk der Selbstreferenz des Systems zu zerstören.

Die Schwierigkeit von Organisationsberatung ist auf die Intentionalisierung nicht intentionalisierbarer Veränderung zurückzuführen. Beratung ist – legt man die Theorie selbstreferentieller Systeme zugrunde – nur als Eigenleistung des zu beratenden Systems möglich. Sie ist andererseits ohne Berater unmöglich. Der Anstoß zu organisationaler Veränderung muß deshalb gesucht werden in der Erfahrung von Differenzen und differierenden Optionen der Selbstbeschreibung, die sich aus dem Wechselspiel zwischen erfahrenen Zumutungen aus dem Beraterhandeln und eigenen Erwartungen des zu beratenden Systems ergeben. Am ehesten kann man noch sagen, daß beratende Intervention im Kontext einer Beratungsbeziehung diejenigen Irritationen erzeugt, die das zu verändernde System in Distanz zu seiner eigenen Selbstbeschreibung zwingt. Diese Distanz ist Grundlage für Verstehen, für die Denkmöglichkeit von alternativen Optionen und mithin für Veränderung. Der Klient wird an der Richtschnur seiner Probleme und der von ihm perzipierten Schwierigkeiten auf die Spur der Selbstbeobachtung seiner Operationen gesetzt, der Berater beobachtet diese Beobachtung unter dem Blickwinkel seiner Theorie, und in dem ungewöhnlichen Fall einer erfolgreichen Intervention gelingt es dem Beratungssystem, diese inkongruenten Beobachtungsperspektiven zum Verständnis des generativen Mechanismus einer unerwünschten Entwicklung zu verknüpfen.

Das eigentliche Problem der Steuerung und Beratung von Organisationen ist es deshalb, relevante Informationen in die Organisation einzuspielen,

Veränderungsprozesse also zu implementieren. Wie bei Implantaten in organische Systeme ist dabei mit Immunreaktionen zu rechnen. Denn warum sollte eine Organisation Informationen und Programme akzeptieren, die ihrem Selbstbild gerade nicht entsprechen? Auch hier gilt (wie im Falle von Therapie), daß der externe Beobachter nur die Rolle eines Diagnostikers, eines Beraters und Erziehers, insgesamt also eines Katalysators einnehmen kann, während der Veränderungsbedarf ebenso innerhalb der Organisation artikuliert sein muß wie auch die Veränderungsprozesse nur Prozesse der Selbsttransformation der Organisation sein können.

Das Problem der Organisationsentwicklung ist mithin das Problem der Akzeptanz von Veränderungsanregungen und das heißt: das Problem der Transferenz zwischen externen und internen Beobachtungen. Um in der Organisation Wirkungen hervorzubringen, muß es dem Manager, Entwickler oder Berater gelingen, mit der Organisation in einen produktiven Dialog zu kommen. Genauer: er muß bestimmten Stellen innerhalb der Organisation die Relevanz von Informationen (einschließlich Methoden, Techniken, Strukturen) verdeutlichen, für welche die Organisation kein ausreichendes Sensorium hat. Erforderlich sind dafür Einrichtungen, in denen es zum Aufbau „transferentieller Operationen" (Braten 1984) kommen kann: einem laufenden Perspektivenwechsel zwischen Selbstreferenz und Fremdreferenz, zwischen den internen Belangen und Möglichkeiten der Organisation und den externen Forderungen und Zwängen, auf welche die Organisation neu eingestellt werden soll.

Die Ambivalenz und Zwischenstellung dieser Veränderungssituation ist bereits eine Antwort auf das grundlegende Paradox des Beraters (wie des Therapeuten oder Erziehers): „Verändere, indem du nicht veränderst". Und: „Wenn du veränderst, verändert sich gar nichts. Denn jede Veränderung muß Selbständerung sein." Die Entfaltung dieses Paradoxons läuft auf einen Rahmen und eine Grammatik für „transferentielle Operationen" hinaus, über welche externe Relevanzen in Konditionalisierungen der autonomen Operationsweise des zu verändernden Systems uminterpretiert und in die Informationsverarbeitung des Systems eingeschleust werden. Nichts wäre im Hinblick auf komplexe Systeme verkehrter als von beobachteten Pathologien auf die Möglichkeit direkter Interventionen zu schließen. „Pathologie" ist eine Kategorie des Beobachters. Sie muß erst zurückübersetzt werden in die Funktionslogik und Eigendynamik des Systems selbst. Dies geht über die eher selbstverständliche Forderung hinaus, daß Interventionsstrategien nicht aus der Sicht des Beobachters, sondern aus der Sicht des Systems entworfen und implementiert werden müssen: Es ist der autonome Operationsmodus des Systems, welcher über Brauchbarkeit und Erfolg von Interventionen entscheidet.

Strategien der Intervention in komplexe Systeme sind daran gebunden, daß Kommunikation zwischen autonomen Systemen nicht in der Übertragung „fertiger" Informationen besteht, sondern in der durch Verstehen geleiteten Abstimmung und Passung systeminterner Orientierungsaktionen. Interventionen sind daran gebunden, daß sie auf ein operational geschlossenes Feld treffen und nur innerhalb des Operationsmodus und der generativen Mechanismen des intervenierten Systems wirksam werden können – es sei denn, sie zerstörten die Identität des Systems. Intervention in komplexe Systeme – wie Beratung, Resozialisierung, Therapie, Erziehung, Reorganisation, Reform, Systementwicklung – ist deshalb die Kunst, in einem grundsätzlich nicht beherrschbaren Feld kalkulierbare Wirkungen zu erzielen.

Die Frage ist also, wie Verständigung, Abstimmung, Koordination oder gar Steuerung zwischen komplexen, selbstreferentiellen Systemen möglich sein soll, wenn deren Identität gerade auf der *Differenz* zueinander, auf unterschiedlichen Semantiken, Rationalitäten, Operationsregeln, Kontingenzräumen, Entwicklungsdynamiken etc. beruht und wenn diese Differenziertheit nicht bloßes Ärgernis ist, sondern die konstituierende Eigenart hochkomplexer, nicht-trivialer Systeme. Und die Antwort läßt sich auf der Spur eines Satzes von Schumpeter suchen, den Rorty zitiert: „Die Einsicht, daß die Geltung der eigenen Überzeugungen nur relativ ist, und dennoch unerschrocken für sie einzustehen, unterscheidet den zivilisierten Menschen vom Barbaren." Für die Gegenwart müßte dieser Satz lauten: Die Einsicht, daß die selbst-referentiellen Semantiken komplexer Systeme nicht vereinbar sind, und dennoch unerschrocken für wechselseitige Abstimmung einzustehen, unterscheidet den ironischen vom tragischen Beobachter. Für den Tragiker verfangen sich die Systeme in ihren selbst gestellten Fallen und jeder Versuch rettender Rationalität bestärkt nur diesen unabänderlichen Entwicklungspfad. Für den Ironiker dagegen eröffnet die unabänderliche Distanz zwischen den Systemen den Spielraum für die Möglichkeit einer Abstimmung von Kontingenzen, wenn erst einmal klar ist, daß dies nicht aus der Position einer höheren oder überlegenen Rationalität (welchen Beobachters oder Akteurs auch immer) bewirkt werden kann, sondern allein aus der Spiegelung (Spekulation, Reflexion) der äußeren Distanz in einer *inneren Distanz der Systeme zu sich selbst,* die ihnen die reflektierte Position eines Spielens mit ihren Kontingenzen erlaubt.

Literatur

BAECKER, D. : Information und Risiko in der Marktwirtschaft. Frankfurt (Suhrkamp) 1988.

BATESON, G. : Steps to an Ecology of Mind. (Deutsch: Ökologie des Geistes). Frankfurt 1983 (Suhrkamp) 1972.

BETTE, K.-H. : Körperspuren, Berlin, New York 1989.

BRATEN, S.: The Third Position – Beyond Artificial and Autopoietic Reduction. Kybernetes 1984, 13, S. 157–163 .

BUCKLEY, W.: Society as a Complex Adaptive System: ders., (Hrsg.): Modern Systems Research for the Behavioral Scientist, Chicago, S. 490–513.

CASTORIADIS, C. Gesellschaft als imaginäre Institution. Entwurf einer politischen Philosophie. Frankfurt (Suhrkamp) 1990 (1975).

DÖRNER, D.: Die Logik des Mißlingens. Reinbek (Rowohlt) 1989.

EIGEN, M.: Self-Organization of Matter and the Evolution of Biological Macromolecules: Naturwissenschaften 58, 1971, S. 465–523.

EIGEN, M./SCHUSTER, P.: The Hypercycle: A Principle of Natural Self-Organization. Berlin u.a. (Springer) 1979.

ENGLISCH, F.: Strukturprobleme der Systemtheorie – Philosophische Reflexionen zu Niklas Luhmann. In: Stefan Müller-Doohm (Hrsg.): Jenseits der Utopie: Theoriekritik der Gegenwart. Frankfurt (Suhrkamp) 1991, S. 196–235.

FORRESTER, J.: Planung unter dem dynamischen Einfluß komplexer sozialer Systeme. In: Ronge, V./Schmieg, G. (Hrsg.): Politische Planung in Theorie und Praxis. München (Piper) 1971.

FREUD, S.: Aus der Geschichte einer infantilen Neurose. In: Gesammelte Werke Bd. XIII. Werke aus den Jahren 1917–1920. Frankfurt (Suhrkamp) 1966 (1974); S. 27–157.

GADAMER, H.-G.: Wahrheit und Methode. Grundzüge einer philosophischen Hermeneutik. Gesammelte Werke, Bd.1. Tübingen 1986 (1960).

GESER, H.: Organisationen als soziale Akteure. In: Zeitschrift für Soziologie 19, 1990, S. 401–417.

GLANVILLE, R.: Inside Every White Box There Are Two Black Boxes Trying to Get Out. In: Behavioral Science 27, 1982, S.1–11.

HABERMAS, J.: Der philosophische Diskurs der Moderne. Frankfurt (Suhrkamp) 1985.

LAWRENCE, P./LORSCH, J.: Differentiation and Integration in Complex Organizations. In: Litterer, J. (Hrsg.): Organizations: Systems, Control and Adaptation, Bd. II, 2. Aufl.,New York/London/Sydney/Toronto, 1969, S. 229–253.

LAWRENCE, P./LORSCH, J.: Developing Organizations: Diagnosis and Action. Reading, Mass. (Addison-Wesley) 1969 (1960 a).

LITWAK, E./MEYER, H.: A Balance Theory of Coordination Between Bureaucratic Organizations and Community Primary Groups. In: Administrative Science Quarterly 11, 1966, S. 31–58.

LUHMANN, N.: Politische Planung. Opladen (Westdeutscher Verlag) 1971.

LUHMANN, N.: Soziale Systeme. Grundriß einer allgemeinen Theorie. Frankfurt (Suhrkamp) 1984.

LUHMANN, N.: Die Autopoiese des Bewußtseins. Soziale Welt 36, 1985, S. 402–446.

LUHMANN, N.: Die Soziologie und der Mensch. In: Neue Sammlung 25, 1985, H. 1, (1985a) S. 33–41.

LUHMANN, N.: Systeme verstehen Systeme. In: Luhmann, N./Schorr, K. (Hrsg.): Zwischen Intransparenz und Verstehen. Frankfurt. (Suhrkamp) 1986.

LUHMANN, N.: Die Wirtschaft der Gesellschaft. Frankfurt (Suhrkamp) 1988.

MARCH, J.(Hrsg.): Entscheidung und Organisation. Wiesbaden (Gabler) 1990 (1988).

MAYNTZ, R.: Politische Steuerung und gesellschaftliche Steuerungsprobleme – Anmerkungen zu einem theoretischen Paradigma. In: Jahrbuch zur Staats- und Verwaltungswissenschaft, Band 1/1987. Baden–Baden (Nomos) 1987, S. 89–110.

PARSONS, T.: The Social System. New York 1964 (1951).

PETERS, T.: Thriving on Chaos. Handbook for a Management Revolution. London (Pan Books) 1989 (1987).

PIAGET, J.: Biology and Knowledge. Chicago (University Press) 1971.

REICH, R.: The Work of Nations. Preparing ourselves for 21st Century Capitalism. New York (Knopf) 1991.

RORTY, R.: Kontingenz, Ironie und Solidarität. Frankfurt (Suhrkamp) 1989.

SCHEUCH, E. K.: Politiker und Parteien in der Bundesrepublik Deutschland. Reinbek (Rowohlt) 1992.

SCHÜTZ, A.: Der sinnhafte Aufbau der sozialen Welt. Eine Einleitung in die verstehende Soziologie. Frankfurt (Suhrkamp) 1974 (1932).

SENGE, P.: The Fifth Discipline. New York (Doubleday) 1990.

WEAVER, W.: Wissenschaft und Komplexität. In: Türk, K. (Hrsg.): Handlungssysteme. Opladen (Westdeutscher Verlag) 1978, S. 38–46.

WILLKE, H.: Kontextsteuerung durch Recht? Zur Steuerungsfunktion des Rechts in polyzentrischer Gesellschaft. In: Glagow, M./Willke, H. (Hrsg.): Dezentrale Gesellschaftssteuerung. Pfaffenweiler (Centaurus) 1987.

WILLKE, H.: Strategien der Intervention in autonome Systeme. In: Baecker, D. et. al. (Hrsg.): Theorie als Passion. Niklas Luhmann zum 60. Geburtstag. Frankfurt (Suhrkamp) 1987 (1987a).

WILLKE, H.: Systemtheorie. 3. Aufl., Stuttgart (UTB) 1991.

Peter Fürstenau

Warum braucht der Organisationsberater eine mit der systemischen kompatible ichpsychologisch-psychoanalytische Orientierung?

1. Organisationsberatung als Interpenetration sozialer und personaler Systeme

Organisations- oder Systemberatung wird hier als eine geregelte Kommunikation zwischen zwei sozialen Systemen verstanden, die das Ziel hat, das Klientensystem seitens des Beratersystems zu einer eigenständigen (autopoietischen) Weiterentwicklung anzuregen und diese Entwicklung zu begleiten, solange das Klientensystem dies wünscht und es dem Beratersystem sinnvoll erscheint. Anlaß einer solchen Beratung ist, daß das Klientensystem mit seinen bisherigen Verfahrensweisen ein Problem nicht lösen kann und deshalb um eine Systemberatung nachsucht. Es handelt sich dabei nicht um eine Problemlösung durch weitere Differenzierung auf dem bisherigen Niveau, sondern um eine systemverändernde Lösung, die zu finden und zu realisieren sich das Klientensystem ohne Beratung außerstande sieht.

Das bedeutet, daß sich die Klientenorganisation (explizit oder implizit) als durch ihre eigene Tradition zu befangen erlebt, um die nötige Veränderung zu identifizieren und zu implementieren. Dem liegt in der Regel ein mehr oder minder diffuses Bewußtsein zugrunde, daß das Überleben der Organisation aufgrund von Veränderungen in der Umwelt des Systems bedroht ist. Zur relevanten Umwelt der Organisation als eines sozialen Systems zählt nicht nur der Markt, sondern auch das Personal, das das soziale System in unterschiedlichen Rollen und Positionen beschäftigt, und die

43

räumlich-dingliche Gestalt und Ausstattung des Unternehmens. Das Klientensystem als Unternehmen ist also ein geistiges (kommunikatives) Gebilde.

In der Systemberatung begegnen sich Klientensystem und Beratersystem in dem Sinne, daß sie für einander zu relevanten Umwelten werden. Die Beratung als Prozeß ist also eine Interpenetration zweier sozialer Systeme im Sinne Luhmanns (1984). Dabei kommuniziert das Klientensystem ein mehr oder minder artikuliertes Bild von sich selbst in bezug auf seine Umwelt in bestimmter Fokussierung und Perspektive, die um das bisher nicht gelöste Problem zentriert ist. Das Beratersystem kommuniziert sich selbst der Klientenorganisation gegenüber als professionelles System angewandter Sozialwissenschaft, fokussiert auf das vom Klientensystem präsentierte Bild von sich mit dem Ziel der Anregung autonomer Weiterentwicklung des Klientensystems durch geeignete Interventionen (Kommunikationen). Da das Problem des Klientensystems durch direkte Fachberatung auf dem bisherigen Niveau des Unternehmens nicht lösbar war, steht die Systemberatung vor dem schwierigen methodischen Problem, in direkter Kommunikation die Klientenorganisation zu einer Systemveränderung (autopoietischen Weiterentwicklung) anzuregen, die zwar an den bestehenden Zustand des Klientensystems anschließt (um wirksam zu werden), zugleich aber auf eine Veränderung abzielt, die nur das Klientensystem selbst durch einen „Sprung" auf ein neues Niveau finden und realisieren kann.

Der erste Schritt in dieser Richtung ist die Konstituierung der Beratungsbeziehung als gemeinsames soziales (Beratungs-)System. Als geregelte Kommunikation ist die Beratung für beide Systeme etwas Neues, Anderes, das Veränderungs- (Entwicklungs-)Chancen beinhaltet: für das Klientensystem als Anregung zu einer fokussierten Neuorientierung, für das Beratersystem als spezifische Erweiterung seiner professionellen Erfahrung. Dies allerdings nur, wenn die Einrichtung der Beratung als Ritual (Regelung) effektiv einen *Unterschied* zur bisherigen Praxis des Klientensystems *setzt.* In diesem Fall wird mit der Organisationsberatung als Kommunikation der beiden Systeme eine neue Struktur geschaffen, die systemverändernde Wirkungschancen im Klientensystem hat. Anderenfalls handelt es

44

sich nicht um Systemberatung mit der Chance der Anregung einer Systemveränderung des Klientensystems, sondern um Betreuung, emotionalen Beistand für das Personal beim Ertragen des ungelösten Problems auf dem bisherigen Niveau.

Beide soziale Systeme kommunizieren miteinander über personale Systeme, für die das jeweilige soziale System, dem sie als Personal zugeordnet sind, relevante Arbeitsumwelt ist. Das heißt, auch der Berater als Person ist auf das professionelle (sozialwissenschaftliche) System, dem er sich verpflichtet fühlt, als relevante eigene Arbeitsumwelt bezogen. Er ist als Person von diesem professionellen sozialen System (Wissenschaft) zu unterscheiden.

Zugleich ist das Personal beider sozialer Systeme auf das soziale System des jeweils anderen als relevante Umwelt in der Beratungsbeziehung bezogen, was sich aus dem Zweck der Beratung ergibt. Man kann daher auch sagen, daß die an der Beratungskommunikation beteiligten Personen und Gruppen als Personal ihr jeweiliges Arbeitssystem gegenüber dem Personal des anderen Systems repräsentieren. Personen und Gruppen sind als Repräsentanten sozialer Systeme Akteure der Beratungskommunikation.

Soziale Systeme entfalten sich (realisieren sich autopoietisch) innerhalb des ihnen eigenen Mediums (Wirtschaft, Gesundheit, Verwaltung usw.) gegenüber ihrer Umwelt jeweils durch Organisationsschritte, die man auch als Regelungen, Ritualisierungen, ordnende Kommunikationen usw. bezeichnen kann. Durch die Produktion (Emergenz) solcher Regelungselemente schränken sie ihre Gestaltungsmöglichkeiten ein (Kontingenz) und regulieren damit Grad und Art der Komplexität, mit der sie umgehen / wollen und können.

Der jeweilige Gestaltungszustand wird durch das Personal repräsentiert und damit zugleich interpretiert. Die Regelungen sind im Klientensystem wirksam (geltend) in der Interpretation des jeweiligen Personals. Das Beratersystem stößt in der Beratungsbeziehung auf diese Interpretationen der geltenden Regelungen seitens des Personals des Klientensystems. Und entsprechend stößt die Klientenorganisation ihrerseits in der Beratung auf das Beratersystem (angewandte Sozialwissenschaft) in der Interpretation des Beraters oder der Beratergruppe, mit der das Klientensystem kommuniziert.

Die Eigenart der Interpretationen des Personals des Klientensystems hängt einerseits davon ab, in welcher Perspektive das jeweilige Personal, mit dem es der Berater (oder die Beratergruppe) zu tun hat, sein Arbeitssystem fokussiert wahrnimmt, d. h. an welchem Ort innerhalb der Organisation sich das betreffende Personal befindet (welche Position innerhalb des Unternehmens es innehat) und wie weit dort der Blick in die Organisation reicht. Andererseits hängt sie davon ab, wie sich die Mitarbeiter als Personen selbst jeweils in Bezug auf das Unternehmen erleben, was für sie persönlich anstößig, beschwerlich, problematisch ist.

Der Berater steht daher vor einer dreifachen Aufgabe der Relativierung bzw. Relationierung: Da sein Klient nicht das Personal des Unternehmens, sondern das Unternehmen selbst als soziales System ist, hat er die Sicht des Personals

- als personale Interpretationen von Regelungen des Klientensystems zu verstehen und d. h. zu relativieren, einzuschränken,
- dieses Interpretationen auf den „Ort" innerhalb des Unternehmens hin zu relativieren und
- die affektiven Befindlichkeitsäußerungen des Personals auf Eigenheiten der Regelungen des Unternehmens, d. h. auf strukturelle Eigenheiten des Klientensystems, zu beziehen. Nur in dieser Hinsicht sind sie für eine Organisationsberatung relevant.

Das heißt: Aufgabe des Systemberaters ist es, die Äußerungen (Kommunikationen) des Personals der Klientenorganisation in der Beraterbeziehung daraufhin zu verarbeiten, was sie über die Klientenorganisation als autopoetisches System von Ordnungen, Regelungen, Strukturen, Kommunikationen besagen.

Da für personale Systeme (Personen) charakteristisch ist, daß sie sich in Bezug auf relevante Umwelt und damit auch ihre Arbeitsstätte jeweils in einer Weise wahrnehmen, erleben und verhalten, die von einer affektiven Tönung begleitet ist, hat der Berater in der Beratungsbeziehung dauernd mit solch affektiv getönter Kommunikation seitens seiner Beziehungspartner zu tun. Die affektive Tönung akzentuiert Unterscheidungen (Differenzen) des Erlebens und Sichverhaltens und damit auch der Kommuni-

46

kation. Auch der Berater ist gegenüber dem Klientensystem als Person stets mehr oder minder stark durch affektive Tönung (Stimmung) mitbestimmt. Innerhalb der Beratung als Interpretation zweier sozialer Systeme ist die affektive Tönung der Kommunikation vor allem als wechselseitiger Erwartungsdruck, der zu Entscheidungen (Kommunikationen, Antworten) drängt, bemerkbar.

Hinsichtlich der Kompetenz des Beraters als Fähigkeit zu spezifischer Unterscheidung relevanter Umwelt in der Beratungsbeziehung und zu entsprechend differenziertem Umgang mit dem Klientensystem ergibt sich aus der bisherigen Darstellung folgendes: Der Berater muß

1. sich auf die betreffende Klientenorganisation als originelles, einzigartiges geschichtliches soziales System fokussiert einstellen und dementsprechend originell (spezifisch) kommunizieren können. Dies setzt
2. voraus, daß er einschlägige sozialwissenschaftliche (organisationswissenschaftliche, wirtschaftswissenschaftliche, verwaltungswissenschaftliche, auf das Gesundheitswesen bezogene …) Orientierungen, Konzepte und Befunde für ein Verständnis des betreffenden Klientensystems auszuwerten und nutzbar zu machen imstande ist.
3. muß er mit personalen Systemen (Personen und Gruppen) in dem Sinne umgehen können, daß er in bezug auf das Personal des jeweiligen Klientensystems dessen Repräsentationsfunktion für das Klientensystem von dessen sonstigen (insbesondere privaten) Funktionen kontinuierlich unterscheiden und entsprechend dieser Unterscheidung mit dem Personal kommunizieren kann.
4. Schließlich muß er sich selbst als Person in seiner Funktion als Repräsentant seiner Profession, der angewandten Sozialwissenschaft, gegenüber relevanter Umwelt von sich als Person in anderen Funktionen gegenüber anderen Umwelten kontinuierlich unterscheiden und entsprechend mit sich selbst kommunizieren können.

Der Berater bedarf also, gerade weil er auf eine Veränderung des Unternehmens als *sozialen* Systems abzielt, einer umfassenden Kompetenz des Umgangs mit *personalen* Systemen, da er das soziale System nur über seine Repräsentanten, Einzelpersonen und Gruppen, erreichen kann.

Hieraus ergibt sich die Frage, welche wissenschaftlichen Theorien und Konzeptionen ihm die dazu nötige professionelle Orientierung bieten können. Was die beiden zuerst genannten Kompetenzen betrifft, ist dies die Theorie sozialer Systeme (Luhmann 1984, 1988, Willke 1987, 1991, Wimmer 1991), die es gestattet, organisationsbezogenes Wissen der jeweils einschlägigen Disziplinen für die Beratung eines bestimmten sozialen Systems fokussiert nutzbar zu machen. Was die an dritter und vierter Stelle genannte Kompetenz bezüglich personaler Systeme betrifft, kann dies nur eine systemisch ausgerichtete Theorie sein, die

1. Personen als autopoietische Systeme versteht, die sich selbst (emergent) in bezug auf ihre relevante Umgebung differenzieren und gestalten sowie diesen Prozeß der kontinuierlichen Selbstgestaltung in Hinblick auf Umwelt zu reflektieren vermögen,
2. ihre Maximen und Methoden der Anwendung auf Beratung (parallel der Theorie sozialer Systeme) aus ihrer Leitdifferenz, d. h. aus der diese Theorie selbst konstituierenden Differenz gewinnt, und schließlich
3. einen hinreichenden Grad von Elaborierung aufweist.

Als elaborierte wissenschaftliche Theorie personaler Systeme bietet sich hierfür die psychoanalytische Ichpsychologie in ihrer auf Umwelt bezogenen („objektbeziehungstheoretischen") Fassung an (Blanck & Blanck 1978, 1980, 1986, Fürstenau 1992). Sie entfaltet die Komplexität personaler Systeme anhand der Differenz von Ich und Nicht-Ich, d. h. bezogen auf relevante, insbesondere soziale Umwelt („Objekte" = Beziehungspersonen), als autopoietischen Prozeß des Aufbaues sinnbezogener, kommunikativer Strukturen und Funktionen des Erlebens, Sichbefindens und Sichverhaltens. Zentrale modellhafte Bedeutung für diesen (geschichtlichen) Differenzierungsprozeß hat die als Interpenetration verschiedener personaler Systeme verstandene stets affektiv getönte Kommunikation zwischen Eltern und Kind. In diesem Kommunikationsraum bildet sich das Ich des Kindes über verschiedene Entwicklungsstufen aus. Erziehung ist in diesem Sinne Förderung der Emergenz (Differenzierung) der inneren (sinnbezogenen) Welt des heranwachsenden Kindes bei gleichzeitiger Kontingenzreduktion (Persönlichkeits-, Charakterbildung).

Dieser Prozeß der Differenzierung des Ichs in der Interpenetration mit relevanter personaler (und naturaler) Umgebung setzt sich nach dem Erwachsenwerden in der Kommunikation mit Partnern im familiären und in den außerfamiliären Bereichen lebenslang fort. Krisen der Ich- (Persönlichkeits-)Entwicklung unterschiedlichen Ausmaßes markieren jeweils den Übergang zu einer neuen Entwicklungsstufe („Sprung"). Die Anpassung an die relevante Umgebung ist auf jeder neuen Entwicklungsstufe eine spezifische Herausforderung an das Ich. Jedesmal geht es darum, auf neue Umweltbedingungen (z. B. Partnerschaft, Elternschaft, Eintritt in die Arbeitswelt, Veränderungen des beruflichen Lebens, Erwachsenwerden der Kinder) eine neue eigene (persönliche) Antwort zu entwickeln, zu produzieren.

Die besondere Bedeutung der psychoanalytischen Ichpsychologie für das Verständnis erwachsener personaler Systeme beruht darauf, daß sie einerseits ein Modell *gelingender* differenzierter Anpassung an jeweils sich verändernde Umwelt enthält - mit Konsequenzen hinsichtlich des Unterschiedes von Erleben und Sichverhalten in Arbeitskontexten und in familiären und sonstigen privaten Kontexten, andererseits aber ein Modell *mißlingender*, unzureichender Anpassung an neue Umweltbedingungen. Indem in der psychoanalytischen Ichpsychologie zwischen „progressiven" (gelingenden) und „regressiven" (defizienten) Lösungen des Ichs unterschieden wird, verfügt die Theorie über ein Erklärungspotential, das mißlingende Lösungen unterschiedlichster Form aus den autopoietischen Bedingungen des jeweiligen Ichs (der Person) zu identifizieren und auf den Entwicklungsprozeß der Person, d. h. auf frühere Kommunikationserfahrungen zurückzuführen erlaubt. Im Zusammenhang damit hat die Theorie ein Repertoire von „Abwehr-"Operationen entwickelt, das die unterschiedlichen Formen mißlingender Anpassung einschließlich ihrer strukturellen Auswirkungen zu beschreiben gestattet. Dieses klinisch langjährig erprobte und elaborierte Erklärungsinstrumentar entspricht der Theorie der Traditionsbildung mit dem Risiko übermäßiger Rigidität in Bezug auf soziale Systeme (Organisationen).

Dieses klinische Operationsrepertoire der psychoanalytischen Ichpsychologie ist für die Organisationsberatung ersichtlich von großer Praktikabilität, weil es Rollen- und Repräsentationsverhalten von Personen und Gruppen hinsichtlich Gelingens und Mißlingens differenziert zu analysieren gestattet (ichpsychologisch ausgerichtete Rollenanalyse und Gruppendynamik).

Der entscheidende Vorteil der psychoanalytischen Theorie des Ichs hinsichtlich der Anwendung für Zwecke der Organisationsberatung liegt jedoch darin, daß sich die Maximen und Methoden von Beratung im Sinne von Autopoiesis-Förderung aus der Theorie selbst ableiten lassen. Beratung ist eine professionelle Weise affektiv getönter kommunikativer Interpenetration nach dem Muster der Eltern-Kind-Kommunikation. Jede Beratungsbeziehung enthält ein mehr oder minder ausgeprägtes Moment der Hilfsbedürftigkeit, d. h. das Sich-auf-überlegene-Partner-("Autoritäten")-angewiesen-Fühlens und der Bereitschaft, Hilfe von einem solchen Partner anzunehmen; dies natürlich unter Erwachsenen-Bedingungen. Diese mehr oder minder ausgeprägten Anklänge an die Eltern-Kind-Beziehung machen das suggestive Moment (Chance und Risiko) jeder Beratungsbeziehung aus.

2. Funktionen der ichpsychologisch-psychoanalytischen Orientierung innerhalb der Organisationsberatung

Ich möchte nun in einem zweiten Teil zeigen, wozu eine solche ichpsychologisch-psychoanalytische Orientierung, die sich auf personale Systeme bezieht, aber an eine auf soziale Systeme bezogene Theorie *anschluß-fähig* ist, innerhalb der Organisationsberatung notwendig ist, d. h. welche spezifischen Funktionen sie innerhalb der Organisationsberatung erfüllt. Sie vermag das Beratersystem bei der Verfolgung folgender dreier Ziele innerhalb des Beratungsprozesses zu steuern:

1. das Klientensystem mittels Aufbaues von Kommunikationsstrukturen in eine gemeinsame persönlich engagierte Auseinandersetzung mit der Aufgabe der produktiven Weiterentwicklung des betreffenden Unternehmens mittels Selbstreflexion zu verwickeln;

2. mit den Beratungsanlässen, den präsentierten Problemen und als anstößig oder mangelhaft empfundenen Vorkommnissen so umzugehen, daß

Selbstachtung und Zutrauen des Unternehmens bezüglich Weiterentwicklung gestärkt werden und eine Distanzierung von den identifizierten unzureichenden Regelungen und unangemessenen überkommenen Überzeugungen und Orientierungen erreicht wird;

3. das Klientensystem anzuregen, sich auf neue, bessere Lösungen projektmäßig ausdrücklich einzustellen und den Prozeß der Progression, des Findens und Umsetzens neuer, „besserer" Lösungen und Regelungen auf einem neuen Emergenzniveau direkt interventionsmäßig zu fördern.

Das Klientensystem mittels Aufbaues von Kommunikationsstrukturen in eine gemeinsame persönlich engagierte Auseinandersetzung mit der Aufgabe der produktiven Weiterentwicklung des Unternehmens mittels Selbstreflexion zu verwickeln, ist eine komplizierte Kommunikationsaufgabe. Die Ausgangssituation der Beratung macht dies, wie oben schon bemerkt, deutlich. Wenn das Unternehmen ein Beratersystem kontaktiert, leidet es zwar unter bestimmten Problemen oder anstößigen, widrigen Vorkommnissen, weiß aber aufgrund der herrschenden Verhältnisse keine Lösung, da die unternehmenseigenen gebräuchlichen Lösungsstrategien nicht greifen. Es wendet sich an das Beratersystem in einer mehr oder minder hilflosen Lage und erwartet vom Beratersystem entscheidende Anstöße zur Lösung. Es entsteht die eben erwähnte suggestive (Abhängigkeits-)Beziehung, die das Beratersystem unter mehr oder minder massiven Druck der Stellungnahme bzw. des Handelns stellt (Angebote, Lösungsvorschläge). Auch wenn das Beratersystem bezüglich konkreter Vorschläge (hoffentlich) zurückhaltend ist, besteht doch die Gefahr, daß es die Problemformulierung des Klienten als Auftrag übernimmt. Dabei ist beratungstheoretisch klar, daß die Problemformulierung des Klientensystems nicht zu einer angemessenen Lösung führt. Für das Beratersystem entsteht daher die kommunikativ schwierige Aufgabe, zwar die Bedürftigkeit des Klientensystems voll und ganz, d. h. auch emotional deutlich, zu akzeptieren und sich entschieden für die erforderliche Beratung zur Verfügung zu stellen, d. h. die Beraterrolle zu akzeptieren, nicht aber die Problemdefinition des Klientensystems. Dazu ist eine gewisse Kompetenz im Umgang mit mehr oder minder demoralisiertem, desorganisiertem, zwiespältigem Personal nötig.

Primäres Ziel der Kommunikation seitens des Beratersystems ist, eine doppelte Kommunikation mit dem Klientensystem zu erreichen. Nämlich einerseits das Klientensystem zu ermuntern, die Mängel und Probleme dem Berater in der von ihm erlebten Form genau darzustellen. Dies dient zunächst vermeintlich nur der nötigen Information des Beratersystems, um es instand zu setzen, „zu helfen". Zugleich aber bedeutet es die Einleitung eines Selbstreflexionsprozesses des Klienten, da die genaue Darstellung von problematischen Regelungen und Mißständen einschließlich der zugehörigen Überzeugungen und Wertorientierungen das Klientensystem auf die Hintergründe und Implikationen, den Kontext, der beklagten Mißstände erstmals aufmerksam werden läßt. Die Darstellung für das Beratersystem leitet damit die Selbstbeobachtung des Klientensystems ein und macht das Beratersystem nach und nach überflüssig.

Andererseits muß das Bestreben des Beratersystems darauf gerichtet sein, die Originalität des Klientensystems, die Besonderheit seiner unternehmerischen und organisatorischen Eigenheiten und Lösungen, zu erfassen und durch entsprechende Interventionen als solche für das Klientensystem zu würdigen. Im Zusammenhang damit fällt beträchtliches Licht auf die gut funktionierenden, erfolgreichen, „positiven" Aspekte oder Bereiche des Unternehmens. Auf diese Weise wird erreicht, daß die Kommunikation zwischen Klientenorganisation und Beratersystem sowohl die als defizient erachteten als auch die vom Unternehmen als erfolgreich, gut funktionierend, charakteristisch oder kreativ angesehenen Regelungen und Lösungen umfaßt, eine für den weiteren Beratungsprozeß entscheidende Differenz. Zur Etablierung dieser doppelten Kommunikation ist einerseits natürlich eine gute sozialwissenschaftliche (sozialsystemische) Kompetenz erforderlich, andererseits aber eine differenzierte kommunikative, psychologische. Die suggestiven Angebote des Klientensystems müssen so angenommen werden, daß sich sowohl eine Kommunikation auf dem Niveau der vom Klientensystem erlebten Hilflosigkeit und Angewiesenheit auf Beratung einspielt als auch ein Ernstnehmen und Bestätigen des Klientensystems auf dem „erwachsenen" Niveau reifer origineller unternehmerischer Kompetenz und kreativer Entwicklungsmöglichkeit.

3. Umdeutung von Mängeln und Problemen

Vor dem Hintergrund der von Anfang an erfolgenden Hinlenkung des Klientensystems auf Selbstexploration und Selbstreflexion in Hinblick auf anstößige wie erfolgreiche, originelle Aspekte der geltenden Regelungen, Orientierungen, Überzeugungen und die Originalität („Individualität") des Unternehmens selbst stellt sich für den Berater die Aufgabe, mit den Beratungsanlässen, den präsentierten Problemen und als anstößig oder mangelhaft empfundenen Vorkommnissen so umzugehen, daß Selbstachtung und Selbstvertrauen des Unternehmens bezüglich kreativer Weiterentwicklung gestärkt werden und eine *Distanzierung* von den identifizierten unzureichenden, aber bisher praktizierten Regelungen und den unangemessenen überkommenen Überzeugungen und Orientierungen (Traditionen) erreicht wird. Das bedarf wegen der Gebundenheit des Unternehmens an die unzureichend an Umweltbedingungen angepaßte geltende Ordnung besonderer kommunikativer (psychologischer) Überlegungen und Kompetenzen; droht doch im Beratungsprozeß eine Überflutung beider Parteien der Beratungsbeziehung mit Negativem, Mangelhaftem, Anstößigem, Ärgerlichem samt zugehöriger Schuldzuweisungen, Geschichtsforschungen und Verdächtigungen.

Aufgabe des Beraters ist es, eine solche Überflutung der Beratungskommunikation mit Negativem zu verhindern. Dazu ist der weitere Ausbau der Kommunikation über die positiven und originellen Aspekte des Unternehmens förderlich, weil dadurch die Kommunikation balanciert und die Selbstachtung des Unternehmens gestärkt werden kann, die bei immer stärkerer Vergegenwärtigung von Negativem gefährdet ist. Mit diesem zweigleisigen Interesse des Beratersystems erweitert sich nicht nur das Verständnis des Beratersystems für das Unternehmen über den unmittelbaren problematischen Komplex hinaus, sondern das Klientensystem erhält damit das Angebot einer erweiterten Perspektive, die negative Erscheinungen in einem neuen Licht zu sehen gestattet.

Seitens des Beratersystems kann dies durch Interventionen gefördert werden, die die präsentierte Problematik in einen anderen (neuen, erweiterten) Kontext stellen („Umdeuten"). Die ausdrückliche Umdeutung seitens des

Beratersystems kann durch indirekte Verfahren wie fragende In-Beziehung-Setzung unterschiedlicher Unternehmensrepräsentanten („zirkuläres Fragen") ersetzt werden.

Die Befreiung des Klientensystems zu einem weiteren Entwicklungsschritt in Richtung auf ein neues Systemniveau setzt jedoch darüber hinaus eine kontinuierliche Umgangsweise mit den präsentierten Mängeln im Sinne „positiver Konnotation" voraus. Dies bedeutet, daß das Beratersystem die anstößigen bzw. mangelhaften, jedoch in Geltung befindlichen Regelungen, Orientierungen und Überzeugungen nicht direkt kritisiert oder in deren Kritik seitens des Klientensystems einstimmt, sondern dem Klientensystem aufgrund eigenen erzielten Verständnisses und darauf basierender diesbezüglicher Intervention zu einem positiven, d. h. mit den Wertorientierungen, Überzeugungen und Absichten des Unternehmens kongruenten Verständnis verhilft. Es handelt sich dabei um eine wichtige Variante der Umdeutung.

Indem das kommunikativ geschulte Beratersystem für die negativen, anstößigen „Beschwerden" der Klientenorganisation plausible wertkongruente Erklärungen anbietet, ermöglicht es dem Klientensystem, seine Selbstachtung und damit kreative Weiterentwicklungsfähigkeit wiederzuerlangen und in einen Prozeß der Distanzierung von den problematischen Praktiken und Überzeugungen einzutreten. Dies Verfahren der ausdrücklichen Identifizierung und verstehenden Einordnung (Umdeutung) bisheriger Muster von Erfahrung als Voraussetzung für eine Distanzierung von diesen Mustern ist in der psychotherapeutischen Psychoanalyse entwickelt und in der systemischen Therapie modifiziert worden (Gill 1982, Fürstenau 1992, Selvini Palazzoli et al. 1975, 1984, Watzlawick et al. 1974). Positive Konnotationen können z. B. die Botschaft enthalten, daß die anstößigen Regelungen und unangemessenen Orientierungen und Überzeugungen zu einer bestimmten Zeit oder in einem bestimmten Fall oder unter bestimmten Umständen durchaus sinnvoll, d. h. bestmögliche Lösungen waren bzw. sind oder einer bestimmten guten Absicht und Zielsetzung entsprachen bzw. entsprechen – mit der Perspektive für das Klientensystem, daß es darauf ankomme, unter den heutigen externen und internen Bedingungen eine entsprechend „gute" neue Lösung auf neuem Niveau zu finden. Wie-

54

derum ist für die situationsgerechte Konkretisierung dieser Maxime einerseits eine differenzierte sozialwissenschaftliche (sozialsystemische) Kompetenz erforderlich, andererseits setzt die angemessene Formulierung solcher Interventionen ein psychologisches Verständnis und eine kommunikative Interventionskompetenz voraus, die sich nicht selbstverständlich aus einer sozialsystemischen Analyse ergibt.

Das wird besonders im Umgang mit Klientensystemen deutlich, die dem Beratersystem merkwürdig, befremdlich, aggressiv, abweisend, verschlossen oder sonst schwierig entgegentreten, d. h. dem Konzept eines „guten", kooperativen Klienten nicht entsprechen. Statt in einen Machtkampf einzutreten, sich gekränkt-irritiert zurückzuziehen oder sich längere Zeit ohnmächtig und unsicher zu fühlen, fördert das Beratersystem die Beratung, in dem es sich zur Maxime macht, all dies „negative", defiziente Verhalten des Klientensystems zunächst selbst positiv in Bezug auf gute Absichten und honorige Wertorientierungen des Systems zu verstehen und dann im zweiten Schritt auch gegenüber dem Klientensystem entsprechend zu intervenieren. Erst diese Verfahrensweise eröffnet dem Berater unter diesen Umständen ein tiefes Verständnis der Eigenart des Klientensystems als originellen Unternehmens und verschafft ihm früher oder später Chancen förderlicher Einflußnahme im Sinne der Anregung neuer Freiheitsgrade des Klientensystems.

4. Direkte Förderung der Progression

Simultan und doch methodisch klar unterschieden hat das Beratersystem nach dem hier vertretenen Konzept einer psychoanalytisch-systemischen Unternehmensberatung Aktivitäten zu entfalten, die das Klientensystem anregen, sich auf neue, bessere Lösungen projektmäßig ausdrücklich einzustellen (statt bei den Problemen und Mängeln zu verharren), und den Prozeß der Progression, des Findens und Umsetzens neuer besserer Lösungen, Regelungen und Orientierungen auf einem neuen Emergenzniveau direkt interventionsmäßig zu fördern.

Dem liegt die dem gesunden Menschenverstand entgegengesetzte Überlegung zugrunde, daß nicht aus der Beschäftigung mit den Problemen schließlich die Lösung hervorgeht, sondern daß aus der phantasiemäßigen Antizipation der Lösung, dem „Sprung", Möglichkeiten der Realisierung dieser Lösung auf einem neuen Niveau entspringen (de Shazer 1985, 1988).

Das ausdrückliche Einstellen des Klientensystens auf Lösung geschieht durch situationsangemessenes Stimulieren der Phantasie, wie die Verhältnisse der Klientenorganisation in bezug auf den betreffenden Aufgabenbereich aussehen würden, wenn das Problem plötzlich gelöst wäre. Es ist oft erstaunlich, wie schnell die Beteiligten (die ja Experten für ihren Aufgabenbereich im Unternehmen sind) zur Antizipation von Lösungen kommen, die dann in den konstituierten Projektgruppen ausgearbeitet, konkretisiert und damit realisiert werden können. Hier setzt sich die von Anfang an auf Selbstachtung, Zutrauen, Selbstreflexion und kreative Fortentwicklung abzielende Interventionsstrategie des psychoanalytisch-systemischen Beratersystems konsequent in entsprechender Projektarbeit fort.

Diese Anregung einer engagierten lösungsorientierten Projektarbeit innerhalb und außerhalb der unmittelbaren Beratungssituation wird seitens des Beratersystems schließlich durch direkte Förderung aller für das Beratersystem erkennbaren progressiven (weiterentwicklungsorientierten) Ansätze des Klientensystems innerhalb der Beratungsbeziehung abgerundet. Da in diesem Zusammenhang aus kleinen positiven Veränderungen große Systemwirkungen im Sinne einer Niveauveränderung hervorgehen können, kommt diesem Aspekt der engagierten direkten Förderung jeglicher progressiver Ansätze besondere Bedeutung zu. Allerdings setzt auch dies wiederum eine doppelte Kompetenz voraus: eine sichere sozialwissenschaftliche (sozialsystemische) Einschätzung und Beurteilung und eine kommunikative Kompetenz der angemessenen Ausübung und Gestaltung direkter Einflußnahme. Denn Einschätzungsfehler und die Überdosierung wie Unterdosierung solcher Interventionen können für den Selbstreflexionsprozeß der Klientenorganisation negative, d. h. lösungshemmende Folgen haben. Psychologisch gewinnt das Beratersystem die Sicherheit richtiger Einschätzung und Dosierung aus einer angemessen differenzierten Erfahrung und Vertrautheit mit dem Klientensystem in sozialwissenschaftlicher wie psychologisch-psychoanalytischer Hinsicht.

56

5. Fazit

Die notwendigerweise sehr skizzenhaften Ausführungen haben hoffentlich evident machen können, weshalb die Unternehmensberatung sowohl einer sozialsystemischen als auch ichpsychologisch-psychoanalytischen Kompetenz bedarf. Ziel der Unternehmensberatung ist eine Veränderung des Klientensystems als eines originellen sozialen Systems. Dies ist jedoch nur durch eine im dargestellten Sinne zielorientierte Weise des Umgangs mit den personalen Systemen zu erreichen, die die Klientenorganisation gegenüber dem Beratersystem repräsentieren. Die Chancen erfolgreicher Unternehmensberatung stehen und fallen mit der Integration beider Kompetenzen. Die meisten Schwierigkeiten und Mißerfolge im Unternehmensberatungsbereich lassen sich bei näherer Analyse in Supervisionsprozessen auf mangelhafte Integration der beiden Kompetenzen zurückführen. So sei abschließend sowohl auf die Bedeutung einer gleichgewichtigen sozialwissenschaftlichen und psychoanalytischen Aus- und Fortbildung von Unternehmensberatern hingewiesen als auch auf das Verfahren der Supervision (Beratung der Berater), das in schwierigen oder verfahrenen Beratungsbeziehungen zu einer neuen Prozeßperspektive zu verhelfen vermag, sofern der Supervisor beide Kompetenzen angemessen und integrativ wahrzunehmen versteht.

Literatur

FÜRSTENAU, P.: Entwicklungsförderung durch Therapie. Grundlagen psycho-analytisch-systemischer Psychotherapie. München (Pfeiffer), 1992.

GILL, M. M.: Analysis of transference. Vol. I. Madison, Connecticut (Intern. Univ. Press) 1982.

LUHMANN, N.: Soziale Systeme. Grundriß einer allgemeinen Theorie. Frankfurt/M. (Suhrkamp) 1984.

LUHMANN, N.: Die Wirtschaft der Gesellschaft. Frankfurt/M (Suhrkamp) 1988.

SELVINI PALAZZOLI M./BOSCOLO, L./CECCHIN, G./PRATA, G.: Paradoxon und Gegenparadoxon. Stuttgart (Klett-Cotta) 1978.

SELVINI PALAZZOLI, M. ET AL.: Hinter den Kulissen der Organisation. Stuttgart (Klett-Cotta) 1984.

SHAZER, ST. DE: Wege erfolgreicher Kurztherapie. Stuttgart (Klett-Cotta) 1989.

SHAZER, ST. DE: Der Dreh. Überraschende Wendungen in der Kurzzeittherapie. Heidelberg (Auer) 1990.

WATZLAWICK, O./WEAKLAND, J. H./FISCH, R.: Lösungen. Zur Theorie und Praxis menschlichen Wandels. Bern (Huber) 1974.

WILLKE, H.: Strategien der Intervention in autonome Systeme. In: Baecker, D. et al. (Hrsg.): Theorie als Passion. Frankfurt/M (Suhrkamp) 1987.

WILLKE, H.: Systemtheorie. Stuttgart, New York (Gustav Fischer), 3. Aufl., 1991.

WIMMER, R.: Zwischen Differenzierung und Integration. Zur charakteristischen Dynamik von Organisationen mit steigender Eigenkomplexität. Gruppendynamik 21, 1991, S. 359 ff.

Rudolf Wimmer

Was kann Beratung leisten?
Zum Interventionsrepertoire und Interventionsverständnis der systemischen Organisationsberatung

1. Jede Beratung folgt ihrer eigenen Philosophie

Glaubt man den Geschäftsberichten von Beratungsunternehmungen, so nimmt die Nachfrage nach Beratungsdienstleistungen nach wie vor zu. Offensichtlich ist für viele Wirtschaftsunternehmungen die Zusammenarbeit mit externen Beratern in der Zwischenzeit zu einer Selbstverständlichkeit geworden. Noch vor zwei, drei Jahrzehnten war dies keineswegs so. Heute ist die Inanspruchnahme von Beratung durch Organisationen kein außergewöhnliches Ereignis mehr. Sie zählt vielfach zu den normalen Prozeduren in der Bearbeitung bestimmter Problemfelder, für die sich am Markt eben spezielle Dienstleistungsangebote ausdifferenziert haben. Lassen sich aus der erfolgreichen Etablierung dieses Dienstleistungszweiges Rückschlüsse auf die Wirksamkeit dieser Art von Arbeit in Organisationen ziehen? Sind die Berater und Beraterinnen das Geld wert, das für ihre Dienste aufgewendet wird?

Abgesehen von der Kenntnis der anfallenden Kosten, verfügen wir zur Zeit über recht wenig gesichertes Wissen hinsichtlich der Frage, welche Wirkungen das Beiziehen externer Organisationsberatung in der Praxis zeitigt, welcher Stellenwert diesem Umstand für die Problembearbeitungskapazität von Organisationen tatsächlich zukommt. Die eingehende Erforschung solcher Zusammenhänge bildet gegenwärtig noch keinen nennenswerten Fokus im Aufmerksamkeitsfeld der einschlägigen Disziplinen unseres Wissenschaftssystems. So etwas wie eine gezielte Beratungsforschung beginnt sich erst langsam zu etablieren (vgl. Steyrer 1991). Eines läßt sich jedoch aus dem Umstand der erfolgreichen Ausdifferenzierung ganz unterschiedlicher Beratungsdienstleistungen zweifelsohne schließen: Sie sind eine der gesellschaftlichen Antworten auf das deutlich erhöhte Komplexitätsniveau, mit dem Organisationen heute zu Rande kommen müssen, und solange es organisationsintern offensichtlich funktional ist, spezielle Problemlösungserwartungen an externen Instanzen festzumachen, wird die Kooperation mit Beratern ihre Fortsetzung finden. Zweifelsohne gibt es in ausreichendem Ausmaß gute Erfahrungen mit solchen Dienstleistungsangeboten, so daß ihnen seitens der nachfragenden Organisationen eine spezielle Problembearbeitungskapazität zugeschrieben wird.

Ungeachtet des Umstandes, daß uns das Wissenschaftssystem noch wenig Wissen über die Funktionalität externer Organisationsberatung liefert, so ist doch anzunehmen, daß die Frage nach der Wirksamkeit beraterischen Tuns für jeden Professional in diesem Tätigkeitsfeld eine große Rolle spielt. Beratungsbeziehungen sind ja in der Regel sehr leicht irritierbare Arbeitsbeziehungen. Es bedarf zumeist keines allzu großen Aufwandes, sich als Klient aus solchen Kooperationsbeziehungen wieder zu verabschieden. Schon aus diesem Grunde ist der Nachweis, daß man sich als Berater tatsächlich nützlich machen kann, in irgendeiner Form ständig zu erbringen. Wir vermuten, daß diese leichte Kündbarkeit des Berater/ Klientenverhältnisses eine besondere Sensibilität der Frage gegenüber schafft, wie man als Berater(in) erfolgreich für das Klientensystem tätig werden kann. Wann und unter welchen Bedingungen ist dies jedoch der Fall? Wann hat man als Berater(in) Erfolg? Welche Kriterien sind dafür ausschlaggebend? An welchen Effekten macht man die eigene Wirksamkeit fest? Wie kann man als Externer überhaupt Einfluß nehmen auf eine Organisation, wie dafür sorgen, daß sich dort nachhaltig etwas bewegt?

Es ist eine der Kernthesen des vorliegenden Beitrages, daß alle, die professionell in diesem Feld tätig sind, mit einem ganz bestimmten Fundus an Wissen operieren, der für die eben gestellten Fragen Antworten bereithält. Freilich wird es sich in vielen Fällen um kein besonders explizites Wissen handeln, vielmehr um ein ständig mitproduziertes Hintergrundwissen, das in den unterschiedlichsten Alltagssituationen dem beraterischen Tun seine

Orientierung gibt. Wir gehen also davon aus, daß jede Beratung einer ganz bestimmten Philosophie folgt (auch wenn diese oftmals nicht so ohne weiteres formuliert werden kann), deren Kern in einem Bündel von Grundüberzeugungen besteht, wie man als Berater(in) in Organisationen wirksam werden kann, welches Vorgehen dafür ausschlaggebend ist und welche Art von Interventionen deshalb sinnvoll sind und welche nicht. Da in den letzten Jahren das Tätigkeitsfeld sehr an Attraktivität gewonnen hat, taucht natürlich immer öfter die Frage auf: Wie entsteht dieses Wissen? Inwieweit ist es konkret benennbar und läßt es sich überhaupt professionalisieren?

Üblicherweise bündeln Professionen ihr berufsspezifisches Wissen in eigenen Ausbildungswegen, in denen ein Einüben erfolgsversprechender Handlungsroutinen und die Pflege der wichtigsten professionellen Standards erfolgt, in denen aber auch die Zutrittschancen zu den jeweiligen Tätigkeitsfeldern verwaltet werden. Die junge „Zunft" der organisationsbezogenen Beratungsdienstleistungen kann auf vergleichbare professionelle Traditionen nicht verweisen. Ihre Wissensbestände sind noch nicht in institutionalisierten Ausbildungswegen abgelagert und kanonisiert. Das diesbezügliche Know-how entsteht entweder durch die Mitarbeit in den diversen Beratungsunternehmen, durch das Hineinwachsen in die dort zur Verfügung gestellten Fachlaufbahnen, letztlich durch die Identifikation mit den für jedes dieser Unternehmen charakteristischen Standards und beraterischen Grundüberzeugungen. Dieses Wissen kann sich aber auch durch die Zugehörigkeit zu bestimmten Beratervereinigungen ausprägen und verfestigen oder schlicht durch die eigene ganz persönliche Berufserfahrung herausbilden. Die vielen Tausenden freiberuflich tätigen Berater und kleinen Beraterteams verfügen in erster Linie über einen solchen höchstperönlich zugeschnittenen Erfahrungsschatz, in dem ihr beraterisches Tun fundiert ist. Ihr Beratungswissen ist im wesentlichen über viele Jahre durch „handwerkliche Selbsterfahrung" entstanden, es steht den Betroffenen in ihrer Arbeit ganz selbstverständlich zur Verfügung, es ist aber anderen gegenüber gar nicht so leicht benennbar und deshalb auch schwer weiterzugeben. Denn häufig tritt ja das spezifische Erfahrungswissen, wie man als Berater(in) mit Organisationen umzugehen hat, gegenüber der eigenen

Fachidentität (als Betriebswirt, EDV-Spezialist, als Verfahrenstechniker, als Marketing- und Strategiespezialist etc.) weit in den Hintergrund. Vielleicht gerade wegen dieses eher impliziten Charakters sei hier nochmals hervorgehoben: Was immer Berater in ihrer Praxis mit Organisationen „anstellen", es liegt diesem Tun stets eine spezielle Philosophie des wirksamen Eingreifens in organisierte Sozialsysteme zugrunde, auf deren Grundlage im Alltag bestimmte Handlungsroutinen ausgebildet wurden, deren erfolgreicher Einsatz dann ihrerseits wiederum die beraterischen Grundüberzeugungen bestätigen hilft.

2. Was kennzeichnet das „Systemische"?

Das „Systemische" ist in der Zwischenzeit zu einem der sich rasch verbrauchenden Modeworte in der Beraterszene avanciert. Dieser Umstand prägt über weite Strecken die momentane Diskussion über diesen Ansatz. Einerseits wird viel Geheimnistuerei rund um diese Gedankenwelt betrieben, eine mehr vernebelnde als erklärende Begrifflichkeit verwendet, die als eindruckvolles Vehikel dazu dient, um einen besseren Durchblick auf die drängenden Probleme der Gegenwartsgesellschaft zu signalisieren. Genau dadurch werden aber andererseits heftige Gegenreaktionen provoziert, die bisherige Praxis wird verteidigt, qualifikatorische Scheingefechte werden ausgetragen, ohne daß die konkrete Beratungspraxis von irgend jemandem auch nur geringfügig tangiert wird. Es ist nicht die Absicht der vorliegenden Arbeit, einen weiteren Beitrag zu dieser Kontroverse zu liefern. Gleichzeitig ist es schon klar, daß es nicht zu verhindern ist, daß auch die folgenden Überlegungen in diesem Diskussionskontext rezipiert werden, d. h. als ein möglicher Zug auf dem sich ausdehnenden professionellen Spielfeld der Organsationsberatung angesehen werden.

Wenn im Kontext dieser Arbeit vom Systemischen die Rede ist, so ist damit keine beraterische Trickkiste gemeint, mit der es leichter fällt, in der Arbeit mit dem Klientensystem seine Vorstellungen zu realisieren. Dieser Begriff beschreibt vielmehr eine ganz bestimmte Art und Weise, auf sich und die Welt zu schauen. Natürlich besitzt diese Brille auch Konsequenzen für die praktische Arbeit. Die Prinzipien dieser Praxeologie blieben aber gänzlich unverständlich, gelänge es nicht zu sehen, wie der Systemiker seine eigene und die Realität anderer beobachtet. Die eigentümliche Auffassung von Wirklichkeit wie sie für die neuere Systemtheorie charakteristisch ist, speist sich aus denkerischen Umbrüchen, die sich gegenwärtig in ganz unterschiedlichen Wissenschaftsdisziplinen vollziehen (in der Biologie, in der Physik angestoßen durch die Chaosforschung, in der Kybernetik, in den Informationswissenschaften, in der Soziologie etc.). In praktischer Hinsicht kann nicht genug auf die Vorreiterrolle der systemischen Familientherapie hingewiesen werden, der die Organisationsberatung in den beiden letzten Jahrzehnten viele wichtige Impulse verdankt. Freilich zeigt sich gerade in der Beschäftigung mit dem Praxiskonzept der Familientherapie, daß die beraterische Arbeit mit nichtfamilialen Systemen, d. h. also in erster Linie mit Organisationen, die Entwicklung eines eigenständigen Interventionsrepertoires erfordert, das dem Unterschied dieser beiden Systemtypen gerecht wird. Worin liegen nun die wichtigsten Merkmale dieser besonderen Art, auf sich und die Welt zu schauen?

Es ist naheliegend, daß dem Systembegriff in diesem Zusammenhang eine grundlegende Bedeutung zukommt, die über seine alltagssprachliche Verwendung hinausgeht.

Wenn in unserem Kontext von Systemen die Rede ist, dann geht es zunächst lediglich darum, „daß mit dem Begriff des Systems nicht ein bestimmtes Objekt bezeichnet wird, sondern eine bestimmte Unterscheidung, nämlich die von System und Umwelt" (Luhmann 1991, S. 7). Die neuere Systemtheorie lädt dazu ein, daraufzukommen und zu entdecken, was man alles zu sehen bekommt, wenn man die Welt mit Hilfe dieser Unterscheidung von System und Umwelt beobachtet. Dies bedeutet, daß man sich als Beobachter stets für eine bestimmte Systemreferenz entscheidet. Ich schaue beispielsweise als Berater auf eine bestimmte Abteilung, auf eine Niederlassung, auf das Gesamtunternehmen, auf bestimmte Personen in der Organisation, auf eine Gruppe in derselben, auf die Kunden etc. Je nachdem, welche Systemreferenz ich wähle, bekomme ich andere Realitätsdimensionen zu Gesicht; denn die Festlegung eines Systembezuges bedeutet auch die Markierung einer Grenze, von der aus gesehen alles andere Umwelt ist, wobei ich dann aus dem Blickwinkel des betreffenden Systems nochmals zwischen einer normalerweisen relevanten und nicht relevanten Umwelt differenzieren kann.

Die Leitdifferenz von System und Umwelt besitzt für die Beratung von Organisationen eine vielfältige Bedeutung. Schon am Beginn eines jeden Beratungsprozesses lohnt es sich, der Frage „Wer ist eigentlich mein Klient?" besondere Aufmerksamkeit zu widmen. Die problemadäquate Abgrenzung des Klientensystems, also die Klärung der Frage, auf welche Einheit ich mich beraterisch beziehe, ist in jedem Fall eine wichtige Festlegung, weil sie eine Fülle weitreichender Implikationen für das weitere Vorgehen aufweist. Wenn ich bespielsweise vom Personalleiter einer Firma angesprochen werde, daß ein bestimmter Abteilungsleiter seines Unternehmens Beratung wünscht, weil er mit zwei seiner wichtigsten Mitarbeiter disziplinär nicht zu Rande kommt, dann sind allein auf der Basis dieser Informationen eine Reihe von Optionen offen , das Klientensystem zu definieren. Ich kann mir denken, vielleicht ist es das Beste, diesem Abteilungsleiter ein persönliches Coaching anzubieten, oder ich kann mich bemühen, den Abteilungsleiter mit den beiden genannten Mitarbeitern in einen gemeinsamen Problemlösungsprozeß zu involvieren, oder ich kann der Auffassung sein, daß das angebotene Problem überhaupt nur unter Einbeziehung der gesamten Abteilung tragfähig bearbeitet werden kann. Das Beispiel ließe sich noch in verschiedene andere Richtungen weiterspinnen. In jedem Fall zeigt sich, daß das sorgfältige Abgrenzen des jeweiligen Klientensystems selbst bereits ein wichtiger Teil des Beratungsprozesses ist und einen Blick für den optimalen Systembezug verlangt. Darüber hinaus spielt die angesprochene Leitdifferenz auch an vielen anderen Punkten des Beratungsprozesses eine wichtige Rolle, ob es nun darum geht zu ergründen, wie das Klientensystem für sich selbst mit dieser Unterscheidung umgeht, wie die Grenze zwischen Innen und Außen gesetzt und gehandhabt wird, was das System als seine relevanten Umwelten definiert, wie sich in der Organisation diese Selbstdefinition von Innen und Außen in den Strukturen und Abläufen wiederfindet etc.

Ein anderer Aufmerksamkeitsfokus des Systemischen zielt auf die besondere Art von lebenden Systemen, für ihre eigene Weiterexistenz zu sorgen.

64

Der chilenische Biologe Humberto Maturana hat dafür den Begriff „Autopoiesis" geprägt (sich selbst hervorbringen). Mit dieser Wortschöpfung
wird versucht, diesen eigentümlichen und geheimnisvollen Prozeß zu beschreiben, mit dessen Hilfe sich lebende Systeme als Ganzheiten, d. h. in
ihrer charakteristischen Einheit selbst reproduzieren, sich selbst ständig neu
schaffen und bei aller unvermeidlichen Veränderung ihre Identität bewahren bzw. über die Zeit hinweg weiterentwickeln. Produkt und Produzent
bilden hier eine untrennbare Einheit. Man spricht von Autopoiesis, um auf
die Notwendigkeit hinzuweisen, daß alles Leben zu seiner Selbstreproduk-
tion darauf angewiesen ist, durch ein Netzwerk systemeigener Operationen
eigene Strukturen und Grundelemente aufzubauen, um sich dann andererseits bei diesem Schaffensprozeß eben auf diese Strukturen und Elemente
zu stützen (Maturana 1981, S. 21).

Was kann daraus für das Verständnis von Beratung gewonnen werden? Die
Basiselemente sozialer Systeme sind Kommunikationsereignisse (Luhmann 1984, S. 387 ff). Solche Ereignisse tauchen auf und verschwinden
wieder. Sollen sich soziale Systeme am Leben erhalten, so muß jedes Ende
eines Kommunikations- oder Entscheidungsprozesses zugleich ein neuer
Anfang sein. Dies bedingt das Problem der permanenten Mitverantwortung
aller Beteiligten für die Anschlußfähigkeit der nächsten Schritte. Vor diesem existentiellen Hintergrund läßt sich etwa die Bedrohlichkeit radikaler
Kommunikationsverweigerung in sozialen Systemen gut ermessen. Normalerweise sorgen jedoch eingespielte Strukturen für die Steuerung der
Produktion von Anschlußereignissen und das Gelingen derselben sorgt seinerseits für die Bestätigung und Festigung der vorhandenen Strukturen. Es
ist hier nicht der Ort, um auf dieses wichtige Denkkonzept der Autopoiesis
in theoretischer Hinsicht noch weiter einzugehen. Für die Beratung enthält
es eine ebenso naheliegende wie auch überraschende Konsequenz. Lebende
Systeme müssen permanent Aktivitäten setzen, um ihr Weiterexistieren zu
sichern und ihre Strukturen aufrechtzuerhalten, d. h. sie müssen ständig
etwas tun, um so bleiben zu können, wie sie sind. „Statik" beruht hier
notwendigerweise auf einer ganz charakteristischen Dynamik, im Gegensatz zu nichtlebendigen Systemen, die ihre Form erhalten, wenn keine Aktivitäten an ihnen vollzogen werden. Diesen Zusammenhang kann man sich

in der Bearbeitung von Problemen des Klientensystems gut zunutze machen. Werden einem als Berater in Organisationen bestimmte Zustände, Abläufe, Verhaltensweisen und Kooperationsverhältnisse als problematisch angeboten, so kann man sich immer fragen, wie schaffen es die Beteiligten, das Problem aufrecht zu erhalten, wer trägt dazu was bei, welche Muster stabilisieren die Situation. Wenn sich eine problematische Situation in einem sozialen System über einen längeren Zeitraum hält, dann bedarf dies systemintern schon eines ziemlichen Aufwandes. Welche Funktion besitzt dieser? Was wird dadurch erreicht, geschützt, vermieden? Klienten werden häufig von der Vorstellung bestimmt, man müßte zur Problembeseitigung besondere Aktivitäten setzen, mit dem Erfolg, daß in der Regel mehr vom selben passiert. Oft genügt es, bestimmte Reaktionsmuster schlicht zu unterlassen, um die Problembearbeitung günstig zu beeinflussen. Hat man einmal begriffen, daß soziale Systeme ständig neuer Aktivitäten bedürfen, um ihre Probleme auf Dauer zu stellen, dann können sich die Beraterinterventionen darauf konzentrieren, jene Prozesse zu stören, die das Problem reproduzieren.

Ein wichtiger Aspekt des Autopoiesis-Begriffes liegt in der Vorstellung, daß alle Tätigkeiten und Wirkungsweisen eines sozialen Systems auf dieses selbst zurückwirken. Sie sind selbstbezüglich (rekursiv), in dem Sinne, daß jede Operation systeminterne Wirkungen hervorbringt, die die unumgängliche Ausgangslage für weitere Operationen bedeuten. Solche Systeme reagieren im wesentlichen nur auf eigene, selbsthervorgebrachte Zustände. Nicht die Umwelt oder irgendwelche Ursachen in derselben sorgen dafür, daß ein Lebewesen oder auch ein soziales System seine Form erhält, sondern das jeweilige System selbst. Um diesen Sachverhalt zu bezeichnen, spricht man in der neueren Systemtheorie von „operationaler Schließung". Dieses Denkkonzept der operationalen Geschlossenheit autopoietischer Systeme stößt vielfach auf große Irritationen vor allem bei all jenen, die als Berater wie auch als Theoretiker bislang mit dem „open systems approach" operiert haben (vgl. dazu Wimmer 1991, S. 94 ff). In der Tradition dieses Ansatzes sah man stets eine sehr enge, fast kausale Verknüpfung zwischen den internen Zuständen, Abläufen und Strukturen eines Systems und seinen relevanten jeweils gerade vorherrschenden Umweltbedingungen. Mit dem Konzept der operationalen Geschlossenheit läßt sich dieses Innen/Außenverhältnis nun sehr viel differenzierter fassen.

Autopoietische Systeme verfügen zwar über eine rekursiv-geschlossene Operationsweise, indem sie im wesentlichen auf selbsterzeugte Zustände und Zustandsveränderungen reagieren. Sie sind aber deshalb „weder umweltlose Systeme" noch können sie ihrerseits „ohne Einwirkungen durch und auf die Umwelt operieren" (Luhmann 1988a). Rekursivität heißt in diesem Zusammenhang lediglich, daß das Ergebnis von Operationen als Ausgangspunkt dient für den Anschluß weiterer Operationen desselben Typs. Beispielsweise dienen Entscheidungen in Organisationen als Basis für weitere Entscheidungen und diese wiederum für die darauffolgenden und so weiter. „Wenn das einmal ermöglicht wird, bildet sich ein System, das in einer Art offenem, nicht zielgerichtetem Verfahren stabile Eigenzustände sucht" (Luhmann 1990, S. 321), durch die es sich gegenüber seiner Umwelt abgrenzen kann. Haben sich soziale Systeme einmal etabliert, so sind sie ihrem Wesen nach selbstregulative Systeme. Sie sind laufend mit dem „Errechnen" von Regelmäßigkeiten, von „Eigenwerten" im Foersterschen Sinne beschäftigt (Foerster 1985). Dieser Vorgang der Selbstregulation operiert mit der Differenz erwartet/unerwartet bzw. Normalität/ Störung. Mit Hilfe dieser Differenz und dem Ausprägen von „Eigen-Werten" (d. h. von regelmäßig Erwartbarem) sichern sich soziale Systeme ihre eigene, stabile Realität. Man sieht, jede Ordnung benötigt ihr Gegenteil als wichtigen strukturbildenden Modus der Selbstregulation. Durch Abkoppelung und Grenzziehung gegenüber der Umwelt, durch die systeminterne Ausdifferenzierung und durch die rekursive Vernetzung der eigenen Operationen kann eine auch nach außen hin durchsetzungsfähige eigene Realität geschaffen werden. Die gelingende Reproduktion eines Systems (d. h. die Stabilisierung seiner operativen Geschlossenheit) generiert in der Auseinandersetzung des Systems mit seiner Umwelt jene Wirklichkeit, in der sich das System bewegen und am Leben erhalten kann. Soziale Systeme schaffen also in einem sehr viel stärkeren Maße aktiv ihre Realitäten, als dies im offenen Systemansatz angenommen wurde. Folgt man diesem Gedanken der „operativen Schließung", dem Prinzip der Selbstregulation über stabile Eigenzustände, dem Hervorbringen und Stabilisieren einer systemspezifischen Realität, dann sind das jedoch genau auch jene Mechanismen, mit deren Hilfe sich auch ein geschlossenes Wahnsystem bestätigt (Simon, Stierlin 1987, S. 41). Die Unterscheidung dessen, was auf Einbildung beruht und was nicht, ist demnach viel schwieriger vorzunehmen, als dies den Alltagsroutinen sozialer Systeme auf den ersten Blick erscheinen mag. Wie können also in diesem Ausmaß auf sich selbst bezogene Systeme die Angemessenheit ihrer Realitätskonstruktionen überprüfen? Was hilft ihnen, zwischen Selbsttäuschung und verläßlichen Orientierungen zu unterscheiden?

Jeder Prüfvorgang der Realitätsangemessenheit von Wissen ist auf eine dafür geeignete Kommunikation mit anderen angewiesen. Fehlt diese Möglichkeit, so scheint es unvermeidbar, daß der Unterschied zwischen der eigenen Welt und der Welt, in der man mit anderen sein Überlegen organisiert, bedrohlich groß wird. Wie läßt sich nun, ausgehend von der prinzipiellen Selbstbezüglichkeit autopoietischer Systeme, trotzdem ein überlebenssichernder Umweltkontakt denken? Auf welche Weise läßt sich beschreiben, wie solche Systeme bei aller Geschlossenheit mit ihren spezifischen Umwelten zusammenhängen? Welche Begrifflichkeit kann dabei helfen? Humberto Maturana verwendet in diesem Zusammenhang den Begriff der „strukturellen Koppelung". Er bezieht damit den Umstand, daß es gewisse redundante Veränderungen, Ereignisse, Bedingungen in der Umwelt eines Systems gibt, auf die es gelernt hat, sich zur Sicherung des eigenen Überlebens zu beziehen. Einen Vertrieb in einer Wirtschaftsorganisation gibt es, weil es oft in einer sehr sensiblen Weise darum geht, die aktuellen und potentiellen Kundenwünsche mit den innerbetrieblichen Möglichkeiten zur Herstellung von Gütern und Dienstleistungen zu koppeln. Eine Personalabteilung und eine innerbetriebliche Interessensvertretung gibt es häufig deshalb, weil die Koppelung zwischen den Personen und ihren Interessen einerseits und dem sozialen System Unternehmen andererseits sich nicht automatisch herstellt, sondern einer dauerhaften Betreuung bedarf.

Lebende Systeme ebenso wie soziale Systeme verfügen demnach über spezifische „Öffnungen", über die die Umweltkontakte laufen, wobei gerade an diesen Koppelungsstellen Systeme häufig über die Fähigkeit verfügen, Irritationen zu erzeugen, die aus dem jeweiligen Umweltbereich angeregt werden. Mit anderen Worten, Systeme haben äußerst selektiv Kontaktpunkte mit den für sie relevanten Umwelten entwickelt, wobei diese Punkte nicht willkürlich sind, sondern eng mit den spezifischen Überlebensbedingungen eines Systems zusammenhängen. Diese Selektivität ist sehr wichtig, denn kein System könnte sich und seine Umwelt beobachten, wenn es jedes Ereignis der Umwelt durch einen Eigenzustand beantworten müßte. Die Sorge um die „Anschlußfähigkeit eigener Operationen an eigene Operationen setzt eine scharfe Begrenzung der Sensibilität für Außenereignisse voraus." (Luhmann 1988b, S. 894). Die strukturellen Koppelungen eines Systems ermöglichen es diesem, seine Umwelt im Großen und Ganzen zu ignorieren, sich also den allermeisten Ereignissen gegenüber indifferent zu halten und nur ganz bestimmte Irritationen aufzunehmen, eben nur jene, die durch die systemspezifischen „Öffnungen" determiniert sind. Die Umwelt von Organisationen bedeutet für diese ein diffuses, konturenloses Rauschen. Einzelne „Töne" aus diesem Rauschen gewinnen für die Organisation erst Bedeutung, wenn sie sinnvoll auf ihre internen Entscheidungszusammenhänge bezogen werden können. „Das ist nur der Fall, wenn das System erkennen kann, welchen Unterschied es für seine Entscheidungstätigkeit ausmacht, wenn die Umwelt sich in der einen oder anderen Hinsicht ändert oder auch nicht ändert. Eine solche für das System in der Umwelt liegende Differenz, die für das System eine eigene Differenz, nämlich eine verschiedene Entscheidung bedeuten kann, wollen wir im Anschluß an Gregory Bateson Information nennen. Als ‚difference that makes a difference' ist Information immer ein Eigenprodukt des Systems, ein Moment des Prozessierens von Entscheidungen und nicht ein Faktum in der Umwelt, das unabhängig von Beobachtung und Auswertung existiert (Luhmann 1988c).

Folgt man dieser These von der höchstselektiven Beeindruckbarkeit von Organisationen durch Umweltereignisse, so ist es sinnwidrig anzunehmen, es gäbe so etwas wie eine „Punkt-zu-Punkt-Relation" zwischen Veränderungen in der Umwelt von Organisationen und ihren internen Strukturentwicklungen. Die Frage nach dem Stellenwert von Umweltveränderungen für die interne Strukturentwicklung von Organisationen ist vor dem Hintergrund der soeben angestellten Überlegungen wohl sehr viel differenzierter zu betrachten. Wahrscheinlich kommt der spezifischen Eigendynamik von Organisationen, die sich auf Grund interner Merkmalskonstellationen entfaltet, für die ablaufenden Prozesse und die Ausprägung von Strukturen eine wesentlich größere Bedeutung zu (vgl. dazu Wimmer 1992). Organisationen sind, um einen häufig verwendeten Ausdruck Heinz von Foersters (ders., 1985) zu gebrauchen, sogenannte „non-trivial machines", die nicht wie zeitunabhängige, vorhersagbare Maschinen einen gegebenen Input in den gewünschten Output transformieren (Organisation herkömmlicherweise verstanden als gezielte zweckorientierte Transformationsfunktion; vgl. auch Wimmer 1989). Solche Systeme gehorchen nur der eigenen Stimme, sie folgen ausschließlich der eigenen Melodie, sie greifen in all ihren Operationen auf Vorangegangenes, auf ihre eigene Geschichte zurück. Für Beobachter (für interne ebenso wie für externe) ist diese Geschichte immer viel zu komplex, um sich vollständig orientieren zu können. Blickt man also mit einem systemischen Blickwinkel auf Organisationen, so beobachtet und behandelt man diese als sich selbst reproduzierende Ganzheiten, die sich durch die Produktion und Aufrechterhaltung einer Grenze gegenüber ihrer Umwelt am Leben erhalten. Organisationen entdecken und verändern Ziele durch ihr Vermögen, sich in einer Weise mit ihren relevanten Umwelten in Beziehung setzen zu können, die die Integrität des Systems erhält und ihr Überleben in der jeweiligen Umwelt sicherstellt. Ziele zu finden und zu realisieren, die dieses Grundproblem von Organisationen ständig bearbeiten helfen und damit auch eine Antwort auf die Sinnfrage anbieten können, ist eine permanente Aufgabe, die heute in komplexen Organisationen an ganz unterschiedlichen Stellen wahrgenommen wird (längst nicht mehr und nur von der Spitze). Solche sozialen Systeme schaffen auf diese Weise einen ganz speziellen überindividuellen Kontext, der sich nicht auf personen- oder gruppenbezogene Faktoren reduzieren läßt (persönliche Interessen, Motive, charakterliche Eigenheiten etc.), obwohl diese im Alltagsleben von Organisationen natürlich eine große Rolle spielen.

Hat man als Berater(in) diese hier in aller Kürze skizzierten Denkkonzepte zu einem integrierten Bestandteil des eigenen professionellen Selbstverständnisses werden lassen, so hat dies für die Art und Weise, wie man

Probleme in Organisationen konzeptualisiert und was man damit in seiner beraterischen Funktion tut, weitreichende Folgen. Die aus meiner Sicht wichtigsten Konsequenzen gilt es, im Folgenden zu benennen.

3. Was berechtigt Berater(innen), sich in Organisationen „einzumischen"?

Es ist dies keine Frage nach der moralischen Berechtigung beraterischen Tuns, obwohl im Alltag diese spezielle Tönung durchaus oft zu hören ist, eben weil der Unterschied zwischen dem, der beraten werden soll und dem, der berät, keineswegs so leicht einsichtig ist. Beruht er darauf, daß der Berater fachlich der bessere Experte ist, oder mehr praktische Berufserfahrung aufweist oder schlicht eine ganz bestimmte persönliche Ausstrahlung hat, die vertrauenserweckend wirkt? Es ist zu vermuten, daß die Schwierigkeit, den Unterschied griffig zu benennen, heute noch dadurch unterstützt wird, daß sich in den zurückliegenden Jahren sehr viele aus ihren angestammten Berufen heraus selbständig gemacht haben und nun am freien Markt als Berater dasselbe tun, was sie früher in ihren Organisationen als „Experten für ..." auch gemacht haben.

Was macht nun das Spezifikum des Beratens aus, worin liegt die prinzipielle Möglichkeit dieser Art von Tätigkeit begründet und damit auch der Ansatzpunkt für ihre Professionalisierung? Eine Antwort auf diese Frage kann man gewinnen, wenn man sich genauer ansieht, wie Personen aber auch soziale Systeme (wie z. B. Organisationen) ihr Wissen über sich und ihre Realität gewinnen.

Den Anstoß dafür, daß eine Organisation mit Beratern Kontakt aufnimmt, ist in der Regel eine mehr oder weniger genau formulierte Problemlösungserwartung. „Unsere Kosten wachsen uns über den Kopf! Nennen Sie uns Einsparungsmöglichkeiten." „Wir haben mit dem Unternehmen XY fusioniert. Helfen Sie uns dabei, die erhofften Synergieeffekte zu realisieren!" „Wir sind uns im Vorstand uneins, welche Investitionsschwerpunkte wir in den kommenden Jahren setzen sollen. Unterstützen Sie uns bei der Entwicklung einer Unternehmensstrategie!" Solche und ähnliche Angebote prägen den normalen Berateralltag. Man kann zumeist davon ausgehen, daß solche Erwartungen seitens des Klientensystems organisationsintern bereits eine längere Vorgeschichte haben. Vielleicht hat es an verschiedenen Stellen schon unterschiedliche Anläufe gegeben, die Aufgabe intern zu lösen. Vielleicht waren auch bereits andere Berater am Werk. Möglicherweise ist der Entscheidung, es mit externer Unterstützung zu versuchen, ein interner Konflikt vorausgegangen, der es ratsam erscheinen ließ, neue bislang nicht beteiligte „Spieler" aufs Spielfeld zu holen. Wie auch immer, bestimmte Entscheidungsträger in der Organisation haben in der Hoffnung gehandelt, daß das Beiziehen von Beratern ein sinnvoller nächster Schritt sein könnte. Wie entsteht in Organisationen ein solches entscheidungsrelevantes Wissen?

Den Ausgangspunkt bilden stets Beobachtungen, daß etwas nicht so läuft, wie es sollte oder daß man vorausschauend vermutet, daß die Dinge sich nicht wie gewünscht entwickeln werden, wenn nicht bald etwas passiert. Die Grundlage jeder Art von Wissensproduktion bilden Beobachtungen. Aber was tun Beobachter eigentlich, wenn sie beobachten? Beobachtungen operieren notwendigerweise mit Unterscheidungen (etwas läuft gut oder schlecht, die Mitarbeiter sind engagiert und motiviert oder nicht, Marktentwicklungen sind erwartet oder unerwartet, die Kosten sind zu hoch oder halten sich im Rahmen, das Arbeitsklima ist bedrückend oder stimulierend). Personen wie soziale Systeme orientieren sich in verschiedenen Realitätsdimensionen, indem sie diese mit Hilfe von Unterscheidungen gleichsam abtasten. Was beobachtet wird, hängt folglich davon ab, welche Unterscheidungen der Beobachter benutzt. Das Ergebnis dieses ständig in unserem Alltag mitlaufenden Anlegens von Differenzen sind dann Bezeichnungen zumeist einer der möglichen Seiten der Unterscheidung (heute ist der Chef aber gut gelaunt und nicht so mürrisch wie sonst immer; die Werbekampagne war ein durchschlagender Erfolg und nicht so ein Flop wie die letzte, unsere Konkurrenz schafft wesentlich höhere Qualitätsstandards als wir etc.). Mit Hilfe von solchen Differenzschemata und den dadurch ermöglichten Bezeichnungen und Festlegungen erzeugen beobachtende Systeme *Informationen,* sei es über sich selbst oder über bestimmte Wirklichkeitsbereiche, in denen sie existieren. Auf der Basis solcher Informationen produzieren Organisationen ihre Entscheidungen, die dann ihrerseits die Grundlage für weitere Informationsgewinnung und Entscheidungsfindungsprozesse abgeben. Wie schon weiter oben betont, besitzen Informationen keinen dinghaften Charakter, sie sind nicht eine feststehende Sache, die von einem System zu einem anderen übertragen werden könnte. Eine Information entsteht erst durch die kognitive Tätigkeit eines Systems, das in diesem Entstehungsprozeß sein spezifisches Unterscheidungsvermögen mobilisiert. Es handelt sich also bei Informationen in jedem Fall um eine systemeigene Leistung und nicht um etwas, das von Außen (etwa von einem Berater) ins System hineingetragen werden könnte.

Mit welcher Brille eine Organisation vornehmlich beobachtet, hängt einerseits von ihrer primären Aufgabenstellung ab. Ein Wirtschaftsunternehmen schaut auf andere Dinge als eine Universität. Die im Alltag eingespielten Beobachtungsmuster und das, was sie an entscheidungsrelevanten Informationen ermöglichen, sind andererseits aber auch das Ergebnis der bisherigen Überlebens- und Lerngeschichte der Organisation. Mit anderen Worten: „Men observe with the eye of the past" (so Lundberg 1942, zit. bei Baecker 1991, S. 31). Der dominante Gebrauch bestimmter Unterscheidungen bildet sich im Laufe der Zeit durch die gemachten Erfahrungen mit denselben heraus. Waren sie nämlich in der Lage, dem Handeln des Systems, dem Umgang mit sich selbst und seiner Umwelt eine erfolgreiche Orientierung zu schaffen, so bestätigen die Auswirkungen dieses Handelns die verwendeten Unterscheidungen und stimulieren so ihren weiteren Gebrauch. Unterbleibt diese Bestätigung, erzeugt das stets Irritationen. Anders formuliert: Das, was wir in der Welt außerhalb von uns wahrnehmen, formt bis zu einem gewissen Grad unsere eigenen Wahrnehmungsmuster mit, es prägt die innere Landkarte mit, die uns in unserem Erkunden der Welt anleitet, eine Landkarte, die im Prozeß des Erkundens durch neue Erfahrungen ständig mitverändert wird. Dieser Selbstbestätigungsprozeß von Beobachtungen durch die Resultate eben dieser Beobachtungen führt organisationsintern zum Aufbau stabiler Bedeutungen, er verdichtet situative Einschätzungen zu festen Erklärungs- und Deutungsmustern, zu Grundüberzeugungen, die dann auch durch abweichende Erfahrungen nicht mehr so leicht zu erschüttern sind. Das, was wir an Wissen in Organisationen antreffen (ihre Landkarte), ist somit das Resultat eines wechselseitigen Definitionsprozesses von Beobachtungen, daran orientierten Verhaltensweisen und stabilen Grundüberzeugungen, eines Prozesses also, der sich im ständigen Hin und Her zwischen Selbst- und Femdbezug, zwischen nach Innen und nach Außen schauen, vollzieht und ständig wiederholt. In kognitiver Hinsicht folgt jedes soziale System letztlich jeweils eigenen Unterscheidungen. Die Wahl dieser oder jener Unterscheidung, die das Beobachtete markiert, ist nie durch die Umwelt vorgegeben, sondern immer eine eigene Konstruktion des Systems.

Systemische Organisationsberatung siedelt die Möglichkeit ihres Tätigwerdens genau an diesen Eigentümlichkeiten der Produktion von Wissen, des Herstellens von Realitätseinschätzungen über sich und die eigene Umwelt an (vgl. Wimmer 1992 a). Wenn mir als Berater eine bestimmte Problemlösungserwartung angeboten wird, so kann ich mich natürlich fragen, ob ich dieser überhaupt gerecht werden kann bzw. will oder ob der Klient diese Erwartung in einer sachlich zutreffenden Weise erhebt (wenn ich da Zweifel hege, werde ich als ersten Schritt eine aufwendige Diagnose vorschlagen) oder ich kann mich fragen, wie kommt der Klient überhaupt zu dieser Einschätzung und warum glaubt er , daß gerade ich als Berater ihn unterstützen kann. Ich kann mich also darauf konzentrieren zu beobachten, wie das Klientensystem in dieser Frage beobachtet und zu seinen handlungsleitenden Informationen kommt. Letzteres ist genau die Erkenntnisform der Kybernetik zweiter Ordnung (siehe Foerster 1985). Diese Art zu fragen, entspricht dem vieldiskutierten Konzept der Beobachtung von Beobachtungen (vgl. beispielsweise Luhmann 1990). Wir fragen in diesem Sinne nicht so sehr, was das ist, was ein System als gegeben ansieht (z. B. seine Problemlösungserwartung), sondern wie das erzeugt wird, was dem Beobachten des Systems als gegeben zugrunde gelegt wird (warum sieht der Klient etwas als problematisch an, woran zeigt sich das im Alltag, wer sieht dies noch so, wer sieht dies anders und warum ...). Diese Herangehensweise an Organisationen geht davon aus, daß jedes soziale System sich im Laufe seiner Geschichte seine je eigene Welt geschaffen und deshalb einen sehr eingegrenzten Blick auf sich und seine Umwelt entwickelt hat. „Ein System kann nur sehen, was es sehen kann. Es kann nicht sehen, was es nicht sehen kann. Es kann auch nicht sehen, daß es nicht sehen kann, was es nicht sehen kann" (Luhmann 1986, S. 52).

Diese systemspezifische Blindheit ist unvermeidlich. Gleichzeitig ist sie vor allem für komplexe Systeme mit einer hohen Umweltempfindlichkeit, wie es bei allen Wirtschaftsorganisationen der Fall ist, eine ständige Quelle hoher Irritation. Denn ist die eigene Handlungsfähigkeit angesichts des wachsenden Wissens um das eigene Nichtwissen noch zu sichern? Welche Strategien zur Absorption von Unsicherheit können da entwickelt werden? Systemische Organisationsberatung sieht ihre Existenzberechtigung eben in diesem Grunddilemma von Organisationen begründet. Sie ist eine der Antworten auf den Umstand, daß heute vielfach unter Bedingungen großer Ungewißheit und Intransparenz gehandelt werden muß und daß deshalb die Fähigkeit zur Realitätsprüfung eigener Einschätzungen eine wichtige Überlebensvoraussetzung geworden ist. Dieses Festmachen der Grundbedingungen für die Möglichkeit von Beratung an der prinzipiellen Begrenztheit des Wahrnehmungspotentials von Organisationen heißt nun nicht, daß diese Begrenztheit nicht auch für Berater gälte. Natürlich gilt das bisher Gesagte in uneingeschränktem Maße auch für sie. Wir alle unterliegen als Beobachter den genannten Beschränkungen beobachtender Systeme. Berater können jedoch in ihrer Arbeit den Umstand nutzen, daß sie auf Grund ihrer spezifischen professionellen Merkmale anderen Begrenzungen unterliegen als ihre Klientensysteme. Sie können genau diesen Unterschied nutzen und sich darauf spezialisieren zu beobachten, welche dominanten Muster zur Konstruktion seiner Realität ein Klientensystem aufgebaut hat, mit welchen Differenzschemata es primär operiert, was es mit deren Hilfe zu sehen bekommt und was nicht, welche spezifische Blindheit dieses System charakterisiert, welche Konsequenzen sich daraus für das Verhältnis zu seiner Umwelt ergeben, welche Informationsverarbeitungskapazität damit verbunden ist, in welchem Ausmaß also diese für das jeweilige System typische Art, sich seine Wirklichkeit zu schaffen, an der Erzeugung und Stabilisierung genau jener Problemlagen beteiligt ist, deretwegen Beratung nachgesucht wird und ähnliche Fragestellungen mehr. Beratung kann sich also darauf spezialisieren, Möglichkeiten zu schaffen, daß Organisationen, die Realitätsangemessenheit ihres Beobachtungs- und Problemlösungspotentials in einem geschützten Rahmen überprüfen und gegebenenfalls auch notwendige Veränderungsprozesse in Gang setzen können.

Sich darauf zu konzentrieren, wie Organisationen beobachten und damit ihre eigene Welt hervorbringen, schließt das Beobachten latenter Strukturen und Funktionen mit ein. So wie so mancher Fachberater für die latenten Dimensionen eines Klientensystems überhaupt keinen Blick hat, so sehr sind wiederum andere Berater darauf fixiert, all das zu sehen und beschreibbar zu machen, was sich dem Auge der Beteiligten in der Organisation entzieht und gleichsam hinter ihrem Rücken das interne Geschehen organisiert. In der theoretischen Konzeptualisierung dieser Dimension und im Versuch, sie während eines Beratungsprozesses einer Bearbeitung zugänglich zu machen, liegt ein besonderer Reiz der Beratertätigkeit. Sehr häufig wird der Zugang zum latenten Bereich einer Organisation dadurch versucht, daß man Denkinstrumente aus der Psychoanalyse – entwickelt zum Erfassen psychostruktureller Faktoren bzw. psychodynamischer Prozesse – auf soziale Systeme überträgt. Man spricht dann vom „kollektiven Unbewußten" einer Organisation, von „institutionalisierten Abwehrmechanismen", von einem „depressiven Klima" etc. Abgesehen davon, daß solche Begriffe bislang häufig nicht über ihren metaphorischen Charakter hinausgekommen sind, verleiten sie dazu, Aussagen über Personen unbesehen zu solchen über die Organisation zu machen. Natürlich ist es sinnvoll, sich zu fragen, welche Resonanz Organisationszustände in der Psyche, im Denken und Fühlen ihrer Mitglieder finden, um dann zu untersuchen, was man mit Hilfe solcher Resonanzphänomene über die Organisation erfahren kann. Dazu ist es aber notwendig, von dieser personenbezogenen Analyseebene wieder auf die Organisation als eigenständigem Realitätsbereich zurückzufinden, um die beiden Referenzebenen von Person und Organisation nicht ungebührlich zu vermischen. Der Rückgriff auf psychoanalytische Beschreibungskategorien zu dem Zweck, sich einen Zugang zur latenten Dimension einer Organisation zu eröffnen, hat bislang, abgesehen vom ethnopsychoanalytischen Bereich, seine theoretische Fruchtbarkeit vermissen lassen. Darüber hinaus unterstützt ein solcher Sprachgebrauch die ohnehin weitverbreitete Tendenz, sich primär über personenbezogene Zuschreibungen ein Bild von Organisationsverhältnissen zu machen.

Eine unter Beratern nicht weniger beliebte Form, sich einen Zugang zur Latenz zu verschaffen, ist das Operieren mit der Differenz formell/ informell. Man schaut dann darauf, wie stark der informelle Bereich ausgeprägt ist, welche Themen dort hauptsächlich behandelt werden, welche Aspekte aus der formellen Kommunikation ausgeklammert bleiben, welche Funktion diese Tabuisierung besitzt, was damit geschützt wird, was ein Ansprechen dieser Tabus bewirken würde etc. Letztlich kann man sich fragen, welche Aspekte nicht einmal der informellen Kommunikation zugänglich sind, obwohl sie einem beispielsweise in Einzelinterviews eröffnet werden. Man kann auf diese Weise verschiedene Stufen der Nichtbesprechbarkeit in Organisationen unterscheiden und zueinander in Beziehung setzen. Man schaut darüber hinaus das Verhältnis von formellen und informellen Kommunikations- und insbesondere Entscheidungsprozessen an, wie diese beiden Ebenen zusammenspielen und was dieses Zusammenspiel in der Organisation ermöglicht und was es verhindert. Für das Verständnis von Organisationen sowie für die Möglichkeiten und Grenzen von Beratung ist das Operieren mit dieser Differenz von großer praktischer Bedeutung, weil man sich als Berater zu beiden Kommunikationsmodi in irgendeiner Form in Beziehung setzen muß. Die Art und Weise, wie Berater diese Positionierung vornehmen, zählt zu ihren wichtigsten Interventionsmöglichkeiten.

Versucht man sich demgegenüber mit systemtheoretischen Denkwerkzeugen Aufschluß über das wichtige Problem der Latenz zu verschaffen, so bildet den Ausgangspunkt wiederum eine Eigentümlichkeit beobachtender Systeme. Sie operieren mit Unterscheidungen, um sich eine für ihre Existenz angemessene Realitätseinschätzung zu erarbeiten. Jede Unterscheidung kann jedoch im Moment ihrer Benutzung durch ihren Benutzer nur ungesehen verwendet werden. Dies heißt, daß jemand der eine Unterscheidung benützt, um mit ihrer Hilfe Informationen zu gewinnen, nicht im gleichen Moment auf diese Unterscheidung schauen kann. In den alltäglichen Kommunikationsprozessen einer Organisation bleiben die verwendeten Differenzschemata für ihre Benutzer in aller Regel unsichtbar. Sie sind für die Betroffenen gewissermaßen gar nicht vorhanden. Diese schauen nicht auf die Brillen, mit deren Hilfe sie sich miteinander ihre

Organisationsrealität schaffen. Dieses Spezifikum beobachtender Systeme – daß ihnen im Moment der Beobachtung die dabei verwendeten Unterscheidungen selbst nicht zugänglich sind – bildet den Kern dessen, was wir als Latenz bezeichnen (vgl. auch Luhmann 1991). Latenz ist in diesem Sinne eine ganz spezifische Art von Abwesenheit; denn sie besitzt ja eine tragende Funktion für das, was sich manifest abspielt. Das Manifeste schöpft seinen funktionalen Sinn auch aus der dazugehörigen Latenz, die ihrerseits ihren Sinn aus der Unzulänglichkeit dieses Sinnes für das System bezieht.

Nähert man sich diesem systemischen Verständnis von Latenz, dann schützt man sich als Beobachter latenter Strukturen davor zu glauben, einen besonders priviligierten Zugang zur Wirklichkeit zu haben, zu wissen, wie es im Klientensystem wirklich zugeht, das eigentlich Wichtige zu durchschauen etc. Die beraterische Professionalität im Umgang mit der Differenz manifest/latent zeigt sich gerade darin, daß sie jede asymmetrisierende Besserwisserei vermeidet und daß sie besonders verantwortlich mit aus solchen Beobachtungen gewonnenen Einschätzungen umgeht. Zweifelsohne generieren Berater, die mit dem Beobachtungsschema manifest/latent arbeiten, damit wichtige Informationen für die Beschreibung einer Situation und für die Wahl ihrer Interventionsrichtungen. „Sobald der Berater beginnt zu beobachten, wie das Unternehmen beobachtet oder wie im Unternehmen beobachtet, das heißt unterschieden und bezeichnet wird, kann er den Problemen dieses Systems einen Sinn geben, über den das System selbst nicht verfügen kann." (Luhmann/Fuchs 1989, S. 215). Eine wichtige Hilfestellung zur Eigenorientierung von Organisationsberatern ist es deshalb, gerade den latenten Sinn jenes Problems zu entziffern, das ihnen das Klientensystem jeweils zur Bearbeitung anbietet (nach dem Motto: was wäre anders, gäbe es das Problem nicht; wer müßte sich dadurch in welcher Weise neu positionieren, wer würde es vermissen, etc.). In diesem Kontext erweist es sich als sehr fruchtbringend, in der Beraterarbeit der Frage genauer nachzugehen, welche Problemlösungsversuche bislang zur Behebung der angebotenen Problematik bereits unternommen wurden, welche Muster der Problembearbeitung dabei zu beobachten sind und wie möglicherweise gerade die bisherigen Problemlösungsversuche zur Chronifizierung bestimmter Problemlagen im Klientensystem beigetragen haben. In jedem Fall generiert man als Berater(in) mit Hilfe des Beobachtungsschemas manifest/latent Informationen, mit denen man nachher das Problem hat, sich überlegen zu müssen, was man davon dem Klientensystem zugänglich machen soll. Wenn der Sinn der Latenz gerade in der Unzugänglichkeit ihrer Funktionalität für das System liegt, dann müssen sich Berater schon sehr gut überlegen, warum, in welchem Ausmaß und mit welchem Ziel das Klientensystem mit latenten Dimensionen der eigenen Realität konfrontiert werden kann. Eine prinzipiell „aufklärerische" Haltung von Beratern ist für diesen wichtigen Abwägungsprozeß zweifelsohne hinderlich. Darüber hinaus sind Berater oft gerade in der Anfangsphase dadurch gefährdet, daß sie zur eigenen Orientierung häufig glauben, möglichst umfassende Diagnosen erarbeiten, Interviews und Erhebungen durchführen zu müssen und übersehen dabei, daß sie im Klientensystem dadurch eine enorme Erwartungshaltung bzw. Befürchtung aufbauen, jetzt die eigene Wirklichkeit „von objektiver Seite" in vollem Ausmaß zurückgespiegelt zu bekommen. Solche Dilemmata kann man vermeiden, wenn man alle Diagnoseschritte von vornherein sorgfältig als Interventionen anlegt.

Die Ausgangsfrage dieses Abschnittes war: was berechtigt Beratung? Die Antwort lautete: die Art und Weise, wie beobachtende Systeme sich in Interaktion mit anderen ihre eigene Realität schaffen, impliziert charakteristische Begrenzungen. Diese geben im Beratungsprozeß die Grundlage für jene spezifischen Entwicklungschancen ab, die in der Beobachtung von Beobachtungen bzw. in der Kommunikation derselben liegen. Systemische Organisationsberatung ist auf die Bearbeitung dieses speziellen Zusammenhanges spezialisiert. Deutlich erleichtert wird diese Art von Beratung, wenn man als Berater(in) einer klaren Zielorientierung folgt und wenn man sich den für ein theoriegeleitetes Handeln erforderlichen Hintergrund erarbeitet hat. Denn wenn man sich als Berater über gewisse Zielsetzungen seiner Arbeit im klaren ist, dann werden diese Ziele die eigene Vorgehensweise organisieren und steuern, sie schärfen den Fokus der Beobachtungen und helfen die Reaktionen des Klientensystems auf die getätigten Interventionen angemessen zu verarbeiten.

Man kann drei Zielebenen unterscheiden, die in sich allerdings wiederum zusammenhängen und die sich für den genannten Zweck besonders gutt eignen:

1. Die Unterstützung des Klientensystems bei der Erarbeitung jener Informationen über sich selbst und die relevanten Umwelten, die eine angemessene Problemsicht ermöglichen. Eine bestimmte Sicht der Realität ist „angemessen" (adäquat), wenn sie ein System in seinem Handeln erfolgreich orientieren kann, wenn sie Erklärungen anbietet, die in seinem spezifischen Kontext Sinn stiften können und wenn dadurch die Überlebenschancen des Systems gewahrt werden können. Eine Vielzahl von Beraterinterventionen zielt deshalb darauf, die eingespielten Zuschreibungen und Erklärungsmuster für die eigenen Probleme zu irritieren.

2. Auf der Grundlage einer gemeinsam mit dem Klientensystem zustandegebrachten, erweiterten bzw. veränderten Sicht auf die Probleme und auf die Art und Weise, wie sie hervorgebracht werden, gilt es in einem Beratungsprozeß, realisierbare Varianten in der Transformation dieser bzw. im Umgang mit diesen Problemen wiederum gemeinsam mit dem Klientensystem herauszuarbeiten. Im günstigen Falle entstehen durch so einen beratergestützten Problembearbeitungsprozeß neue Optionen für das Klientensystem, die ihm bislang in der Form nicht zur Verfügung standen.

3. Letztlich ist es auch Aufgabe von Beratung, einen organisationsinternen Prozeß zu ermöglichen und zu fördern, der das systeminterne Potential für die gewählte Bearbeitungsrichtung mobilisieren hilft und die Problembearbeitungskapazität des Systems insgesamt und dauerhaft erweitert. Denn der Erfolg beraterischen Tuns liegt sicherlich dann vor, „wenn bestehende Routinen der Problemlösung durch neue Verhaltensweisen ersetzt werden" (Titscher 1991, S. 315). Ganz bestimmt ist dies für viele Beratungsprojekte ein hohes Ziel, weil die Rahmenbedingungen eine solche Zielerreichung häufig nicht zulassen.

Neben einer konsequenten Zielorientierung schaffen theoriegeleitete Annahmen über das Klientensystem sowie über die Möglichkeiten und Grenzen beraterischen Tuns eine hilfreiche Disziplinierung der Beobachtungen auf Beraterseite. Um sich ein differenziertes Bild der jeweiligen Situation machen zu können, in der man sich mit dem Klientensystem gerade befindet, muß man zwischen relevanten und irrelevanten Daten, Eindrücken und Beobachtungen unterscheiden können. Über die Relevanz aus der Sicht des Beraters entscheidet seine Theorie. Die vorangegangenen Überlegungen sollten einen Eindruck vermitteln, mit welchen „Brillen" systemische Organisationsberatung operiert, um vor diesem Hintergrund das Interventionsverständnis und die hauptsächlichen Interventionsrichtungen dieses Ansatzes diskutieren zu können.

4. Zum Interventionsverständnis der systemischen Organisationsberatung

Wenn in Beraterkreisen von Interventionen die Rede ist, dann meinen sie damit abgrenzbare Maßnahmen, die im Klientensystem ergriffen werden, um eine vorweg überlegte Wirkung hervorzurufen. Alltagssprachlich taucht dieser Begriff häufig dann auf, wenn im Beratungsprozeß ein Schritt ansteht, der in irgendeiner Form als schwierig erlebt wird. Denn dann stellt sich unvermeidlicherweise die Frage: Was tun? Interventionen sind aus der Sicht von Beratern Antwortversuche auf solche Situationen.

Man ist beispielsweise als Berater eingeladen, die Kooperationssituation innerhalb der obersten Führungsmannschaft eines Unternehmensbereiches zu verbessern. Nach einigen Vorgesprächen mit dem obersten Chef und vielleicht nach ein paar Interviews mit Teilnehmern aus der betroffenen Führungsebene geht es im nächsten Schritt dann darum, in einer gemeinsamen Klausur mit allen Beteiligten an dieser als unbefriedigend eingeschätzten Kooperationssituation zu arbeiten. In der Vorbereitung auf diese Klausur fragt man sich „wie werde ich das anlegen?", „wie interveniere ich am besten, um das Zusammenspiel der Führungskräfte auf dieser Ebene nachhaltig fördern zu können?" In solchen Situationen ist man froh, auf bewährte Prozeduren, Techniken des Vorgehens und Steuerns der Arbeitsprozesse während der Klausur zurückgreifen zu können, wenn einem also ein „Interventionsrepertoire" zur Verfügung steht.

Das in der Alltagspraxis von Beratern aus meiner Sicht vorherrschende Interventionsverständnis besitzt diese zwei wichtigen Implikationen: es geht um das gezielte Eingreifen ins Klientensystem (das heißt, in diesem etwas Bestimmtes zu tun und damit auch etwas Bestimmtes zu bewirken) und es geht um eine Art von Technologie, um ein Repertoire an bewährten, beraterischen Aktions- und Reaktionsmustern, die einem als Berater für dieses Eingreifen zur Verfügung stehen. Beide Aspekte dieses Interventionsverständnisses sind nicht ganz unproblematisch. Denn was heißt „eingreifen", „sich einmischen"? Kann man als Berater ins Klientensystem effektiv eindringen, seine Grenzen überschreiten, wie das von manchen Seiten offensichtlich angenommen wird? „Intervenieren bedeutet, daß man sich (als intervenierender Berater, Therapeut, etc.) einmischt, einschreitet; man überschreitet Grenzen, da man in ein System eindringt, man tritt zwischen übliche, tradierte Handlungszusammenhänge" (Titscher 1991, S. 313). Folgt man den Grundannahmen einer Theorie operational geschlossener, autopoietischer Systeme, so ist diese Vorstellung nicht zu halten. Lebende Systeme operieren grundsätzlich innerhalb ihrer Grenzen, wobei gerade die Aufrechterhaltung dieser Grenzen zu den grundlegenden lebenserhaltenden Mechanismen zählt. Grenzen sind freilich veränderbar. Eines bleibt jedoch sicher: Systeme können nicht außerhalb ihrer selbst agieren. Sie können über strukturelle Koppelung miteinander verknüpft sein und über diese Interaktion neue Grenzen ausprägen. Aber auch für diese neu gebildeten Systemgrenzen gilt das oben Gesagte.

Teilt man die Auffassung, daß, was immer man als externer Berater tut, dies außerhalb des Klientensystems passiert (auch wenn man dabei räumlich im Zimmer des Geschäftsführers sitzt), so hat das für das Interventionsverständnis sehr weitreichende Konsequenzen. Die wichtigste ist, daß sich der Aufmerksamkeits- und Gestaltungsfokus vom Klientensystem auf die Beziehung zwischen diesem und dem Beratersystem verlagert. Beratung passiert nicht im Klientensystem, sondern in einem eigens dafür geschaffenen sozialen Gefüge, das der Klient und die Berater durch gelingende strukturelle Koppelung miteinander formen, ohne dabei die eigenen Systemgrenzen in die eine oder andere Richtung aufzulösen. In diesem eigens kreierten, professionellen Kommunikationszusammenhang passiert Beratung und sonst eigentlich nirgends. Wenn also in diesem Zusammenhang von Interventionen gesprochen wird, dann sind damit *alle* Kommunikationen gemeint, die in diesem neugeschaffenen Kontext stattfinden. Folgt man diesen Überlegungen, dann wird es unmöglich, zwischen eigens ausgeschilderten Interventionen ins Klientensystem und Kontakten ohne Interventionscharakter zu unterscheiden, es sei denn, man will damit den Unterschied zwischen Maßnahmen, bei denen man sich etwas gedacht hat und solchen, wo das nicht der Fall war, besonders betonen. Intervenieren in diesem Sinne heißt also, das Kommunikationsgeschehen zwischen Berater- und Klientensystem so zu gestalten, daß dadurch die Weiterentwicklung der Problembearbeitungskapazität des Klientensystems angestoßen und befördert wird. Aus diesem Grunde sind alle Kommunikationsereignisse, die in der Beziehung zwischen Berater- und Klientensystem stattfinden, unter diesem Interventionsaspekt zu sehen, zu planen und auszuwerten. Dies hat beispielsweise zur Folge, daß der Kontaktaufbau, die Problemexploration, das Entscheiden über und die Implementierung von Maßnahmen simultane Prozesse sind, bei denen es schwer fällt, zwischen Diagnose- und Interventionsphase noch sinnvoll zu unterscheiden. Man kann demgegenüber auch davon ausgehen, daß alles, was die Berater tun, auch vom Klienten im Kontext der Beratungsbeziehung beobachtet und ausgewertet wird und je nach Qualität dieses Kontextes systemintern wahrgenommen wird oder nicht.

Diese Überlegungen zum Interventionsverständnis abschließend seien noch einige Anmerkungen zur „Technik" des Intervenierens angebracht.

Üblicherweise meint man mit der Technisierung von Arbeitsabläufen, daß der Vollzug der Tätigkeit ohne allzuviel eigenständige, auf die konkrete Situation bezogene Reflexion möglich ist, weil die einzelnen Schritte einer präzisen Konditionierung unterzogen werden können. In diesem Sinne bezeichnet der Technikbegriff einen Entlastungsvorgang: wenn A erledigt ist, dann folgt B. Das Anschlußverhalten, die Abfolge von Schritten wird präzise erwartbar gemacht. Die Suche nach solchen „Sozialtechnologien", die einen geplanten Wandel herbeiführen können und für die Entscheider steuerbar machen, begleitet die Organisationsentwicklungsdebatte seit ihren Anfängen (vgl. Wimmer 1991). Aus der geschilderten Eigenlogik sozialer Systeme heraus ist leicht erkennbar, daß die Hoffnung auf Interventionstechniken, die diesem Technologieverständnis gerecht werden, im Kontext von Organisationsberatung trügt. Es ist dies eine Art von Tätigkeit, die in ähnlicher Weise unter einem prinzipiellen „Technologiedefizit" leidet, wie andere professionelle Felder auch (vgl. etwa Luhmann, Schorr 1982, für das Erziehungswesen). Trotzdem oder vielleicht gerade deswegen lohnt es sich, darüber nachzudenken, wie dieses spezifische soziale System, das das Klientensystem und die Berater während eines Beratungsprozesses miteinander bilden, so gestaltet werden kann, daß gezielte Wirkungen im Klientensystem stimuliert werden, ohne dabei zu glauben, daß diese Wirkungen im direkten Zugriff herbeigeführt und kontrolliert werden könnten. Gesucht ist also eine neue Logik der Einflußnahme auf organisatorische Veränderungsprozesse und Entwicklungsverläufe, ohne den alten Suchmustern nach einer zentralen Steuer- und Beherrschbarkeit solcher Prozesse zu erliegen.

5. Die wichtigsten Interventionsebenen der systemischen Organisationsberatung

Den bisherigen Theoriehintergrund mitdenkend geht es im letzten Kapitel um eine exemplarische Erörterung von Gestaltungsebenen, die Beratern zur Verfügung stehen, um Klientensysteme bei ihrer Entwicklung erfolgreich zu unterstützen.

5.1 Die Schaffung eines geeigneten Beratungskontextes

Mit welchen ausgesprochenen und unausgesprochenen Erwartungen tritt das Klientensystem an die Beratung heran?

Anders als im therapeutischen Bereich, wo in der Regel die Therapiesituation relativ eindeutig die Arbeitsweise und die Beziehungskonstellation der Beteiligten definiert und innerhalb dieses therapeutischen Settings auch die wechselseitigen Verhaltenserwartungen bis zu einem gewissen Grade schon vorgeformt sind, ist die Beratung von Organisationen vom Start weg in vielerlei Hinsicht wesentlich offener. Wenn beispielsweise die Eltern mit ihren beiden Kindern zum Therapeuten kommen und den neunjährigen Sohn als Problem anbieten, weil er Bettnässer ist, so werden dieser Familie eine Reihe von Behandlungsbedingungen im Erstgespräch als gegeben vorgestellt. In den allermeisten Anfangssituationen einer Organisationsberatung ist die strukturelle Ausgangslage wesentlich offener. Die Rahmenbedingungen für die Kooperation der Berater mit der Unterstützung suchenden Organisation sind erst auszuhandeln und jeder Berater tut gut daran, diesen Aushandlungsprozeß so zu gestalten, daß er gegenüber dem künftigen Klientensystem in eine Position kommt, aus der heraus er über diesen Rahmen nach seinen eigenen professionellen Kriterien verfügen kann. Wer wann mit wem an welchem Ort und mit welchem Zeitbudget zu welcher Thematik zusammenkommt und wie die Honorargestaltung aussieht, sind wichtige Rahmensetzungen, deren Interventionscharakter nicht hoch genug eingeschätzt werden kann.

Was bieten die Repräsentanten einer Organisation, die mit Beratern Kontakt aufgenommen haben, diesen beim Erstgespräch meistens an? Sie wählen meiner Erfahrung nach ein Beziehungsangebot, wie es für die Kontaktgestaltung dieser Art von Organisation zu ihrer üblichen Umwelt charakteristisch ist. Wirtschaftsorganisationen beispielsweise kaufen und verkaufen. Sie bieten deshalb Beratern aus ihrer Sicht eine Problemstellung an, zu deren Bearbeitung sie von Außen Leistungen zukaufen. Beratern wird dadurch die Chance geboten, ihre eigene Dienstleistung zu verkaufen. Es geht folglich aus der Klientenperspektive um die Gestaltung einer ganz normalen Geschäftsbeziehung, in der selbstverständlich die Logik solcher Beziehungen zum Tragen kommt. Bei Unternehmungen als Klienten kann man also zunächst nicht damit rechnen, daß sie zumindestens auf der manifesten Ebene mit einem sie drückenden Problem kommen, zu dessen Linderung sie Hilfe beim Berater suchen. Diese autoritätsbegründende Asymmetrie, wie sie für das therapeutische Setting doch bezeichnend ist, ist für die Startphase einer Beratung in der Regel nicht zu erwarten. Hier muß man auf der Beziehungsebene mit sehr widersprüchlichen Angeboten rechnen. Vordergründig geht es zunächst oftmals um die Gestaltung der für

Wirtschaftsbeziehungen üblichen Spielregeln des „Miteinander ins Geschäft-Kommens": es werden erste Gespräche zur wechselseitigen Annäherung geführt, es werden Angebote gelegt, möglicherweise hat das Unternehmen mehrere Berater und Beratungsfirmen zur Angebotslegung eingeladen. In diesem Fall kommt es noch zu Präsentationen der Angebote vor den potentiellen Auftraggebern und zu entsprechenden Auswahlverfahren. Mit anderen Worten werden hier Beziehungs- und Annäherungsformen gewählt, zum Teil richtiggehend inszeniert, die dem Klienten „in spe" eine souveräne, übergeordnete Entscheiderposition sichern, die folglich die eigene „Kundenrolle" gegenüber den Beratern in den Vordergrund rücken. Gleichzeitig ist zu vermuten, daß irgendeine tiefergehende Problematik vorliegt, sonst müßte man sich ja von Außen nicht unterstützen lassen. Dieser Umstand, der eine ganz bestimmte Art von Abhängigkeit stiftet, prägt in einem Großteil der Fälle zumindest auf der manifesten Ebene nicht die Startphase von Beratungsprojekten und zwar nicht nur deshalb nicht, weil dem Klienten die eigenen Probleme nur sehr selektiv und verkürzt zugänglich sind sondern auch deshalb, weil in der Logik von Geschäftsbeziehungen solche Abhängigkeiten keine offen deklarierbare Basis für Zusammenarbeit abgeben. Organisationsberater müssen davon ausgehen, daß die dominanten Muster, mit deren Hilfe Organisationen ihre spezifischen Umweltkontakte gestalten, auch für den Kontaktaufbau mit externen Beratern zur Anwendung kommen. Dies bedeutet, daß in diesen Mustern für die Berater zumeist ein fixes Beziehungsangebot enthalten ist, eine ganz bestimmte Positionierung, aus der heraus vielfach kein sehr wirksamer Problembearbeitungsprozeß gestartet werden kann. Welche Konsequenzen sind daraus für die Steuerung der Berater/Klientenbeziehung zu ziehen?

Die Erstkontakte zählen mit zu den schwierigsten Phasen eines Beratungsprozesses. Ein besonders hohes Maß an Unsicherheit und Ungewißheit ist zu bewältigen. Man weiß in der Regel nicht sehr viel über den potentiellen Klienten, die neue Organisation ist eine undurchdringliche black box. Was wird da auf einen zukommen, welche Fragestellungen werden einem zur Bearbeitung angeboten, fühlt man sich dafür ausreichend kompetent, wird es gelingen, das, was man kann, in der kurzen Zeit dem

Klienten gegenüber sichtbar werden zu lassen? Wie entsteht ein ausreichendes Maß an Glaubwürdigkeit, damit beim Klienten jenes Minimum an Sicherheit grundgelegt wird, um sich auf eine Beratungsbeziehung überhaupt einzulassen etc., etc.? Gerade in solchen Situationen erweist es sich als günstig, die eigenen Bewältigungsformen von hoher Unsicherheit als Berater(in) gut zu kennen. Neige ich dazu, besonders vorsichtig und zurückhaltend zu reagieren? Versuche ich, mit besonderem Nachdruck meine fachliche Kompetenz zu signalisieren? Bin ich bemüht, rasch einen guten zwischenmenschlichen Kontakt herzustellen, ein gewisses Maß an Nähe und Vertrautheit aufzubauen? Wie wichtig ist mir in geschäftlicher Hinsicht dieser Auftrag? Unter welchem Erfolgsdruck stehe ich? Es sind dies Fragen, die behilflich sein können, die eigenen Verführbarkeiten zu bedenken, die möglicherweise ausschlaggebend dafür sein können, daß man die beraterischen Gestaltungschancen des Erstkontaktes nicht optimal nutzt, indem man sich beispielweise auf Beziehungsangebote mit dem Klientensystem einläßt, die den eigenen Handlungsspielraum als Berater unnotwendig einengen. Je klarer ich für mich selbst über professionelle Kriterien für den Aufbau einer Beratungsbeziehung verfüge, umso weniger bin ich der unvermeidlichen Eigendynamik dieser Phase des „Contractings" ausgeliefert.

Es wäre naiv zu glauben, daß eine Organisation nur deshalb, weil bestimmte Entscheidungsträger mit Beratern Kontakt aufgenommen haben, auch beraten werden will. Das Herstellen des spezifischen sozialen Kontextes „Beratung", in dem ein gewisses Maß an Erwartungssicherheit entsteht, worum es im Beratungsprozeß eigentlich gehen kann, wem dabei welche Aufgaben und Verantwortlichkeiten zukommen, vor allem welche Beziehungskonstellation den Beratungsprozeß günstig beeinflußt, die Konstitution dieses auf eine bestimmte Form der Problembearbeitung spezialisierten Kontextes ist selbst ein zentraler Gegenstand von Beratung. Zwei Bearbeitungsrichtungen können in der Anfangsphase den Aufbau dieses Kontextes fördern: Zum einen die Frage, wer welche Sicht hat von der zu bearbeitenden Fragestellung und was soll sich durch die Beratung ändern; zum anderen warum man meint überhaupt Beratung zu benötigen und warum man gerade mit mir/uns diesbezüglich Kontakt aufgenommen hat.

Das Wissen um den organisationsinternen Entstehungszusammenhang eines Beratungsbedarfes ist eine wichtige Voraussetzung dafür, daß sich Berater gegenüber dem Klientensystem sinnvoll positionieren können. Warum wird gerade jetzt Beratung nachgesucht? Wer hat dafür die Initiative ergriffen? Wer erhofft sich was von diesem Schritt? Wer steht dieser Initiative skeptisch gegenüber und warum? Sind noch andere Berater zur Zeit in der Organisation tätig, wenn ja, an welchen Problemstellungen arbeiten diese, wie wird das mit den geplanten Beratungsschritten zusammenpassen? Haben früher Berater bereits an ähnlichen Problemstellungen gearbeitet, welche Erfahrungen wurden dabei gesammelt, warum wurden Beratungsprojekte abgebrochen? Gerade die Geschichte „gescheiterter" Projekte ist in dieser Phase sehr aufschlußreich. Warum ist man gerade an mich/uns zwecks Zusammenarbeit herangetreten, wie kam diese Entscheidung zustande? Die Bearbeitung solcher Fragen erzeugt zwischen Klient und Beratern wichtige Informationen darüber, welche Muster des Umgangs mit Beratung eine Organisation bereits „gelernt" hat, wofür sie normalerweise „gebraucht" wird und welche Erwartungen sich speziell an mich als Person bzw. an die engagierte Beratungsfirma knüpfen. Hinter diesem Vorgehen steht die Annahme, daß das Herantreten an Berater oftmals einen der Züge in den organisationsinternen „Spielen" darstellt (zum Spielbegriff vgl. Neuberger 1988) und es kann ganz ratsam sein, sich als Externer mit den zugrundeliegenden Spielregeln vertraut zu machen.Dadurch schafft man sich und dem Klienten die Chance, Distanz gegenüber diesen eingespielten Mechanismen zu gewinnen und man muß nicht selbst unreflektiert in diese Muster eintreten.

Systemische Organisationsberatung fußt auf einem zielorientierten Vorgehen. Dies verlangt schon in der Anfangsphase realitätsgerechte Kenntnisse darüber, wie Berater und Klient feststellen können, wann das zu bearbeitende Problem als gelöst anzusehen ist. Woran wird der Klient merken, daß die Zusammenarbeit mit Beratern etwas genützt hat? Wer in der Organisation würde diese Frage wie beantworten? Wodurch könnten die Berater es schaffen, die Erwartungen auf Klientenseite nachhaltig zu enttäuschen? Was könnte das Klientensystem selbst dazu beitragen, daß sich aus seiner Sicht der Aufwand für den Beratungsprozeß nicht gelohnt hat? Das gemeinsame Herausarbeiten und Überprüfen von Erfolgskriterien für den ins Auge gefaßten Beratungsprozeß schafft nicht nur eine erste Erwartungssicherheit. Dieser Schritt hat darüber hinaus die Funktion, organisationsintern Energien für den Problemlösungsprozeß freizusetzen. Denn wie kann man schon sehr früh im Klientensystem angesichts seiner oft chronifizierten Problemerfahrungen die Erwartung entstehen lassen, daß sich die Situation verbessern wird? Durch das vom Klienten selbst geleistete Herausarbeiten einer benennbaren Differenz zwischen Gegenwart und Zukunft wird die Aufmerksamkeit auf künftige Entwicklungen gelenkt und die Tendenz zum Hadern mit dem gegenwärtigen Zustand bzw. mit jenen, die dafür verantwortlich gemacht werden, gebremst. Ohne das tragfähige Vertrauen in die Sinnhaftigkeit der Kooperation zwischen Berater und Klient können aus dieser Arbeit heraus schwerlich positive Entwicklungen angestoßen werden. Allerdings liegt eine der Schwierigkeiten des Anfangs von Beratungsprojekten häufig darin, daß sich beide Seiten aus einer verständlichen Scheu heraus zu oberflächlich und vordergründig mit den Erfolgskriterien für diese Zusammenarbeit auseinandersetzen. Viele wechselseitige Erwartungen bleiben so weitgehend implizit bzw. reichlich diffus. Auf diese Weise sind Enttäuschungen in aller Regel vorprogrammiert.

Es mag auf den ersten Blick befremdlich erscheinen, schon in den Erstgesprächen in dieser Deutlichkeit die angesprochenen Fragerichtungen mit dem Ziel zu bearbeiten, den Beratungskontext genauer zu fassen zu bekommen. Wahrscheinlich schafft dieses Vorgehen bei vielen Klienten zunächst eine ziemliche Irritation. Gleichzeitig setzen solche Einstiege, die ja Dimensionen zugänglich machen, über die normalerweise am Beginn einer Kooperationsbeziehung ganz sicher nicht gesprochen wird, wichtige Signale. Sie leisten einerseits eine ernsthafte Prüfung der Beziehungsvoraussetzungen für die Beratung und ermöglichen so beiden Seiten in gleichberechtigter Weise die Entscheidung, ob man sich angesichts der herausgearbeiteten Rahmenbedingungen aufeinander einlassen will oder nicht. Zum anderen forciert dieses Herangehen eine Auseinandersetzung mit realisierbaren Zielen und Aufgabenstellungen und begünstigt damit die erforderliche Orientierung des Klienten und seine Eigenverantwortung für künftige Entwicklungen. Paradoxerweise stiftet eine gekonnte Irritation dieser Art mehr Beziehungssicherheit als dies ein einfühlsames erwartungskonformes Eingehen des Beraters auf die Klientenwünsche längerfristig vermag, ganz abgesehen davon, daß die Souveränität des Beraters damit in der Gestaltung des Prozesses grundgelegt wird und die Schienen für das weitere Vorgehen nicht überwiegend nach der Beziehungslogik der zu beratenden Organisation gelegt werden. Darüberhinaus ist auf so einer Grundlage das Aushandeln weiterer Rahmenbedingungen (Honorargestaltung, Spesenverrechnung, Stornofragen bei Terminabsagen, Zeitbudget etc.) in der Regel kein ernsthaftes Problem mehr. Man kann umgekehrt vermuten, je offener der Beratungskontext am Beginn bleibt um so wahrscheinlicher sind spätere Konflikte um Geld und Zeit.

5.2 Die Klärung der Frage: „Wer ist mein Klient?"

In den bisherigen Überlegungen wurde regelmäßig der Begriff „Klientensystem" gebraucht, um das zu bearbeitende Gegenüber von Beratern zu bezeichnen. Dieser Sprachgebrauch unterstellt möglicherweise eine selbstverständliche Klarheit darüber, wer gemeint ist, wenn im Zusammenhang von Organisationsberatung von einem Klienten die Rede ist. Bei genauerem Hinsehen löst sich diese Klarheit relativ rasch auf. In aller Regel hat man es als Berater(in) mit hochkomplexen Gebilden zu tun, wo es zumeist nicht auf den ersten Blick klar ist, wie sich das Gegenüber des Beraters abgrenzen läßt. Dieser Abgrenzungsprozeß ist selbst ein Teil dessen, was in der Kooperation zwischen externen Beratern und der ratsuchenden Organisation zu leisten ist, wobei sich diese Grenzziehungen natürlich im Laufe eines Beratungsprozesses verändern können und dann in aller Sorgfalt immer wieder neu vorzunehmen sind.

Warum ist dieser Definitionsprozeß, der selbstverständlich gemeinsam mit den dafür geeigneten Ansprechpartnern der Organisation zu leisten ist, von großer Wichtigkeit? Wie schon weiter oben ausgeführt, verstehen wir unter Interventionen alle Kommunikationsereignisse, die im Zug eines Beratungsprozesses zwischen Klienten- und Beratersystem stattfinden. Beratung ist ein spezialisierter Kommunikationszusammenhang, von diesen beiden Systemen eigens hervorgebracht zum Zwecke der Problembearbeitung. Um diese Funktion sinnvoll erfüllen zu können, benötigen Berater ein definiertes Gegenüber, in dem alle erforderlichen Ressourcen, Entscheidungskompetenzen und betroffenen Interdependenzen für die Bearbeitung der angesprochenen Problemstellung in den Beratungsprozeß involviert werden können. Dies ist deshalb nicht so selbstverständlich, weil die kompetenzmäßig Hauptverantwortlichen für ein Problem nur allzu gern die Problembearbeitung delegieren, sei es an untergeordnete Instanzen oder an die Berater, um sich selbst möglichst aus dem Prozeß herauszuhalten. Gelingt es nicht die für eine bestimmte Problemstellung zentralen Entscheidungsträger auch ins Klientensystem zu integrieren, so ist es sehr wahrscheinlich, daß man nicht viel weiterbringt. Dies bedeutet, daß sich die Grenzen eines Klientensystems aus jenem Bearbeitungszusammenhang ergeben, den das gestellte Problem stiftet (es ist ein „problem-defined-system"). Je diffuser diese Problemstellung gehalten wird bzw. gehalten werden muß, um so weniger griffig ist die soziale Einheit, mit der man es von Beraterseite eigentlich zu tun hat, um so schwerer fällt es auch, im Beratungsprozeß einen „veränderungsoptimalen Systembezug" zu finden (vgl. auch Fürstenau 1984). Aus dem bislang Gesagten geht deutlich hervor, daß die Frage nach dem Klientensystem über das Herausarbeiten der für die Beratung relevanten Problemstellungen einer Organisation beantwortet wird. Es handelt sich dabei fast immer um eine heikle Aufgabe, weil es für beide Definitionsprozesse in der Regel notwendig ist, organisationsintern eingespielte Muster der Konstruktion von Problemsichten und die korrespondierenden Problembearbeitungsformen zu irritieren.

In engem Zusammenhang mit der Definition des Klientensystems und dem Aufbau eines tragfähigen Kommunikationszusammenhanges zwischen Klient und Beratern steht eine der Gretchenfragen für die Steuerung des Problembearbeitungsprozesses beim Klienten. Welche Themen, Aspekte und Arbeitsschritte dieses Prozesses sollten in diesem spezialisierten Kommunikationszusammenhang (genannt Beratung) bearbeitet werden und welche innerhalb der Operationen des Klientensystems, also ohne Beisein Externer. Die gut durchdachte Gestaltung des Verhältnisses zwischen diesen beiden Bearbeitungsebenen stellt eine der wichtigsten Interventionsrichtungen dar, die externen Beratern zur Verfügung stehen. Nochmals sei die These hervorgehoben, daß es in einem systemischen Sinne unmöglich ist, als Externer unmittelbar im Klientensystem zu operieren. Nachhaltig von Bedeutung für die Wirksamkeit von Beratung sind demnach jene Maßnahmen und Handlungsroutinen, die das Klientensystem im eigenen Bereich setzt. Beratung ist demgegenüber lediglich der Ort, der die eigenständige Mobilisierung des Problemlösungspotentials des Klienten anstoßen und begleiten soll. Wie im einzelnen das Verhältnis der Problembearbeitung in der Beratung im Vergleich zu der im Klientensystem zu gestalten ist, ist so auf einer allgemeinen Ebene schwer zu sagen. Es besteht sowohl die Gefahr einer Übersteuerung (d. h., daß zu viel an substantieller Bearbeitung in die Beratung übernommen wird) als auch die Gefahr der Untersteuerung (d. h. , daß zuwenig Impulse aus der Beratung ins Klientensystem gelangen). In beiden Fällen gelingt es nicht, die problemerzeugenden Operationsweisen des Klientensystems nachhaltig zu tangieren. Im folgenden werden in aller Kürze einige weitere Gestaltungsdimensionen beschrieben, die man als Berater benützen kann, um auf dem Weg über bestimmte Prozesse im Beratungssystem gezielt Wirkungen im Klientensystem anzustoßen.

5.3 Neue Vernetzungsformen von Rollenträgern und Organisationseinheiten zur Problembearbeitung

Organisationen steuern ihre Aktivitäten durch eine ganz bestimmte Art von Selektivität, in der sie ihre Mitglieder und Subeinheiten im Prozeß der Leistungserbringung miteinander verknüpfen. Die Spezifika dieser internen Verknüpfungsformen sind das Ergebnis ihrer jeweiligen Lerngeschichte, d. h. ihrem bisherigen Ringen um die Fortführung der eigenen Existenz. Die Produktivität eines Gesamtsystems ist nun in hohem Maße von der Angemessenheit seiner Verknüpfungsformen bestimmt (vgl. Varela, 1990). Es handelt sich hier zweifelsohne um eine kritische Variable, wenn es darum geht, die Entwicklungschancen eines Systems auszuloten bzw. zu erweitern. Im Alltag bestimmen eingespielte Strukturen, ob formeller oder informeller Natur, wann wer mit wem zum Zwecke der Aufgabenerfüllung zusammenarbeitet. Diese historisch gewachsenen Vernetzungsformen und die ihnen zugrundeliegenden Spielregeln besitzen eine ganz bestimmte, geschichtlich erprobte Leistungsfähigkeit, deren Funktionalität allerdings durch veränderte Rahmenbedingungen der eigenen Existenz durchaus in Frage gestellt werden kann. Im Festhalten an diesen Strukturen trotz veränderter Aufgabenstellungen und Leistungsanforderungen liegt häufig eines der Grundprobleme von Organisationen, die sich in sehr dynamischen und komplexen Umwelten bewegen müssen. Einem sozialen System in diesem Punkt mehr Optionen, eine größere strukturelle Plastizität zur Verfügung zu stellen, kann seine Antwortfähigkeit auf Veränderungen im Inneren wie in der Umwelt deutlich erhöhen.

Beratungsprojekte bieten zumeist eine gute Chance, scheinbar zementierte Selbstverständlichkeiten interner Kooperationsgewohnheiten bzw. Kooperationsvermeidungen „probehalber" zu überwinden. Während es für Organisationsmitglieder vielfach ratsam ist, sich in gewohnten Bahnen zu bewegen, können sich Außenstehende überraschende Kooperationsformen einfallen lassen. Sie können Strukturen der Problembearbeitung kreieren, die wesentlich schärfer an das zu lösende Problem angelehnt sind, als dies dem betroffenen System möglich ist. Als Berater hat man beispielsweise die Option, in einer Erhebungsphase mit Einzelinterviews zu operieren oder ganz gezielt bestimmte Rollenträger zu Gruppengesprächen zusammenzufassen, um auf diese Weise die Informationsschöpfung im System zu forcieren. Man kann die Frage nach den Qualitätsstandards im Unternehmen mit den Experten aus der Qualitätssicherung bearbeiten, man kann dazu aber auch Leute aus dem Vertrieb, der Produktion, aus dem Kreis der Kunden beiziehen.

Eine der Standardkommunikationsformen für Beratungsprojekte ist die Durchführung von Klausuren geworden, um ohne die Hektik des Alltagsgeschäftes an einer bestimmten Thematik zu arbeiten. Welche Funktionsträger werden bei solchen Gelegenheiten eingeladen, welche nicht? Es sind dies stets Gelegenheiten, um die dafür notwendigen Selektionsentscheidungen befragbar zu machen und sie auf ihre unterschiedlichen Funktionalitäten hin zu überprüfen. Eine besonders geeignete Vernetzungsform, die im Zuge eines Beratungsprojektes neben die etablierten Strukturen treten kann, ist die Projektorganisation (vgl. dazu Heintel/Krainz 1991 und dieselben in diesem Band). Für alle komplexen Problemstellungen ist es ratsam, im Klientensystem zur Problembearbeitung eine solche Bearbeitungsstruktur aufzubauen und ihre Arbeitsfähigkeit aus der Beratung heraus (also dort wo Klient und Berater miteinander kommunizieren) zu unterstützen. Besonderes Augenmerk ist unter dem Aspekt der internen Vernetzung auf die Art des Zusammenwirkens der Führungskräfte des Klientensystems in horizontaler und vertikaler Hinsicht zu legen. Von der Qualität dieses Zusammenspiels, d. h. von der Angemessenheit und Arbeitsfähigkeit der jeweiligen Führungsstrukturen hängt die Manövrierfähigkeit einer Organisation unmittelbar ab. Für Beratungsprojekte bildet diese Frage direkt und indirekt einen zentralen Fokus, wo man häufig vor der Entscheidung steht, wie intensiv man ihn mitbearbeiten kann bzw. soll; beispielsweise wenn es um strategische Neuorientierungen geht und es sich relativ rasch abschätzen läßt, daß, was immer bei dieser Neuorientierung inhaltlich herauskommt, die einflußreichen Entscheidungsträger einander blockieren werden.

Das Ziel dieser Interventionsrichtung ist es, dem Klientensystem die Logik der bestehenden Verknüpfungsmuster zugänglich und ihren Anteil an der Perpetuierung von Problemen erfahrbar zu machen. Wenn darüber hinaus für das Klientensystem neue problembezogene Verknüpfungsformen verfügbar werden, dann ist eine wichtige Zielsetzung von Beratung erreicht. Das hier vertretene Beratungsverständnis grenzt sich scharf gegenüber der Philosophie der klassischen Organisationsentwicklung ab. In dieser Tradition war es wichtig, für eine möglichst umfassende Beteiligung aller Problembetroffenen im Rahmen von Bearbeitungsprozessen zu sorgen. Diese Haltung übersieht zumeist die enorme Komplexitätssteigerung, die damit organisationsintern verbunden ist und die Folgeprobleme, die man sich damit einhandelt. Aus diesem Grunde ist es sinnvoll, das Partizipationsprinzip in das Gesamtproblem der zu bewältigenden Komplexität einzuordnen.

5.4 Die wechselnde Fokussierung bestimmter Themenschwerpunkte

Ähnlich wie jede Organisation im Laufe ihrer Geschichte ganz bestimmte systeminterne Vernetzungsformen zur Erledigung ihrer unterschiedlichen Aufgabengebiete ausprägt, so verfügt sie auch über ein in charakteristischer Weise eingegrenztes Repertoire an Thematisierungschancen. Für Berater bildet die damit verbundene Selektivität natürlich einen wichtigen Beobachtungsfokus. Welche Ausschnitte der eigenen Realität können organisationsintern zum Thema, d. h. zum Gegenstand einer in irgendeiner Form folgenreichen Bearbeitung werden? All das, worüber in einer Organisation nicht kommuniziert und was nicht zu Entscheidungen verdichtet werden kann, existiert für sie praktisch nicht, ist ihr selbst nicht verfügbar, auch wenn das entsprechende Wissen im Bewußtsein der Mitglieder vorhanden ist und in ihren privaten Kontakten möglicherweise auch ausgiebig besprochen wird. Diese scharfe Selektivität in den Thematisierungsmöglichkeiten einer Organisation ist, wie weiter oben schon ausgeführt, eine ihrer Existenzvoraussetzungen. Ohne diese nachhaltig internalisierten Grenzziehungen, wäre es nicht möglich, eine Engführung der Kommunikationsprozesse auf die organisationsspezifischen Aufgaben zu bewerkstelligen und damit Kriterien zu produzieren, die zwischen relevant und irrelevant unterscheiden helfen.

Für Berater bieten sich nun im Zuge eines Beratungsprojektes vielfältige Gelegenheiten, den thematischen Aufmerksamkeitsfokus des Klientensystems auf Realitätsbereiche zu lenken, deren Bearbeitung diesem bislang nicht zugänglich war, für die angestrebte Problemlösung jedoch sehr zielführend erscheint. Dies reicht von den Themen, die in einem Erstgespräch zur Sprache kommen über die thematische Schwerpunktbildung für eine Klausur und die Art und Weise, wie der Prozeß während derselben inhaltlich gesteuert wird, bis hin zur Eingrenzung von Themenbereichen, die einer projektförmigen Bearbeitung im Klientensystem zugänglich gemacht werden. Die Kreation von Themen und die Wahl des geeigneten Zeitpunktes ihrer Bearbeitung bildet eine der zentralen Gestaltungsdimensionen im Zuge eines Beratungsprozesses. Es ist deshalb ratsam, sehr viel

Energie und beraterinterne Reflexionszeit auf die Präzisierung thematischer Bearbeitungsangebote gegenüber dem Klientensystem zu verwenden bzw. abzuwägen, in welchen Situationen solche Angebote gemeinsam mit den Klienten entwickelt und in welchen diese vom Beraterteam eigenständig vorgeschlagen werden. Auch in diesem Zusammenhang ist die Unterscheidung, welche Themen gemeinsam zwischen Klient und Beraterteam bearbeitet werden und welche zwischen diesen Beratungsgelegenheiten im Klientensystem anzugehen sind, von großer Bedeutung. In der sensiblen Handhabung dieser Unterscheidung liegt ein wesentlicher Schlüssel für die Wirksamkeit von Organisationsberatung. Sie macht dem Klientensystem bislang ausgeklammerte Realitätsdimensionen zugänglich, sie schafft dafür eine Sprache und dementsprechende Verständigungsmöglichkeiten im System und sie mobilisiert und fokusiert, wenn das Timing paßt, in gezielter Weise die Bearbeitungsenergien im Klientensystem.

5.5 Das Etablieren von Selbstreflexionsmechanismen

Eine Spezialform der thematischen Fokussierung ist das Anbieten von Gelegenheiten, in denen das Klientensystem oder Teile desselben sich selbst zum Thema machen. Für alle komplexeren sozialen Systeme ist die Fähigkeit, zwischen unterschiedlichen Operationsweisen zu wechseln, d. h. einmal aufgabenbezogen die Prozesse voranzutreiben und dann wieder auf das zu schauen, wie es einem dabei geht, ein wichtiger Modus der Selbststeuerung geworden. Sich seiner selbst immer wieder einmal zu vergewissern, d. h. in gezielter Weise Informationen über sich selbst zu verarbeiten, schafft die erforderlichen Entscheidungsvoraussetzungen, um als System auf vergangene bzw. künftig zu erwartende Entwicklungen im Inneren wie in der Umwelt antworten zu können. Deshalb ist der Umgang mit Selbstreflexion ein wichtiger Indikator für die Lernfähigkeit einer Organisation. Beratungsprojekte sollten stets einen Anlaß bieten, das diesbezügliche Potential einer Organisation weiterzuentwickeln. Man kann dazu entweder die Zeitdimension benützen, indem man z. B. am Ende einer Klausur gemeinsam über deren Verlauf nachdenkt, bei längeren Projekten

Zwischenauswertungen einbaut, nach Beratungssitzungen gemeinsam darüber reflektiert, wie der Prozeß gelaufen ist, welche Erwartungen getroffen wurden, welche nicht etc. Hier operiert man mit der Differenz vorher/nachher. Man denkt über sich als System nach, indem man zurückschaut, Selbstbeobachtungen kommuniziert und auf diese Weise für einen bestimmten Zeitpunkt ein gemeinsam geteiltes Bild von sich selbst hervorbringt. Dieses schafft Optionen für weiteres Anschlußhandeln. Es ist sinnvoll, solche Gelegenheiten für die Beratung selbst zu schaffen, also für jenes System, das Berater und Klient für die Zeit des Beratungsprozesses miteinander neu hervorbringen. Einerseits kreiert man auf diese Weise für das eigene Beraterteam wichtige Orientierungen, zum andern lernt das Klientensystem exemplarisch selbstreflexive Bearbeitungsformen und sieht deren Steuerungswirkung. Gleichzeitig kann das Klientensystem für den eigenen Bereich angeregt werden, mit dieser Form der Selbststeuerung zu experimentieren und in die systemeigenen Operationsweisen dort, wo es paßt, gezielt einzubauen. Beispielsweise kann das in vielen Organisationen längst zum Ritual degenerierte „Mitarbeitergespräch" zu so einem periodischen Selbstreflexionsanlaß herangezogen werden, der dem Vorgesetzten wie seinem Mitarbeiter Gelegenheit gibt, über die eigene Arbeitsbeziehung gemeinsam nachzudenken und daraus für die nächste Zukunft Vereinbarungen abzuleiten. Das, was hier in der Dyade für ein ganz spezielles Kooperationsverhältnis vorgesehen ist, kann natürlich auch auf der Teamebene praktiziert werden.

Neben dem Ausnützen der Zeitdimension, der Differenz von vorher und nachher für Selbstreflexionsprozesse eignet sich auch das Verhältnis von innen und außen vorzüglich dafür. Wie sehen wir uns als Organisation im Vergleich zu anderen? Wer sind wir eigentlich im Unterschied zu vergleichbaren Einrichtungen? Welches Bild haben die Kunden von unserem Unternehmen, wie sehen uns unsere Mitbewerber? Solche Fragen nehmen in dem Ausmaß an Brisanz zu, als die historisch gewachsene Identität einer Organisation ihre aktuelle Orientierungskraft einbüßt. Der Grund dafür kann sowohl darin liegen, daß die im Inneren aufgebaute Eigenkomplexität eine systematische Überforderung schafft (z. B. durch eine Fusion, durch großangelegte Firmenübernahmen, durch rasche Internationalisierungsschritte etc.) oder daß die Austauschrelationen zwischen dem System und seinen relevanten Umwelten aus irgendwelchen Gründen nicht mehr passen oder die Befürchtung zunimmt, daß sie in absehbarer Zukunft nicht mehr passen werden. Daraus resultieren Zwänge zur Selbstthematisierung des Gesamtsystems: Wer sind wir denn eigentlich? Auf was wollen wir in Zukunft hinaus? Worin liegt der Existenzgrund unserer Organisation? Es ist zu beobachten, daß die durch die Eigendynamik des übergeordneten gesellschaftlichen Kontextes definierten Existenzbedingungen von Organisationen solche Selbstthematisierungszwänge gegenwärtig sehr verschärfen. Entsprechend ist der Bedarf nach einer Leitbildentwicklung bzw. nach strategischen Orientierungen in vielen Bereichen enorm gewachsen. Hier ist die Kompetenz von Beratern zur Konzeption und Steuerung von Selbstreflexionsprozessen komplexer Systeme noch in einer ganz anderen Weise gefordert, als bei der vorhin skizzierten prozeßbegleitenden Form. Im Kern geht es um das Hervorbringen von alternativen Selbstentwürfen sowie um das Herstellen einer breiten systeminternen Akzeptanz für einen dieser Entwürfe und in der Folge um das Fixieren von verbindlichen Rahmenentscheidungen, die die getroffenen Identitätsfestlegungen nach innen und außen beleben helfen. Geht man mit dem Blickwinkel der systemischen Organisationsberatung an solche Problemstellungen heran, so entstehen zweifelsohne andere Bearbeitungsformen, als sie sich in der klassischen Unternehmensberatung dafür eingebürgert haben (vgl. dazu Boos in diesem Band).

So einleuchtend in der Theorie der Modus der Selbstreflexion für die Steuerung komplexer Organisationen sein mag, so schwierig ist der Umgang damit in praktischen Zusammenhängen. So wie es auf der Personenebene begünstigende Bedingungen für ein gezieltes Nachdenken über sich gibt (z. B. eine ausreichende positive Besetzung der eigenen Person sowie eine Neugierde, ein Interesse für das Andere, für das Fremde sowie für den Blick auf das eigene Selbst aus der Sicht dieser Anderen), so gibt es Organisationszustände, die für selbstreflexive Prozesse nur sehr schwer oder gar nicht zugänglich sind. Organisationskulturen, die das Denken und Fühlen ihrer Mitglieder ausschließlich auf die möglichst fehlerfreie Reproduktion des Status quo konzentrieren, in denen eigene Beweglichkeit bestraft wird, die von stark asymmetrischen Machtverhältnissen geprägt sind, die immer wieder ganz bestimmte Ohnmachtserfahrungen reproduzieren, die in gewisser Hinsicht eine positive Besetzung der eigenen Ohnmachts- und Demütigungserfahrungen nahelegen, solche Zustände sind über eine Einladung zur Selbstreflexion nicht wirklich zu erreichen. Man tauscht bei solchen Gelegenheiten die Gewißheit aus, daß ohnehin nichts zu machen ist, man versichert sich wechselseitig, wie schlecht es allen geht, wie absolut sinnlos es ist, irgend etwas zu tun, etwas Neues zu versuchen; es ist ohnehin alles zum Scheitern verurteilt. Organisationskulturen mit einer hohen Resistenz gegenüber dem Selbststeuerungsmodus der Reflexion schaffen für Organisationsberatungsbemühungen in der Regel sehr schwierige Ausgangsbedingungen. Insbesondere unter solchen Rahmenbedingungen kann der Einsatz bestimmter Fragetechniken und Verfahren der Problemevaluation, wie sie auch in der systemischen Familientherapie zur Anwendung kommen, weiterhelfen (vgl. Simon 1990, de Shazer 1989).

5.6 Der Prozeß der Informationsschöpfung im System

Ein System sieht, was es sieht und es sieht in der Regel nicht, daß es nicht sieht, was es nicht sieht. Dieser Grundzusammenhang ist dafür ausschlaggebend, daß bestimmte Ereignisse in Organisationen zu handlungs- und entscheidungsrelevanten Informationen verarbeitet werden und daß sich Systeme im übrigen gegenüber dem Rest der Welt indifferent verhalten können. Wir haben weiter oben betont, daß diese unvermeidliche Begrenztheit dafür ausschlaggebend ist, daß externe Organisationsberatung überhaupt einen Sinn macht. Im Alltag von Beratern haben sich unterschiedliche Tendenzen herausgebildet, um mit dieser möglicherweise problemerzeugenden Begrenztheit des Wissens auf Seiten des Klientensystems umzugehen. Die einen, die ihre Beratertätigkeit aus einer ganz bestimmten Fach- oder Managementexpertise schöpfen, sehen darin in erster Linie ein Kompetenzproblem, das durch die eigene Expertise kompensiert werden muß. Aus dem eigenen Expertenstatus heraus weiß man, was dem Klient fehlt und versucht deshalb, ihm dieses Know-how möglichst effizient zur Verfügung zu stellen. Für andere ist der blinde Fleck des Klientensystems sowie der Umstand, daß man als Berater am Beginn ja auch noch keine Ahnung davon hat, ein Anlaß für zumeist aufwendige diagnostische Anstrengungen. Es werden eine Vielzahl von Interviews gemacht, Prozeßbeobachtungen und Auswertungen anderweitig zugänglicher Daten, die dann zu einer gesamthaften Zustandseinschätzung des Klientensystems verwertet werden. In beiden Fällen stellt sich in der Praxis zumeist das Problem, daß das beraterseitig zur Verfügung gestellte Wissen im Klientensystem nicht wirklich anschlußfähig ist und zwar in dem Sinne, daß dadurch entscheidungsrelevante Prozesse angestoßen würden. Dies wird leicht verständlich, wenn man sich vor Augen hält, daß jede Information eine systemeigene Leistung darstellt und wenn diese von außen kommenden Gutachten oder Diagnoseberichte nicht in die systemspezifischen Verarbeitungsmechanismen passen, bleiben sie ein unverständliches Umweltrauschen. Sie werden schubladiert oder stoßen auf Unverständnis oder Ablehnung. Es ist ausschließlich das Klientensystem, das aufgrund seiner internen Strukturen und Operationsweisen die Kriterien vorgibt, unter denen es sich von externen Beratern wirkungsvoll beeindrucken läßt.

Blickt man mit einer systemischen Brille auf diese Problematik, dann sieht man, daß es offensichtlich wenig Sinn macht, zuerst viele Daten aus dem Klientensystem herauszuholen, um sie dann in verdichteter Form dorthin wieder zurückzubringen, denn das meiste, was dabei vom Klientensystem nicht ohnehin als Bestätigung der eigenen Selbsteinschätzung angesehen wird, wird von diesem wieder abgestoßen. Es geht also bei allen diagnostischen Bemühungen darum, diese so anzulegen, daß die diesbezüglichen Einschätzungen im Klientensystem selbst entstehen, ohne daß irgendwelche großartigen Auswertungen von außen rückgemeldet werden müssen. Methodisch bedeutet dies, daß man als Berater den Informationsschöpfungsprozeß im System steuert, ohne ihn selbst auf sich zu nehmen. Man leistet Hilfe für die Erarbeitung von neuem Wissen des Systems über sich selbst unter Verzicht auf eine rasche Übereinkunft bezüglich einer gemeinsamen Problemsicht und der sofortigen Konzentration auf Lösungen. Dies kann man erreichen, indem man beispielsweise Gruppeninterviews mit Personen macht, die ohnehin in einem Arbeitszusammenhang stehen oder indem man eine Projektstruktur aufbaut, in der Organisationsmitglieder bestimmte Recherchen eigenständig durchführen bzw. auch Vergleiche mit fremden Organisationen anstellen etc. Auf diesem Wege kann es gelingen, daß auch die Hypothesen, d. h. neue Erklärungs- und Deutungsmuster über den eigenen Problemhintergrund im System entstehen, die dann die Grundlage für veränderte Handlungsmuster im Umgang mit diesen Problemen abgeben können.

Beobachtet man die im Alltag üblichen Umgangsformen mit komplexen Problemstellungen (vgl. Dörner 1989), so gewinnt die vorgeschlagene Interventionsrichtung noch zusätzlich an Plausibilität. Wer unter Problemdruck steht, möchte sich durch rasch realisierbare Lösungen entlasten. Er sucht diese Entlastung in der Regel, ohne seine eigene Sicht des Problems ändern zu müssen. Berater begegnen den Problemen ihrer Klienten stets in der Form von Beschreibungen, von ganz charakteristischen Konstruktionen also, die stets in irgendeiner Form bereits Lösungscharakter haben. Beispielsweise: „Wir haben in dem und dem Produktbereich stark rückläufige Umsätze, weil die zuständigen Vertriebsleute sich viel zu wenig engagieren und offensichtlich nicht genug motiviert sind, um die erforderlichen Verkaufsaktivitäten zu setzen." Für diesen Geschäftsführer, selbst aus der Produktion herausgewachsen, ist klar, wer schuld ist und was getan werden müßte. Die Problembeschreibung enthält implizit eine Lösungsrichtung, die ihre Hauptfunktion darin besitzt, den Beschreibenden selbst möglichst zu entlasten. „Man löst nicht die Probleme, die man lösen soll, sondern die, die man lösen kann" (Dörner 1989, S. 90) bzw. jene, für deren Lösung man andere zuständig machen kann. Gelingt es im Beratungsprozeß, eine Änderung der Art und Weise herbeizuführen, wie Klienten ihre problemerzeugenden Erfahrungen deuten, so trägt dies in der Regel auch dazu bei, daß sie in der Folge andere Erfahrungen machen, was wiederum andere Beschreibungen und Deutungen der Situation nach sich zieht. Sobald die Klienten beginnen, die Prämissen anzuzweifeln, die ihren Problembeschreibungen zugrundeliegen, ist die Chance eröffnet, auch andere praktische Erfahrungen zu machen.

Die Irritation der seitens des Klienten angebotenen Problemsichten ist im Berateralltag eine heikle Gratwanderung. Einerseits ist diese Sicht sehr ernst zu nehmen. Es muß ja beim Klienten das berechtigte Zutrauen wachsen, daß die Beratung eine Entlastung bringen wird. Andererseits bringt ein vordergründiges Einverständnis mit den Konstruktionen des Klienten eine zu rasche Selbstfesselung der Berater, die diese möglicherweise auf die Bearbeitung von bloßen Symptomen festlegt. Es muß also gelingen, durch gezieltes Nachfragen das Klientensystem intern in einen Nachdenkprozeß zu verwickeln, der neue Informationen über die zugrundeliegende Problematik zutage fördert, ohne dabei die Belastbarkeit des Klienten zu überfordern. Verschiedene Fragetechniken, insbesondere die des „zirkulären Fragens", wie sie im Rahmen der systemischen Familientherapie entwickelt und in der Zwischenzeit ganz erfolgreich verfeinert worden sind (vgl. Deissler 1986, Tomm 1988, Cecchin 1987, Penn 1983) haben sich für diese schwierigen Beratungssituationen sehr bewährt. Um in solchen Phasen dem Entlastungsbedarf des Klientensystems nachkommen zu können, kann es sinnvoll sein, die positive Funktion des bisherigen Interpretationsrahmens von Problemen für die Reproduktion des Gesamtsystems benennbar zu machen. Was leistet es für uns alle (oder für Teilbereiche), daß wir das Problem so sehen, wie wir es sehen? Solche positiven Konnotationen, die die funktionale Seite einer bestimmten Problemsicht für die Selbststabilisierung des Klientensystems herausarbeiten, können dazu verhelfen, seine defensive Abschirmung gegen neue Informationen und neue Deutungen des Problemzusamenhanges zu überwinden. Indem sie beruhigen, begünstigen und verstärken sie im Prozeß der Beratung jene innere Sicherheit beim Klienten, die eine eigenständige Suche nach neuen Sichtweisen der eigenen Realität erlaubt (vgl. Willke 1987, S. 347).

5.7 Die gezielte Verknüpfung von Personal- und Organisationsentwicklungsprozessen

In der gruppendynamisch orientierten Tradition der Organisationsentwicklung war man lange Zeit der Auffassung, über spezielle Trainingsmaßnahmen der Mitglieder einer Organisation bestimmte Veränderungsprozesse in derselben anstoßen zu können (vgl. Wimmer 1991, S. 69 ff).

Die Hoffnung, es ließen sich über Lernprozesse bei Personen und Gruppen auch Lernprozesse auf der Ebene von Organisationen unmittelbar befördern, ist in der Zwischenzeit doch sehr geschwunden, wenn auch in vielen Organisationen der Zugang zu organisationsbezogenen Veränderungsprozessen immer noch über das „Verändern" von Personen läuft. Für das Geschäft des Beratens ist der sorgfältige Umgang mit der Differenz von Person und Organisation eine essentielle Angelegenheit (vgl. Fürstenau in diesem Band). Dies ist mitzudenken, um die im Zuge von Beratungsprojekten erforderlichen Qualifikationsmaßnahmen so zu setzen, daß das, was auf der Ebene der Beratung läuft und das, was auf der Personenebene (in Seminaren und ähnlichen Veranstaltungen) gelernt wird, einander positiv verstärken. Diese wechselseitige Verzahnung von Personal- und Organisationsentwicklung kann durch einige Grundsatzüberlegungen unterstützt werden (vgl. auch Sattelberger 1991).

Viele Organisationen neigen dazu, ihre Probleme so zu beschreiben, daß der für die Problemlösung erwartete Veränderungsaufwand bei bestimmten Personen liegt: „Wenn die Mitglieder unseres Vorstandes rascher entscheiden würden, dann ...". „Wenn die Meister in der Produktion mehr auf Qualität achten würden, dann ...". „Wenn unsere Verkaufsmannschaft mehr technisches Verständnis mitbrächte, dann ...". „Wenn unsere Führungskräfte in wesentlich stärkerem Ausmaß auch unternehmerisch dächten, dann ...". In solchen Problemformulierungen steckt die Erwartung, daß Veränderungen zum Besseren dann einsetzen werden, wenn bestimmte Personen entweder irgend etwas besser können oder intensiver wollen als bisher. Für beide Zielsetzungen hat man traditionellerweise gerne auf Schulungen, auf Seminare, Trainings bzw. auf personenbezogene Incentives zurückgegriffen, ohne dabei zu sehen, wie es der Organisation auf diese Weise gelingt, ihren eigenen Veränderungsbedarf auf die Personenebene ihrer Mitglieder zu verlagern. Diese müssen sich ändern, dann geht es auch in der Organisation besser! Wenn also im Zuge eines Beratungsprojektes der Wunsch auftaucht, dieses oder jenes Seminar zu machen, dann tut man gut daran, mit dem Klienten genau zu prüfen, welches Problem damit gelöst werden soll und warum welcher Qualifikationsbedarf diagnostiziert wird. Wenn vor dem Hintergrund einer solchen Prüfung ein solcher Bedarf übereinstimmend definiert werden kann, dann gilt es, diesen sehr genau mit der Personalentwicklungsverantwortung der betroffenen Linienvorgesetzten zu verknüpfen, um die Qualifikationsmaßnahme entspechend aufgabenbezogen konzipieren und durchführen zu können. Schließlich kommt der Auswertung solcher Lernangebote im Rahmen von Beratungsprojekten eine besondere Bedeutung zu. Einerseits geht es darum mitzuhelfen, daß die betroffenen Linienvorgesetzten den Transfer der erworbenen Qualifikationen in den Arbeitsalltag aktiv unterstützen. Zum anderen sorgt eine eingehende Reflexion solcher Maßnahmen innerhalb des Beratungsprozesses dafür, daß die Sensibilität und die Eigenverantwortung des Klientensystems für die subtile Wechselwirkung von Personal- und Organisationsentwicklung wächst. Innerhalb des Beraterteams kann man dafür Vorsorge treffen, daß es zu keinem wechselseitigen Problemtransfer zwischen Personen- und Organisationsebene kommt, wenn man für diese beiden Ebenen sowohl eine interne Arbeitsteilung findet – Berater sollten nach Möglichkeit nicht gleichzeitig trainieren und umgekehrt – als auch eine gut funktionierende interne Kooperationsstruktur aufbaut, um die unterschiedlichen Erfahrungen sorgfältig miteinander auswerten zu können. Eine solche beraterinterne Auswertung kann wichtige Grundlagen für die Fortführung des Beratungsprozesses ebenso wie für neue Qualifikationsmaßnahmen liefern. Dieses Erfordernis ist in der Praxis erfahrungsgemäß nicht leicht zu realisieren, weil es hohe Ansprüche an die Kooperationsfähigkeit der beteiligten Berater(innen) stellt.

5.8 Die Kooperationsqualität innerhalb des Beraterteams

Aus den bisherigen Überlegungen dürfte schon deutlich geworden sein, daß eine systemisch orientierte Organisationsberatung Wert darauf legt, daß der Komplexitätsgrad des Klientensystems auf der Beraterseite in einer vertretbaren Weise seine Entsprechung findet. Dies bedeutet, daß es eher Ausnahmesituationen sind, in denen dem Klientensystem ein Einzelberater gegenüberstehen kann. Ein Einzelner ist in der Regel rasch überfordert, komplexere Problembearbeitungsprozesse in dem hier verstandenen Sinne verantwortungsvoll zu steuern (vgl. dazu auch Heintel in diesem Band).

Folgt man diesem Grundsatz der Komplexitätsentsprechung von Berater-
und Klientensystem, so hat das auf der Beraterseite zumeist sehr weitrei-
chende Folgewirkungen. Langjährige, zum Teil auch sehr schmerzhafte
Erfahrungen mit diesem Punkt haben gelehrt, daß die Wirksamkeit von
Beratungsprojekten neben der persönlichen Qualifikation der beteiligten
Berater(innen) in einem ganz entscheidenden Ausmaß von der Qualität des
Zusammenwirkens innerhalb des Teams über den ganzen Zeitraum eines
Projektes abhängt. Nimmt man die Selbstbezüglichkeit des systemischen
Denkens wirklich ernst, dann liegt zweifelsohne ein zentraler Aufmerk-
samkeitsfokus bei Beratungen auf der Beraterseite selbst. Sie selbst bilden
das Feld, auf das sie am wirksamsten Einfluß nehmen können, um Wir-
kungen im Klientensystem anzustoßen. Welche Faktoren können nun in der
Praxis die beraterinterne Kooperationsqualität beeinträchtigen? Zu dieser
Frage gilt es abschließend noch einige Überlegungen anzustellen.

Nicht selten wird zu Beginn von großen Beratungsprojekten der tatsächliche Zeitaufwand für beraterinterne Abstimmungsprozesse, für die Auswertung unterschiedlicher Erfahrungen mit dem Klientensystem, für die
Planung der nächsten Interventionsschritte, etc. sträflich unterschätzt. Dies
führt dazu, daß in die eigene Auslastungsplanung der beteiligten Berater
(innen) das erforderliche Zeitbudget gar nicht eingeplant wird mit der
Konsequenz, daß dann schon rein zeitlich der während des Beratungsprozesses erforderliche interne Kommunikationszusammenhang nur sehr ungenügend hergestellt werden kann. Die Tendenz zur Vernachlässigung des
internen Zeitaufwandes wird hin und wieder auch durch die Honorargestaltung verstärkt. Überall dort, wo nach den mit dem Klientensystem
tatsächlich zugebrachten Stunden und Tagen abgerechnet wird – ein Modus, der vielfach aus dem Seminargeschäft übernommen worden ist – gerät
der intern erforderliche Zeitaufwand unter einen enormen Kostendruck. Es
sind ja Zeiten, für die man nichts „bezahlt" bekommt. Bei allen aufwendi-
geren Beratungsprojekten, insbesondere wenn sie mehrere Berater(innen)
in unterschiedlicher Intensität und Arbeitsteiligkeit involvieren, ist es ratsam, diese Binnenseite der Beratung als eine der Rahmenbedingungen des
Berater/Klientensystems in aller Klarheit mit dem Auftraggeber herauszuarbeiten und in der Honorargestaltung mitzuberücksichtigen.

Man möchte meinen, daß für Berater die arbeitsorganisatorische Strukturierung ihres eigenen Teams kein Problem sein sollte. In der Praxis werden tatsächlich immer wieder auf der Basis dieser Annahmen umfangreichere Beratungsprojekte begonnen und der Mangel an klar definierten Aufgabenverteilungen, an verbindlicher Verantwortungsübernahme, an fixierten Projektleitungsfunktionen wird erst im Laufe des Prozesses spürbar, ist aber dann in der Regel nicht mehr so leicht zu beheben. Dahinter steckt nicht selten eine gewisse Scheu, innerhalb des Beraterteams deutlich ausgesprochene Unterschiede zu machen. Gerade Berater(innen), die nicht in den großen Beratungsunternehmen mit ihren intern fixierten Kompetenz- und Einflußhierarchien tätig sind, fällt es schwer, die funktional zweifelsohne notwendige Ausprägung solcher Unterschiede auf einer emotionalen Ebene zu akzeptieren. Der Grund dafür liegt wohl darin, daß in diesem Beruf Fragen der Qualifikation und der diesbezüglichen Wertschätzung und Reputation eine so immense Rolle spielen, daß hier leicht Kränkungen passieren können.

Nicht gerade erleichtert wird dieses Managen der teaminternen Strukturierung, wenn das Beratungsprojekt neben seinem Arbeitsumfang noch eine hohe Interdisziplinarität erfordert. In jedem Fall erfordern diese Rahmenbedingungen einen ziemlichen Steuerungsaufwand, der auf die Herbeiführung und ständige Sicherstellung der Arbeitsfähigkeit des Beraterteams gerichtet sein muß. Diese Arbeitsfähigkeit ist angesichts der hohen psychischen Belastungen komplizierterer Beratungsprojekte keineswegs eine Selbstverständlichkeit, sondern eine immer wieder neu herzustellende Erfolgsvoraussetzung.

Wenn mehrere Berater(innen) mit verschiedenen Aufgaben in einem Klientensystem tätig sind, übernehmen sie in einem gewissen Ausmaß einige Grundprobleme des Klientensystems ins Beraterteam. Diese wirken quasi ansteckend. Die Eigendynamik der mit dem Klientensystem bearbeiteten Probleme findet innerhalb der Beratergruppe ihre Resonanz, sie spiegeln sich in der Dynamik dieser Gruppe wider. Auf diese Weise können sich Machtkämpfe entfalten, versteckte Koalitionen gebildet, Abspaltungen vorgenommen werden, es kann sich Ratlosigkeit und Verwirrung breitmachen, die totale Hektik ausbrechen etc. Das Klientensystem mobilisiert mit ziemlicher Konsequenz alle vorhandenen Konfliktpotentiale der Berater untereinander und stellt so die Konflikt- und Problemlösungsfähigkeit innerhalb des Beraterteams auf eine harte Probe. Es hat sich deshalb sehr bewährt, wenn solche Teams die Fähigkeit entwickeln, ihre eigene interne Dynamik als Datenquelle für Entwicklungen im Klientensystem zu nützen. Warum geht es uns so, wie es uns geht? Was können wir aus diesem Zustand für die Einschätzung der momentanen Situation im Klientensystem gewinnen? Um solche Fragen fruchtbringend bearbeiten zu können, benötigen Beratergruppen eine hohe Belastbarkeit ihrer internen Beziehungen. Erst mit dieser Voraussetzung entsteht die Möglichkeit zu differenzieren, zwischen dem, was an teamorientierten Problemen sozusagen hausgemacht ist und was als Resonanzphänomen aus dem Klientensystem anzusehen ist. Gelingt diese Differenzierung nicht, schafft man beraterseitig die erforderliche Distanz nicht, wird man in den Sog des Klientensystems hineingezogen, in dessen Spiele verwickelt und verliert einen Teil der gestalterischen Souveränität.

Wendet man die Prinzipien des systemischen Denkens auf sich selbst an, so taucht natürlich immer wieder die Frage auf, mit welchen unbefragten Annahmen und Modellvorstellungen wir auf das Klientensystem schauen. Wie wirken sich diese im Laufe der Zeit routinierten Sehgewohnheiten auf die eigenen Problembeschreibungen aus, welche Vorgehensweisen mit dem Klientensystem folgen daraus? Die Beziehung zwischen dem, was wir als Berater im Kontakt mit dem Klientensystem bearbeiten und dem, wie wir intern darüber sprechen, uns also eine „Theorie" vom Beratungsprozeß machen, ist normalerweise sehr eng. In rekursiver Weise definieren beide Tätigkeitsformen einander wechselseitig. Diese für systemische Beratung konstitutive Beziehung von Reflexion und Intervention läßt es ratsam erscheinen, für die Qualität der beraterinternen Reflexionsprozesse Vorsorge zu treffen. Dies geht durch ein entsprechendes Einüben des Beobachtens von Beobachtungen, bezogen auf sich selbst als Beraterteam, und durch die kommunikative Auswertung dieser Beobachtungen. Auch wenn man dies intern bis zu einer gewissen „Reife" bringen kann, die für die Steuerung normaler Beratungsprojekte zweifelsohne reicht, schadet es nicht, wenn sich Beraterteams fallweise selbst der Unterstützung eines

Außenstehenden bedienen und die grundlegende Differenz von intern und extern durch eine Supervision für sich selbst professionell nützen. Nur über die sorgfältige Pflege seiner eigenen Reflexionspotenz (sowohl auf sich selbst als auch auf das Klientensystem bezogen) ist eine der wichtigsten Fähigkeiten eines Beraterteams zu sichern, nämlich „die Fähigkeit zur Variierung seines Verhaltens und die Fähigkeit, die Auswirkungen seines Verhaltens zu erkennen und als Leitlinie für sein anschließendes Verhalten zu nehmen" (Keeney 1987, S. 211).

Die bisherigen Erfahrungen mit systemischer Organisationsberatung zeigen, daß die hohen Anforderungen an die Kooperationsqualität in Beratungsprojekten leichter zu erfüllen sind, wenn die Betroffenen in einen größeren Theoriebildungs- und Forschungszusammenhang eingebunden sind. Regelmäßige Fallsupervisionen, eine systematische Auswertung der eigenen Beratungsprojekte sowie der Anschluß an einschlägige Forschungsentwicklungen in verwandten Wissenschaftsgebieten, können der Gegenstand einer solchen weiteren professionellen Reflexionsgemeinschaft sein. Auf diesem Wege entsteht trotz aller individuellen und gruppenspezifischen Profilierung in diesem Segment der Beratungsdienstleistungen ein professionelles Selbstverständnis, das gemeinsame Qualitätsstandards ausprägt und in einer größeren Breite für wechselseitige Anschlußfähigkeit sorgt.

Literatur

BAECKER, D.: Womit handeln Banken? Eine Untersuchung zur Risikoverarbeitung in der Wirtschaft. Frankfurt a. M. (Suhrkamp) 1991.

CECCHIN, G.:Hypothesizing, Circularity and Neutrality Revisited: An Invitation to Curiosity, in: Family Process, 1987, S. 405–413.

DEISSLER, K. G.: Rekursive Informationsschöpfung. Zirkuläres Fragen als Erzeugung von Informationen (in FaM). Marburg 1986.

DÖRNER, D.: Die Logik des Mißlingens. Strategisches Denken in kompexen Situationen. Reinbek bei Hamburg (Rowohlt-Verlag) 1989.

EXNER, A./KÖNIGSWIESER, R./TITSCHER, St.: Unternehmensberatung – systemisch. Theoretische Annahmen und Interventionen im Vergleich zu anderen Ansätzen, in: Die Betriebswirtschaft, 1987, S. 265–284.

FOERSTER VON, H.: Sicht und Einsicht. Braunschweig 1985.

FÜRSTENAU, P.: Der Psychoanalytiker als systemisch arbeitender Therapeut, in: Familiendynamik, 1984, S. 166–176.

FÜRSTENAU, P.: Entwicklungsförderung durch Therapie. Grundlagen psychoanalytisch-systemischer Psychotherapie. München (Pfeiffer) 1992.

HEINTEL, P./KRAINZ, E.: Projektmanagement. Eine Antwort auf die Hierarchiekrise? Wiesbaden 2. Aufl. 1991.

KEENEY, B. P.: Ästhetik des Wandels. Hamburg (ISKO-Press) 1987.

LUHMANN, N./SCHORR, K. E. (HRSG.): Zwischen Technologie und Selbstreferenz. Fragen an die Pädagogik. Frankfurt a.M. 1982.

LUHMANN, N.: Soziale Systeme. Frankfurt (Suhrkamp) 1984.

LUHMANN, N.: Ökologische Kommunikation. Kann die moderne Gesellschaft sich auf ökologische Gefährdungen einstellen? Opladen (Westdeutscher Verlag) 1986.

LUHMANN, N.: Frauen, Männer und George Spencer Brown, in: Zeitschrift für Soziologie, Jg. 17, Heft 1 1988a, S. 47–71.

LUHMAN, N.: Wie ist Bewußtsein an Kommunikation beteiligt? In: Hans Ulrich Gumbert, K. Ludwig Pfeiffer (Hrsg.) Materialität der Kommunikation. Frankfurt 1988 b, S. 884–905.

LUHMANN, N.: Organisation, in: W. Küpper, G. Ortmann (Hrsg.), Mikropolitik. Rationalität, Macht und Spiele in Organisationen. Opladen 1988c, S. 165– 85.

LUHMANN, N./FUCHS, P.: Reden und Schweigen. Frankfurt (Suhrkamp) 1989.

LUHMANN, N.: Die Wissenschaft der Gesellschaft. Frankfurt a.M. (Suhrkamp) 1990.

LUHMANN, N.: Wie lassen sich latente Strukturen beobachten?, in: P. Watzlawick, P. Krieg (Hrsg.), Das Auge des Beobachters. München (Piper-Verlag) 1991, S. 61–74.

LUHMANN, N.: Vorwort zu Dirk Baeckers „Womit handeln Banken?". Frankfurt a. M. (Suhrkamp) 1991, S. 7–12.

LUHMANN, N.: Beobachtungen der Moderne. Opladen (Westdeutscher Verlag) 1992.

MATURANA, H.R.: Erkennen: Die Organisation und Verkörperung von Wirklichkeit. Braunschweig 1982.

MATURANA, H.R./VARELA, FR. J.: Der Baum der Erkenntnis. Wie wir die Welt durch unsere Wahrnehmung erschaffen – die biologischen Wurzeln des menschlichen Erkennens. Bern, München, Wien 1987.

NEUBERGER, O.: Spiele in Organisationen, Organisationen als Spiele, in: Küpper, W., Ortmann, G. (Hrsg.): Mikropolitik. Rationalität, Macht und Spiele in Organisationen, Opladen 1988, S. 53–88.

PENN, P.: Zirkuläres Fragen, in: Familiendynamik, 1983, S. 194–220.

SATTELBERGER, T.: Die lernende Organisation im Spannungsfeld von Strategie, Strukturen und Kultur, in: ders. (Hrsg.), Die lernende Organisation. Wiesbaden (Gabler-Verlag) 1991, S. 11–55.

SEGAL, L.: Das 18. Kamel oder die Welt als Erfindung. München (Piper) 1988.

SELVINI-PALAZZOLI, M., U.A.: Paradoxon und Gegenparadoxon, Stuttgart (Verlag Klett-Cotta) 1978.

SELVINI-PALAZZOLI, M. U.A.: Hinter der Kulissen der Organisation, Stuttgart (Verlag Klett-Cotta) 1984.

DE SHAZER, ST.: Der Dreh. Überraschende Wendungen und Lösungen in der Kurzzeittherapie. Heidelberg (Carl Auer Verlag) 1989.

SIMON, F.B.: Meine Psychose, mein Fahrrad und ich. Zur Selbstorganisation der Verrücktheit. Heidelberg (Carl Auer Verlag) 1990.

STEYRER, J.: „Unternehmensberatung" – Stand der deutschsprachigen Theoriebildung und empirischen Forschung, in: M. Hofmann (Hrsg.): Theorie und Praxis der Unternehmensberatung. Heidelberg 1991, S. 1–44 (1990).

TITSCHER, ST.: Intervention: Zu Theorie und Technik der Einmischung, in: M. Hofmann (Hrsg.): Theorie und Praxis der Unternehmensberatung. Heidelberg 1991 S. 309–343.

TOMM, K.: Das systemische Interview als Intervention, in: System Familie 1988, Teil I, S. 145–159; Teil II, S. 220–243.

VARELA, FR. J.: Kognitionswissenschaft – Kognitionstechnik. Eine Skizze aktueller Perspektiven, Frankfurt (Suhrkamp) 1990.

WATZLAWICK, P./KRIEG, P. (Hrsg.): Das Auge des Beobachters. – Beiträge zum Konstruktivismus: Festschrift für Heinz von Foerster. München 1991.

WILLKE, H.: Zum Problem der Intervention in selbstreferentielle Systeme, in: Zeitschrift für systemische Therapie 2 (1984), S. 191–200.

WILLKE, H.: Strategien der Intervention in autonome Systeme, in: D. Baecker u.a. (Hrsg.): Theorie der Passion. Frankfurt/M. 1987, S. 333–361.

WILLKE, H.: Systemtheorie entwickelter Gesellschaften, Dynamik und Riskanz moderner gesellschaftlicher Selbstorganisation. Weinheim/New York (Juventa-Verlag) 1989.

WIMMER, R./OSWALD, M.: Organisationsberatung im Schulversuch. Möglichkeiten und Grenzen systemischer Beratung in der Institution Schule, in: A. Bremerich-Vos, W. Boettcher (Hrsg.): Kollegiale Beratung in Schule, Schulaufsicht und Referendarausbildung. Frankfurt, Bern, New York, Paris 1987, S. 123–176.

WIMMER, R.: Das Herstellen einer tragfähigen Arbeitsbeziehung zwischen Berater- und Klientensystem. Ein Grundproblem systemischer Organisationsberatung, in: Zeitschrift für systemische Therapie, Heft 4, 1988.

WIMMER, R.: Die Steuerung komplexer Organisationen. Ein Reformulierungsversuch der Führungsproblematik aus systemischer Sicht, in: K. Sandner (Hrsg.): Politische Prozesse in Unternehmen. Berlin, Heidelberg 1989, S. 131–156.

WIMMER, R.: Organisationsberatung – Eine Wachstumsbranche ohne professionelles Selbstverständnis, in: Hofmann, M. (Hrsg.): Theorie und Praxis der Unternehmensberatung. Bestandsaufnahme und Entwicklungsperspektiven, Heidelberg (Physica-Verlag) 1991, S. 45–136.

WIMMER, R.: Der systemische Ansatz – mehr als eine Modeerscheinung? In: Gester, P. (Hrsg.): Jahrbuch für systemisches Management. Heidelberg (Carl Auer-Verlag), 1992.

WIMMER, R.: Zur Eigendynamik komplexer Organisationen. Sind Unternehmen mit hoher Eigenkomplexität noch steuerbar? In: G. Fatzer (Hrsg.): Organisationsentwicklung für die Zukunft – Ein Handbuch. Köln 1992.

Teil II:

Methodische Zugänge in der Beratung von Organisationen

Gerhard Fatzer

Prozeßberatung als Organisations-
beratungsansatz der neunziger Jahre

1. Grundlagen

Prozeßberatung wurde als grundlegender Ansatz der Organisationsberatung bereits vor mehr als 20 Jahren formuliert (Schein 1969). Angesichts der komplexer werdenden Aufgaben heutiger Organisationen und Führungskräfte, angesichts Globalisierung und Kooperation über Kulturgrenzen hinweg, angesichts der rasanten Öffnung Osteuropas erweisen sich Grundannahmen, Werte und Zielsetzungen von Prozeßberatung als relevantes Instrumentarium der Organisationsentwicklung. Dieser kurze Artikel beschreibt ein paar Grundannahmen und illustriert sie anhand von Beratungsbeispielen.

Prozeßberatung wird mit dem amerikanischen Organisationsberater und Mitbegründer der Organisationspsychologie, Ed Schein (1969), der an der Sloan School of Management am MIT (Massachusetts Institute of Technology) lehrt, in Verbindung gebracht. Er hat 1969 zusammen mit einigen anderen Pionieren das Feld der Organisationsentwicklung begründet (Beckhard 1969, Bennis 1969 u.a.). Hervorgegangen war diese Initiative aus einer kreativen Gruppe von Wissenschaftern rund um Douglas McGregor am MIT. Kurt Lewin, der eigentliche Begründer der Organisationsentwicklung, war in der Mitte der 40er Jahre ans MIT geholt worden und hatte dort sein „Forschungszentrum für Gruppendynamik" (Lewin 1947) aufgebaut. Durch dieses inspiriert, setzten Mc Gregor und Beckhard den Versuch, sozialwissenschaftliche Erkenntnisse für Organisationen zur Lösung von Konflikten verfügbar zu machen, fort. Mc Gregor hatte aber keine Beschreibung seiner spannenden Arbeit mit Organisationen hinterlassen. Beckhard und Schein baten alle Kollegen, diese Beratungsarbeit zu beschreiben. Während dies bei Bennis eine Bürokratiekritik und bei

115

Beckhard die Beschreibung von systemischen Interventionen war, nannte Schein seinen Ansatz „Prozeßberatung"/ PB. Es handelt sich nicht um eine Technik, sondern eine Haltung, und Schein (1990a) nennt PB darum auch „eine generelle Philosophie des Helfens".

Organisationsberatung und Organisationsentwicklung sind zwei Sammelbegriffe für Beratungsaktivitäten mit Organisationen oder Klientensystemen (vgl. Fatzer 1990, S. 56). Lippitt (1959, S. 5) beschreibt in seiner klassischen Definition sehr genau und klar, was unter Beratung zu verstehen ist:

1. Das Beratungsverhältnis ist eine freiwillige Beziehung zwischen
2. einem professionellen Helfer (Berater) und einem hilfsbedürftigen System (Klient),
3. in welchem der Berater versucht, dem Klienten bei der Lösung laufender und potentieller Probleme behilflich zu sein;
4. Die Beziehung wird von beiden Parteien als zeitlich befristet angesehen.
5. Außerdem ist der Berater ein „Außenstehender", d.h. er ist nicht Teil des hierarchischen Machtsystems, in welchem sich der Klient befindet.

Es ist hilfreich, die verschiedenen heute praktizierten Beratungsansätze, aus der Sicht von drei Modellen zu sehen, denen unterschiedliche Grundannahmen der Beratung zugrunde liegen:

- Expertenberatung
- Arzt/Patientenberatung
- Prozeßberatung

Der zentrale Unterschied liegt in der psychologischen Botschaft der drei Ansätze: In der *Experten- und Arzt/Patient-Beratung* heißt die psychologische Botschaft: Ich bin dein Berater, nehme dein Problem auf meine Schulter und werde es für dich lösen! In der *Prozeßberatung* (PB) heißt sie: Ich werde das Problem nicht von deiner Schulter nehmen und es auch nicht für dich lösen, sondern Möglichkeiten zur Lösung gemeinsam erarbeiten, aber du mußt die Problemlösung umsetzen! Dazu Schein (1990a, S. 60): „Helfer müssen ihren Klienten beibringen, wie sie lernen können".

116

Grundmodell (was es ist)	Grundannahmen, Voraussetzungen (… daß es funtioniert)
1. Beratung als Beschaffung von *Information* und *Professionalität* Der *Klient weiß*, – *was das Problem* ist; – welche *Lösung* benötigt wird; – *woher* die Lösung kommen kann. Der Berater beschafft die benötigen Informationen und erarbeitet die Lösungen.	a) Klient hat das Problem richtig *diagnostiziert*. b) Klient hat Professionalität bzw. Spezialistentum des *Beraters* richtig *beurteilt*. c) Klient hat Problem und welche Art Lösung benötigt wird, richtig *kommuniziert*. d) Klient hat *Konsequenzen* der Informationsbeschaffung bzw. der verlangten Hilfe durchgedacht und akzeptiert.
2. Beratung im Rahmen der Arzt-Patienten-Hypothese – Der *Klient* spürt bzw. leidet unter bestimmten Unzulänglichkeiten oder Problemen, deren *Ursachen* sowie mögliche *Lösungsansätze* ihm aber unbekannt sind. – Der Berater übernimmt die Verantwortung für eine richtige *Diagnose* (Erfassung) des Problems und dessen angemessener *Lösung*. – Klient ist abhängig vom Beratungprozeß bis hin zur Lösungsfindung.	a) Der *Diagnoseprozeß* selbst wird als nützlich und hilfreich angesehen. b) Der Klient hat die S*ymptome* (Indikatoren) richtig interpretiert und den Bereich, in welchem das Problem auftritt, richtig lokalisiert. c) Der indizierte *Problembereich* (Person oder Gruppe) gibt die notwendigen Informationen für eine treffende Diagnose; er manipuliert nicht, sondern ist kooperativ. d) Klient *versteht* die Diagnose und den Lösungsvorschlöag des Beraters richtig und ist bereit, ihn *anzuwenden*. e) Klient kann nach der Beraterintervention allein wunschgemäß weiter funktionieren.
3. Das Prozeß-Beratungs-Modell (Prozess Consultation) – Der *Klient hat* das Problem und behält während des ganzen Beratungsprozesses die volle *Verantwortung* dafür. – Berater hilft dem Klienten, die prozeßhaften Ereignisse seiner Umgebung *wahrzunehmen*, richtig zu interpretieren und zu *verstehen* und ihnen angemessen zu begegnen (handeln). – Stärkstes *Involvement* (Betroffen- und Beteiligtsein) des Klienten, sich selber zu helfen und vermeidet, vom Klienten in eines der vorangehenden Modelle gebracht zu werden.	a) Klient spürt den Wunsch nach Veränderung (Problembewußtsein) hat aber das Problem nicht im Griff (Ursache – Lösung). b) Klient kennt Möglichkeit der Lösung nicht oder nur unzureichend, dies auch bezüglich der Frage, wer ihm helfen könnte. c) Das Problem ist so beschaffen, daß der Klient nicht nur jemanden braucht, der die Problemursachen und-lösungen herausfindet, sondern, daß der Klient durch die aktive Teilnahme am Diagnoseprozeß profitiert. d) Klient hat „konstruktive" Absichten; er ist durch Ziele und Werte motiviert, die der Berater akzeptieren kann und ist in der Lage, sog. „helfende Beziehung" einzugehen. e) Der Klient ist letzendlich der einzige, der wirklich weiß, welche Interventionsform für ihn jetzt hilfreich ist. Er kontrolliert die Situation. f) Der Klient ist fähig zu lernen, wie er seine Organisationsproblem erkennen und lösen kann.

Abb. 1: Drei Grundmodelle der Beratung (nach E. H. Schein 1987)

117

Um diese Modelle von Organisationsberatung zu konkretisieren, möchte ich gängige Beispiele anführen und dann zur Prozeßberatung übergehen.

1.1 Expertenberatung

Berater stellen einer Organisation Informationen zur Verfügung. Diese können politischer, ökonomischer, psychologischer oder strategischer Art sein. Sie können subtil sein im Sinne einer „Wettbewerbsanalyse", einer „Wettbewerbsstrategie" eines Michael Porter (1980, 1985) oder etwas problematischer im Sinne der Entwicklung eines neuen Management-Modells für die Organisation. Ökonomisch ist diese Form von Beratung im Moment sehr erfolgreich, doch zeigt sich auch zunehmend, daß die Klienten so entstandene Empfehlungen als unzureichend oder nicht umsetzbar empfinden. Ein zweiter Bereich der Expertenberatung ist in den sogenannten Management-Services zu sehen, wo Berater als Trainer/Lehrer oder temporäre Krisenmanager arbeiten. Dazu Schein (1992): „Ich glaube, daß der Bedarf an Experten aller Art ansteigen wird, aber sie werden nicht gut eingesetzt sein, falls ihre Art der Beratung nicht mit Prozeßberatung kombiniert wird." Ich kann diesen Sachverhalt unterstützen durch die Erfahrung, daß oft Firmen gute Strategien entwickeln, diese aber vielfach nicht umsetzen können.

1.2 Arzt/Patienten-Beratung

Dieses Modell der Beratung sieht klassischerweise so aus, daß Berater gerufen werden, um eine „Organisationsstudie" durchzuführen. Dazu Schein (1991): „Dieser Prozeß beinhaltet oft als ‚versteckte Agenda' die Identifikation von überzähligen Managern oder Mitarbeitern, stellt aber durch den Mechanismus der Reorganisation, welcher dann vorgeschlagen wird, eine gesichtwahrende Vorgehensweise dar." Das größte Problem dieses Beratungsansatzes stellt eine mögliche Unkorrektheit der Diagnose und der Empfehlungen dar. Diese Schwäche versucht die Prozeßberatung zu korrigieren.

1.3 Prozeßberatung

Dieses Modell der Beratung beruht auf der Grundannahme, daß Probleme in Organisationen komplex sind, und daß die zur Diagnose notwendigen Informationen so vielfältig sind, daß eine korrekte Diagnose nur erreicht werden kann, wenn der Klient voll im diagnostischen Prozeß involviert ist. PB nimmt weiter an, daß Diagnose und Intervention im Beratungsprozeß nicht voneinander getrennt werden können, weil Diagnose selbst eine Intervention darstellt, die das Klientensystem beeinflußt. Die Frage heißt dann für den Prozeßberater, wie Klient(ensystem) und er ein Team werden können durch ein gezieltes Strukturieren der Beziehung und wie er hilfreich sein kann. Der PB nimmt weiter an, daß ein vollständiges Verstehen des Problems nicht möglich ist, bis verdeckte und unbewußte Aspekte ebenfalls beleuchtet werden können. Dies ist zentral bei einer *Analyse der Organisationskultur,* die ein nur Außenstehender gar nicht entziffern kann. (Schein 1985). Wenn der PB Problembereiche identifiziert, gehört es auch zu seiner Rolle, Experten- oder Arzt-Hilfe zu leisten, entweder selbst in dieser Rolle oder durch Aufbau einer Beziehung zu solchen Experten. Diese Kombination ist speziell wichtig bei Projekten, bei denen Informationstechnologie durch Experten eingeführt wird, z.B. bei der Computerisierung von Banken oder Industrien (Zuboff 1988, Schein 1992). Wir machten ähnliche Erfahrungen bei verschiedensten technischen Entwicklungsprojekten (Fatzer 1990b, Fatzer/Wolff 1992). Wenn keine Prozeßhilfe erfolgt, schlagen solche Projekte häufig fehl.

Zusammenfassend könnten wir feststellen, daß in der Praxis der Organisations- und Unternehmensberatung alle drei Rollen oder Modelle gebraucht werden, daß sie aber auf der Basis verschiedener Grundannahmen operieren. Prozeßberatung wird angesichts der heutigen Probleme und Dynamik von Organisationen zunehmend zentraler. Es existieren drei Indikationen, wann Prozeßberatung eingesetzt werden sollte:

1. Wenn menschliche (humane) oder soziale Systeme involviert sind.
2. Wenn (organsations)kulturelle Faktoren eine Rolle spielen.
3. Wenn komplexe Systeme involviert sind, d. h.: Wann immer unbekannte Elemente in der Situation vorhanden sind. (Schein, pers. Mitteilung)

Prozeßberatung kann in verschiedenen Settings eingesetzt werden: Mit Einzelpersonen, mit Gruppen oder Teams und mit ganzen Organisationseinheiten. Wichtig anzumerken ist auch, daß *Prozeßberatung nicht nur von externen Beratern/Beraterinnen praktiziert werden kann, sondern daß jeder gute Manager oder Vorgesetzte Prozeßberater für seine Mitarbeiter oder Projektteams sein sollte.* Dies ist einer der Hauptgründe, warum Scheins Prozeßberatung eine derart einflußreiche und wichtige Art der Organisationsentwicklung darstellt. Diese Feststellung wird zusätzlich untermauert durch die neue Literatur und Forschung zur Rolle und zum Entscheidungsverhalten von obersten Führungskräften (Bennis 1990, Pelton et al. 1990) und durch das Leitbild der „Führungskraft der Zukunft" eines großen Automobilkonzerns, an dessen Weiterbildungsprogramm ich mich mitbeteilige (Sackmann 1992): Umgang mit Veränderung – Aufbau von Vertrauen-Teamfähigkeit. Dazu Schein (1988): „Management ist das Management des Entscheidungsprozesses".

2. Prozeßberatung mit Individuen (Führungskräfte oder Mitarbeiter)

Klassischerweise geschieht diese Form von PB als Karriereberatung von Mitarbeitern und stellt damit ein Instrument der Personalentwicklung des Unternehmens dar. Hier ist sowohl an die innere als auch an die äußere Karriere zu denken (Schein 1978).Ein bewährtes Konzept ist der Ansatz der sogenannten „Karriere-Anker" von Schein. Damit verbunden kann eine zweite Form der Beratung sein, die im Moment Konjunktur hat: Rollencoaching oder Coaching oder Rollenberatung (Looss 1991, Fatzer 1990c). Wichtigstes Merkmal dieser Beratungsform ist die Tatsache, daß aus der internen oder externen Beratungsposition am Thema der Rolle gearbeitet wird: Eine Führungskraft oder ein Inhaber einer neuen Position reflektiert seine Rolle entlang folgender Stationen oder Schwerpunkte: Rollenanalyse innere und äußere Hindernisse-Hemmnisse/Rollenübernahme/Rollendefinition/Rollengestaltung/Rollendurchsetzung. Dazu Fatzer (1990c):

120

„Rollencoaching ist Beratungs- und Supervisionsangebot, welches einem Rollenträger in der Findung und Gestaltung seiner Rolle unterstützt, Defizite, Hindernisse und Hemmnisse gleichgewichtig und gleichzeitig angeht und bearbeitet, und dabei die konzeptuelle Arbeit (= Verstehen des Problems, Erarbeiten von Lösungen) und die Realisierungsarbeit (=Veränderung der Praxis) parallel und interdependent vorantreibt."

Die optimale Rollenübernahme wird entlang der drei folgenden Schritte angegangen:

Rollenübernahme (Role Taking)	= Ziel der Rollengestaltung und die beste Voraussetzung eines optimalen Energieniveaus zur Erfüllung einer Rolle	
1. Rollendefinition	– Konzept	
Aufgabenerwartung –	– Klarheit	(die „primary task")
Kompetenzerwartung	– Eindeutigkeit	und ihr Verständnis
	– Optimalisierung	
	– Grenzen	
2. Rollengestaltung	Ausfüllen der Rolle auf der Basis von Person und Struktur	
	– Fähigkeiten	– Unterstützung
	– Identifikation	– Kooperation
	– Hemmnisse	– Mängel
	– Lücken / etc.	– etc.
3. Rollendurchsetzung	Umgang mit Schwierigkeiten und Widerständen (inneren und äußeren) der Rollengestaltung	

Rollencoaching oder -beratung muß als Mischform von Experten- und Prozeßberatung gesehen werden, da es zeitlich beschränkt ist (8 bis 12 Sitzungen) und auch sehr verhaltens- oder aufgabenorientiert sein kann. Oft ist es so, daß der Coach temporäre Mit-Führungsfunktion übernimmt. Dies zeigt sich im folgenden Fallbeispiel (Fatzer 1990c):

121

Der Rollenträger ist neuernannter Leiter eines Kindergärtnerinnen- und Lehrerseminars. Früher war er Schulpsychologe und Familientherapeut. Nachdem der Einstieg in die neue Funktion zu Beginn recht problemlos gelingt und wir gemeinsam Strategien zur Führung der verschiedenen Gremien, zu einer Umgestaltung des pädagogischen Stils im Unterricht der Seminaristen entwerfen, stellt er mit der Zeit fest, daß die Aufgabe der Innovation in einem historisch gewachsenen und eher konservativen Umfeld schwierig wird. Aufgrund einer Organisationsanalyse wird klar, daß seine Organisation ein Subsystem eines Gymnasiums darstellt, dem er administrativ unterstellt ist. Hier entstehen auch die ersten Widerstände, indem er feststellt, daß der Schulleiter nicht bereit ist, ihm eine eigene Administration zur Verfügung zu stellen. Diese Abhängigkeit zeigt sich auch beim Problem der Schlüssel, da das Direktionszimmer seines Vorgängers (als Seminardirektor) noch die Nebenfunktion eines Lehrerzimmers hatte und von daher für alle zugänglich war. Es wird im Rahmen der weitergehenden Analyse auch klar, daß ihm bei den Eintrittsgesprächen ein unzutreffendes Bild über die Autonomie seines Seminars vermittelt wurde. Diese Phase des Rollencoachings wird geprägt durch das Erarbeiten von Strategien in Richtung größerer Autonomie. Er bindet sein Lehrerkollegium stärker ein in diesen Veränderungsprozeß und lernt, sich durch gezielte Delegation zu entlasten, was angesichts des autokratischen Stils seines Vorgängers für das Kollegium schwierig ist. Da er als Leiter auch noch die Zusatzfunktion des Psychologielehrers hat, dient eine nächste Linie des Rollencoachings dem Erarbeiten und Sichten von Unterrichtsmaterial, das thematisch unter dem Lehrerkollegium aufgeteilt wird.

Zur Unterstützung seiner Leitungstätigkeit gründet er eine „task force", der neben Lehrern auch Studentenvertreter angehören. So kann langfristig eine drohende Überlastung des Rollenträgers verhindert werden. In diese Zeit fällt auch der Tod des amtierenden Schulleiters des Gymnasiums, der ihn sehr beschäftigt.

Hier ist wichtig, Grundaspekte von Innovation und Veränderung kennenzulernen, die dem Rollenträger helfen, eigene Reaktionen und Reaktionen der Administration, des Lehrerkollegiums und der Studenten besser zu verstehen.

Prozeßberatung als Leitungsberatung kann auch so gestaltet sein, daß ein Projektleiter neben einer Projektberatung seines Teams zusätzlich in seiner Führungsfunktion begleitet wird. Diese beiden Beratungsprozesse sollten zeitlich oder personell getrennt verlaufen (Fatzer 1990b, Fatzer/Wolff, 1992).

Die klassische Interventionsform der Prozeßberatung ist die Frage. Diese Vorgehensweise ermöglicht eine Aktivierung und Übernahme von Verantwortung des Klienten. Prozeßberatung kann auf *unterschiedlichen Interventionsebenen* eingesetzt (7) werden (vgl.: Taktische Ziele der Intervention, Schein 1988, S. 146).

Die erste Ebene ist exploratorisch und zielt auf ein historisches Rekonstruieren des Problems oder Konflikts ab (Faktensammlung).

Die zweite Ebene ist diagnostisch, die dritte Ebene aktionsorientiert und die vierte Ebene ist konfrontierend. Schein hat diese Vorgehensweise schon im Rahmen seiner Befragung von Korea-Kriegsheimkehrern in den 50er Jahren entwickelt (Schein 1990b).

Zentrales Ziel von PB ist es, hilfreich für den Klienten zu sein.

3. Prozeßberatung mit Gruppen oder Teams

Ich fasse in diesem Abschnitt Gruppen und Teams auf der gleichen Ebene zusammen, obwohl sich Teams von Gruppen erheblich unterscheiden, indem Teams im Arbeitsalltag zusammenarbeiten und alle Eigenschaften von humanen Systemen aufweisen (Fatzer 1990a). In der Realität von Unternehmen handelt es sich meistens um Projektteams. Prozeßberatung mit Gruppen oder Teams hat zwei Zielsetzungen: Den Prozeß der Gruppen- oder Teamentwicklung zu unterstützen (zu begleiten) und die Aufgabenerreichung durch das Verbessern der Arbeits- und Lernfähigkeit zu fördern. In einem Team gilt es, zwei Bereiche zu steuern, nämlich den Bereich der „Aufgabe" (Task) und den Bereich des „Prozesses" (Process).

Jede dieser zwei Dimensionen eines Teams umfaßt ihrerseits einen Inhalts- und Prozeßbereich (siehe Abb. 2).

1. *Aufgabendimension, Inhalt:*	Formales Vorgehen und Inhalte, Mission, Ziele
2. *Aufgabendimension, Prozeß:*	Wie können Probleme gelöst werden, wie die Arbeit angegangen werden kann, wie Entscheidungen gefällt werden
3. *Interpersonelle Dimension, Inhalt:*	Rollen und Status der Mitglieder
4. *Interpersonelle Dimension, Prozeß:*	Wie Gruppenmitglieder kommunizieren, miteinander in Beziehung stehen

Interventionsfokus sollte bestimmt werden durch das, was aufgrund der vorgegebenen Aufgabe und Situation am hilfsreichsten ist.

Abb. 2: Fokus der Intervention in Gruppen

Der Prozeßberater muß bestimmen, in welchem Bereich seine Intervention für das Team am hilfreichsten ist. In der Praxis läuft es meistens so, daß der Prozeßberater von einem Team eingeladen wird, im Rahmen eines internen Seminars oder verschiedener Sitzungen teilzunehmen. Die Gruppe arbeitet beispielsweise stark im Bereich der inhaltlichen Themen (Bereich 1) und stützt sich erheblich auf vorgegebene Rollen und Status der Mitglieder (Bereich 3). Als Prozeßberater ist es wichtig, mit Hilfe des aktuellen Gruppenprozesses (Bereich 4) in der Problem- und Konfliktlösung behilflich zu sein (Bereich 2). Der PB ist Experte in diesem Bereich, kennt wichtige Gruppenentwicklungsmodelle und Themen in Projektgruppen und Teams. *Diese Form der Prozeßberatung setzt allerdings ein sehr reifes Team voraus.*

Oft startet eine Prozeßberatung auch in Form eines Seminars zu einem vorgegebenen Thema und setzt sich dann als PB fort.

Fallbeispiele hierzu sind:

– Die Einführung einer gemischten Gruppe (Organisationspsychologen, Projektleiter, Geschäftsführung, Ausbildungsleiter und Personalchefs einer Bank) zum Thema „Computerisierung der Arbeitsplätze: Neue

Technologie und ihre Auswirkungen auf Management" (Zuboff 1988, 1992). Es ist klar, daß diese Zielgruppe die „Prozeßberater ihrer Mitarbeiter" werden sollten (Schein 1987).

- In einem deutsch-afrikanischen Entwicklungsprojekt „Legalisierung illegaler Wohnsiedlungen" ist es einem Projektteam gelungen, im Rahmen eines Pilotprojekts eine Vielzahl illegaler Siedlungen durch Verhandlungen („negotiation" oder „mediation") mit dem Wohn- und dem Finanzministerium zu legalisieren. Ein Großteil des Erfolgs beruht auf der Strategie, die ursprünglichen Sozialstrukturen in diesen Siedlungen wiederherzustellen (durch „Aktionsforschung" im Sinne Kurt Lewins). In einer nächsten Phase wird jedes Projektmitglied je ein Siedlungsprojekt übernehmen und begleiten. Wir führen die ganze Gruppe in die Grundlagen der Prozeßberatung ein.

Sehr oft gehört es zur Rolle des Prozeßberaters, auf „defensive Routinen" der Organisation hinzuweisen (Argyris 1985, 1990, 1992). Dieser Bereich wird zunehmend wichtiger, weil er aufzeigt, wie Teams und Organisationen in ihrem Lernen blockiert sind (Fatzer 1990a).

Prozeßberatung wird auch dort eingesetzt, wo Unternehmensberatungsfirmen Organisationsmodelle und -strategien erarbeiten, die aber vom Klientensystem nicht umgesetzt werden können. Dies können Leitbilder oder Empfehlungen sein. Sehr zentral wäre Prozeßberatung auch im Rahmen der Entwicklung von Organisationen in Osteuropa oder in der ehemaligen DDR. Dies wird allerdings von vielen Managementtrainern sträflich vernachlässigt, die momentan in Wildwestmanier den Osten durch Management-Trainingspakete „kolonialisieren".

Zum Abschluß möchte ich noch auf weitere Einsatzbereiche von PB hinweisen, wobei Fallbeispiele aus Platzgründen wegfallen müssen (Schein, in: Fatzer 1990c, 1992). PB kann auch praktiziert werden im Großgruppenbereich als sogenanntes „Konfrontationsmeeting" (Beckhard 1969) oder systemumfassend als „Analyse und Pflege der Organisationskultur" (Schein 1985). Allerdings handelt es sich hier um langdauernde Veränderungsprozesse in Organisationen, die nicht mit ein paar Fragebogen und Checklisten bewerkstelligt werden können.

Prozeßberatung ist einer der wichtigen OE-Ansätze der 90er Jahre (Schein 1992), wo folgende Aufgabenstellungen für Führungskräfte, Unternehmen und Berater im Vordergrund stehen (Schein, in: Fatzer 1990a):

1. Management von Komplexität.
2. Management von Unterschiedlichkeit.
3. Management von Interdependenz und Integration.
4. Management von ständigem Wandel.

Ich danke meinen Kollegen Ed Schein, Ed Nevis, Chris Argyris, Fred Massarik, Peter Senge und Shoshana Zuboff für die großzügigen Lernmöglichkeiten und den wichtigen Erfahrungsaustausch.

Literatur

ARGYRIS, C.: Strategy, change and defensive routines. Boston (Pitman) 1985.
ARGYRIS, C.: Overcoming organizational defenses. Boston (Allyn & Bacon) 1990.
ARGYRIS, C.: Eingeübte Inkompetenz. In: Fatzer 1992.
BECKHARD, R.: Organization development. Reading (Addison-Wesley) 1969.
BENNIS, W.: Organization development. Reading (Addison-Wesley) 1969.
BENNIS, W.: Führen lernen. Berlin (Campus) 1990.
FATZER, G.: Ganzheitliches Lernen. Paderborn (Junfermann) 1987, 1990.
FATZER, G. (Hrsg.): Supervision und Beratung. Psychologie, Köln (EHP) (1990a).
FATZER, G.: Intercultural learning in organizations. Proceedings on Project management. Wien (Manz) (1990b).
FATZER, G.: Rollencoaching als Supervision von Führungskräften. In: Supervision Mai (1990c).
FATZER, G./JANSEN, H. H.: Gruppe als Methode. Weinheim (Beltz) 1980.
FATZER, G. (Hrsg.): Organisationsentwicklung für die Zukunft. Köln (EHP) 1992.
LIPPITT, R.: Dimensions of the consultant's job. In: Journal of social issues, 15, 1959.
LOOSS, W.: Coaching für Manager. (Moderne Industrie) Landsberg 1991.
NEVIS, E. C.: Organisationsberatung. Köln (EHP) 1988.
NEVIS, E. C.: Organisationsberatung im Wandel der Zeit 1930–1990. Erscheint in: Fatzer, G. (Hrsg.): Organisationsentwicklung für die Zukunft. Köln (EHP) 1992.
PELTON, S./SACKMANN, S., ET AL.: Tough choices. Homewood (Irwin) 1990.
PORTER, M.: Competitive strategy. New York (Free Press) 1980.
PORTER, M.: Competitive advantage. New York (Free Press) 1985.
SACKMANN, S.: Die lernfähige Organisation. Erscheint in: Fatzer, G. (Hrsg.): Organisationsentwicklung für die Zukunft. Köln 1992.
SCHEIN, E. H.: Career dynamics. Reading 1978.
SCHEIN, E. H.: Organizational culture and leadership. San Francisco 1985.
SCHEIN, E. H.: Process consultation. Reading 1969. 1988. Volume 1.
SCHEIN, E. H.: Process consultation, Vol. 2, 1987.
SCHEIN, E. H.: A general philosophy of helping: Process consultation. In: Sloan Management Review (spring 1990a).
SCHEIN, E. H.: The academic as artist, unv. 1990b.
SCHEIN, E. H.: Organisationsberatung für die Neunziger Jahre. Erscheint in: Fatzer, G., (Hrsg.): Organisationsentwicklung für die Zukunft. Köln 1992.
ZUBOFF, S.: In the age of the smart machine. New York (Basic) 1988.
ZUBOFF, S.: Die informatisierte Organisation. Erscheint in: Fatzer, G. (Hrsg.): Organisationsentwicklung für die Zukunft. Köln (EHP) 1992.

Peter Heintel / Ewald E. Krainz

Beratung als Projekt

Zur Bedeutung des Projektmanagements in Beratungsprojekten

Die Praxis der Organisationsberatung kann vielerlei Gestalt annehmen; nicht alles, was unter dem Titel Organisationsberatung läuft, verdient diese Zuordnung, und umgekehrt gibt es Maßnahmen, deren faktische Wirkungen denen eines Beratungsprojekts gleichkommen, ohne daß dies als Organisationsentwicklung gesehen, geschweige denn konzipiert war. Es gibt interne Fortbildungen, Trainings, Klausuren mit Teilbereichen einer Organisation, aufeinander abgestimmte Interventionen in verschiedene organisatorische Segmente, individuelles Coaching exponierter Organisationsfunktionen und anderes mehr. Freilich ist unter „Organisationsberatung" auch allerlei Unfug möglich, wovon das Harmlosere noch Scheinaktivitäten ohne Wirkung sind (von den unerwünschten Nebenwirkungen abgesehen), weniger harmlos sind jene „Beratungen", die von außen abstrakt Strukturreformen (meist zu Rationalisierungszwecken) vorsehen, die dann von der Führungsspitze exekutiert werden.

Es fragt sich daher generell, welche Konzeptionsmöglichkeiten von Beratung – in Unterscheidung zu anderen Aktivitäten, die sich vielleicht auch Beratung nennen – denkbar sind. Die Konzeption von Organisationsberatung als Projekt erläutern wir an einem Fallbeispiel aus unserer praktischen Beratungstätigkeit. Der Fallbeschreibung sind zwei Abschnitte vorangestellt. Im ersten wird entwickelt, welche Systemprobleme in der Organisationsberatung unausweichlich auftreten, im zweiten wird gezeigt, wie man sich Organisationsberatung als Projekt organisatorisch-strukturell vorstellen kann.

1. Systemprobleme in der Organisationsberatung

Die Beziehung zwischen Beratern und der zu beratenden Organisation ist zunächst durch Unbestimmtheit charakterisiert, die auf beiden Seiten als Unsicherheit erlebt wird. Dies gilt insbesondere in Anfangssituationen und auch schon im Vorfeld beginnender Beratungsprojekte, kann sich aber durchaus längere Zeit halten. Aus einer psychologischen Automatik heraus erfolgen Rollenzuschreibungen, die eine vermeintliche Klarheit schaffen und das Handlungsfeld strukturieren. Gegen diese Automatik ist man nie gefeit, und die Zuschreibungen können mehr oder weniger schmeichelhaft sein beziehungsweise auch mehr oder weniger arbeitsförderlich. Eine die Anfangsunsicherheit überwindende Entlastung kann professionell „sauber" nur gemeinsam mit Teilen des Klientensystems durch einen reflektierten Schritt-für-Schritt-Prozeß vorgenommen werden, der sich mit der Diagnose der organisatorischen Situation und der Planung von beraterseitigen Interventionen (und damit verbundenen Managemententscheidungen) beschäftigt. Da dieses Prozeß-Know-how beim Klientensystem nicht vorausgesetzt werden kann, gehört es zu den Aufgaben von Beratern, die für einen solchen Steuerungsprozeß notwendigen Organisationsformen erst aufzubauen.

Dabei lassen sich zwei tendenzielle Möglichkeiten von „Beziehungsfallen" erkennen, die mit der optimalen Distanz zum Klientensystem zu tun haben und mit denen man in jedem Organisationsberatungsfall zu rechnen hat: Vereinnahmung und Abspaltung.

Im ersten Fall begegnet man einer freundlichen, offenen Person, einem netten individuellen Gesprächspartner, der, fast möchte man sagen, „Freundschaft" anbietet. „Augenzwinkernd" wird um Verständnis für die Lage geworben, schnell entsteht das Gefühl, eigentlich schon mit beiden Beinen in der Organisation zu stehen. Natürlich antwortet man mit derselben Freundlichkeit, bemüht sich vielleicht, jede Entfremdung oder jede „trübe Wolke", die die Beziehung überschatten könnte, zu verscheuchen – und schon ist die Systemfalle zugeklappt. Die Organisation nützt die „Identifikation" zur Vereinnahmung, man merkt plötzlich, daß man sich nicht mehr so frei bewegen kann, daß es da und dort emotionelle Schranken gibt und daß man beginnt, ganz bestimmte „Rücksichtnahmen" zu entwickeln. Diesen Sog, der einen in die zu beratende Organisation hineinzieht, bemerkt man besonders bei längerdauernden Beratungsprojekten. Wenn man z.B. zu hören kriegt, „nach so langer Zeit sind Sie ja schon fast einer von uns", muß man sich fragen, ob man nicht bereits zum „Inventar" der Organisation gehört, die produktive „Störqualität", die Beratung haben kann, verloren hat und zur Managementdefizite kompensierenden Dauereinrichtung geworden ist. Die „Angebote", in solche Lagen zu geraten, erfolgen aber bereits sehr früh, wenn noch „ausgelotet" wird, wie man mit den Beratern umgehen kann.

Aber auch in weniger „integrativen" Beziehungen können unproduktive Scheinklarheiten entstehen, und zwar durch bestimmte Rollenangebote, die das komplementäre Gegenstück zu einer latenten Selbstdefinition darstellen. Ein „krankes" Klientensystem sucht ärztlichen oder therapeutischen Beistand, ein unwissendes einen Experten oder Lehrer, und je nachdem, was „gefragt" ist, kann man als Berater daher alles mögliche werden, – Mutter, Vater, Problemlöser, Zauberer, Prediger, Erlöser usw. Nun setzt die Verteilung einander ergänzender Rollen zwar der anfänglichen Unsicherheit in der Beziehung zwischen Beratern und Klienten ein Ende, gleichzeitig wird aber ein wechselseitiger Erwartungsdruck produziert, der am eigentlichen Ziel (z.B. der besseren Bewältigung der Organisation) leicht vorbeiführen kann. Was wie eine im großen und ganzen vernünftige, wenn auch metaphorisch ausgedrückte „Arbeitsbeziehung" aussieht, kann in Wahrheit eine „Immunisierungsstrategie" der Organisation gegen wirksame Veränderung sein. Deshalb erscheint es gerechtfertigt, hier von einer Abspaltung zu sprechen. Indem den Beratern eine bestimmte (scheinhafte) Funktionalität zugeschrieben wird, kann man sie sich sozusagen vom Leib halten. Das Angebot von Autoritätsrollen durch die Organisation geschieht also nicht ohne „Hintergedanken".

Als Berater kommt man damit in die eigentümliche Situation, auf indirekte Vorschriften zu stoßen, was man zu tun hat. Diese Tatsache kann die schönsten Blüten treiben. So ist es z.B. kürzlich wieder passiert, daß in einer Organisation, deren Zustand wegen „menschenverachtender Kommunikation" von allen Mitgliedern zwar allgemein beklagt wurde, an dem man aber aus gewissen Gründen durchaus festzuhalten bestrebt war, der Vorstandsvorsitzende zu einem Berater ungefähr folgendes sagte: „Wir wollen eine positive Veränderung in unserer Organisation und haben Sie als anerkannten Experten geholt, um uns dabei zu helfen. Wenn es Ihnen aber – wie so vielen vorher – nicht gelingt, diese Veränderung herbeizuführen, dann wissen wir, daß es eben nicht geht." Das ist das Schicksal der allmächtig ohnmächtigen Außenautorität. Nicht erst seit die Systemtheorie von der Autopoiesis geschlossener Systeme zu sprechen begann, war es der Beratungserfahrung zugänglich, wie aussichtslos oft die Bemühungen sind, von außen mit Veränderungsabsichten in Systeme eingreifen zu wollen.

In der bisherigen Geschichte haben Systeme (Reiche, Staaten, Organisationen) nie auf eine Außenlegitimierung verzichten können, von der her sowohl der Systemsinn als auch die inneren Systemzustände abgeleitet wurden. Verankert in der Religion haben sich die Außenlegitimationen säkularisiert und funktional differenziert (z.B. Arzt – Patient). Es ist daher fast naheliegend, daß sich auch Beratung in dieser Tradition findet. Auch als alleinarbeitender freiberuflicher Berater ist man daher diffus und oft unbewußt Systemrepräsentant. Als zusätzliches, eine vernünftige Beratungsbeziehung verzerrendes Moment kommt hier die Tendenz ins Spiel, die Situation durch die Individualisierung der Berater zu entkomplizieren. Einen einzelnen kann man sicherlich leichter für seine Zwecke zurechtbiegen, das Motiv dafür ist aber weniger pragmatisch, weil auch die Individualisierungstendenz an die religiöse Tradition anschließt, wo der Außenhalt in einem Gott personalisiert war, zu dem man sich ein „persönliches" Verhältnis vorstellen konnte. Als alleinarbeitender Berater ist man für individualisierende Zuschreibungen natürlich anfälliger. Aber auch im Selbstverständnis von Repräsentanten einer Organisation gibt es dieses personalistische Mißverständnis, wenn sie sich nicht als Systemrepräsentanten verstehen, sondern als „Mensch" in der Beratung anbieten. Berater sind ständig mit solchen Phänomenen konfrontiert. In diffusen Situationen, wenn man sich nicht recht auskennt, bleibt einem nichts anderes übrig, als sich an die Personen zu halten, die gerade verfügbar sind. Gerade bei organisatorisch bedingten Emotionalisierungen jedoch ist die oft beobachtete Personalisierung von Strukturproblemen schädlich. Damit ändert sich die Rolle der Außenautorität. Es kann nicht mehr darum gehen, irgendwo einen (personalen) Gott zu finden, der alles richtet, für die Organisationsberatung stellt sich vielmehr die Frage, wie sich Systeme über die Organisation von Personen aneinanderkoppeln.

Eine souveräne Außenposition zu behalten wird zusätzlich durch den Umstand erschwert, daß Organisationsberatung oft in turbulenten Zeiten in Anspruch genommen wird. Unternehmensumstrukturierungen bringen immer eingespielte Machtbalancen durcheinander, der vorgebliche Organisationszweck tritt vorübergehend in den Hintergrund. Dagegen verselbständigt sich die „Mikropolitik" (Wimmer 1991) – eine Mischung aus Sport, „hidden agenda" und Intrigantentum wichtiger Organisationsmitglieder – und die Organisation zerfällt in „Lager", die einen als Berater zur Parteinahme verleiten wollen. Wenn sich dergleichen auf der Ebene des Mittelmanagements abspielt, hörte man von Beratern schon die (mit Rückgriff auf Funktionalität, Rationalität aber auch Hierarchie, also disziplinierend wirken sollende) Frage: „And what is the task?" An der Hierarchiespitze läßt sich bei Machtkämpfen diese Frage nicht mit demselben Vernunfterzeugungseffekt entgegenhalten. Was dort zwischen Direktoren unterschiedlicher Bereiche agiert wird, nennt sich auch nicht Machtkampf (zum Teil sogar mit Recht, weil er ja die Aufgaben für die nachgeordneten Ebenen erst festlegt), sondern „Strategie" oder „Unternehmenspolitik", und solange hier Unklarheit herrscht, sieht man die nachgeordneten Ebenen entweder mit eingezogenem Kopf in Abwartehaltung oder (bei Gewinnaussichten) verstrickt. Bei solchen Beratungsanlässen gewinnt man den Eindruck, daß es keineswegs die „operative Geschlossenheit" einer Organisation ist, von der die Systemtheorie spricht (siehe den Beitrag von H. Willke in diesem Buch), die als Geschlossenheit unflexibel und starr geworden ist und daher als Störpotential anfällt. Bei Fusionen, Neustrukturierungen von Unternehmensbereichen, branchenübergreifenden Kooperationen (wie gegenwärtig besonders bei Banken und Versicherungen) ist gerade das Gegenteil, nämlich das Fehlen einer operativen Geschlossenheit das Problem der Organisation.

2. Organisationsberatung als Organisationsprojekt

Rollendiffusion, Vereinnahmung, Integrationsdruck, Individualisierungstendenz, Suche nach Außenhalt, Autoritätszumutung, Scheinklarheiten, unproduktive Angstabwehr – wie entkommt man nun als Organisationsberater all den durch die skizzierten Systemprobleme möglichen unfruchtbaren „Rollenspielen"? Wie wappnet man sich dagegen, in die Auseinandersetzungen des Klientensystems hineingezogen zu werden? Machtkämpfe, die vielleicht erst aus Anlaß der Organisationsberatung offen ausbrechen und sichtbar werden, gibt es schließlich nicht nur intern, auch der direkte Umgang mit Beratern ist nicht selten von Versuchen gekennzeichnet, sie zu hierarchisieren, sie als Parteigänger auf eine Seite zu ziehen oder sie zu Schiedsrichtern zu machen.

Wenn man Beratung als Projekt denkt, lassen sich bereits von vornherein bestimmte Systemprobleme unterstellen, die generell mit dem Wesen von Projekten verbunden sind. In Unterscheidung zu den „normalen" Abläufen in Organisationen haben Projekte eine Sonderstellung. Sie haben Anfang und Ende, kennen keine Routine, auf die man schon zurückgreifen könnte, entgegen weitverbreiteten Wunschvorstellungen können sie nicht einfach „durchgezogen" werden, sondern verlangen einen ungewöhnlicheren und aufmerksameren Reflexions-, Planungs-, und Entscheidungsaufwand; schließlich zeichnen sie sich durch Kooperationsnotwendigkeiten aus, die Fachbereiche und Hierarchieebenen übergreifen. Man kann daher sagen, daß Projekte ihrem Wesen nach in Widerspruch zur hierarchischen Ordnung der Linienorganisation stehen. Da nun viele Organisationen versuchen, hierarchische Defizite durch Projekte aufzufangen oder zu überwinden, laufen sie auf den organisatorischen Widerspruch von Linie und Projekt auf. Da sie aber meist für die Bewältigung dieses Widerspruchs nicht vorbereitet sind, können in einer Linienorganisation Projekte ein beträchtliches Störpotential entfalten. Wir haben diesen Widerspruch, der je nach Organisation oder Projekt von verschiedenen System-bzw. Subsystemrepräsentanten individuell oder als Gruppe agiert wird, an anderer Stelle als „Systemabwehr" gekennzeichnet und beschrieben und auf die Konsequenzen für die Projektsteuerung hingewiesen (Heintel/Krainz 1990, 1991).

Nun ist auch im Fall der Organisationsberatung der Widerspruch von Linie und Projekt von Bedeutung. Denn da auch Beratung eine organisatorische Maßnahme ist, die außerhalb bzw. quer zu den Linien stattfindet, in diese jedoch eingreift, hat sie alle Wesenseigenschaften eines Projekts. Daher ist es wahrscheinlich, daß auch Organisationsberatung Systemabwehr provoziert. (Man könnte sogar soweit gehen zu sagen, daß ein Beratungsprozeß, der keine Erscheinungen von Systemabwehr hervorruft, wirkungslos ist; wobei es allerdings darauf ankommt, wie diese Abwehrmanöver bewältigt und produktiv gewendet werden.) Wenn man also von vornherein damit rechnet, kann man gewissermaßen „problemprophylaktisch" agieren und braucht den Energieaufwand nicht auf notwendig gewordene Reparaturen zu konzentrieren, weil Schwierigkeiten dann nicht so plötzlich und unerwartet auftauchen. Natürlich ist man selbst bei bester Vorüberlegung vor Überraschungen nicht sicher („Mach nur einen Plan ... "), weil man bei komplexeren organisatorischen Gegebenheiten eben nie alle Bedingungen kalkulieren kann. Genau deshalb aber braucht man Steuerungsmittel, die diese notwendigen Planungsunsicherheiten auffangen, organisatorische Gelegenheiten also, um Gedankengänge und Beratungsschritte zu entwickeln, die zumindest für die Entscheidungsträger im Klientensystem nachvollziehbar sind und von ihnen überzeugt mitgetragen werden.

Damit unterscheidet sich unser Verständnis von Beratung von allen Praktiken, in denen Externe (etwa Beratungsfirmen) die Rolle übernehmen, gewissermaßen als Erweiterung der internen Hierarchie zu fungieren, Entscheidungen vorzubereiten, Organisationsmodelle auszuarbeiten oder Rationalisierungspotentiale, meist gefolgt von „chirurgischen Eingriffen", wogegen sich die betroffenen Organisationsbereiche schon im Vorfeld zu immunisieren trachten, so gut sie können. Worum es in unserem Sinn bei *Organisationsberatung,* die sich nicht als mehr oder minder verkapptes Diktat versteht, in Wirklichkeit geht – und das wäre gleichzeitig ein Definitionsversuch –, *ist die organisatorische Etablierung einer Systemdifferenz nicht gegenüber, sondern in der Organisation.* Neben jenen Angaben, die man in ein Organigramm zeichnen kann, sind Organisationen auch durch eine teils bewußte, teils unbewußte kollektive Emotionalität gekennzeichnet. Sie ist eine Begleiterscheinung (unbewußter) Eigensteue-

134

rung „unterhalb" der Steuerungstätigkeit der Führungskader, die sich um so erfolgreicher in der Organisation bewegen, je mehr sie zur kollektiven Emotionalität Zugang haben (nicht notwendig in ihr leben, denn man braucht auch die Distanz dazu). Da sie von Außenstehenden selbst bei bestem Willen nicht genau eingeschätzt werden kann, sind Eingriffe von außen notwendig ignorant, im besten Fall neutral, meist aber kontraproduktiv. Jeder Versuch, von außen offensiv gegen diese kollektive Emotionalität einer Organisation vorzugehen, kann nur als Überrumpelung oder als Machtstrategie gegen die Widerstände von Individuen und Gruppen aufgehen.

Die organisationsinterne hierarchische Arbeitsteilung besteht üblicherweise und mit vielen Folgekosten für Arbeitszufriedenheit und Leistungseffektivität darin, daß es Leute gibt, die entscheiden, andere, die die informationsmäßigen Grundlagen für diese Entscheidungen liefern, und wieder andere, die die Entscheidungen ausführen. Wenn Beratung diesem Schema angepaßt wird, differenziert sich die Hierarchisierung insofern, als die Hierarchie nun auswärts „denken läßt". Innerhalb des Systems die Systemdifferenz organisieren heißt dagegen, die (als Expertise verkleidete) Außenperspektive nicht bloß zuzukaufen, sondern vermittelnde Plattformen zu schaffen, auf denen ein Organisationsbewußtsein im Inneren der Organisation entwickelt werden kann. Daß sich die Organisationsberatung selbst zum Reflexionsgegenstand nimmt, wird durch ihre Projekthaftigkeit nahegelegt. Sie kann damit als Paradigma für den produktiven Umgang mit dem Systemwiderspruch von Projekt und Linie auch über sich selbst hinaus dienlich werden.

Wie soll man nun Beratung als Projekt organisieren? Zunächst stehen nicht einfach Berater einem Klientensystem gegenüber, vielmehr werden diese beiden Systeme miteinander vermittelt und organisatorisch zueinander in Beziehung gesetzt. Die organisatorische Steuerungsbasis der Beratung ist idealerweise ein Team, zusammengesetzt aus Beratern und Repräsentanten der Organisation. Wenn man von Systemen reden möchte, gibt es also drei davon: Repräsentanten eines Beratersystems (dies kann eine Beratungsfirma sein, eine lose Gruppierung von projektbezogen kooperierenden einzelnen oder auch ein Teil des Wissenschaftssystems) bilden mit Repräsentanten des Klientensystems eine eigene Gruppierung, die man Beratungssystem nennen könnte, ein Vermittlungs- und Koppelungssystem zwischen externen Beratern und ihrem Klienten, der zu beratenden Organisation. Zwar braucht das Beratungssystem für seine Arbeitsfähigkeit auch eine gewisse „Geschlosssenheit"; zugleich ist die Beratung als ganze jedoch ein offener Prozeß, der nicht nur laufender Modifikation zugänglich gemacht werden muß, sondern auch noch sehenden Auges an seiner Selbstaufhebung und seinem Überflüssigwerden zu arbeiten hat. Die Organisationsskizze eines Beratungsprojekts würde folgendermaßen aussehen:

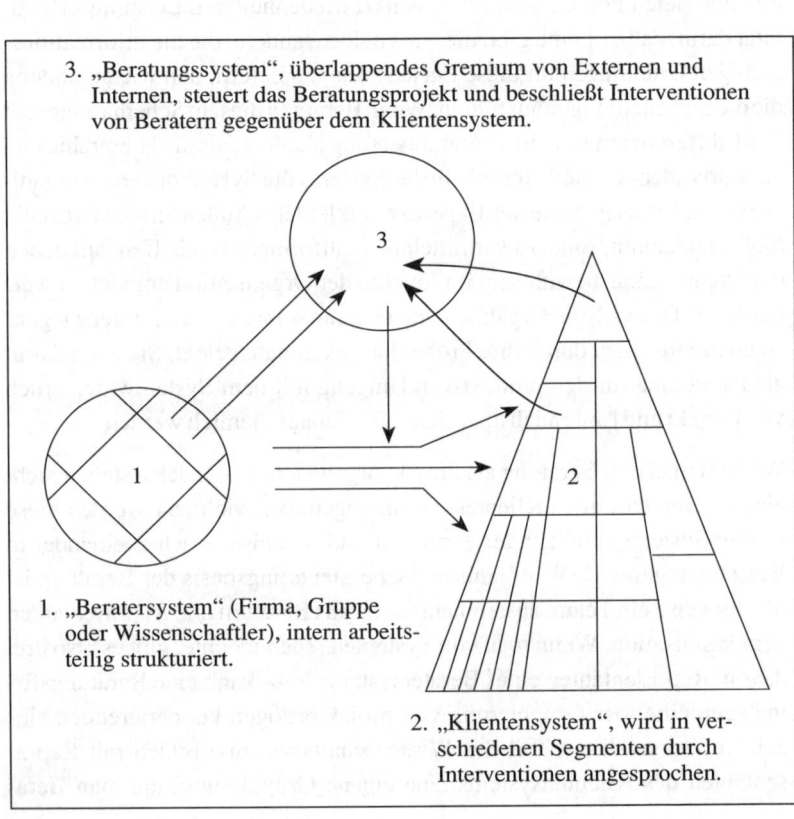

3. „Beratungssystem", überlappendes Gremium von Externen und Internen, steuert das Beratungsprojekt und beschließt Interventionen von Beratern gegenüber dem Klientensystem.

1. „Beratersystem" (Firma, Gruppe oder Wissenschaftler), intern arbeitsteilig strukturiert.

2. „Klientensystem", wird in verschiedenen Segmenten durch Interventionen angesprochen.

136

An diese Skizze schließen sich drei Überlegungen an: Zunächst kann die Formel „Ein Berater ist kein Berater" durch die differenzierten beraterseitigen Betätigungsnotwendigkeiten plausibel gemacht werden, dann läßt sich zeigen, in welche Rollenvielfalt auch das Klientensystem geführt wird und zuletzt geht es um die Möglichkeiten und Grenzen interner Beratungskompetenz. Beim Aufbau des Beratungssystems müssen diese Umstände (nämlich die kommende Rollenvielfalt und ihre mögliche Bedeutung) bereits an Interne herangetragen und mit diesen integriert werden.

Wenn man die oben skizzierte Struktur ernst nimmt, resultieren aus der Projektorganisation sowohl beraterseitig als auch klientenseitig drei wichtige und voneinander zu unterscheidende Rollen und Handlungsfelder. Berater sitzen gemeinsam mit Internen im Projektsteuerungsgremium, in der Gruppe der Berater sind sie mit interner Theoriebildung und der Organisation ihrer „Einsätze" beschäftigt, und gegenüber identifizierten Segmenten im Klientensystem führen sie die Interventionen durch. Die klientenseitigen Rollen sind Auftraggeber, Interne (Mitgliedschaft in der Beratungssteuerungsgruppe) und Klient. Diese Rollenvielfalt verlangt klientenseitig ein ständiges „Grenzmanagement" und einen sorgfältigen und bewußten Umgang damit, in welcher Rolle man jeweils gerade angesprochen ist. Hierarchen sind zunächst (ausschließlich) Auftraggeber, und bleiben das in dieser Ausschließlichkeit, solange beratende Interventionen, Klausuren usw. nur auf den nachgeordneten Hierarchieebenen stattfinden. Daß Auftraggeber aber auch von einer mehr oder meist weniger expliziten Problemdefinition ausgehen, liegt in dieser ihrer Diagnosetätigkeit schon begründet, daß sie potentieller Teil eines Beratungssystems bzw. als ein solcher anzusprechen sind. Praktisch sieht dies so aus, daß sich Berater als Externe und Auftraggeber als Interne in gewissen Abständen treffen, um der Steuerung des Beratungsprojekts – Zerlegung des Beratungsvorhabens in einzelne Schritte, Feedback über die durchgeführten Interventionen, Festlegung weiterer Maßnahmen bzw. der Beendigung des Beratungsprojekts – nachzugehen. Schließlich sind die Auftraggeber ja auch Geldgeber und können so etwas wie Rechenschaft verlangen, bei aller „Inkompetenz", die sie bezüglich dessen, was in der Beratung im Detail geleistet wird, haben mögen. Letztlich sind sie selbst aber auch potentielle Klienten, wenn sich als eine sinnvolle Maßnahme im Beratungsprozeß nahelegt, daß z.b. die Kooperationsprobleme des Vorstandskreises thematisiert werden sollten.

Ein solcherart aufgebautes Beratungssystem ist die organisatorische Bewältigung der Differenz von extern gegenüber intern. Versucht man, die Position von Vorständen in einer solchen Projektorganisation topisch auszudrücken, dann sind sie als Auftraggeber „darüber", als Klienten „drin" und als Mitglieder des Beratungssystems „draußen". Dies sind drei verschiedene topische „Systemlagen", die emotionell (aber auch kognitiv) erst einmal bewältigt werden müssen. Alle drei Positionen können in Beratungsprojekten zu spezifischen operativen Schwierigkeiten führen: Das „Darüber" impliziert, daß man sich distanzieren kann, wenn eigentlich Involvierung sein müßte; sich als Klient zu verstehen empfinden viele, die einen noch unprofessionellen Umgang mit Selbstreflexion oder Privilegien zu verteidigen haben, als Degradierung; zwischen Internen und Externen entstehen in kritischen Situationen die eingangs geschilderten Möglichkeiten von unproduktiven „Spielen". Grenzmanagement würde bedeuten, die verschiedenen Zugehörigkeiten offenzuhalten und zu balancieren.

Wenn es in zu beratenden Organisationen keine diesbezüglich ausdifferenzierten Spezialfunktionen gibt, dann ist quasi die Hierarchie der interne „change agent". Meist gibt es aber bestimmte Abteilungen (für Personal, Organisation, Bildung, in jüngerer Zeit auch Datenverarbeitung), die bei Entwicklungsprojekten als treibende Kräfte einbezogen und daher die ersten Kooperationspartner externer Berater sind. Man kann das zwar nicht pauschalieren, aber es fällt doch auf, daß alle diese Subsysteme in Organisationen vielfach nicht übertrieben gut angeschrieben sind. Über Personalabteilungen ist das Malmot im Umlauf, man wisse nie genau, ob sie eher Abteilungen für oder gegen das Personal sind, Organisationsabteilungen haben oft die Aura des inhuman-technokratischen, und EDV-Abteilungen werden mehr als Störung denn als Hilfe empfunden, allen Deklarationen der Kundenorientierung und Anwenderfreundlichkeit zum Trotz. Bleiben die Bildungsabteilungen. Diese verdanken ihr manchmal recht mäßiges Image dem Umstand, daß sie sich nicht bloß um Fachausbildung zu kümmern haben, sondern auch um Handlungsfelder, in denen es um Steuerung,

Führung und Management geht. Selbst wenn es sich dabei um nichts anderes als nur um unerfüllte Erwartungen von Organisationen an ihre Ausbildungsabteilungen handelt, verkörpern die Bildungsabteilungen für diese Schulungsbereiche eine Systemdifferenz im Inneren der Organisation. Folgerichtig, wenn auch zu ihrem Leidwesen, sehen sich die Bildungsabteilungen mit den gleichen Abwehrformen der Organisation konfrontiert, die auch gegen externe Berater aufgebaut werden: Vereinnahmung und Abspaltung. Entweder werden sie geknebelt und besorgen nur die Fachschiene, oder man läßt sie zwar machen, aber ohne sie ernst zu nehmen, mit der Konsequenz, daß die betroffenen Ausbildungsmitarbeiter das seltsame Bild übernehmen, das sich andere Organisationsbereiche von ihnen machen, sich allmählich diesem Bild gemäß zu verhalten beginnen, um sich endlich in ein Häuflein von Illusionisten zu verwandeln.

Interne Berater sind ständig mit dem Problem konfrontiert, ob sie weit genug „außen" stehen. Da sie in das hierarchische Schema eingeordnet sind, bleibt ihre Wirksamkeit gewöhnlich auf die hierarchisch niedrigeren Bereiche oder auf weit entfernte Organisationseinheiten beschränkt. Über qualifikationsbezogene und hierarchische Gründe hinaus bedeutet daher die Kooperation von Internen und Externen einen weiteren Vorteil: Interne sind für Externe durch ihre intimen Systemkenntnisse wertvoll, Externe für die Internen gerade umgekehrt wegen ihrer Systemfremdheit, die sie die durch Organisationszugehörigkeit bedingte „Betriebsblindheit" nicht teilen läßt. Gelingt die organisatorische Aufwertung und Qualifizierung der Internen nicht, wird das überlappende Beratungsteam in seiner Existenz bedroht, Interne und Externe driften auseinander und ihre Beziehung ist zunehmend von Konkurrenz geprägt. Zur Qualifikation von Internen gehört auch, daß sie wissen, wann und (auf vorläufige Weise) wofür Externe beigezogen werden sollen.

3. Ein Fallbeispiel aus der praktischen Beratungstätigkeit

Falldarstellungen zu schreiben ist immer ein Problem für sich, eine Gratwanderung, bei der man nach zwei Seiten hin vom Weg abkommen kann. Entweder gibt man in der Darstellung Einblick in die Logik des Beratungsprozesses mit all den entsprechenden Hintergründen, die die einzelnen Schritte erst wirklich verständlich machen, dann ist das vielleicht interessant zu lesen, verletzt aber die Intimität des Klienten. Bis das Vertrauen gewachsen ist und halbwegs frei geredet werden kann, dauert es ohnehin seine Zeit. Was zu berichten ist, involviert aber die kollektive Emotionalität und damit auch die Personen mit ihren spezifischen Empfindlichkeiten. Schrift als Medium hat eine andere Öffentlichkeit als das, was in diversen Konferenzen, Klausuren, Interviews, Planungssitzungen usw. vor bzw. mit Beratern besprochen wird. Speziell wenn es um interne Schwierigkeiten geht, findet sich wohl niemand gern öffentlich beschrieben und normalerweise versuchen Organisationen ja auch, sich jeglicher Form von medialer Öffentlichkeit gegenüber möglichst umsichtig zu verhalten.

Nun ist das Thema dieser Abhandlung in erster Linie ein strukturelles und methodologisches, daher können wir leichter auf die Schilderung episodischer Details verzichten. Statt dessen beschreiben wir, unter welchen Bedingungen die Organisationsberatung begonnen hat, welche externen Einflüsse die Struktur des Klientensystems während des Beratungsprozesses veränderten, wie sich das Beratungssystem daran anpaßte und wie sich allmählich Auftrag und Auftraggeber veränderten.

Zum Zeitpunkt der Niederschrift dieser Darstellung sind beraterseitig sieben Personen involviert, die – grundsätzlich jeweils zu zweit, manchmal auch zu dritt – in unterschiedlichen Kombinationen mit verschiedenen Segmenten der Organisation arbeiten. Durch die Teamorganisation der Beratung verdichten sich in den Diskussionen der Beratergruppe all jene Widersprüche, die auch der Organisation selbst zu schaffen machen, sie können beraterseitig integriert, ins Beratungsteam eingebracht und hinsichtlich sinnvoll scheinender Interventionen weiterentwickelt werden. Der Beratungsprozeß dauert bereits einige Jahre, ist im Verlauf der Ereignisse hinsichtlich Umfang und Anzahl der involvierten Hierarchieebenen und Organisationsbereiche sowie der auftretenden Thematiken angewachsen und hält gegenwärtig an einem kritischen Punkt.

Die von uns beratene Organisation ist ein Handelsunternehmen. Als wir mit dem Unternehmen in Kontakt kamen, bestand es aus einer Zentrale mit allen üblichen Funktionsbereichen einschließlich einer Ausbildungsabteilung, zahlreichen Verkaufszweigniederlassungen und einer eigenen Einkaufsorganisation. Die Ausbildungsabteilung organisierte die fachliche Ausbildung des Verkaufspersonals (Warenkunde, Verkaufsschulung …), für außerfachliche Belange waren externe Referenten beigezogen worden, mit deren Hilfe ein interner Führungskräftenachwuchslehrgang aufgebaut wurde. Der Beratungskontakt kam zustande, als unternehmensintern erkannt wurde, daß das Programm zur fachlichen und führungsmäßigen Qualifizierung einzelner Führungskräfte und des Führungsnachwuchses nicht mehr ausreichend war, um bestimmte Unternehmensprobleme in den Griff zu kriegen. Der Fokus war nicht mehr nur auf die Qualifizierung einzelner gerichtet, sondern auf die als verbesserungsbedürftig angesehene Kooperation und den Umgang mit interner Konkurrenz in den Zweigniederlassungen. Daher wurde zwischen der Ausbildungsleitung, der Unternehmensleitung und uns als externen Beratern ein Programm zur „Teamentwicklung" in den Zweigniederlassungen vereinbart, in einem ersten Durchgang sollte das Programm in einigen Pilothäusern durchgeführt werden, danach wollte man weitersehen.

Die Probleme, auf die wir dabei stießen, ergaben sich schon aus dem strukturellen Aufbau der Zweigniederlassungen, die eine Abteilungsgliederung aufweisen und jeweils von einem Geschäftsführer und einem Verwaltungsleiter (Logistik, Personal, Buchhaltung) geführt werden. Erfolgsmaß für die Abteilungsleiter ist der Umsatz in den Abteilungen, der Erfolg der Geschäftsführer ist der Umsatz der Zweigniederlassungen. Gewöhnlich wird in der kontinuierlich erfaßten Abverkaufsstatistik jede Bewegung nicht nur absolut, d.h. relativ zum Vormonat bzw. zum gleichen Monat des Vorjahres verglichen, sondern auch relativ zur Verkaufsentwicklung der anderen Abteilungen des Hauses, die Häuser wiederum vergleichen sich untereinander. Der Umsatz hängt – soweit man nicht unwägbaren Launen des Marktes ausgeliefert ist – einmal von der Rührigkeit einzelner Abteilungen ab, wobei den von den Abteilungsleitern ausgehenden Impulsen und der Kooperation in den Abteilungen der vorrangige Stellenwert zukommt. Darüber hinaus gibt es Bereiche, in denen ganz im Gegenteil zur „abteilungsegoistischen" Erfolgsorientierung Kooperation (gemeinsame Aktionen bei aufeinander abgestimmter Darstellung am Markt) und Nachbarschaftshilfe (z.B. bei ungleichem Personalstand und -bedarf) günstig wäre.

Der interne Zahlenvergleich dient dabei nicht nur als Steuerungsmittel und Feedback (also „rationalen" Zwecken), er entfacht auch Konkurrenz zu Lasten der abteilungsübergreifenden Kooperationsbereitschaft. Denn wenn kooperiert wird, kann es passieren, daß man seinen internen Konkurrenten hilft, ohne selbst einen Direktnutzen davon zu haben, womit man sich – relativ – „schadet". Quasi instinktiv ist den Abteilungsleitern beim Interpretieren der Statistik daher „das Hemd näher als der Rock". So waren im Lauf der Zeit innerhalb einzelner Zweigniederlassungen zwischen neuralgischen Abteilungen „gläserne Wände" entstanden, die schließlich den Beratungsbedarf erzeugten. Zusätzliche hausinterne Problemstellungen ergeben sich durch die Kooperation mit Stabsabteilungen (Sprachregelung in einer Zweigniederlassung: „Nicht-Verkauf", d.h. Definition aus dem Negativen, quasi Un-Abteilungen), die den Verkaufsabteilungen sowohl als interne Dienstleister (Dekoration, Hausmeisterei, Wareneingang …) zuarbeiten, als auch umgekehrt über bestimmte Schnittstellen Machtmittel haben und die Abhängigkeit der Verkaufsabteilungen diese spüren lassen können.

Die Teamentwicklung der Zweigniederlassungen besteht im wesentlichen im Aufbau bzw. der Festigung tragfähiger Strukturen für eine Teamsteuerung (regelmäßige Abteilungsleiterkonferenz, problembezogene Projektgruppenbildung …) und einer Einübung dieses gremialen Managements. Sie involviert die Führungskräfte, also Geschäftsführer und Abteilungsleiter, und umfaßt einen mehrstufigen (pro Zweigniederlassung immer von zwei aus dem Beraterteam gesteuerten) Interventionsplan. Dieser beginnt mit Erstgesprächen mit allen Beteiligten in der Zweigniederlassung, danach folgen je drei mehrtägige Klausuren mit jeweils einigen Monaten Pause dazwischen, um Erfahrungen mit einer geplanten Veränderung der Besprechungskultur und der anvisierten Teamsteuerung machen zu können. Bei der jeweils folgenden Klausur werden die Praxiserfahrungen reflektiert und nach und nach stabilisiert. Das Teamentwicklungsprogramm für eine Zweigstelle vom Erstgespräch bis zur letzten Klausur erstreckt sich etwa über einen Zeitraum von einem dreiviertel Jahr.

Nach Abschluß der ersten Runde fand eine Konferenz eines – im Sinne der vorherigen Ausführungen – dafür zusammengestellten „Beratungssystems" statt (Teilnehmerkreis: Führungsspitze des Unternehmens, Ausbildungsleitung, die in der Teamentwicklung eingesetzten Berater, die Geschäftsführer der involvierten Zweigniederlassungen, die Geschäftsführer der geplanten zweiten Runde). Bei dieser Sitzung (Tagesordnung: Erfahrungsberichte der in den Teamentwicklungen beteiligten Geschäftsführer, Eindrucksschilderungen und Einschätzungen der Berater, Fragen der Vorstände und der für die nächste Runde vorgesehenen Geschäftsführer, Organisation, Kosten ...) bestätigten sich nicht nur die Sinnhaftigkeit des Teamentwicklungsprogramms und der Entschluß, den eingeschlagenen Weg weiterzugehen, es wurden darüber hinaus weitere Segmente der Organisation „stimuliert". So interessierte sich das für die Einkaufsorganisation verantwortliche Vorstandsmitglied für eine Seminarserie zur Teamentwicklung in der Einkaufsorganisation und unter den Geschäftsführern der Zweigniederlassungen wurden Anregungen laut, auch einmal „etwas für die Geschäftsführer" zu tun. Also wurde eine Ausweitung des Beratungsumfangs beschlossen.

Wir hatten kaum mit der ersten Runde der Teamentwicklung begonnen, als eine unvorhergesehene Bewegung am Kapitalmarkt die Eigentumsverhältnisse änderte. Fast „über Nacht" war die Aktienmehrheit bei einem Konzern gelandet.

Die erste Veränderung bestand in der Zusammensetzung der Unternehmensleitung, ein Mitglied des dreiköpfigen Vorstandes verließ das Unternehmen, ein vom Mehrheitseigentümer bestelltes trat an dessen Stelle. An den Absprachen über die Beratung des Unternehmens änderte sich dadurch aber vorläufig nichts. Also konnte das Programm zur Teamentwicklung in den Zweigniederlassungen wie geplant weitergehen, noch dazu erweitert um die neuen Subprojekte. Entgegen ersten Befürchtungen, der Mehrheitseigentümer würde sich daran machen, alles umzukrempeln, trat das Gegenteil ein. Das Handelsunternehmen war ja aufgrund seines qualitativ hochstehenden Verkaufsapparats, seines Namens und seiner Marktposition erworben worden, und daher wurden dem Unternehmen aus dem Bestand des Mehrheitsaktionärs einige neue Häuser an neuen Standorten übergeben, mit dem Auftrag, aus diesen ebenso gut funktionierende Zweigniederlassungen zu machen. Die neuen Häuser wurden gleich zu vorrangigen Kandidaten für die Teamentwicklung.

Seine besondere Qualität verdankte das Handelsunternehmen aber auch dem Umstand, daß der Einkauf branchenunüblich dezentral organisiert war. Die Unternehmensphilosophie war, daß sich der Verkaufserfolg vor allem auf einer über die Einkaufsbeteiligung herzustellen Identifikation mit der Ware gründet, damit im Verkauf nicht eine Art Lagerhaltung mit Selbstbedienungscharakter entstehen kann. Sich in diesem Punkt von anderen Anbietern am Markt zu unterscheiden, die offenbar keine ausgeprägte Verkaufsambition haben, war erklärtes Ziel des Unternehmens. (Gerade das Verkaufssystem des Mehrheitseigentümers hatte in dieser Hinsicht zu wünschen übriggelassen.) Daher waren die Abteilungsleiter zu einem hohen Anteil ihrer Tätigkeit im Einkauf eingesetzt, weshalb sie in der internen Sprachregelung auch „Abteilungsleiter-Einkäufer" hießen, ja ihrer Neigung nach waren manche sogar mehr Einkäufer als Abteilungsleiter im Verkauf. Die mit der Einkaufsfunktion verbundene Reisetätigkeit und die daraus entstehende zeitweilige Abwesenheit von der Abteilung war im übrigen auch für die Teamentwicklung in den Häusern als Problem von Bedeutung, weil oft nicht genügend qualifiziertes Vertretungspersonal zur Verfügung stand, auf das die Geschäftsführer für die interne Steuerung der Zweigniederlassungen hätten zurückgreifen können.

Was den Einkauf betraf, hatte sich ein nicht ganz widerspruchsfreies Kooperationsmodell herausgebildet: Die Zentraleinkäufer der Einkaufsorganisation waren auf den Beschaffungsmärkten unterwegs, und auf unternehmensinternen (erweitert um einige kleinere zu einem Einkaufsverbund

144

angeschlossene Handelshäuser) Messen und Warenmusterungen erstellten sie mit den Abteilungsleitern-Einkäufern in nicht immer einfachen Diskussionen die Warensortimente, mit denen die Zweigniederlassungen bestückt wurden. Der Widerspruch ergab sich aus der Konstruktion der Zusammenarbeit. Natürlich wollten die Zentraleinkäufer, daß „ihre" Vorauswahlen und ihre Vorschläge von den Abteilungsleitern-Einkäufern anerkannt und auch gebührend geschätzt würden, – je nach Verkaufserfolg waren diese aber unterschiedlich guter Dinge, und das ließ man die Zentraleinkäufer dann auch wissen. Es geschah daher des öfteren, daß Situationen eskalierten. In die eine Richtung erschienen manche Zentraleinkäufer daher diktatorisch, umgekehrt fürchteten sich diese mitunter vor Abteilungleitern, die kein Blatt vor den Mund nahmen. Als wir zeitgleich mit der Einkaufsorganisation und den Zweigniederlassungen arbeiteten, begegneten wir fast regelmäßig dem Argwohn, wir würden eventuell zur anderen Seite halten.

Die Klausuren mit den Geschäftsführern der Zweigniederlassungen fielen in die Zeit weitreichender organisatorischer Umbauten. Der Mehrheitsaktionär kaufte ein zweites Unternehmen derselben Branche und es war die Rede von weiteren, die noch folgen würden. Die Einkaufsorganisation, bis dahin im Eigentum des Handelsunternehmens, wurde dort herausgelöst und ihr Leiter verließ dessen Vorstand. Mit der Perspektive, aus der Einkaufsorganisation eine Dienstleistungsgesellschaft für alle angeschlossenen (und künftigen) Handelsunternehmen mit über den Einkauf hinausgehenden Funktionen zu entwickeln, wurde eine „Synergie–Projektgruppe" gebildet, die im Auftrag des Mehrheitseigentümers Rationalisierungspotentiale ausfindig machen sollte – übrigens unter Beteiligung einer jener Unternehmensberatungsfirmen, bei denen man wie gesagt das Wort „Beratung" immer unter Anführungszeichen zu setzen hat. Nach zähem Ringen und einigem zerschlagenen Porzellan entstand als Kompromiß zwischen Zentralisierungsvorstellungen und der Verteidigung individueller Einkaufsfreiheiten das komplizierte Modell eines Einkaufs- bzw. Unternehmensverbundes, das neue Schnittstellen, neue Funktionen und neue Segmente vorsah. Alles existierte natürlich vorerst nur auf dem Papier. War der Konflikt zwischen dem zentralen Einkauf und dem dezentralen Verkauf

145

bisher einigermaßen eingependelt gewesen, entflammte er nun in allen diesbezüglich in Frage kommenden Organisationssegmenten neu.

Für alle Warengruppen wurden aus dem Kreis der Abteilungsleiter verantwortliche Delegierte eingesetzt, die mit den Zentraleinkäufern der Einkaufsorganisation Vorselektionen in Vormusterungen durchzuführen hatten, was den individuellen Dispositionsspielraum „gewöhnlicher" Abteilungsleiter deutlich einschränkt und deren Mitgestaltung im Einkauf nur in einer komplizierten organisatorischen Prozedur im Vorfeld der zu treffenden Sortimentsentscheidungen ermöglicht. Der ohnehin bestehende generelle (aporetische) Widerspruch zwischen Einkauf und Verkauf war nun verschärft da. Alle drei „Schwestern" waren als juristische Personen nach dem Aktienrecht eigenständig, auf der anderen Seite bestand aber durch die neue Einkaufsorganisation eine Kooperationsverpflichtung. Das zentralistisch-dezentrale Kompromißmodell hatte Schnittstellen zwischen Einkauf und Verkauf eingebaut, die in so hohem Ausmaß von der Bereitschaft der Beteiligten zu kooperieren abhingen, daß anfangs die Wahrscheinlichkeit des Gelingens weitaus kleiner schien als die des Nichtgelingens. In den schriftlich ausgegebenen Funktionsbeschreibungen einzelner Funktionen und Gremien fand sich nach jedem Kapitel quasi die abschließende Beschwörungsformel, Entscheidungen seien „in kooperativer Grundhaltung" und „in Übereinstimmung mit den strategischen und operativen Zielen" des jeweiligen Unternehmens zu treffen. Nun waren aber weder strategisch noch operativ die Interessen und Ziele der jeweiligen Verbundmitglieder deckungsgleich. Was verlangt wurde, war also Kooperation in einer konfliktschwangeren Atmosphäre bei gleichzeitigen unternehmensübergreifenden Unsicherheiten der Rollenträger.

Das sagten nicht etwa in erster Linie wir als externe Berater. Solche Stimmen gab es auf allen hierarchischen Ebenen, mit denen wir Gelegenheit hatten, über das neue System nachzudenken. Für uns als Berater hatte sich die Gesamtsituation ebenfalls grundlegend verändert. Zwar wurden die zweigniederlassungsbezogenen Teamentwicklungen fortgeführt, der Akzent verlagerte sich aber immer mehr auf – am ehesten könnte man sagen: „Organisationsbewältigung". Warengruppe für Warengruppe wurden sämtliche Abteilungsleiter-Einkäufer (einschließlich eines für den jeweiligen Waren-

bereich hierarchisch vorgeordneten Geschäftsführers) in einer eigenen Seminarserie zusammengezogen, um die Kooperation mit den jeweils für den
Einkauf verantwortlichen Delegierten aus den eigenen Reihen vorzubereiten und angesichts eingeschränkter Mitbestimmungsmöglichkeiten wenigstens befriedigende Systeme der Informationsübermittlung zu erfinden. Die
nächste Seminarserie war nicht nur inhaltlich, sondern auch hinsichtlich der
Teilnehmerzusammensetzung verbundbezogen. Wieder nach Warengruppen gestaffelt wurden jene Personen zusammengeholt, deren Aufgabe (zen-
tralistischer als bisher üblich) in der unternehmensübergreifenden Vorse-
lektion der Waren für die späteren unternehmensinternen Sortimentserstel-
lungen durch die Abteilungsleiter-Einkäufer bestand.

Gewissenmaßen „schleichend" hatten wir als Berater andere Vertragspartner erhalten. Mit dem Ausscheiden des Leiters der Einkaufsorganisation aus dem Vorstand des Handelsunternehmens, mit dem wir zu arbeiten
begonnen hatten, waren wir ja schon bei zwei voneinander getrennten
Auftraggebern angelangt. Als sich schließlich auch Vertreter des dritten
Unternehmens im Verbund an unseren Interventionen und Klausuren beteiligten, war das Klientensystem endgültig nicht mehr nur das Unternehmen, mit dem wir begonnen hatten, sondern der ganze Unternehmensverbund. Trotzdem liefen weiterhin sämtliche beratungsbezogenen Steue-
rungstreffen (das „Beratungssystem") über das ursprüngliche Klientensystem, was sich zunehmend als problematisch erwies und woraus für die
unternehmensübergreifenden Aktivitäten allerlei Friktionen entstanden.
Eine dieser verbundorientierten Aktivitäten war die Beratung einer Klausur
des Vorstandskreises. Wir waren während der teils präventiven, teils ku-
rativen Schnittstellenbearbeitungen immer wieder dem Phänomen begegnet, daß sich Delegierte der drei Verbundunternehmen wechselseitig ver-
dächtigten, mit dem jeweils dritten gegen einen selbst gemeinsame Sache
zu machen. Die Phantasien, wer gerade wen mit Hilfe von wem „über den
Tisch ziehen" will, gab viel Stoff für Diskussionen. Jede neu auftauchende
Thematik schien zunächst einmal daraufhin untersucht werden zu müssen,
ob sie sich für Triangulierungen eignet.

Daß auch wir Berater im Laufe der Klausur des Vorstandskreises als
triangulierungsfähiges Thema entdeckt und in interne Auseinandersetzun-

gen atmosphärisch hineingezogen wurden, kam dann aber doch etwas überraschend. In Oppositionierung zu jener „Unternehmensberatung", die an der Erarbeitung des neuen Einkaufssystems mitgewirkt hatte und die gemeinsam mit dem Einkaufsunternehmen interessensmäßig auf die Seite der Zentralisten gestellt wurde, wurden wir dem Handelsunternehmen zugerechnet, mit dem unser Beratungskontakt begonnen hatte. Da eine verbundbezogene Beratungstätigkeit unsererseits nur effektiv sein kann, wenn sie auf der Basis eines zustimmenden Beschlusses des ganzen Vorstandskreises erfolgt (geändertes Klientensystem, folglich geändertes Beratungssystem), muß – und das ist die Krise, von der eingangs die Rede war – das Beratungsprojekt neu definiert werden. Zwei Wege zeichnen sich ab: Entweder gelingt es dem Vorstandskreis, die verbundorientierten Teile unserer Beratungstätigkeit aus den internen Auseinandersetzungen herauszuhalten, oder es gelingt dies nicht, – dann kehren wir in „unser" Unternehmen zurück und arbeiten dort zwar thematisch auch verbundorientiert, teilnehmerseitig jedoch ausschließlich intern. Der Vorstandskreis ist gerade dabei, sich darüber eine Meinung zu bilden.

4. Abschließender Exkurs

Sowohl bei Fusionsvorgängen wie auch im hier beschriebenen Verbundsystem befinden sich Vorstände allgemein in der Situation, den Widerspruch von Einheit und Differenz, Gemeinsamkeit (des Verbundes bzw. des neuen Unternehmens) und Unterschiedlichkeit (der einzelnen Unternehmen bzw. bei Fusionen der mitgebrachten Unternehmenskulturen) zu balancieren. Nach außen hin muß überzeugt Einheit signalisiert werden (woran in der Regel kein Mangel besteht), was aber sinnvoll nur gelingen kann, wenn man sich – paradoxerweise – gebührend um die Unterschiede bemüht. Deklarationen, wie man sie bei Veränderungen von Unternehmen oft zu hören kriegt, Namensgebungen und andere Übungen zur Erzeugung einer neuen Corporate Identity, haben dabei bestenfalls den Charakter von Absichtserklärungen mit programmatischer Natur, sind quasi Politik oder interne PR, nicht aber schon die Verwirklichung dieser Absichten. Das

Bemühen um Unterschiede ist ein Prozeß, dessen Ende nicht vorweggenommen oder herbeigeredet werden kann.

Auch die kleinste Unterlassung beim Bearbeiten vorliegender unternehmenskultureller Unterschiede „rächt" sich, in dem eine schwer steuerbare Wirkung nach innen erzeugt wird. Solche Unterlassungen können zustande kommen, weil man etwas übersehen hat. Dramatischer sind jedoch die Folgen vermiedener „heißer Eisen", wozu der ganze emotionale Bereich der mitgebrachten Kulturunterschiede zählt sowie alle drohenden und tatsächlichen Verletzungen. Der besondere Hierarchieeffekt, auf den hier aufmerksam zu machen ist, ist folgender: Eine Differenz, die in den jeweils oberen Ebenen nicht bearbeitet wird, tritt in den nachgeordneten Ebenen vergrößert auf. Wenn man sich oben nicht einigen kann und notwendige Diskussionen vermeidet, wo läßt man dann kämpfen? Auf den Ebenen darunter. In der Annahme, daß Loyalität gefragt ist, bilden sich Führer-Gefolgschafts-Strukturen und Lagerdenken, und anstatt bearbeitet, wird die nichtbearbeitete Differenz agiert.

Das durchzuführende Vorhaben eines Unternehmensverbundes muß daher, will es nicht schon von Anfang an Sand im Getriebe produzieren, mit der Dialektik von Einheit und Verschiedenheit operieren und ein Differenzbewußtsein erzeugen, und zwar organisationsweit in all jenen kulturellen Hinsichten und organisatorischen Bereichen, die als Problemfelder anzusprechen sind und sich als behandlungsbedürftig erweisen. Also ist (zum Ärger jedes überzeugten Zentralisten und Vereinheitlichers) das Augenmerk auf die Qualität der Unterschiede zu richten, weil sich diese nicht einfach eliminieren lassen. Bei aller Kritik gegenüber individualistischen Extratouren bleibt nichts anderes übrig, als Unterschiede zu akzeptieren und zu integrieren. Für die Erarbeitung eines Differenzbewußtseins ist die Vorstandsebene beispielgebend. Nur so lassen sich kriegsähnliche Zustände vermeiden, nur so läßt sich ein organisatorischer Umbau bewerkstelligen, der auch die breite Zustimmung bei jenen findet, die mit und in ihm leben müssen.

Diese Gedanken haben ihre praktische Nutzanwendung sowohl für Management als auch für Organisationsberatung. Es müssen Plattformen geschaffen werden, die sich dafür eignen, das nötige Organisations- und

Differenzbewußtsein mit der daraus resultierenden psychologischen Widerspruchstoleranz zu erzeugen. Dabei hilft es, Veränderungsprozesse als projekthaft zu definieren. In ihrer inneren Strukturierung muß Beratung den Veränderungsprozeß der Rahmenbedingungen nachvollziehen und repräsentativ abbilden, um adäquat reagieren zu können. Je komplexer die Veränderungsprozesse, desto komplexer und aufwendiger muß die Projektarchitektur sein. Grundidee dabei ist die Erzeugung reflexiver Selbstdistanz, die Organisation einer Systemdifferenz im Inneren des Systems. Dies gilt für Organisationsberatung in gleichem Maß wie für modernes Management, und wenn dies einer zu beratenden Organisation fremd ist, wird Beratung zum Lernfeld dafür.

Literatur

HEINTEL, P./KRAINZ, E. E.: Projektmanagement. Eine Antwort auf die Hierarchiekrise? Wiesbaden (Gabler) 2. Auflage 1990.

HEINTEL, P./KRAINZ, E. E.: Führungsprobleme im Projektmanagement. In: v. Rosenstiel, L. u. a. (Hrsg): Führung von Mitarbeitern. Stuttgart (Schäffer) 1991, S. 327–335.

WIMMER, R.: Zwischen Differenzierung und Integration. Zur charakteristischen Dynamik von Organisationen mit steigender Eigenkomplexität. In: Gruppendynamik. Zeitschrift für angewandte Sozialpsychologie, 21. Jg, 4/1991, S. 359–389.

Kurt Buchinger

Ist Teamsupervision Organisationsberatung?
Zur Professionalisierung von Selbstreflexion

1. Selbsterfahrung und Supervision:
Parallele und Zusammenhang

1.1 Einige Ähnlichkeiten

Obwohl Selbsterfahrung seit jeher ein methodisches Prinzip und ein zentrales Ausbildungserfordernis in den meisten psychotherapeutischen Schulen war, so erregte sie in den beginnenden 60er Jahren vor allem als gruppendynamische Selbsterfahrung große Aufmerksamkeit. Sie kam richtig in Mode, mehr noch: Sie wurde überall dort zum Allheilmittel stilisiert, wo es um die Gestaltung und Steuerung sozialer Prozesse ging. Ihr immer schon selbstverständlicher Einsatz in den großen Schulen der Psychotherapie fand auf einmal starke Resonanz. Es schien, als müßten die eifrigen Vertreter der Selbsterfahrung den Psychotherapeuten erst Aufklärung über das bringen, was diese immer schon taten. Für Ausbildungen aller Art wurde Selbsterfahrung als die alle Tore zum Lernen öffnende Methode angepriesen. Daß sich die ideale Fortbildung an ihr orientieren sollte, stand außer Frage. Als Instrument der Organisationsentwicklung und Organisationsberatung bzw. darüber hinaus als ihr durchgängiges Grundelement versprach sie Wunder. Und schließlich wurde sie als Managementmethode (nicht bloß als solche der Managementaus- und -fortbildung) propagiert, von den Versprechungen, auf ihrem Wege zu intensiverem Leben, Glück, befriedigenden Beziehungen, höherem Alter, erfülltem Sterben zu gelangen einmal ganz abgesehen.

Ganz ähnlich mutet heute die Stellung der Supervision an. Obwohl als Methode der Ausbildung in therapeutischen und helfenden Berufen immer schon in Anspruch genommen, scheint man sie nun als Zaubermittel in den verschiedensten Bereichen psychosozialer Aktivitäten entdeckt zu haben. Ihrer Popularität sind zwar dadurch Grenzen gesetzt, daß sie sich an einen im Vergleich zur Zielgruppe der Selbsterfahrung kleinen Kreis von vorwiegend Professionellen wendet, deren berufliches Handeln Gegenstand der Supervision ausmacht. Doch innerhalb dieser Grenzen scheint sie zu einer vergleichbaren Blüte zu kommen. Und gelegentlich hat man den Eindruck, es könnte darüber hinaus ein Markt der Supervision für den Umgang, sagen wir, mit Zwillingen und anderen Hausgenossen entstehen, vielleicht sogar einmal für die optimale Gestaltung der Beziehung zum Auto als Freund und Partner.

Eine Parallele zwischen Supervision und Selbsterfahrung scheint auch im folgenden Umstand zu bestehen. Die überzogenen Hoffnungen, welche anfänglich auf die segensreiche Wirkung der Selbsterfahrung gesetzt wurden, führten zu einem unreflektierten Einsatz ihrer Methoden, der häufige und zum guten Teil berechtigte Kritik hervorrief. Eigenartigerweise hat dies der Sache keinen nachhaltigen Schaden zugefügt, im Gegenteil. Eine aufgabenbezogene Weiterentwicklung ihrer Spielarten und eine sorgsame Indikation ihrer Anwendung waren die Folge. Das modische Flair der Selbsterfahrung ging verloren. Statt dessen hat sie sich auch außerhalb der Psychotherapie einen bleibenden Stellenwert in den verschiedenen Ausbildungen und Formen der Beratung erobert. Man begegnet dabei einem hohen Grad von Professionalität in der Nutzung von Elementen der Selbsterfahrung, von der gezielten Planung von Designschritten in der Fortbildung unter Berücksichtigung des laufenden, oft nicht thematisierten Selbsterfahrungsprozesses, bis zur ausdrücklichen Thematisierung des Hier und Jetzt als Veränderungsstrategie in einem Beratungsprozeß. Man spricht in manchen dieser Bereiche nicht mehr von Selbsterfahrung, sondern eher von prozeßorientierter Arbeit.

1.2 Vom mechanistischen Denken zur Idee der Selbstorganisation

Die soeben beschriebene Entwicklung ließ sich erst aus einiger Distanz begrifflich fassen, wobei die Terminologie behilflich ist, welche uns die (in der Folge des Selbsterfahrungsbooms populär gewordene) Systemtheorie zur Verfügung stellt. Der Selbsterfahrungsboom leitete einen Paradigmenwechsel im Verständnis sozialer Systeme ein, der unterschiedlich verankert ist in den verschiedenen sozialen Systemen, von der Psychotherapie über die verschiedenen Formen der Aus- und Fortbildung bis zur Organisationsberatung und zur Auffassung von Führung und Management in komplexen Organisationen. Die mechanistische Vorstellung von der Funktionsweise psychischer und sozialer Systeme ebenso wie die Auffassung von gezielten Eingriffen in diese – eine Vorstellung, welche ohnehin schon einigermaßen durchlöchert, aus institutionellen und kulturellen Gründen dennoch in uns verankert war – wurde abgelöst von einer ganzheitlich-systemischen Sicht (z. B. Bateson 1981, Maturana/Varela 1980, Luhmann 1985/Willke 1982).

Selbsterfahrung trägt der Erkenntnis Rechnung, daß psychische und soziale Systeme in sich geschlossene Systeme sind, welche sich nur im Selbstbezug ihrer Prozesse am Leben erhalten. Geschlossenheit bedeutet dabei nicht, daß sie ohne Austausch mit der Umwelt das Auslangen finden. Im Gegenteil, der Austausch der Systeme mit ihren relevanten Umwelten ist für ihre Existenz von zentraler Bedeutung. Geschlossenheit bedeutet vielmehr, daß dieser lebenswichtige Austausch wiederum nur im Selbstbezug des Systems geschieht. Das jeweilige System kann Irritationen, die von der Umwelt an es herangetragen werden, nur nach Maßgabe seiner internen Verarbeitungsmechanismen zu Information verwandeln. Dabei kann es immer nur Bezug auf seinen momentanen Zustand nehmen, der von außen nie eindeutig feststellbar und auch im Selbstbezug nicht vorausberechenbar ist. Information (im Sinne einer therapeutischen Intervention, im Sinne eines Inputs in einem Lernvorgang, im Sinne von Impulsen eines Beraters ebenso wie eines Managers) kann also nicht von außen an das System herangetragen, geschweige denn im Sinn vorausberechenbarer Wirkungen, die sie auslösen soll, in das System hineingesteckt werden. Information als Unterschied (zu dem bisherigen Zustand des Systems), der einen Unterschied macht (also nicht bloß additiv zu den vorhandenen Daten einige mehr der gleichen Sorte hinzufügt), kann nur im Selbstbezug des Systems und in diesem Sinne in Selbsterfahrung vom System generiert werden.

Selbsterfahrung ist also ein Symbol für den Paradigmenwechsel von einer mechanistischen Sicht psychischer und sozialer Systeme zu einer systemischen, in deren Zentrum der Gedanke der Selbstorganisation von Systemen steht, welche sich in einem hoch vermittelten Austausch mit ihren Umwelten befinden. Für psychische und soziale Systeme bedeutet der Selbstbezug der Prozesse, durch welche das System sich selbst immer wieder hervorbringt und erhält, Selbsterfahrung. Sie ist somit auch ein Symbol für den Modus des Selbstbezugs jener Prozesse. Es sind Kommunikationen, in denen sich soziale Systeme und psychische Prozesse, in denen sich psychische Systeme selbst erfahren. (In letzteren schlagen sich die Kommunikationen, in welche psychische Systeme in sozialen Systemen involviert sind, als Inhalte des Bewußtseins nieder.)

1.3 Der Verlust stabiler Ordnungen und die Steuerung von Prozessen der Selbstorganisation

Die Funktion der Selbsterfahrung liegt in ihrer Bedeutung für die Steuerung der in Frage stehenden Systeme und ihres Austauschs mit der Umwelt. Allerdings erhält sie diese Bedeutung erst dann, wenn eine bestimmte Dynamik im Verhältnis System und Umwelt bzw. in den internen Verhältnissen der Systeme in Gang gekommen ist. Sie spielt keine Rolle in einem Gesellschaftssystem, dessen zu lösende Aufgaben sich nicht oder kaum wahrnehmbar verändern; das in seinen Institutionen, seinen sozialen Systemen und ihren Strukturen auf Stabilität und Dauer angelegt ist und sich in einer relativ statischen und überschaubaren Umwelt befindet. In einer solchen Situation reichen zur Erledigung der anstehenden Aufgaben einfache Strukturen aus, in welchen das Befolgen von Regeln für den gleichbleibenden Ablauf der Prozesse sorgt. Diese werden als quasi natürlich, wahr und ewig angesehen. Je klarer, einfacher und mechanistischer die Aufeinanderfolge der Abläufe, je größer die Verbindlichkeit, sich in ihnen zu bewegen, desto besser für die Stabilität. Auch hier geht man davon aus, daß das System sich von selbst erhält, Fragen der Steuerung spielen nur insofern eine Rolle, als sie sich auf die Kontrolle der ohnehin festgefügten Abläufe und die Sanktionen von Abweichungen beziehen, nicht so sehr auf andere steuernde Eingriffe. Die klassische Hierarchie als soziale Institution, als Grundlage für die Struktur der Organisationen und als Denkgebäude mit ihren mechanistisch erscheinenden Wenn-dann-bzw. Ursache-Wirkungs- und Über-Unterordnungsverhältnissen repräsentiert diesen Zustand.

Es wurde vielfach analysiert, daß diese Funktionsweise für unsere Gesellschaft und ihre Institutionen und Organisationen nur noch bedingte Gültigkeit hat (z. B. Luhmann 1985, Beck 1986, Heintel/Krainz 1988). Sowohl die internen Verhältnisse unserer heutigen sozialen Systeme als auch deren Umwelt, die von ihnen mitbestimmt wird und auf sie wiederum zurückwirkt, präsentieren ein anderes als das umrissene Bild. Beide haben an Komplexität zugenommen, der Austausch zwischen ihnen und die Veränderungsdynamik, die er mit sich bringt, unterliegen einer beispiellosen Beschleunigung, die zu hochgradig instabilen Zuständen führt. Das bedingt einen hohen Bedarf an situationsbezogener Steuerung der Prozesse bei abnehmender Wahrscheinlichkeit, gewünschte und geplante Resultate zu erzielen. Der Versuch, auf bewährte Muster und Verhältnisse zurückzugreifen, ist nicht erfolgversprechend, vielmehr weitgehend dysfunktional geworden. Übergeordnete zentrale Normierungen, die einen internen Zusammenhalt des Systems garantieren sollen, haben mehr Erinnerungscharakter an einfachere Zeiten und befriedigen eher die Sehnsucht nach Sicherheit, als daß ihre Befolgung in der Gestaltung der Prozesse in und zwischen den Systemen möglich wäre.

Die Steuerung der Prozesse wird zu einer eigenen Aufgabe, zu deren Erfüllung eine Reihe von Fähigkeiten und Fertigkeiten erworben werden müssen, der daher in immer höherem Ausmaß Professionalität zukommt. Vorgesetzter in der Hierarchie zu sein z. B. war kein eigenes Berufsbild, das professioneller Qualifikation bedurfte. In der angedeuteten Situation sind aus den Vorgesetzten Führungskräfte und Manager geworden, ein eigener Beruf mit hohen Anforderungen und entsprechenden Ausbildungslehrgängen ist entstanden. Die verlangten Qualifikationen für diese neue Art von Berufen sind z. B. die Fähigkeit, rasche Diagnosen relativ komplexer Sachverhalte zu erstellen, hohe Flexibilität im Reagieren, experimentelles Denken und Handeln. Das impliziert hohe Aufmerksamkeit auf Rückmeldungen über die Auswirkung der in Gang gesetzten Prozesse und die Fähigkeit, situativ darauf zu reagieren. Und vor allem heißt das: Denken und Handeln in Prozessen, in die man selbst involviert ist.

Damit erhält das vorhin über das systemische Verständnis von Selbsterfahrung Gesagte im Rahmen der Problematik der Steuerung seine Bedeutung; denn es ist naheliegend, in folgender, für die beschriebene Situation unbrauchbaren Alternative zu denken: Entweder soziale Systeme entwickeln und erhalten sich in Selbstorganisation, dann ist die Frage der Steuerung nicht aktuell, denn Steuerung heißt Eingriffe in das System vornehmen. Oder man kann solche Eingriffe eben von außen vornehmen, dann gilt es, erwünschte Wirkungen zu antizipieren und ihr Eintreten zielbewußt durch sogenannte Maßnahmen und Maßnahmenpakete zu fördern. Entweder laissez-faire oder direkte zielstrebige Einwirkung. Dies ist zwar eine plausible, aber dennoch an den mechanistischen Vorstellungen von Steuerung (nach dem Vorbild der technischen Produktion und der Lenkung einfacher Maschinen) maßnehmende Alternative.

Sie übersieht völlig, daß die Frage der Steuerung sozialer Systeme gerade deshalb so aktuell geworden ist, weil das mechanistische Modell keine ausreichende Orientierungshilfe mehr dafür liefert.

1.4 Steuerung von innen und die Balance von Engagement und Distanzierung

Es ist unserem Denken schwer vorstellbar, daß Steuerung nur über Impulse der Selbststeuerung des jeweiligen Systems möglich sein soll. Das heißt, der Steuernde muß entweder Teil des Systems sein, wie das für Führungskräfte in Organisationen zutrifft, oder er muß mit dem System, das es zu steuern gilt, zum Zwecke der Erfüllung dieser Aufgabe und für die dazu nötige Dauer ein eigenes System bilden, wie es der Psychotherapeut, der Lehrer und der Berater mit ihren Klienten tun. Gegenstand der Steuerung ist genaugenommen nicht mehr das Objekt (z. B. der Klient, der Lernende, die Organisation, die beraten wird), das durch ein Subjekt (den Therapeuten, Lehrer, Berater) in eine, vielleicht sogar vom Objekt erwünschte, Richtung gelenkt wird. Gegenstand der Steuerung ist vielmehr der Selbstorganisationsprozeß des Systems, das sich aus beiden bildet (das heißt des therapeutischen, des Lern-, des Beratungssystems). Steuerung findet in der Selbsterfahrung des neuen Systems statt, das in den genannten Fällen eigens für die Zwecke der Steuerung etabliert wurde und nur solange bestehen bleibt, wie es zur Lösung bestimmter Aufgaben brauchbar ist. Steuerung ist selbst ein komplexer *Prozeß* geworden, der eine hohe professionelle Ausprägung einer Balance von Engagement und Distanzierung verlangt. Denn als Steuernder bin ich in den Prozeß involviert, muß aber gleichzeitig in der Lage sein, ihn als ganzen zu beobachten, zu diagnostizieren und daraus meine Interventionen abzuleiten, deren Folge ich wiederum beobachten muß usw.

In der Psychotherapie werden Verhaltensänderungen, wenn überhaupt, so durch die Eigendynamik des therapeutischen Prozesses ermöglicht, in dem beide (Therapeut und Patient) mit unterschiedlichen Rollen involviert sind. Beide setzen ihre Irritationen in diesem Prozeß, die in nie ganz vorhersehbarer Weise zu Informationen verarbeitet werden, welche ihrerseits den Prozeß wieder beeinflussen. „Gegenstand" der „Behandlung" ist nicht der sogenannte Patient, sondern der therapeutische Prozeß in Selbsterfahrung.

Dieser Sachverhalt bedeutet nicht, daß man in der bekannten Illusion des laissez-faire nur zuzuschauen bräuchte, wie sich alles ohnehin in Selbstorganisation entwickelt. Denn auch als Zuschauender, der bestenfalls als Spiegel fungieren will, ist man in den Prozeß involviert. Zuschauen und Spiegeln stellt eine Intervention in den Prozeß dar.

Was andere als therapeutische Lernprozesse etwa im Rahmen von Aus- und Fortbildungsveranstaltungen betrifft, so müssen die Lehrer unter anderem mitreflektieren, daß das Lernverhalten der Schüler immer schon eine Reaktion auf das Verhalten der Lehrer darstellt und umgekehrt. Sie müssen in der Lage sein, daraus ihre Schlüsse für ihr weiteres Vorgehen zu ziehen. Das heißt, nicht nur der zu vermittelnde Lerninhalt ist Gegenstand der Aufmerksamkeit, vielmehr der gesamte Lernprozeß, in dem der Inhalt vermittelt werden soll, und in den der Lehrer in Wahrnehmung seiner Steuerungsaufgabe involviert ist. Für den Organisationsberater bedeutet das Gesagte, daß er mit dem Beratenen ein Beratungssystem aufbauen muß, in dem sich die Probleme des Beratenen spiegeln. Er muß gezielt an der Gestaltung dieses Systems und ihrer Reflexion in Selbsterfahrung mitwirken, denn ganz analog wie in der Psychotherapie gehen daraus entscheidende Veränderungsimpulse hervor.

Was den Manager und die Führungskraft betrifft, so muß das Wissen, daß sie Teil des Systems sind, das sie lenken sollen, einen Stellenwert in ihrem Verständnis von Steuerung haben. Dies bedeutet z. B., daß sie laufend Feedback über die Auswirkungen ihrer Maßnahmen organisieren müssen, um sinnvoll weiter handeln zu können.

Die angesprochene Balance von Engagement und Distanzierung ist in allen genannten Fällen von Steuerung wichtig. Diese Balance – als ein grundlegendes Moment menschlichen Selbstbewußtseins immer schon konstitutiv für das, was die Besonderheit des Menschen ausmacht – erfährt in unserem Zusammenhang der Steuerung sozialer Systeme in der skizzierten instabilen Situation eine besondere Ausprägung (Elias 1983).

1.5 Supervision und die Professionalisierung von Selbstreflexion

Der bisherige Gedankengang, den wir in der Vermutung einer Parallele von Selbsterfahrung und Supervision eingeschlagen hatten, war folgender: Selbsterfahrung symbolisiert den Paradigmenwechsel von einer mechanistischen zu einer systemisch ganzheitlichen Sicht sozialer und psychischer Systeme. Diese ist hilfreich in einer Situation, die gekennzeichnet ist durch den Verlust der Überschaubarkeit einer auf Stabilität ausgerichteten sozialen Welt. Selbsterfahrung ist deshalb hilfreich, weil dieser Verlust die Frage der Steuerung jener Systeme neu stellt. Und Steuerung in Selbsterfahrung bedeutet eine besondere Ausprägung der Balance von Engagement und Distanzierung.

Hier können wir fortsetzen, indem wir versuchen, uns verständlich zu machen, welche hohe, bislang ungewohnte Anforderung an die menschliche Distanzierungsfähigkeit zu Zwecken gelingender Steuerung gestellt wird. Dabei ist es egal, ob man unter den bisher ausgeführten Voraussetzungen einen Patienten psychotherapeutisch behandelt, eine Organisation berät oder als Führungskraft tätig ist. Um in diesen professionellen Tätigkeiten effizient zu sein, genügt es nicht, irgendwelche Theorien und Regeln im Kopf zu haben und sie anzuwenden. Es ist vielmehr notwendig, genaue Information über den Klienten oder das System, um das es geht, zu erhalten. Diese erhält man aber nicht nur durch das, was das System mitteilt, sondern vielmehr durch die Interaktion, in die man mit ihm involviert ist, und durch alle in ihr beobachtbaren Elemente. Man muß also das mitgeteilte Material, die gesamte Interaktion und sich selbst bzw. das, was sie in einem auslöst, als besondere Art von Material wahrnehmen und in einen Zusammenhang setzen. Zu diesem Zweck genügt es nicht z. B. bloß nachzufragen und die Antwort auf die Fragen zu registrieren. Man muß den gesamten Frageprozeß aus einer gewissen Distanz wahrnehmen können. Man muß beachten und beobachten, daß und wie eine Frage bestimmte Reaktionen bewirkt und andere nicht bewirkt, man muß alternative Möglichkeiten zu den Reaktionen im Kopf haben. Man muß verstehen, wie sehr die eigenen Fragen beeinflußt sind durch die Mitteilungen des Klienten. Man muß aufmerksam sein auf die Fragen, die man nicht stellt, sozusagen mitbeachten, was man nicht beachtet, um wirklich zu verstehen, daß man Teil des Prozesses ist, den man durch Fragen und sonstige Interventionen steuert.

Eine zentrale Voraussetzung für die Erfüllung der hier angedeuteten Funktionen liegt in der Fähigkeit, die Grundspannung von Engagement und Distanzierung aufrechtzuerhalten und mit ihr zu arbeiten.

Engagement entspricht der Tatsache, daß ich, auch und gerade wenn ich unter systemischen bzw. Selbsterfahrungsgesichtspunkten steuern möchte, Teil des Systems bin, das ich steuere. Distanzierung entspricht der Tatsache, daß ich in der Lage sein muß, auch und gerade als Teil des Systems in der Lage sein muß, zurückzutreten und das System mit mir als Teil zu beobachten, seine relevanten Sachverhalte zu diagnostizieren. Ich komme also in meiner Steuerungsfunktion doppelt vor, einmal als Teil und einmal als Beobachter des Systems, und beides zusammen ermöglicht mir, in Selbsterfahrung zu steuern.

Diese Grundspannung ist erfahrungsgemäß immer gefährdet, denn es ist naheliegend, in der Distanzierung auf die eigene Teilnahme zu vergessen und aus der Teilnahme heraus nicht genügend Distanz zu entfalten. Das Aufrechterhalten dieser Spannung ist eine der anspruchsvollsten Anforderungen an die Funktion des Steuerns. Es muß ausdrücklich und nachhaltig gelernt, geübt und immer wieder reflektiert werden.

Wir nennen das Entwickeln und Aufrechterhalten dieser Spannung zwischen Engagement und Distanzierung Selbstreflexion, aufgabenbezogene Selbstreflexion des Systems, dessen Teil der Steuernde ist. Es handelt sich üblicherweise um Selbstreflexion aus der Sicht des Steuernden als einer Grundbedingung seiner Professionalität.

Wir fragen uns, wie es möglich ist, diese professionelle Form von Balance herzustellen und aufrechtzuerhalten. Welche Form des Lernens und Übens ist ihren Anforderungen angemessen? Ist der einzelne Berater oder Therapeut in der Lage, im stillen Zwiegespräch mit sich selbst zu erheben, was das ist, was er an dem Prozeß, den er steuert, nicht beachtet, welche anderen Alternativen zu den gewählten möglich wären, unter welchen Bedingungen der Prozeß auch hätte anders verlaufen können?

Die professionelle Verwaltung des Aspekts der Selbstreflexion, wie sie in unserem Zusammenhang als Grundbedingung des Steuerns sozialer Prozesse in Selbstreflexion verlangt wird, geschieht in der Supervision. Supervision „reflektiert" damit die Tatsache, daß dieser hochkomplexe Prozeß der Selbstreflexion in seiner professionellen Ausprägung nicht adäquat als das einsame Geschäft des einzelnen Therapeuten, Lehrers, Beraters usw. vorstellbar ist. Er kann nicht systematisch darauf achten, worauf er nicht achten kann. Und außerdem ist die Balance von Engagement und Distanzierung immer in Gefahr, die Spannung auf einer ihrer Seiten aufzulösen.

Daher gilt es, den Selbstreflexionsprozeß als Kommunikationsprozeß zu gestalten, der unter der Leitung eines dafür qualifizierten Gesprächspartners durchgeführt wird, wie dies in der Supervision der Fall ist.

Wenn also Selbsterfahrung den Paradigmenwechsel von einem mechanistischen zu einem systemisch ganzheitlichen Verständnis sozialer und psychischer Systeme darstellt, und wenn diese Sicht für Zwecke der Steuerung von Bedeutung ist, so symbolisiert Supervision den für die Professionalisierung der Steuerungsfunktion bedeutenden Aspekt der Selbstreflexion.

Das Gesagte müßte bedeuten, daß Supervision überall dort zum Einsatz gelangt, wo es um professionelle Steuerung einer in Selbsterfahrung geleisteten Arbeit geht. Das ist auch der Fall: In der Psychotherapie, in verschiedenen Formen der Aus- und Fortbildung, in allen Formen psychoanalytisch-systemischer Beratung von sozialen Systemen und schließlich auch im Management, spielt die Arbeit mit dem Prozeß, d. h. die Arbeit unter mehr oder weniger zentraler Berücksichtigung von Aspekten der Selbsterfahrung eine Rolle. In all diesen Tätigkeitsbereichen ist die Frage der professionellen Steuerung der Prozesse von zentraler Bedeutung. Und in allen kommt Supervision zum Einsatz. Die Gegenstände prozeßorientierter Arbeit und die der Supervision decken sich. Gegenstand der Supervision ist jeweils derselbe Inhalt, wie er in der entsprechenden prozeßorientierten Arbeit sich entwickelt. Der Unterschied besteht darin, daß er sich in dieser aktuell abspielt, in jener aus der Sicht des Steuernden aus einer gewissen Distanz reflektiert wird, ohne gleichzeitig als solcher abzulaufen.

Die Funktion, die der Supervision zukommt, kann sehr verschieden sein. Als Ausbildungselement soll sie das Erlernen der Balance unter Anleitung eines Professionellen gewährleisten. Als Form der Beratung und Problembearbeitung dient sie dazu, die verlorengegangene Balance und mit ihr die verlorengegangene Möglichkeit einer adäquaten Steuerung wieder herzustellen. Als lebenslange Fortbildung nimmt man sie in Anspruch, um die heikle Balance zu schärfen und sich gegen die laufende Gefahr ihres Verlustes zu schützen. Was sich durch alle diese Funktionen durchzieht, und trotz des unterschiedlichen Einsatzes den gemeinsamen Begriff Supervision rechtfertigt, ist das Moment der professionell angeleiteten und methodisch betriebenen Selbstreflexion prozeßorientierter Arbeit. Wir verstehen, warum Supervision derart schillert zwischen Ausbildung, Fortbildung, Beratung, Arbeit an der Identität des Professionellen und ähnlichem. Ebenso verstehen wir, warum sie weder dem einen noch dem anderen wirklich zuzuordnen ist. Was sie repräsentiert und übt, ist eine neue Qualität, welche zur Steuerung in prozeßorientierter Arbeit unentbehrlich ist: aufgabenbezogene Selbstreflexion.

Die Methode, aus der Supervision besteht, ist eben diese Selbstreflexion. Insofern ist Supervision kein Eingriff von außen, sondern methodisch angeleitete Selbsterfahrung des Supervidierten. Aus diesem Grunde bedarf auch der Supervisionsprozeß der Selbstreflexion und genau aus diesem Grund spielt Supervision auch in der Aus- und Fortbildung zum Supervisor eine zentrale Rolle. Sie kommt darin als Ausbildungsmethode, als Form der Problemberatung, als Methode kontinuierlicher Fortbildung zur Schärfung der Balance von Engagement und Distanzierung zum Einsatz.

2. Vielleicht ist Teamsupervision doch Organisationsberatung?

Was wir über Supervision ausgeführt haben, stimmt zwar für die verneinenden Formen der Fallsupervision, nicht aber für die Teamsupervision.

Nur in der Fallsupervision dient die Supervision der genannten Professionalisierung der Selbstreflexion im Dienste der Steuerungsfunktion von Prozessen. Und nur in der Fallsupervision wird der Selbsterfahrungsprozeß, den es zu steuern gibt, aus der Sicht des Steuernden reflektiert, ohne daß er selbst abläuft. Er spiegelt sich bestenfalls in dem zwischen Supervisor und Supervisanden entstehenden Prozeß.

In der Teamsupervision hingegen ist es nicht etwa der professionelle Leiter eines Teams, welcher den Prozeß, in den er involviert ist, berichtet. Und es ist nicht seine Selbstreflexionsfähigkeit, die geschärft werden soll. Es ist vielmehr der Prozeß der Selbsterfahrung und der Selbststeuerung des Teams, welcher in der Teamsupervision abläuft: unter dem vom Supervisor professionell unterstützten Fokus seiner Selbstreflexion. Es wird auch nicht zu Zwecken der Selbstreflexion etwas berichtet, was im Bericht nicht selbst präsent ist, oder bestenfalls durch ihn im Supervisionsprozeß gespiegelt oder in analogen Verhältnissen inszeniert wird. Es wird etwas (z. B. ein Symptom eines Teamproblems) berichtet, was im Bericht symptomatisch im Team stattfindet. Der Teamprozeß reflektiert sich selbst und in der Selbstreflexion läuft er ab. In der Beziehung zum Teamsupervisor und im Prozeß, in den das Team mit ihm involviert ist, werden Aspekte des Selbstorganisationsprozesses des Teams besonders deutlich; durch die Intervention des Supervisors werden sie sozusagen bei ihrem Leben erfaßt und hergezeigt.

Diese Selbstreflexion kann wiederum zu verschiedenen Zwecken vorgenommen werden. Es kann um die Lösung akuter Arbeitsprobleme gehen, um ein organisationsbezogenes Verständnis unvermeidlicher Arbeitsbelastungen und um den Versuch, auf diesem Wege von Spannungen unter den Teammitgliedern zu entlasten. Es kann ganz allgemein ein besseres Selbstverständnis des Teams als eines Subsystems einer größeren Organisation Ziel der Teamsupervision sein oder die Arbeit an seiner Identität oder die Selbstorganisation seiner Vernetzung mit anderen Subsystemen oder schlicht das Installieren von „Mechanismen" laufenden Feedbacks, um in der Lage zu sein, an all diesen immer wieder aktuell werdenden Fragestellungen kontinuierlich arbeiten zu können.

Dient also Fallsupervision dem Erwerb, der Wiederherstellung, Festigung und Vertiefung der Fähigkeit der Selbstreflexion zum Zwecke professioneller Prozeßsteuerung, so dient Teamsupervision der Selbstreflexion eines gesamten Teams in seiner Selbstorganisation bzw. Selbsterfahrung. Wird der Prozeß in der Fallsupervision berichtet, ohne aktuell und unmittelbar präsent zu sein, so findet in der Teamsupervision der zu reflektierende Prozeß unmittelbar statt.

Gerade dieser Unterschied zwischen Team- und Fallsupervision erlaubt es nicht, unser schönes Ergebnis hinsichtlich der Funktion von Supervision zu verallgemeinern. Das ist deshalb besonders unangenehm, weil alle unsere

Ausführungen letztlich auf nichts anderes als ein besseres Verständnis der Teamsupervision abgezielt haben. Und anstatt daß unsere Frage nach der Teamsupervision einer Beantwortung näher geführt wurde, ist es eben dieser Unterschied, der sie neu aufwirft. Er bestärkt den Verdacht, daß es sich bei der Teamsupervision um eine unter falscher Flagge segelnde Methode der Organisationsberatung handelt.

2.1 Teamsupervision und die Installierung von Selbstreflexion in der Organisation und ihren Subsystemen

Nehmen wir dennoch einen neuen Anlauf und sehen uns die Situation moderner Organisationen an, in denen Teamsupervision eine steigende Nachfrage erfährt. Sehen wir sie uns an bezüglich der Funktion, welche die Selbstreflexion sozialer Prozesse in ihnen spielt. Wir können uns dabei des Gesichtspunkts bedienen, unter dem wir weiter oben die Funktion der Selbsterfahrung beschrieben haben. Das Gesagte läßt sich auf die Funktion der Selbstreflexion übertragen: Diese schwierige und heute einer Professionalisierung unterliegende Aufgabe der Selbstbeobachtung und Selbstreflexion als einer Voraussetzung für die gelingende Selbstorganisation psychischer und sozialer Prozesse fällt unter bestimmten strukturellen Bedingungen nicht so sehr ins Gewicht. Dies ist dann der Fall, wenn es durch Tradition, feste unveränderliche Strukturen, vorgegebene Normen und Standards, eindeutige Werte und Ähnliches vorgefertigte Bahnen gibt, in denen die Selbstorganisation eines Systems gesichert ist und ohne große Risiken einschneidender Veränderungen stattfindet. In einer solchen auf Stabilität der Verhältnisse angelegten und nur durch eine stabile Umwelt (auf welche die Selbstorganisation des Systems abgestimmt ist) ermöglichten Situation ist die Selbstreflexion zwar auch vorhanden (weil sie immer vorhanden ist), ihre mögliche prozeßsteuernde Rolle tritt aber bestenfalls als Kontrollfunktion in Erscheinung, die darüber wacht, ob alles ordnungsgemäß und störungsfrei in den gebahnten Wegen abläuft. Selbstreflexion bedarf hier keiner systematischen Ausdifferenzierung und Professionalisierung. Die Energie des Systems ist vorwiegend auf die in den strukturierten Bahnen ablaufenden Prozesse gelenkt, weniger auf ihre Selbstreflexion, geschweige denn auf die in Selbstreflexion zu erarbeitende Neustrukturierung dieser Struktur. Selbstreflexion bleibt ordnungshütende Begleitmusik, – oder der Luxus von Denkern, die lieber das Mögliche weitertreiben als das Wirkliche.

Zwar weiß das System Bescheid über solche Möglichkeiten, doch werden sie in stabilen Zuständen mit Recht nicht als besonders produktiv erlebt, sondern im Gegenteil als gefährlich und labilisierend. So ist in stabilen Verhältnissen selbstorganisierter Systeme ihre Selbstreflexion tabu. Ja selbst der zugrundeliegende Aspekt der Selbstorganisation findet keine besondere Beachtung, eher die Aspekte jener Funktionen, welche die Sicherheit und Stabilität der Abläufe repräsentieren. Man bemüht in solchen Situationen gerne die „Natur" als Garant der Stabilität. Man spricht von der Natur psychischer Prozesse, von der natürlichen Ordnung von gesellschaftlichen Zusammenschlüssen und sozialen Systemen. Dort, wo man Zweifel haben kann, ob die Natur zur erwünschten Stabilisierung der Verhältnisse ausreicht, erhöht man das Natürliche zu etwas Heiligem. So wird z. B. die Ehe zur heiligen Einrichtung, um ihre Unauflöslichkeit, und die Organisation wird zur Hierarchie, einer heiligen Ordnung, um die Unumstößlichkeit ihrer Struktur abzusichern (Schwarz 1985).

Selbstreflexion ist hier aus denselben Gründen tabu, aus denen sie in den beschriebenen instabilen Verhältnissen so brauchbar ist: Sie ermöglicht der Selbstorganisation Handlungsspielräume jenseits des Gewohnten. Was diese Ermöglichung betrifft, scheint es in Organisationen eine Entwicklung zu geben, welche durch den progressiven Verlust der Funktionsfähigkeit stabiler Strukturen gekennzeichnet ist. Wir können versuchen, sie für unsere Zwecke etwas schematisch in zwei Phasen einzuteilen, indem wir zwei Punkte einer kontinuierlichen Labilisierung herausgreifen:

In der ersten Phase wird die aus den Zeiten der Stabilität relativ einfacher Verhältnisse entwickelte hierarchische Struktur noch nicht wirklich in Frage gestellt. Dennoch bedarf es zu ihrer Funktionsfähigkeit gewissser nicht hierarchischer Ergänzungen. Es müssen zusätzliche Funktionen und organisatorische Elemente, die quer zur Hierarchie liegen, eingeschoben werden. Dazu sind gewisse Bemühungen der Umstrukturierung nötig. Zur Gewährleistung und Installierung einer möglichst reibungslosen Umstellung wird vorübergehend Selbstreflexion innerorganisatorischer Verhältnisse geübt. Es handelt sich nicht um eine dauerhaft in der Organisation zu verankernde Fähigkeit. Ihr zeitlich beschränkter professioneller Einsatz wird an externe Berater delegiert (diese können sich der Fallsupervision unterziehen, um ihre professionelle Balance der Selbstreflexion abzusichern). Mit der gelungenen Einführung solcher neuer Strukturelemente werden interne Steuerungsaufgaben virulent, die zur beschriebenen Professionalisierung der Führungskräfte beitragen (auch Führungskräfte bedienen sich zur Gewährleistung ihrer Selbstreflexionsaufgabe der Fallsupervision).

Der genannte Prozeß der Flexibilisierung und die damit verbundenen Zunahme an Komplexität führt zu seiner Selbstbeschleunigung. Hat die Umwelt diesen Prozeß ausgelöst, so wirkt er seinerseits auf sie zurück. Damit entsteht ein sich beschleunigender Kreislauf wechselseitiger Einwirkung und Veränderung. Die Komplexität und die Autonomie der Subsysteme und der damit verbundene Bedarf expliziter Selbststeuerung der Systeme und ihrer Vernetzung mit den relevanten Umwelten wächst. Eine zentrale Steuerung verliert immer mehr an Wirksamkeit. Die Bereitschaft zur situationsadäquaten Reaktion auf Veränderungen muß immer stärker verankert werden. Und damit sind wir mitten in der zweiten „Phase" des Verlustes der Funktionsfähigkeit stabiler Strukturen: Die erforderlichen Funktionen können nicht mehr abgedeckt werden durch einmalig oder partiell immer wieder in Anspruch genommene externe Berater, an welche die Selbstreflexion zum Zweck der Steuerung delegiert wird. Sie können auch nicht mehr durch professionelle Führungskräfte ausreichend gewährleistet werden, welche die Selbstreflexion des Systems verwalten. Das ganze System muß sich seiner Situation bewußt sein, es muß über Selbstreflexion die nötigen Aufgaben der Selbststeuerung in zunehmendem Ausmaß selbst wahrnehmen: Die Professionalisierung der Selbstreflexion muß aus praktischen Gründen der voll aus der Latenz tretenden Selbstorganisation von der Organisation und ihren einzelnen teilautonomen Subsystemen übernommen werden. Und zwar als dauerhafte Funktion, welche jenseits einer einmaligen Problembewältigung oder Umstrukturierung ihren ange-stammten Platz im Arbeitsalltag sich rasch verändernder organisatorischer Prozesse hat (Buchinger 1991b). Dies zu installieren und zu gewährleisten ist Aufgabe der Teamsupervision und darin liegt auch ihre Differenz zur Organisationsberatung.

Auch Organisationsberatung initiiert Prozesse der Selbstreflexion in der Organisation und arbeitet mit diesen. Sie vermittelt dem beratenden System auch einiges von der Qualität dieser Selbstreflexion. Doch geschieht dies immer problembezogen zum Zweck der Lösung einer neuen Aufgabe innerhalb der Organisation oder zum Zweck der Installierung neuer Struk-turelemente. Selbstreflexion ist sozusagen ein Mittel zur Erreichung dieser Ziele. Ihre professionelle Verwaltung, ihr dauerhafter Besitz, bleibt Sache der Berater.

Teamsupervision hingegen arbeitet an der dauerhaften Installierung inner-organisatorischer Selbstreflexion in den einzelnen Subsystemen der Orga-nisation als einer Qualität, welche in der Organisation zum Zwecke der laufenden Bewältigung ihrer Aufgaben verankert werden muß.

Teamsupervision kann dies bewirken anhand all der erwähnten Anlässe, zu denen sie in Anspruch genommen wird. Und gerade das führt zu ihrer Verwechslung mit Organisationsvberatung, denn die Anlässe können akute Probleme eines Subsystems sein oder sonst einer der genannten Sachver-halte, die nur mittels Selbstreflexion zu bewältigen sind. Doch Zweck der Teamsupervision ist nicht so sehr, das Problem lösen zu helfen, sondern vielmehr das Werkzeug zur laufenden Problemlösung in der Organisation zu verankern oder noch besser die Fähigkeit, dieses Werkzeug immer wieder herzustellen. Sie liefert nicht den Fisch, nicht einmal die Angel, sie hilft Angeln zu konstruieren.

Symbolisiert Fallsupervision die Professionalisierung der Selbstreflexion einzelner Professioneller (Berater oder Führungskräfte), deren Aufgabe es ist, auf diesem Weg die Selbststeuerung sozialer Systeme durch ihre Inter-ventionen zu optimieren, so symbolisiert Teamsupervision die Übernahme dieser Aufgabe durch das gesamte jeweilige System. Dies ist notwendig geworden aufgrund der laufenden Beschleunigung und Flexibilisierung des

Informationsaustausches innerhalb und zwischen den Systemen und der damit verbundenen Auflösung stabiler Strukturen.

Es läßt sich vermuten, daß dieses neue strukturelle Erfordernis vielerlei Mißverständnissen unterliegt. Dies insbesondere dann, wenn man versucht, es mit den Kategorien zu erfassen, welche der Situation, in der es notwendig geworden ist, noch nicht entsprechen. Dies gilt wiederum für alle Formen der Supervision: Dort, wo die Installierung von professioneller Selbstreflexion zwar nötig ist, aber man versucht, sie in Kategorien eines Systems zu begreifen, in dem sie nicht nötig ist, weil es auf Stabilität beruht – dort wird Supervision mit Kontrolle gleichgesetzt. (So spricht man z. B. in der psychoanalytischen Ausbildung von einer Kontrollanalyse, wenn man eine unter Supervision durchgeführte Analyse meint. Was dieses Mißverständnis für die Aneignung der in Selbsterfahrung und Selbstreflexion arbeitenden Methode bedeutet, läßt sich ahnen: Es wird ein dauernder latenter Gegensatz produziert zwischen autonomer situationsadäquater Selbstreflexion und einer Tendenz, sich einem Anspruch zu unterwerfen, der beurteilt, was richtig ist.)

Dort, wo man geneigt ist, den organisationsbezogenen Aspekt der Selbstreflexion als professionellen „Besitz" der Berater zu betrachten, kann es geschehen, daß Teamsupervision mit Organisationsberatung verwechselt wird.

Literatur

BATESON, G.: Ökologie des Geistes. Frankfurt (Suhrkamp) 1981.

BECK, U.: Risikogesellschaft. Frankfurt (Suhrkamp) 1986.

BUCHINGER, K.: Teamsupervision in Organisationen. In: Reiter, L. et al. (Hrsg.): Von der Familientherapie zur systemischen Perspektive. Berlin (Springer) 1988.

BUCHINGER, K.: Eine Organisation hält sich für eine Gruppe und ein anderer Fehler ihres Teamsupervisors. In: Brandau, H. : Supervision aus systemischer Sicht. Salzburg (Otto Müller Verlag) 1991a.

BUCHINGER, K.: Organisationsbewußtsein und innerbetriebliche Selbstreflexion oder: Organisationen müssen radikale strukturelle Veränderungen bewältigen. In: Gruppendynamik 22(4)/1991, S. 391–414.

ELIAS, N.: Engagement und Distanzierung. Frankfurt (Suhrkamp) 1983.

HEINTEL, P./KRAINZ, E. E.: Projektmanagement. Wiesbaden (Gabler) 2. Aufl. 1990.

LUHMANN, N.: Soziale Systeme, Frankfurt (Suhrkamp) 1984.

MATURANA, M. R./VARELA, F. J.: Autopoeisis and Cognition. Dordrecht (Reidel) 1980.

PÜHL, H. (Hrsg.): Handbuch der Supervision. Berlin (Marhold) 1990.

SCHWARZ, G.: Die Heilige Ordnung der Männer. Opladen 1985.

WILLKE, H.: Systemtheorie. Stuttgart (Fischer) 3. Aufl. 1991.

Wolfgang Looss

Coaching im Kontext von Organisations- und Personalentwicklung

Zusammenfassender Bericht aus zwei Workshops

Coaching ist ein noch junges Element im Kanon umfassender Beratungs-leistungen. Im Workshop ging es denn auch konsequent um Grundorien-tierungen zu den Begriffen Anbieter, Qualifikation, Vorgehensweise und um die verschiedenen Möglichkeiten, Coaching in breiter angelegte Per-sonal- und Organisationsentwicklungen einzubinden.

1. Wer Coaching betreibt

Organisationsentwicklung ist von jeher eine Schnittfelddisziplin gewesen, die ihre fachlichen Anleihen in unterschiedlichen Disziplinen suchte. Be-triebswirtschaftslehre, Soziologie, Psychologie, aber auch Anthropologie und Kybernetik, in jüngster Zeit sogar die Biologie sind Quellen gewesen, an denen sich Organisationsentwickler genährt haben. Im Praxisfeld treffen deswegen Personen aufeinander, die auf unterschiedlichsten Wegen ge-lernt haben und unterschiedliche Begrifflichkeiten und Denkgewohnheiten mitbringen. Dies kann beim Coaching nicht anders sein. Wer sich einem noch wenig bearbeiteten fachlichen Eckchen des Praxisfeldes zuwendet, tut gut daran, seine Ausrüstung zu sichten und zu sehen, was er für die künftige Arbeit gebrauchen kann.

Im Feld Coaching treffen insbesondere die therapeutisch vorgebildeten „Beziehungsarbeiter" auf die betriebswirtschaftlich oder in vielfältiger Praxis geprägten Profis aus den verschiedenen Feldern betriebswirtschaft-lichen Denkens und Handelns. Auch Naturwissenschaftler und Technologen trifft man vereinzelt, die auf abenteuerlichen Wegen „in der Beratung" angekommen sind.

Die Ankömmlinge haben ihre Neugier auf Coaching also unterschiedlich aufgebaut und nähern sich dem Praxisfeld von verschiedenen Seiten, entwickeln ihre Fragen und Antworten, beginnen ihr experimentelles Handeln und machen unterschiedliche Entdeckungen.

Die Therapeuten und Personenberater, meist aus dem psychosozialen Feld kommend, sind auf der Suche nach einem neuen Klientel, das mit frischen, ungeläufigen Fragestellungen Beratungsbedarf haben könnte. Diese „Beziehungsprofis" entdecken, daß ihr Interventionsstil im Coaching meist als „zu nah", zu persönlich, zu emotional empfunden wird. Die Vergrößerung der beraterischen Distanz ist gefordert. Dieses Manöver hin zu „weniger Emotion" mußte seinerzeit auch in der Organisationsentwicklung geleistet werden, als man versuchte, gruppendynamische Arbeitsformen in das von Rollenzwängen geprägte Klima der Wirtschaftsorganisationen zu übertragen.

Umgekehrt entdecken die Professionellen, die im pragmatisch orientierten Kontext von Unternehmen in die Beratung hineingewachsen sind, daß sie bei der Beratung von Einzelpersonen auf Fragestellungen und Hintergründe treffen, die mit Sachverstand und Aktionsplänen nicht mehr zu begreifen oder gar zu bearbeiten wären. Die Person steht bei der personenzentrierten Beratung ganz schnell im Vordergrund.

Zwischen diesen Fixpunkten entstehen alle denkbaren und undenkbaren Mischformen beraterischen Herangehens an die Person und an deren Beratungsanliegen.

Die Coaches treffen mit ihren unterschiedlichen Herangehensweisen nun auf ein heterogenes Feld beraterischen Vorgehens, das unter dem Begriff „Coaching" ebenfalls in verschiedenen Spielarten vorkommt und deswegen noch gegenüber den unterschiedlichsten Arbeitskonzepten und Interventionsstilen offen ist.

2. Coaching als eine Variante personenbezogener Arbeit

Wenn Beratung im weitesten Sinne zu den Interaktionsprozessen gehört, bei denen (weg) gelernt wird, dann lassen sich Formen von Einzelberatung im Kontext von Organisationsentwicklung danach unterscheiden, welche Art von Lernprozeß intendiert ist und abläuft.

Einzelberatung kann im Gewande der Instruktion durchgeführt werden: Es geht beim Lernprozeß vorwiegend um Wissen, sowohl über Sachverhalte als auch über Verfahrensweisen.

Einzelberatung kann als Unterweisung angelegt sein, dabei geht es um den Erwerb von Fertigkeiten, die ein anderer schon kann, also im weitesten Sinne um Kulturtechniken, um ein Bündel an handlungsorientierter Komplexität, das bereits prinzipiell bewältigt und in eine als sinnvoll erachtete Prozedur überführt wurde. Ganz gleich, ob es sich um die Bedienung von Computern oder die Aufstellung einer Bilanz handelt: Beratung verläuft hierbei nach dem Muster, daß einer „es schon kann" und der andere „es noch lernt".

Einzelberatung kann als diskursiver Gesprächsprozeß angelegt sein, bei dem im klärenden Dialog eine (problematische) Situation von verschiedenen Seiten her betrachtet, bedacht und analysiert wird. Es geht dabei oft auch um die mit einer Situation verbundenen Emotionen und Einstellungen, es geht auch, aber nicht nur, um Verhaltensweisen des Betroffenen.

Und Einzelberatung kann schließlich als eine völlig „offene" Begegnung angelegt sein, in der ein Lernender auf einen Lehrenden trifft und in diesem Kontakt neue und bedeutsame Erfahrungen macht. Die Art dieser Erfahrungen ist dabei in kaum einem Fall vorhersehbar.

Coaching liegt gewissermaßen „in der Mitte" dieses Spektrums und reicht in beide Extreme hinein. Im Coaching geschieht gelegentlich auch Instruktion und ab und zu auch eine überraschende und bedeutsame Erfahrung, die im lebendigen Moment des Kontaktes begründet liegt. Entscheidender ist, daß im Coaching der Beratungsverlauf vorwiegend thematisch eingegrenzt ist. Es geht um die Anforderungen der Berufsrolle, die der Beratene ausfüllt oder ausfüllen soll und will. Es geht um die Schwierigkeiten und Notwendigkeiten, die ihm als Person erwachsen, indem er versucht, die Rollenanforderungen zu bewältigen. Es geht um die Wahrnehmung, Interpretation und um das Erleben von Rollenanforderungen. Es geht um die dazu nötigen Verhaltensweisen und deren Konsequenzen. Coaching macht die Schnittstelle zwischen Rolle und Person im Einzelkontakt zum Gegenstand.

3. Coaching im Zusammenhang von OE-Prozessen

Die konzeptionelle Verschränkung von „Arbeit mit der Person" und „Arbeit an den Strukturen" hat die Fachdiskussion seit gruppendynamischen Tagen immer wieder beschäftigt. Mit dem Konzept des Coaching findet – nach vielen Jahren vorwiegend strukturorientierten Vorgehens – wieder eine individualisierte Lernform Eingang in die Entwicklungsarbeit an Organisationen.

Die Anlässe für solche Einzelberatungen rühren zum großen Teil von den Wirkungen und Gegebenheiten der Organisation her: Es sind häufig die Veränderungen in der Organisation, die der Person erhöhte Lernanstrengungen abverlangen, dabei ist weniger entscheidend, ob diese Veränderungen von außen (Markt, Technologie) oder von innen (Strukturwandel, Größenwachstum, Schrumpfung, Personenwechsel) herrühren. Die Person ist über die (wandelbare) Berufsrolle an das Geschehen der Organisation angebunden und jene ist über ihre relevanten Umweltbeziehungen mit dem Geschehen in der Umgebung verkoppelt. So kann die europäische Integration ebenso ein Coaching in einem betroffenen Unternehmen „verursachen" wie sich die Kostenexplosion im Gesundheitswesen in erhöhten Supervisionsaktivitäten in Krankenhäusern niederschlägt. Und auch ein scheinbar vom Individuum ausgehendes Coaching gehört letztlich in den Kontext der Bewältigung von organisatorisch angelegten Veränderungen.

In dieser Sicht gehört Einzelberatung von Rollenträgern, insbesondere von solchen mit einiger organisatorischer Bedeutung, in den Methodenvorrat der Organisations- und Personalentwicklung. Dabei ist nicht zu verkennen, daß „bloßes Coaching" sicher nur selten ausreicht, Entwicklungsprozesse von Person und Organisation einzuleiten oder zu stützen. Die Gefahr der individualisierenden Verkürzung ist immer gegeben, ein Hinweis mehr, für die angemessene Verzahnung von personenzentrierten, gruppenzentrierten und strukturzentrierten Arbeitsformen zu sorgen, wenn eine Organisation sich entwickeln will.

Nun trifft Coaching auf eine Organisationswelt, in der das „Beratenwerden" in unterschiedlichem Grade erwünscht ist. Nach dem heimlichen Lehrplan vieler Organisationen ist zwar die Arbeit an der Organisation (Strukturen, Abläufe) gestattet, auch wenn sie sich auf dem Wege über den Lernprozeß von Personen vollzieht. Die direkt und als solche auch ausgewiesene Beratung von (mächtigen) Rollenträgern widerspricht dem Ich-Ideal von leistungsorientierten Organisationen, weil sie personenbezogene Defizite anzudeuten scheint. Es ist in vielen Unternehmen immer noch erlaubter, zum Lernen auf ein Seminar zu gehen als in eine Einzelberatung.

Insoweit ist vor dem Erwägen von Coaching-Prozessen der „Reifegrad" der Organisation zu bedenken, ähnlich wie bei anderen Interventionsformen der OE-Praxis auch. Coaching als Arbeitsform im OE-Verbund setzt die Einsicht voraus, daß personenzentriertes Lernen sinnvoll und letzlich produktiv und zielführend ist. Ist solches Problembewußtsein nicht gegeben, wird Coaching bestenfalls noch in der diskreten und damit individualisierenden Form des „heimlichen Lernens" betrieben, die der Rollenträger nur für sich organisiert. Den Bedingtheiten und Wechselwirkungen zwischen Organisation, Rolle und Person kann damit nicht wirksam Rechnung getragen weden.

Je nach dem Grad des Problembewußtseins in der Organisation entsteht eine andere Form, Coaching-Prozesse einzuleiten. Die klassischen Bedingungen der Transparenz (keine Bindung durch Geheimnisse), der Diskretion (Wahrung der Systemgrenzen) und der Freiwilligkeit (Abwesenheit von direkter Machtausübung), die für alle Beratungsprozesse gelten, bestimmen die Stufen, in denen ein personenzentrierter Beratungsprozeß in Gang gesetzt wird:

Je eingeschränkter der Blick der Organisationsmitglieder auf monokausale Wirkungsgefüge gerichtet bleibt, um so weniger transparent kann Coaching eingeleitet werden. Je unbewußter die klassischen Organisationsnormen vom „starken Alleskönner" gelebt werden, um so diskreter muß Coaching ablaufen und damit auf die Person begrenzt bleiben, wenn es nicht ohnehin als stigmatisierende Arbeitsform ein Tabu bleibt.

Dabei darf nicht übersehen werden, daß auch in sehr transparenten Entwicklungsprozessen der reifen Organisation ein unverletzlicher Schutzmantel um die Person des Beratenen verbleibt, weil Coaching zwar auf die Rolle zielt, aber mit der Person arbeitet. Die Schweigepflicht bleibt eine Tugend auch des Coaches und der Umgang mit den Beratungsinhalten muß sehr sorgfältig abgestimmt werden, wenn Coaching ein Element von umfassenderen Entwicklungsaktivitäten ist.

Im praktischen Vorgehen bietet es sich z. B. an, den Transport von Informationen aus dem Coaching in andere Bezüge eines OE-Prozesses (Gruppen, Gremeien) stets dem Klienten zu überlassen. Wenn der Coach Mitglied eines Beratungssystems ist, so müssen sich auch die anderen Mitglieder an Schweigegebote halten, die in der Einzelberatung begründet liegen.

Literatur

LOOSS, W.: Coaching für Manager, Landsberg (Moderne Industrie) 1991.

Teil III:

Arbeitsfelder
der Organisationsberatung

Alfred Janes/Herbert Schober

Neutralität und kultureller Wandel in Organisationen am Beispiel von zwei Strukturentwicklungsprojekten

„Was finden Sie jetzt vernünftiger, den Vorschlag der Zentrale oder den der Zweigniederlassung?" „Hm" „Wir wissen schon, daß Sie der Unparteiische sind, aber der zieht ja auch gelbe Karten!" „Was denken Sie würde der Niederlassungsleiter sagen, wenn wir den Vorschlag der–" „Ja, ja wir kennen uns schon aus …"

„Sehr geehrter Herr Vorstandsvorsitzender, sehr geehrte Herren des Vorstandes, es ist uns eine große Ehre, Sie bei unserer Klausur –" „Herr Kollege, ich hatte schon gehofft, daß es Sie freut, mit uns gemeinsam über die Unternehmenssituation nachzudenken, aber vielleicht haben wir selbst noch zu wenig zur Freude beigetragen, ich hoffe, wir werden da heute noch schlauer" „Ehemm, also Herr Vorstandsvorsitzender –" „Herr Limmerik, Sie wissen doch, ich heiße Karsten, aber es ist schrecklich, ich unterbreche Sie dauernd" „Wie erklären Sie sich, Herr Direktor Hansen, daß es Herrn Limmerick so schwerfällt, den Namen des Vorsitzenden auszusprechen?" „Na ja, mir fällt da der Monty-Python-Film – das Leben des Brian, die Szene mit der Steinigung ein …"

In diesem Beitrag werden wir versuchen, das Unspektakuläre, vielleicht sogar Banale (wenn möglich, banal nicht abwertend verstehen) in Beratungssituationen zu schildern, wenn es darum geht, einerseits als Berater seinen Wahrnehmungs- und Handlungsspielraum zu erhalten – und um nichts anderes geht es beim Neutralitätspostulat – ,andererseits die Veränderung von Wahrnehmungsmustern und Verhaltensweisen – sprich Kulturellen Wandel zu begleiten.

Wir werden an zwei sehr unterschiedlichen Projekten und Unternehmen (Handel – Produktion) zeigen, welche Widerspruchsfelder zur „Bearbeitung" anstanden und deren einseitige normative Präferierung als „Verführungsangebot" an die Berater wahrzunehmen waren. Wir werden beschreiben, wie Neutralität als Haltung sich in Interventionen widerspiegelt und den Wechsel von Innen- und Außenperspektive wesentlich erleichtert.

Wenn man Unternehmenskultur als Selektionsangebote an die Organisationsmitglieder für Wahrnehmen und Verhalten versteht, die selbst wiederum dadurch entstehen, daß die Organisationsmitglieder ihre Wahrnehmungs- und Handlungsselektionen anbieten (mit durchaus unterschiedlichen Geschäftserfolgen), liegt es für uns nahe, daß Strukturprojekte, die ja neue Selektionen einführen sollen, immer auch Kulturprojekte sind (sein müssen). Daher dieses zweite Thema, das nach unserem Verständnis vom Berater ebenfalls eine Neutralitätsposition erfordert, aus den noch anzuführenden Überlegungen und letztlich auch deshalb, weil es – ganz schlicht – das Bier der Leute ist, in welcher Unternehmenswelt sie leben wollen. Für solche Entscheidungen ist die Erfahrung mit Alternativen natürlich äußerst dienlich. Wir werden zeigen, wie die Projekte selbst, deren Struktur, Arbeitsweisen, Spielregeln – die natürlich stark von den Beratern initiiert werden – durch solche „aha-so geht es ja auch-Erfahrungen" kulturverändernd wirken können.

1. Reflexionen zur Neutralität

Die Frage – warum Neutralität? – würden wir weniger normativ-moralisch beantworten wollen, denn was sollte (normativ-moralisch) dagegen sprechen, sich eindeutig zu positionieren, seine Richtigkeitsvorstellungen einzubringen und mit seinen Wertungen nicht hinterm Berg zu halten? Wie man weiß, sind es nicht gerade die kleinsten Beratungsunternehmen, die mit Neutralität wahrscheinlich nur die politischen Positionen von Österreich, Schweiz und Schweden assoziieren würden. Wenn wir nicht bloß eine höhere Anständigkeit gegenüber den Klienten ins Felde führen und das theoretisch rationalisieren wollen, muß es noch einige ganz praktische Gründe geben, die diese Haltung wertvoll macht.

Beginnen wir mit einem nüchtern ökonomischen:

Die Innenperspektive als Letztinstanz für Handlungsentscheidungen – „was ist zu tun, was zu lassen, mit welcher Intensität, wer hilft, wer stört" – ist immer eine „Nichtneutrale", eine Entscheidung „für und gegen". Eine Entscheidung die durch vielerlei, aber sicher auch durch die Person und Position bestimmt wird. Nimmt der Berater eine innenperspektivische, d. h. ausrichtende Haltung ein, kommt er nahezu automatisch in das Koalitionsgeflecht des Klientensystems. Jener wird bestätigt, unterstützt, dieser relativiert, ausgespielt. Der Widerspruch muß jetzt nicht mehr (oder so intensiv) innerhalb des Klientensystems ausgestritten werden, das Auseinandersetzungspotential verlagert sich auf die Berater. Die entscheidende Frage ist, wen diese Entlastung einmal kurzfristig freut? Wenn es der unmittelbare, die Beratungsbudgets bestimmende Auftraggeber ist, wird dies kurzfristig (für die Berater) erfolgreich sein; sie haben sich richtig positioniert. Im umgekehrten Fall ist das Szenario sowieso leicht skizzierbar, aber auch die anfänglich ökonomisch erfolgreiche Variante kann zum mittelfristigen Fallstrick für die Beratung werden. Nicht nur weil die „Gegner" stärker werden könnten, sondern weil die Sozialdynamik das Problem prolongiert, Gräben vertieft oder Positionen verhärtet und keine Energien für Entwicklungen frei werden – und das merkt auch der noch so unterstützungslüsternste Klient. Oft mit dem Ergebnis: Platz frei für die nächste Beratercrew.

Diese ökonomischen Überlegungen – eigentlich eine Innenperspektive von Beratersystemen – eröffnet durchaus eine Gesamtperspektive auf die Neutralitätsproblematik. Um den Seitenrahmen dieses Beitrages nicht zu sprengen, werden wir die weiteren guten Gründe, die für die Neutralitätsposition von Beratern sprechen, schlagwortartig skizzieren:

– Die Etablierung der Differenz von Innen- und Außenperspektive, als Grundvoraussetzung für selbstreferentielle Reflexionen durch den Klienten wird durch die strikte Neutralitätsposition des Beraters wesentlich erleichtert. Dadurch lernt der Klient, wie er selbst diese zusätzliche Sichtweise gewinnen kann und welche Qualität der Unterschied macht, d. h. welche Informationen dadurch geschaffen werden können.
– Neue Informationen, verbunden mit der Animation zu Gedankenexperimenten („was wäre, wenn …") eröffnen zusätzliche Entwicklungs-

optionen, die für ihre Umsetzungschancen nicht durch die Sicht (oder Blindheit) der Berater irritiert werden sollten.

– Aktive Neutralität, das meint Widersprüche sichtbar machen, zu oder gegeneinander führen, forciert und nützt die Energie von Ambivalenzen. Eine unserer Grundhypothesen geht davon aus, daß Beratung deshalb erforderlich wurde, weil wichtige Widerspruchsfelder nicht ausgestritten werden können (dürfen), die Konflikte an die Peripherie von Symptomen ausgelagert werden und damit eine Systementwicklung blockiert wird (werden soll). Eine nicht-neutrale Position würde indirekt und unreflektiert den Status quo aufrechterhalten.

– Letztlich stellt sich aber die Neutralitätsfrage auch aus dem Selbstverständnis der Beraterrolle und der Vereinbarung, die man mit dem Klienten trifft. Geht man als Anwalt, Speerspitze, Sprachrohr für ungehörte Propheten, als Ringrichter, als diplomatischer Vermittler oder als Ersatzmanager in die Beratungsbeziehung, definiert sich Neutralität sicher anders, als in der Position eines Prozeß- oder (Organisations-,) Entwicklungs- oder Systemischen Beraters.

2. Reflexionen zum kulturellen Wandel

Beide im folgenden beschriebenen Projekte sind als Strukturveränderungsprojekte, aus der Perspektive der beauftragenden Unternehmen betrachtet, ausgeprägt selbstreferentiell. Die in solchen Projekten existierende Unsicherheit, hinsichtlich:

– der Wirkung der von den Beratern angewandten Methoden und Vorgehensweisen,

– der Aufgaben- und Kompetenzverteilung zwischen den mit dem Projekt beauftragten Mitarbeitern und den nicht unmittelbar beteiligten Linienvorgesetzten, der Unmöglichkeit, Grenzen zwischen Auftraggebern, Ausführenden und Ergebnisbetroffenen zu erkennen (alle Auftraggeber und Ausführende sind potentiell ergebnisbetroffen, nicht alle Ergebnisbetroffenen jedoch auch Auftraggeber oder Ausführende)

– sowie hinsichtlich des zu erwartenden Ergebnisses,

führt dazu, daß selbstreferentielle Projekte erfahrungsgemäß besonders viel Staub aufwirbeln und ebensoviel Aufmerksamkeitspotential binden. Genau darin liegt auch die Chance solcher Projekte, sie als wirkungsvolle Instrumente kulturellen Wandels zu nützen.

Wenn wir hier *Unternehmenskultur als ein ineinandergreifendes System von Verhaltensnormen, Ritualen, Werten und Grundannahmen* verstehen, das als solches die *Grundlagen für Handlungen und damit für individuelle Orientierung in einem Unternehmen* liefert, ergibt sich daraus ein für den Erfolg eines Projektes und für uns als Berater bedeutsamer Wirkzusammenhang.

Auf der einen Seite ist das Verhalten des Managements in kritischen/ unsicheren Situationen eine der wichtigsten Mechanismen kultureller Prägung. Gleichzeitig erhalten die sachlichen Ergebnisse, der „in Auftrag gegebenen Strukturveränderungsprojekte" ihre faktische Bedeutung nur, wenn es ihnen gelingt den kulturellen Kontext des Unternehmens als hochwirksamen Deutungsrahmen mit zu bewegen.

Somit geht es in solchen Projekten immer nicht „nur" um das sachliche Ergebnis. Wenn es nicht gleichzeitig gelingt, die Handlungen der am Projekt beteiligten Mitarbeiter und Führungskräfte so zu organisieren, daß sich gleichsam als Sediment dieser Handlungen, veränderte Verhaltensnormen, Rituale, Werte und Grundannahmen im Unternehmensbewußtsein ablagern, wird das System während eines solchen Projektes nur kurz auspendeln. Es wird anschließend sehr rasch in seinen ursprünglichen, in erfolgreich geführten Überlebenskämpfen der Vergangenheit gestählten und bewährten, Ausgangszustand zurückschwingen. Etwas profaner ausgedrückt: Es wird versanden.

Die Annahme, daß nichts und niemand sein Verhalten und sein dieses Verhalten steuerndes Wertsystem ändert, wenn nicht der Ertrag dieser Mühe zumindest die zu veranschlagenden Kosten ausgleicht, liefert für die Beratung von kulturellem Wandel eine solide Arbeitshypothese.

Für die Gestaltung des zu einer gewünschten Veränderung führenden Beratungsprozesses ergibt sich damit eine recht grundsätzliche Anforderung. Den Beratern muß es gelingen die Arbeit am sachlichen Projektauftrag so zu gestalten, daß sie ausreichend attraktive Angebote in Richtung der den Projekterfolg erst sicherstellenden kulturellen Innovation enthält.

3. Neutralität und kultureller Wandel – Sichtweisen, Hypothesen und Interventionen von Beratern

Wir werden jeweils, zuerst für die „Mühlstädter Maschinenwerke AG", dann für die „Modewaren AG" (es wurden von uns fiktive Namen gewählt), das Unternehmen beschreiben, den Beratungsanlaß skizzieren und an konkreten Situationen und Problemlagen unsere Vorgehensweise unter dem Fokus: Neutralität und kultureller Wandel darlegen.

3.1 Die Mühlstädter Maschinenwerke AG: Beratung eines hochspezialisierten Investitionsgüterherstellers auf dem Weg zur Weltspitze

Juli 1988, das Unternehmen am Beratungsbeginn

Als Ergebnis eines Management-buy-out-Prozesses befindet sich die im Westen Österreichs liegende Mühlstädter Maschinenwerke AG im Besitz des Managements. Das mittelgroße Unternehmen verfügt über mehrere Geschäftsfelder, die als eigenständige Gesellschaften geführt sind. Das Beratungsprojekt bezieht sich auf eine dieser Einheiten mit etwa 140 Mitarbeitern.

Das Unternehmen ist spezialisiert auf die Herstellung von Trägersystemen für die Prozeßindustrie. Auf der Basis einer äußerst erfolgreichen Produktentwicklung ist es gelungen, mit einer Exportquote von 95 % sich den Weltmarkt im Wettbewerb mit einem amerikanischen Hersteller aufzuteilen.

Die Organisation ist einfach und im Bereich Produktion ein Relikt aus alten Tagen. Es gibt einen technischen und einen kaufmännischen Geschäftsführer. Der Produktionsleiter ist dem technischen Geschäftsführer unterstellt. Dieser wiederum ist der Vorgesetzte eines Meisters, allmächtiger Chef von etwa hundert Fertigungsarbeitern. Als Unterstützung für den Meister existiert eine kleine Arbeitsvorbereitung und Qualitätssicherung. Die Produktion wird im Drei-Schicht-Betrieb geführt und hat ihre Kapazitätsgrenze erreicht. Die Schichteinteilung erfolgt unsystematisch, spontan nach Maßgabe der Vorstellungen des Meisters. Es passiert nicht selten, daß die Mitarbeiter erst Freitag zu mittag ihre Schichteinteilung für die kommende Woche erfahren. Diese aus der Arbeiterperspektive bestehende Unvorhersehbarkeit bezieht sich nicht nur auf die Zeiteinteilung, sondern auch auf die personale Zusammensetzung einer Schicht. Auch diesbezüglich existiert keine erkennbare Kontinuität. Der Meister versucht durch diese hemdsärmelige Form der Arbeitseinteilung, unbeeinflußt und unbeeinflußbar durch Wünsche und Interessen seiner Arbeiter, die vorhandenen Ressourcen optimal an die jeweilige Auftragslage anzupassen. Die Beziehung zum Meister war von beiden Seiten, seitens der Geschäftsführung als auch seitens der Belegschaft, gleichermaßen durch Abhängigkeit und Mißtrauen geprägt. Beide Seiten sind sich nie sicher, ob er nicht doch stärker die Interessen der jeweils anderen Seite vertritt.

Das Unternehmen verfügt in der Umgebung über einen denkbar schlechten Ruf. Gleichzeitig und sicherlich auch dadurch mitbewirkt, gelang es faktisch nicht, die dringend notwendige Aufstockung der Belegschaft, vor allem mit qualifizierten Fachkräften, zu bewerkstelligen. Vernünftige Einschulungsprozeduren für neue Mitarbeiter existieren nicht, genauso wenig wie Aufstiegsmöglichkeiten für die Arbeiter in absehbarer Zeit.

Der Beratungsanlaß

Nachdem die Mitarbeiter in einer Belegschaftsversammlung die vom Management gewünschte Einführung einer vierten Schicht abgelehnt hatten, war für den AG-Vorstand der Handlungsanlaß gegeben. Durch geeignete Entwicklungsmaßnahmen soll die Organisation und die Kultur des Unternehmens an den technologischen und wirtschaftlichen Status des Unternehmens herangeführt werden. Diese Entscheidung wurde zur Grundlage einer zweijährigen bewegten und bewegenden Zusammenarbeit mit diesem Unternehmen.

Neutralität in den Mühlstädter Maschinenwerken

Um uns am Beginn der Zusammenarbeit prinzipiell zu orientieren, vereinbarten wir mit dem Auftraggeber eine Reihe von Interviews mit Vertretern der unterschiedlichsten hierarchischen Ebenen und Vertretern des Betriebsrates. Die Informationen und Stimmungen, die uns in diesen Gesprächen, die wir auf Band aufzeichneten, „angeboten" wurden, produzierten ein einfaches, industriegeschichtlich altes, aber entsprechend bedrückendes Bild: „Die da oben, wir da unten", durch die Arbeitsmarktlage in der Region existentiell aneinander gekoppelt, Mißtrauen, unverhohlener Ärger und Wut. Der unzweifelhafte Erfolg des Unternehmens in den letzten 20 Jahren scheint an dieser Grundstimmung wirkungslos vorbeigegangen zu sein.

– ... die Mannschaft und die Chargen, die leben auf diesem Schiff, untrennbar aneinander gebunden, wie im Mittelalter, keiner kann schwimmen ...

– ... man getraut sich in einer Schichtgruppe an einer Maschinenstation kein Wort zu sagen, man weiß ja nicht, wie ein Kollege das nach oben trägt ...

– ... das einzige, was ich neben einer ernsthaften Krankheit wirklich fürchte, ist die Willkür der Oberen, ...

– ... ich hab schon einen Vorschlag gemacht: macht's beim Portier kleine Kasterl, ein jeder der 'reingeht, legt sein Hirn rein, und wenn er raus geht nimmt er's wieder mit ...

– ... das Mißtrauen ist so groß, da sich eigentlich keiner mehr etwas zu sagen traut, und zwar auf allen Ebenen und in jeder Richtung ...

– ... ich glaube, daß es einen Stolz aufs Produkt bei den Arbeitern nicht gibt ...

186

Neutralitätsichernde Interventionen, die Rückmeldung der Befragungsergebnisse ans Klientensystem, Berater-Splitting

Als zentrale Arbeitshypothese für die durchzuführende Präsentation der Ergebnisse der Interviews gingen wir davon aus, daß alle Anwesenden diese Situation nutzen würden, um sich darüber zu informieren, ob, und wenn ja, auf welche Seite sich die Berater schlagen werden. Wir hatten mit dem Auftraggeber vereinbart, daß neben der Geschäftsleitung alle Mitarbeiter, mit denen wir Interviews durchgeführt hatten, bei der Präsentation dabei sein sollten. Als Ort für die Präsentation wurde das „große Besprechungszimmer" in der „Beletage" des Geschäftsleitungsgebäudes ausgesucht.

Donnerstag, 14 Uhr: auf Grund eines unerwarteten Schneefalls kamen wir 10 Minuten zu spät; die Arbeiter bewegungslos in den gepolsterten Sesseln der Geschäftsführung, der Meister, Vorarbeiter, Betriebsräte, die gesamte Geschäftsleitung, ungefähr doppelt soviele Teilnehmer wie vereinbart, die Stimmung beinahe unerträglich gespannt, seit 10 Minuten (zumindest schien uns das so!) sprachlos wartend. Wir waren zu zweit. Wir hatten vereinbart, daß mein Partner präsentiert; ich wollte mich möglichst weit von ihm weg setzen, die Präsentation verfolgen und die Situation möglichst im Auge behalten.

Um konkret zu bleiben, war die Präsentation so aufgebaut, daß zu einer Reihe von Themenschwerpunkten (das Unternehmen, Planung und Organisation, Leistung: Definition und Bewertung Personensystem usw.), in Form eines Puzzles, einzelne auf Kärtchen geschriebene Interviewzitate vorgetragen und auf einer Pin-Wand zu einem Bild der „von uns vorgefundenen Wirklichkeit" zusammengefügt wurden. Die von uns aus diesen Bildern abgeleiteten Hypothesen und Projektthemen wurden dazu in Beziehung gesetzt. Der Verlauf der Präsentation übertraf unsere schlimmsten Befürchtungen. Eine volle Stunde bewegungsloses Schweigen. Kein Teilnehmer verzog irgendeine Miene.

Konfrontiert mit dieser Wand aus Schweigen, begann mein Partner immer „intensiver" zu formulieren. Von außen betrachtet schien er sich zunehmend mit den vorgetragenen Aussagen, vor allem mit den Zitaten von

Arbeitern, zu identifizieren. Er kippte emotionell ins „Arbeiterlager", die Präsentation bekam eine Schlagseite. Am Ende der Präsentation meldete ich mich von der gegenüberliegenden Seite des großen Konferenztisches zu Wort: „Ich habe den Eindruck, mein Kollege hat sich in diesem Bericht zu einseitig mit den Sichtweisen, Sorgen und Problemen der Arbeiter identifiziert; die Sichtweisen und sicherlich ebenso berechtigten Sorgen und Probleme des Meisters und der Unternehmensleitung scheinen mir dabei zu kurz gekommen zu sein". Ich begann dabei in meinen Unterlagen zu blättern und Interviewpassagen vorzulesen um meine Aussage zu unterstützen. Die Intervention erwies sich unmittelbar als äußerst wirkungsvoll. Schlagartig begann eine äußerst heftige Diskussion zwischen Arbeitern und Geschäftsleitung über einzelne der vorgetragenen Zitate und Schlußfolgerungen. Positionen wurden bezogen, Gegenpositionen tauchten auf. Zumindest in dieser Situation schien uns das Eis gebrochen. Wir verließen diese sicherlich nicht einfache Situation als für beide Seiten akzeptierbare Kooperationspartner.

Zusammensetzung eines Projektteams/ zirkuläre Zielplanung

Die nächste vor der Neutralitätsperspektive sensible Aufgabe war die Realisierung eines von uns gemachten Vorschlages. Wir wollten die Entwicklung eines Konzeptes für eine neue Produktionsorganisation sowie für eine neue Form der Lohnfindung, nicht sozusagen exklusiv von außen durchführen, sondern gemeinsam mit einem unternehmensseitig beschickten Projektteam. Nachdem dieser Vorschlag seitens der Geschäftsleitung und des Betriebsrats sofort akzeptiert wurde, ging es um die Teamzusammensetzung. Diesbezüglich befragt, machten wir folgenden Vorschlag: Wenn irgend möglich sollte der Meister Projektleiter werden. Gleichzeitig, schlugen wir vor, sollte der zuständige Betriebsrat in Absprache mit den Fertigungsarbeitern erreichen, daß zwei Arbeiter „delegiert" werden, die gut in der Belegschaft verankert sind. Diese beiden Delegierten, fügten wir hinzu, sollten sicherstellen, daß die Belegschaft während der Projektarbeit sicher sein kann, verläßlich informiert zu werden. Die Geschäftsleitung solle ihrerseits zwei loyale Führungskräfte nominieren. Dem Betriebsrat machten wir den Vorschlag, er solle einen Kollegen nennen, von dem die Arbeiter annehmen, daß er verläßlich ihre Anliegen vertritt. Zusätzlich sollte ein zweiter Betriebsrat entsandt werden, durch den sich die Angestellten vertreten wahrnehmen. Sobald uns das Projektteam genannt würde, wollten wir die Entwicklungsarbeit beginnen.

Nach drei Tagen wurde uns vom Geschäftsleiter das Projektteam genannt: ein erfahrener, drei Jahre vor der Pension stehender Vorarbeiter, ein Arbeiter – gleichzeitig Abteilungsbetriebsrat –, der Produktionsleiter, ein Angestellter aus Arbeitswirtschaft/Lohnverrechnung – gleichzeitig Angestelltenbetriebsrat –, der Meister als Projektleiter.

Unsere Arbeit mit dem Projektteam begannen wir mit einer zweieinhalbtägigen Start-Klausur, zwei Stunden Fahrzeit vom Unternehmen entfernt. In dieser Zeit entstand, in Auseinandersetzung mit dem seitens der Geschäftsleitung vorgegebenen Projektauftrag und unseren Hypothesen, eine Liste der wichtigsten Eckpfeiler des gemeinsamen Vorhabens. Daran wurde solange gearbeitet, bis sich alle Teammitglieder bereit erklären konnten, diese Liste zu unterschreiben. Nachdem diese Eckpfeiler nicht in allen Punkten mit dem offiziellen Projektauftrag identisch waren, schlugen wir ein diesbezügliches Gespräch mit Geschäftsleitung und Betriebsratsvorsitzendem vor. Die vom Team vorgeschlagenen Änderungen erwiesen sich dabei offensichtlich als sinnvoll. Die Geschäftsleitung akzeptierte die Eckpfeilerliste als offiziellen Projektauftrag, die Arbeit im Team – das jetzt auch schon eines war – konnte beginnen.

Systemische Fachberatung :
„Vorschläge machen, ohne sie verteidigen zu müssen"

Angeregt durch „prominente" Beispiele, lagen zu Beginn der Beratungsarbeit die Erwartungen der Geschäftsleitung hinsichtlich einer neuen Fertigungsorganisation bei Modellen wie „selbststeuernde Arbeitsgruppen" (Volvo Kalmar) oder den „Teilautonomen Arbeitsgruppen" bei General Motors in Wien-Aspern. Die Aufgabenstellung im Projekt, die sich daraus ergab, war schwierig. Auf der einen Seite die formulierten, PR-orientierten Erwartungen der Geschäftsleitung, auf der anderen Seite die recht praktische, pragmatisch-bodenständige Haltung der Teammitglieder. Beide Seiten erwarteten irgendwann im Verlauf der Projektarbeit mit großem Interesse unseren diesbezüglichen Vorschlag.

Wir entschieden uns für folgende Vorgangsweise:
Wir definierten den Weg vom Ist-Zustand im Unternehmen, einer auf die dominante Meisterpersönlichkeit orientierten, ausgeprägt „handwerklich" strukturierten Fertigungsorganisation, hin zum Modell der selbststeuernden Arbeitsgruppen à la Volvo-Kalmar, als einen Entwicklungsprozeß mit verschiedenen möglichen Zwischenpositionen.

Vor diesem Hintergrund bereiteten wir äußerst sorgfältig eine Präsentation vor. Die Ausgangssituation, das „Endereignis", sowie drei mögliche organisatorische Zwischenpositionen wurden modellhaft aufbereitet, grafisch dargestellt und bezugnehmend auf praktische Beispiele ihrer erfolgreichen Realisierung erläutert. Einer von uns hatte die Aufgabe übernommen, diesen Input im Projektteam vorzutragen. Anschließend moderierte der andere einen Entscheidungsprozeß. Dabei bewertete das Team in einem Gedankenexperiment, mittels eines einfachen „Kosten"/„Ertrag"-Schemas, die einzelnen Lösungen. Während dieses Bewertungsprozesses „diente" der Referent dem Team ausschließlich als fachliche Auskunftsperson, ohne irgend eine Priorität anzudeuten. Für uns beeindruckend war die Souveränität und Sicherheit, mit der dieses Team in kürzester Zeit gemeinsam eine kluge, zukunftsweisende, gleichzeitig aber auch realistische Lösung fand, die zudem sofort auch die Unterstützung von Geschäftsleitung und Betriebsratsvorsitzendem fand. Dieser hier beschriebene Weg, um den herum wir in einer Reihe fundamentaler Entscheidungen als Berater unsere Rollen organisierten, hat sich in diesem Projekt hervorragend bewährt und trug dazu bei, daß, während aller Höhen und Tiefen dieses Projektes, unsere fachliche Autoritätsposition nie in Frage gestellt wurde.

Kultureller Wandel oder die Sprachlosigkeit verlieren

Eine der in den Mühlstädter Maschinenwerken spürbaren Verhaltensnorm hatten wir für uns folgendermaßen formuliert: „Informiere niemanden über deine Handlungen und Intentionen, es sei denn, es ist für das Betriebsge-

190

schehen absolut notwendig. Bist du dir diesbezüglich unsicher, informiere nicht".

Vor dem Hintergrund der weiter oben beschriebenen Überlegungen zur Bedeutung kulturellen Wandels im Zusammenhang mit Erfolg oder Mißerfolg selbstreferentieller Projekte, waren wir ständig auf der Suche nach „attraktiven Angeboten" für möglichst alle Zielgruppen im Unternehmen, um erfolgreich gegen diese Verhaltensnorm verstoßen zu können.

Wir waren sicher, daß jedes zeitgemäße kommunikative Organisationsmodell, auch wenn alle noch so „dafür" sind, ohne Transformation dieser Verhaltensnorm keine Chance haben würde.

Gleichzeitig war es ein prägendes Element der Beziehung zwischen „die da oben und wir da unten", daß Vorgesetzte, wo und wann immer es ihnen notwendig erschien, sozusagen aus dem Stand Anweisungen von sich gaben. Die Gefahr, die sich daraus für die Wirksamkeit der Projektarbeit ergab, war jedoch (wie wir allerdings erst gegen Projektende erfuhren) von Beginn an allen Beteiligten bewußt. Während eines Zeitraums von beinahe zwei Jahren (!) vermied es der Technische Geschäftsführer erfolgreich, seinen ihm unmittelbar unterstellten Produktionsleiter, der Mitglied im Team war, auch nur ein einziges mal auf die Arbeit im Projekt anzusprechen. Obwohl ihre Büros Tür an Tür lagen und beiden klar war, daß es im Projekt um Themen ging, die für die Zukunft des Unternehmens von prinzipieller Bedeutung waren. Umgekehrt galt das gleiche.

Die einzigen Ausnahmen waren die während des Projektverlaufs durchgeführten und von einem von uns moderierten Präsentationen des Projektteams, vor dem Entscheidungsgremium, bestehend aus Geschäftsleitung und Betriebsratsvorsitzendem.

Kommunikation und Entscheidungsfindung im Projektteam

Besondere Bedeutung als Instrument der Kulturprägung wiesen wir dem Kommunikations- und Entscheidungsstil in der Arbeit des Teams zu. Als sozusagen oberstes Prinzip definierten wir das „Konklaveprinzip" als anzustrebende Form der Entscheidungsfindung. Die Forderung, Themen solange zu diskutieren, zu untersuchen, aufzubereiten, bis das gesamte Team mit einer sich anbahnenden Lösung einverstanden war, bis sozusagen „der weiße Rauch aufstieg", war zu Beginn der Projektarbeit aufwendig und erforderte eine zeitfressende Vielzahl rekursiver Schleifen. Immerhin waren im Team, vom Arbeiter bis zum Produktionsleiter, vier Hierarchieebenen vertreten. Als Berater zu zweit arbeiten zu können, erscheint uns dafür als unverzichtbare Voraussetzung. Unsere prinzipielle Rollenverteilung war immer: ein Berater steuert den fachlichen Teil der Arbeit (präsentiert Unterlagen, bringt Modelle ein, verweist auf Beispiele in anderen Unternehmen, entwickelt mit den Teammitgliedern Bewertungskriterien ...), der zweite Berater „geht" in die Außenperspektive und betreut als „Moderator" die personen- und prozeßbezogene Dimension der Gruppenarbeit. Nach fünf bis sechs Arbeitsklausuren begannen die Teammitglieder selbst die Überwachung des Konklaveprinzips von uns Beratern einzufordern.

Als zweites Prinzip der Teamarbeit definierten wir in jeder Arbeitsklausur, meist gegen Ende eines Arbeitstages, einen bestimmten Zeitabschnitt als „Aus-Zeit". In dieser Phase ging es dann nicht mehr um die sachliche Dimension der Arbeit, sondern um deren Basis auf der Ebene der persönlichen Beziehungen und betrieblichen Über- und Unterstellungsstrukturen. Ein einziges Mal während eineinhalb Jahren wollten wir eine Klausur – wir waren selbst unter Zeitdruck – ohne dieses Ritual abschließen, allerdings ohne Erfolg. Schonungslos wurde die gewohnte „Aus-Zeit" von einem Teammitglied eingefordert und realisiert. Die daraus für uns entstehende Verspätung beim Start einer darauf folgenden Veranstaltung mußten wir in Kauf nehmen.

Die konsequente Durchführung dieser ein- bis zweitägigen Projektklausuren, außer Haus in einem Seminarhotel, hat die Entwicklung dieser Gruppenkultur wesentlich mitgeprägt.

Die Belegschaft in die Entwicklungsarbeit einbeziehen

Nicht einfach erwies sich die von uns von Projektbeginn an geforderte punktuelle Einbeziehung der Belegschaft in die Entwicklung des neuen Organisationsmodells. Wir hatten diesbezüglich immer von der Notwendigkeit gesprochen, vor den zwei, drei zu treffenden grundlegenden Entscheidungen Informations- und Beratungsveranstaltungen mit den Mitarbeitern aus der Fertigung durchzuführen.

Die Fertigungsarbeiter sollten dabei die Möglichkeit erhalten, sich zu Konzepten zu äußern, die von Team und Entscheidungsgremium schon prinzipiell verabschiedet waren. Dadurch sollte die Möglichkeit entstehen, durch eine geeignete organisierte Mitwirkung der Belegschaft, möglichst früh auf zu erwartende Schwierigkeiten bei der Realisierung hingewiesen zu werden.

Mit diesem Vorschlag schienen wir jedoch so etwas wie eine „Kulturschallmauer" erreicht zu haben. Zwei solcher Veranstaltungen wurden zwar auf unser Drängen hin direkt in der Fertigung durchgeführt, beide aber entsprechend halbherzig vorbereitet und kaum dialogisch organisiert. Nachdem wir uns daran nicht beteiligt hatten, ist die Bewertung durch uns schwierig. Die Teammitglieder äußerten sich dazu kritisch. Wir glauben eher nicht, daß damit ein Signal einer neuen Kommunikationskultur gesetzt werden konnte.

Über Stellenbesetzungen reden

Im Zuge der Einführung des neuen Organisationsmodells mußten eine Reihe von Meister- und Vorarbeiterstellen neu besetzt werden. Im Team wurde entschieden diese Stellen extern und intern auszuschreiben und alle Kandidaten durch ein dazu zu organisierendes Assessment Center zu führen. Prinzipiell konnte sich jeder Mitarbeiter um eine der ausgeschriebenen acht Stellen bewerben. Die Kompetenz zur letztendlichen Auswahl und Entscheidung wurde seitens der Geschäftsleitung an das interne Assessoren-Team abgetreten. Eine solche Vorgangsweise, insbesondere die damit verbundene Transparenz des Ausschreibungs- Bewertungs- und Entscheidungsverfahrens war in Mühlstadt bis dahin absolut unvorstellbar gewesen. Entsprechend hoch war der Aufregungspegel im Unternehmen.

Die Durchführung des Verfahrens wurde an ein von uns empfohlenes Personalmanagement-Institut vergeben und von diesem dann professionell und mit äußerst positiver Resonanz bei allen Beteiligten und Betroffenen durchgeführt. Mit diesem Ereignis war ein Damm gebrochen. Die früher praktizierten „Unter der Hand"-Ernennungen, mit all ihren negativen Zuschreibungen durch die Belegschaft, sind heute im Unternehmen bereits Teil der schon kaum mehr nachvollziehbaren Vergangenheit.

Hierarchieebenen übergreifende Kommunikation im Unternehmens-alltag verankern oder wie aus der Not eine Tugend wird

Nachdem wie berichtet eine Vielzahl von Führungspositionen neu geschaffen bzw. neu besetzt wurden, wurde durch Kolleg(inn)en aus unserem Unternehmen ein Führungsseminar für alte und neue Führungskräfte konzipiert und durchgeführt. Zu einem Höhepunkt dieser Veranstaltung wurde das zu Seminarende mit dem Technischen Geschäftsführer durchgeführte Round table-Gespräch. Das dort allen Beteiligten spürbar und ansprechbar gewordene Kommunikationsdefizit, wurde zur Initialzündung einer organisatorisch und inhaltlich veränderten Besprechungskultur im Unternehmen.

Eine Episode zum Schluß

Kürzlich kam es zu einem Gespräch mit dem Vorstand des Unternehmens. Eher beiläufig berichtete er uns von einer neu eingeführten monatlichen Führungskräfte-Gesprächsrunde. Einmal im Monat, jeweils am ersten Montag um 16 Uhr, trifft sich auf seine Einladung hin der Kreis seiner Führungskräfte im großen Besprechungszimmer der Geschäftsleitung zu einer „lockeren Gesprächsrunde", bei der Kaffee und Kuchen serviert wird. Dabei gibt es nur einen von ihm selbst betreuten fixen Programmpunkt: In dem der Veranstaltung vorausgehenden Monat notiert er sich alle wichtigen statements zu jeweils einem der Mitglieder der Gesprächsrunde, soweit ihm solche im Zuge seiner Tätigkeit begegnen. Diese Zitate werden dann von ihm auf Kärtchen geschrieben und, nach Themen geordnet, während der Montag-Nachmittag-Runde vorgetragen und auf eine Moderationswand gepinnt … .

3.2 Die Modewaren AG – Oder: Wie verändert man sich, um seine Identität zu bewahren?

Sommer 1986, ein Unternehmen denkt an mehr Team

Ein erfolgreiches Handelsunternehmen mit einer Anzahl von gut eingeführten Warenhäusern in Westdeutschland möchte zur Stabilisierung und
zum Ausbau seines Wettbewerbsvorteiles in die Personalentwicklung –
eine Stärke des Unternehmens – weiter investieren. In den Vorgesprächen
wird deutlich, daß zwei zentrale Struktur- und Kulturmerkmale des Unternehmens ergänzt und neu verknüpft werden sollen. Auf der einen Seite eine
familiär-patriarchalische Orientierung bei der Steuerung des Gesamtun-
ternehmens und der einzelnen Häuser, auf der anderen Seite eine außerge-
wöhnlich starke Einzelkompetenz und -verantwortung jeder Abteilungs-
leitung beim Einkauf der Ware und der Steuerung des Verkaufes. (Jeder
Abteilungsleiter eines Hauses kann unabhängig von den anderen seine
Ware, bei unterschiedlichen Fabrikanten ordern, seine Preislagen und
Mengen bestimmen – eine wichtige, identitätsbestimmende Differenz zu
anderen Handelskonzernen).

Diese beiden Orientierungen ermöglichen hohe individuelle Identifikatio-
nen, ein hohes Motivationspotential und ein großes Maß an persönlicher
Sicherheit. Verloren geht dem Unternehmen eine stärkere Einkaufspotenz,
abgestimmte Sortimente – und damit eine klare Marktidentität, zusätzlich
noch den einzelnen Häusern eine abteilungsübergreifende Problemlö-
sungskapazität, kurzfristig erforderliche wechselseitige Unterstützungen
und eine gemeinsame Lern- und Entwicklungsorientierung.

Vorstand, Personalleitung und der Projektleiter des Beratungsteams entwickeln eine auf die einzelnen Warenhäuser abzielende Interventionsstrategie, genannt „Teamentwicklung". Teilnehmer sind immer der Geschäftsleiter mit seinen Assistenten, alle Warengruppenabteilungsleiter
und die Abteilungsleiter der Verwaltung und der internen Dienstleistungs-
abteilungen, z. B. Dekoration.

Das generelle Grunddesign (Implementierung und Erhebungsphase im
Haus, Initiierung der reflexiven Betrachtungsweise des eigenen *Arbeits-*

umfeldes – 1. Teamentwicklungsseminar (Drei-Tagesklausur): Situationsanalyse, Problemidentifikation, Ursachenforschung, Definition der weiteren Untersuchungs- und Experimentierfelder für die Praxisphase. – Nach
drei bis vier Monaten 2. Teamentwicklungsseminar (Drei-Tagesklausur):
Vertiefung der Ursachenforschung, Entwickeln von personen-, kultur- und
organisationsbezogenen Lösungsalternativen. Nach weiteren drei bis fünf
Monaten 3.Teamentwicklungsseminar (Drei-Tagesklausur): Kritische Reflexion der Umsetzungsversuche, Situationsanalyse, Ursachenforschung,
Hypothesenbildung, Planung weiterer Stabilisierungs- und Entwicklungsmaßnahmen.) war, wie eben kurz beschrieben, so konzipiert, daß einerseits
eine Identität im Vorgehen erkennbar war, andererseits auf die jeweiligen
Hausbelange präzise eingegangen werden konnte. Auch die in den Beratungsprozeß eingebauten Theorieinputs und Methodenvermittlungen waren jeweils vergleichbar und dennoch problemspezifisch adaptiert.

Die Umwelt bestimmt das Projekt

Am Vortag des Projektstartes, der Erhebungsphase im ersten Warenhaus,
erfahren die Mitarbeiter des Unternehmens (auch die Leitenden Angestellten erst zu diesem Zeitpunkt), daß die Eigentümerfamilie sämtliche
Anteile an einen Großkonzern verkauft hat. Der Schock war außerordentlich. Das Beratungsdesign mußte nun einerseits eine Bearbeitungsform für
diese einschneidende Veränderung finden, andererseits sicherstellen, daß die
im grellen Lichte der plötzlichen Veränderung kleiner gewordenen Haus-
probleme ihren Platz fanden.

Die neuen Eigentümer nahmen keinen Einfluß auf die kurz- und mittelfristigen Managemententscheidungen, so daß die Teamentwicklung in den
einzelnen Warenhäusern – trotz weiterer dramatischer Veränderungen –
ein wichtiger (weil kontinuierlicher) Bestandteil des Beratungsprozesses
geblieben ist.

So mußte nahezu in jedem Haus eine Balance zwischen der Bearbeitung
von Auswirkungen sich veränderter Umwelten oder Kontextbedingungen
und den „selbstproduzierten Situationen" gefunden werden. Ein weites
Feld von Verlockungen, gerade aus der Außenperspektive der Berater-

position, die Neutralität aufzugeben und dem Klienten „klar zu machen", welche Probleme nun wirklich Bedeutung haben und wie es aus „Widerstandsgründen" zu Problemverschiebungen kommt.

Nur eine minutiöse Problemanalyse durch die Teilnehmer, ein genaues Klären von Unterschieden und Bewertungen, eine wechselseitige Beobachtung von Präferenzen beider Berater, das Abwägen von Kosten und Gewinn, was die Bearbeitung oder Vernachlässigung eines Problembereiches bedeutet, bot die Chance, nicht alle Klippen anzusteuern, die aus den Nebeln der Organisation auftauchten.

Die Angst des Geschäftsführers vor dem Team

Falsch – diese Hypothese, so naheliegend und „richtig" sie auch sein kann, verrückt bereits die Beobachtungsperspektive der Berater in eine die Neutralität vielleicht nicht gefährdende, aber sicher verzerrende Position. Natürlich standen die Berater a priori für Team-Entwicklung, so daß sie sich ihre"hierarchiefreundliche" Position erst glaubwürdig erobern mußten. Erst dann war möglich, am Unterschied zwischen hierarchischen und gruppengemäßen Steuerungsformen zu arbeiten, erst dann konnte die Angst der „Unterstellten" und der Einzelkämpfer vor Teamspielregeln gesehen und bearbeitet werden. (Schwierig vor allem dann, wenn man schon seine individuellen erfolgreichen Strategien gefunden hat, warum die aufgeben? – Warum wirklich?).

Ich vermute, daß uns hier die meisten „Neutralitätsverletzungen" geschehen sind. Zugleich erinnere ich mich an sehr erfolgreiche „Splittings" (einer stützt Team, einer stützt Hierarchie), die dann das Klientensystem dynamisierten, wenn die unterschiedlichen Sympathien authentisch waren. Dann konnte man selbst sehr locker den „Preis" für die Aufgabe hierarchisch geführter Sitzungen in diesem konkreten Fall aufzählen.

Der Widerspruch Hierarchie – Team korrespondiert in den Häusern sehr eng mit dem Widerspruch „Hausidentität vs. Abteilungsidentität". Abteilungsidentität heißt Abgrenzung und Konkurrenz, Hausidentität heißt aber nicht automatisch Kooperation, die läßt sich viel ungestörter durch das umfassende Prinzip der Hierarchie herstellen – und plötzlich sitzen Abteilungsleiter und Geschäftsführer wirklich in einem Boot und rudern den teamverfechtenden Beratern von dannen.

Vom „unabhängigen" Einzelkaufmann zum Manager von Ware, Organisation und Entscheidungsprozessen

Die Geschichte der nun folgenden Veränderungen soll nur mit einigen Stichworten erhellt werden:

– Der am Markt eingeführte Unternehmensnahme bleibt erhalten, andere Warenhäuser werden diesem Unternehmensbereich eingegliedert.
– Kauf einer weiteren Unternehmensgruppe der gleichen Branche.
– Ebenfalls Beibehalten des Namens, aber Forderung nach organisatorischer Eingliederung.
– Änderung der Unternehmenskonzeption in Richtung Verstärken der Gesamtidentität, Reduktion der Haus- und Abteilungsindividualität zu mehr Sortiment- und Artikelidentität, damit Verstärkung der Einkaufsmacht, Reduktion der Lieferantenvielfalt und Stärkung der zentralen Einkaufsorganisation.
– Konzeption einer neuen Organisationsstruktur mit externen Fachberatern, die der neuen Unternehmenskonzeption entspricht und dennoch die Vorteile der Eigenständigkeit von Häusern und Abteilungen nicht gänzlich preisgibt.

Diese Veränderungen und die daraus neu entstandenen Widersprüche und Kulturbrüche sprengten natürlich die Verarbeitungskapazität des Teamentwicklungsprogrammes. Da das Beratungsteam eingeladen wurde, diese Veränderungserfordernisse zu begleiten, mußten neue Struktur- und Designinterventionen konzipiert werden.

Welche die Neutralitätsposition herausfordernden, aber unbedingt zu bearbeitenden Widersprüche traten zu Tage, welcher kulturelle Wandel war zu bewältigen?

Der Grundwiderspruch zwischen Bewahren und Verändern, konnte an der gelebten (geliebten) alten und der konzipierten und zu realisierenden (eher abgelehnten) neuen Struktur an folgenden Themen festgemacht werden:

198

- Familie – Konzern
- Emotionalität, Traditionen, Geschichte – Pragmatisch, nüchtern, professionell
- Eigenständigkeit, Individualität – Gesamtidentität
- Dezentral – Mischung von zentralen und dezentralen Formen
- Abgrenzung – Abstimmung
- Personenorientiert – Strukturorientiert
- Elitär – Egalitär
- Adel – Fugger
- Kaufmann – Manager

Aus diesen Widerspruchsfeldern ergeben sich schon genug „Kulturthemen", einige seien aber noch speziell unter dem Veränderungsaspekt, d. h. welche Forderungen oder Zumutungen von der Struktur an die Kultur gestellt wurden, herausgegriffen:

- Aus der Harmonie der friedlichen Koexistenz zur konflikthaften Abstimmung.
- Von der schutzgebenden und freiraumstiftenden patriarchalischen Struktur zum Unternehmensverbund, der Koordination innerhalb definierter Strukturen einfordert oder deutlicher
- von Personenbeziehungen zur Gestaltung und Bewältigung von Spielregeln und Abläufen
- Von der „Rolleneinfalt" zur „Rollenvielfalt", als Mitglied in unterschiedlichen Koordinations- und Entscheidungsgremien.

(Zum Schutz der Klientenanonymität können sowohl weitere Einzelheiten, als auch die neue Organisationsstruktur nicht dargestellt werden.)

Das Zulassen und Bändigen der Komplexität im Beratungsprozeß

In diesem Abschnitt wollen wir die wichtigsten Interventionsformen darstellen, wobei wir zwischen

- *Strukturinterventionen* – die Berater empfehlen spezifische Formen von Meetings, Klausuren u. mit spezifischer Teilnehmerzusammensetzung und Verdeutlichungen durch Grenzziehungen;

- *Designinterventionen* – die Berater gestalten die Zusammenkünfte durch ihre Regie und
- *Verhaltensinterventionen* – die Berater agieren bewußt mit bestimmtem Methodenrepertoire zur Steuerung des Prozesses,

unterscheiden wollen.

Die *Strukturinterventionen* sollen sicherstellen, daß die die Unternehmensentwicklung bestimmenden Themen ihren Raum, ihre Zeit und ihre Struktur finden, in der nicht nur umfassend reflektiert, sondern auch relevante Entscheidungen über Bewahren – Verändern, Kosten – Gewinn (im betriebswirtschaflich erweitertem, allgemeinen Sinn) von Maßnahmen und deren Folgewirkung getroffen werden können.

In diesem Projekt waren dies außer der oben beschriebenen Teamentwicklung:

- Klausurtagungen zwischen allen Abteilungsleitern und Funktionsträgern eines Warenbereiches pro Unternehmen. In diesen drei Tagesmeetings wurden Auswirkungen der neuen Organisation auf die Aufgabe, die Identität, emotionale Befindlichkeit, Qualifikation der Abteilungsleiter und spezifischer Funktionsträger untersucht und bearbeitet. Danach Lösungsformen, Spielregeln, Ablaufdiagramme, feedbackprozesse für eine sinnvolle Koordination und Entscheidungsfindung entwickelt und verabschiedet.
- Reflexions- und Entscheidungsseminare für die Warenentscheidungsteams, a) zur Bearbeitung der internen Abstimmungsprozesse und Verfahren, b) zur Reflexion und gegebenenfalls Modifikation der organisatorischen Rahmenbedingungen.
- Organisationsentwicklungsklausuren mit der Geschäftsleitung und den Abteilungsleitern der zentralen Dienstleistungsunternehmen zur Neupositionierung des Unternehmens in der veränderten Organisationslandschaft.
- Jährliche Klausuren mit allen Geschäftsführern und Vorstandsmitglieder zur Standortbestimmung und strategischen Orientierung.
- Reflexionsmeetings und Coachinggepräche mit den Vorstandsmitgliedern.
- Reflexionsmeeting der Repräsentanten des Unternehmensverbundes.

Dies mag sehr aufwendig erscheinen. Aber durch dieses dichte Netz einer nur der Organisationsentwicklung dienenden Parallelorganisation konnte sichergestellt werden, daß die wichtigsten Themen dieses – durchaus dramatisch zu nennenden – Veränderungsprozesses nicht im informellen Dschungel der Organisation wuchern konnten. Man ersparte sich weiter hohe Akzeptanz- und Abstoßungskosten. Durch diesen Weg konnten die wichtigsten Grundprinzipien des neuen Unternehmenskonzeptes umgesetzt und zugleich wichtige Modifikationen von Prämissen, Verfahren und Strukturen durchgeführt werden, die sinnvoll die Vorteile der alten Unternehmenslinie integrierten.

Die *Designinterventionen,* betrachtet im Kontext dieses Artikels, sind Strukturierungsangebote, die das Klientensystem zu spezifischen Kommunikationsmustern, Wahrnehmnungspositionen und Auseinandersetzungsritualen anregen – eigentlich verführen – sollen, die außerhalb der eingeübten, eingefahrenen Normen und Ritualen liegen. Diese eigentlich „künstlichen" Situationen (man sollte durchaus auch das Gefühl von Künstlichkeit positiv, d. h. entlastend konnontieren) ermöglichen (im Sinne einer Chance) den Klienten eine veränderte Sichtweise, Einsichten und Einübungsmöglichkeiten in alternative Organisations- und Kommunikationsformen. Damit kann er seine unterschiedlichen selbstproduzierten Beschreibungen seines Systems und deren Auswirkungen auf Handlungen untersuchen und bewerten; zugleich kann er –im wahrsten Sinne des Wortes – spielerisch „Kulturvarianten" erproben. Wir hoffen, daß einige Beispiele genügend Assoziationen zum „Designen" auslösen:

Reflektierende Analysen in organisationsrelevanten Arbeitsgruppen zu den Ängsten und Hoffnungen, die mit der neuen Organisation verbunden sind, zu den vermuteten Kosten und Gewinnen, die mit der alten vs. mit der neuen Organisation verbunden sind und zu den stärksten Auswirkungen auf die eigene berufliche Rolle und die wichtigsten Beziehungen.

Diese Arbeitsgruppenergebnisse werden im Plenum nach den Regeln des Klärungsgespräches (Beraterinput) durchdiskutiert.

Rollen und Perspektivenwechsel. Das kann man mehr oder weniger sophisticated anlegen – entweder beschreiben Arbeitsgruppen in einer gewech-

selten organisatorischen Perspektive die Probleme mit dem neuen Ent-
scheidungsverfahren, oder die Gruppe A stellt Vermutungen an, wie sie aus
der Sicht der Gruppe B und C gesehen wird und warum diese solche
Einschätzungen entwickeln müßten.

Rollenspiele und Kurzszenen mit vordefinierten Annahmen. Z. B.: Spielen
einer Geschäftsleitersitzung, in der nur Frauen in der Leitungsposition sind;
durcharbeiten des Problemfeldes unter der Vorstellung: „eigentlich sind
Konflikte gar nicht so gefährlich" oder „wir dürfen auf keinen Fall das
Gesicht verlieren". Also Annahmen, die entweder kulturspezifisch oder
konterkarierend sind.

Experimentieren mit unterschiedlichen Strukturen. Ein gleiches, von den
Teilnehmern als wichtig identifiziertes Praxisthema wird in unterschiedlichen Organisationsstrukturen, Kompetenzzuweisungen und Rahmenbedingungen durchgearbeitet und die unterschiedlichen Verhaltensweisen
und Auswirkungen auf das Ergebnis reflektiert.

Die *Verhaltesinterventionen* sind der bewußte Versuch der Berater Impulse
zu setzten, die seine Neutralitätsposition glaubwürdig machen, die Reflexionen einleiten, einen spielerischen, „leichten" Umgang mit unterschiedlichen Sichtweisen ermöglichen und den Wahrnehmungshorizont der
Klienten erweitern.

Nachdem es in der systemischen Beraterliteratur ausführliche und ausge-
zeichnete Darstellungen zu Interventionsformen gibt mögen hier nur einige
schlichte Beispiele die Richtung unseres Konzeptes andeuten:

– „Woran könnten Sie erkennen, daß wir Berater mit dem Vorstand unter
   einer Decke stecken?"
– „Woran merken Sie, daß diese Klausur gut oder schlecht verläuft?"
– „Wer beobachtet noch was hier geschieht, was würden die zum bisherigen Verlauf sagen?"
– „Angenommen, die Funktion XY bleibt ungeklärt wie bisher, wer hätte
   davon welchen Nutzen?"
– „Was könnten Sie tun, damit der neue Eigentümer es bereut, Sie gekauft
   zu haben?"

202

- „Wenn Sie hier zu keinen neuen Spielregeln kommen – wer würde die dann entwickeln, wie würden die aussehen und welche Konsequenz hätte das für A, für B?"
- „Wir haben den Eindruck, durch diese Vorgehensweise gelingt Ihnen hervorragend …, wie weit teilen Sie unsere Einschätzung, daß dies aber auch folgenden Preis hat …"
- „Was könnte man sich von Ihrer Funktion noch wegdenken und Sie würden sie trotzdem als wertvoll wiedererkennen?"
- „Was denken Sie würde geschehen, wenn Sie ihre wirkliche Einschätzung jetzt äußerten?"

Das bereits als „klassisch" zu bezeichnende Repertoire aus dem systemischen Fundus – Täterposition einführen („Wie schaffen Sie es, sich *nicht* gegenüber dem Zentraleinkauf durchzusetzten?"), Negativszenarios einführen, zirkulär fragen, nahezu „penetrant" den Handlungsbezug („Woran merkt man …") durchsetzten, Berater-Splittings, positive Systembeschreibungen anbieten usw. – kann ich als sehr hilfreich in der Bearbeitung dieser Struktur und Kulturveränderungsprozesse erwähnen.

Auch unser wissenschaftlicher und pädagogischer Hintergrund, umgesetzt in Theorieinputs oder Erklärungen zum Geschehen aus einer theoretischen Position kann eine weiterführende Intervention sein. Gerade in emotional aufgeladenen Situationen dienen solche Kurzvorträge nicht nur der Beruhigung (weil man einfach zuhören kann); die emotionale Entlastung erfolgt auch aus der „Entpersönlichung" von Konfliktsituationen und ermöglicht dadurch entkrampftere, neue Zugänge und eventuell neue Verhaltensmuster.

Ein kurzer Gedanke zum Schluß:

Die Entwicklung eines sozialen Systems geschieht immer durch das soziale System selbst, angestoßen durch Impulse von relevanten Umwelten, die in der eigenspezifischen Art wahrgenommen und verarbeitet werden. Eine solche relevante Umwelt zu sein, wäre ein sinnvolles Ziel von Beratungssystemen. Verliert man diese Umweltposition und wird irgendwie Teil des Systems, gerät man zwar nicht in Teufels Küche (so schlimm sind ja

Klienten wirklich selten), aber in die unbequeme Lage des „Sowohl-Als-auch und des Weder-Noch".

Daher lautet das Motto unserer täglichen Morgenmeditation: „Wie könnten wir es heute erfolgreich schaffen, (nun doch) in Teufels Küche zu kommen?"

Literatur

HOFMANN, M. (Hrsg.): Theorie und Praxis der Unternehmensberatung, Heidelberg (Physica) 1991.
JANES, A./SCHOBER, H.: Systemische Beratung für Projektmanagement. In: Krainz, E. E., Heintel, P.: Projektmanagement, Wiesbaden (Gabler Verlag) 2. Aufl. 1990.
JANTSCH, E.: Selbstorganisation des Universums. 1982.
SCHEIN, E. H.: Wie Führungskräfte Kultur prägen und vermitteln. In: GDI impulse 2/1986.
SIMON, F. B.: Meine Psychose, mein Fahrrad und ich. Heidelberg (Carl Auer) 1991.
SIMON, F. B. und C/O/N/E/C/T/A: Radikale Marktwirtschaft. Heidelberg (Carl Auer), 1992.

Frank Boos

Planlose Planung?
Zur Steuerung von Unternehmen
durch Planung

Wir leben heute, um mit Tom Peters zu sprechen, in „an era of unprece-
dented uncertainty". Die Märkte werden turbulenter, die Produktlebens-
zyklen kürzer und Vorhersagen können trotz umfangreicher Daten nicht
exakt gemacht werden. Doch weil die Unsicherheit zunimmt, steigt der
Bedarf an Vorhersehbarkeit.

Die geringere Vorhersehbarkeit heute ist auch auf die ständig zunehmende
Differenzierung der Gesellschaft und der Wirtschaft zurückzuführen. Die
einzelnen Teilbereiche scheinen immer autonomer, d. h. unbeirrbarer zu
werden und sich durch Impulse von außen nur in seltenen Fällen beeinflussen zu lassen. Dies gilt für ganze gesellschaftliche Teilbereiche wie das
Gesundheitswesen, die Rechtsprechung oder die Politik ebenso wie für das
Wirtschaftssystem, in dem sich trotz Globalisierungstendenzen die Märkte
immer mehr ausdifferenzieren. Die wachsende Modell- und Produktvielfalt, um unterschiedliche Zielgruppenbedürfnisse abzudecken, sind ein
Beispiel für diese Entwicklung, genauso wie die in letzter Zeit wahrnehmbare Fraktalisierung der Zielgruppen, die sich längst nicht mehr nach
stabilen demographischen Kriterien einteilen lassen, sondern unterschiedliches Kaufverhalten an den Tag legen.

Unter diesen veränderten Voraussetzungen scheint es wenig sinnvoll, so
weiterzuplanen wie bisher und lediglich Detailkorrekturen vorzunehmen,
indem man den Planungshorizont verkürzt (statt zehn Jahre nur mehr 5
Jahre) oder die Planungsanstrengungen intensiviert, d. h. noch genauer
plant. Die Alternative, jede Planung aufzugeben, erscheint wenig zielführend, da man sich nicht nur dem Widerspruch einer geplanten Planlosigkeit
aussetzt, sondern auch ein wichtiges Steuerungsinstrument aufgibt. Denn

trotz aller Unsicherheit in unseren Prognosen, trotz der notwendigen Relativierung der strategischen Planung – ohne Planung geht es im Wettbewerb noch schlechter. Immer noch gilt: Wer plant, irrt präziser. Und wer nicht plant, kann nicht feststellen, ob er sich geirrt hat.

Zudem ist es für soziale Systeme wohl unmöglich, keine Vorstellungen über die Zukunft zu haben. Irgendwelche Annahmen über die Zukunft sind immer vorhanden und beeinflussen das Denken und Handeln. Bewußtgemacht und ausgesprochen sind sie handhabbar und veränderbar, d. h. soziale Systeme können ihre eigenen Planungen steuern, wenn sie darüber nachdenken, sich reflexiv mit ihrer eigenen Planung und sich selbst auseinanderzusetzen. Damit eröffnet sich ein Weg zwischen den Alternativen: der deterministischen Planung und der geplanten Planlosigkeit.

Es bietet sich an, über den Stellenwert von Planung als einem Instrument der Unternehmensgestaltung nachzudenken. Inwiefern und unter welchen Voraussetzungen können durch Planung Ereignisse so beeinflußt werden, daß sie sich in eine erwartbare Richtung entwickeln? Welche anderen Auswirkungen haben Planungen, wenn man nicht nur die zu beeinflussenden Ereignisse (z. B. Marktentwicklungen) betrachtet, sondern auch andere Effekte, die im Anschluß an Planungshandlungen entstehen? Welche der später erzielten Ergebnisse lassen sich auf Planungen zurückführen oder haben diese gänzlich andere Ursachen?

Die Vermutung liegt nahe, daß Planung heute effizienter gestaltet werden kann, indem über eine Planung der Planung nachgedacht wird. Man wird dabei auf Phänomene stoßen, die Ergebnisse zweckhaften Handelns sind, aber kein angestrebtes Ziel Einzelner, sondern ein unbeabsichtigtes Produkt kollektiven Handelns sind.

1. Unternehmensplanung

Die Planungssystematik der Unternehmen heute hält sich weitgehend an die von Gälweiler (1987) vorgeschlagene Unterteilung in 3 Planungsebenen:

- Finanzielle Planung mit dem Ziel, zu jedem Zeitpunkt ausreichend liquide Mittel zur Verfügung zu haben (Einnahmen/Ausgaben),
- der operativen Jahresplanung, die mit der Gewinn- und Verlustrechnung den Jahreserfolg festhält und in der Bilanz mit den vergangenen Jahren saldiert,
- und der strategischen Planung, deren Ziel die Identifizierung bestehender und neuer Erfolgspotentiale ist.

Überdenkenswert erscheint in diesem Zusammenhang vor allem die dritte Ebene der strategischen Planung und deren Funktionen für Unternehmen.

1.1 Strategische Planung

Strategische Planung ist, wie Gälweiler gezeigt hat, prinzipiell von der operativen Planung zu unterscheiden. Dem versucht man heute Rechnung zu tragen. Anstelle wie bisher die Zukunft aus den Werten der Vergangenheit hochzurechnen (was nur bei einer kontinuierlichen Entwicklung sinnvoll ist), entwickelt man Szenarien (= ein Bündel von Annahmen bezüglich eines zukünftigen Zeitpunkts, z. B. für das Jahr 2000) und überlegt sich, wie man selbst in diesem Szenario positioniert sein möchte.

Die Beschreibung der eigenen Wunschpositionierung nennt man Vision oder Leitbild. Die Vision gibt den Zustand an, den das Unternehmen zum gewählten Zeitpunkt erreicht haben möchte. Aus dieser allgemeinen Vision leiten sich strategische Ziele ab, die auf dem Weg zur Vision erreicht werden müssen und konkretisieren sie damit. Aus den strategischen Zielen schließlich leiten sich jene Aktivitäten ab, die heute gestartet werden müssen, um die eigenen Vision erreichen zu können. D. h., statt aus der Vergangenheit zu extrapolieren, „rechnet" man aus einer als wahrscheinlich angenommenen Zukunft auf die Gegenwart zurück.

Dieser Perspektivenwechsel ist in der Praxis nicht einfach durchzuführen, da es schwer fällt, sich von den gemachten Erfahrungen zu lösen – besonders wenn man erfolgreich ist – , und gänzlich andere Bedingungen vorauszusetzen. Ein Beispiel dafür ist der Crash der Schweizer Uhrenindustrie in den späten 70iger Jahren. Alle Planungsdaten waren höchst positiv: man war Weltmarktführer im Uhrengeschäft, hatte eine gute Gewinnsituation, die Qualitätsführerschaft usw. Bis zum Crash deutete nichts darauf hin, daß die Welt nicht in Ordnung wäre. Allerdings, verleitet durch die Extrapolation guter Vergangenheitswerte, hatte man die neu aufkommende Digitaluhr nicht ernst genommen und sich – gestützt durch die eigene Langfristplanung – in Sicherheit gewogen. Dieses Versäumnis führte zum Abbau von 50.000 Arbeitsplätzen in der Schweizer Uhrenindustrie. Doch die Zukunft glich nicht mehr der Vergangenheit, man konnte wegen der Revolution am Uhrenmarkt nicht mehr auf dem Gestern aufbauen, sondern mußte sich einen anderen Bezugspunkt suchen.

Das Umdenken wird durch die bekannten Instrumente der strategischen Planung wie der Portfolio-Analyse, dem PIMS-Modell, der Produktlebens- und der Erfahrungskurve nicht erleichtert. Ganz im Gegenteil: diese Instrumente basieren auf Vergangenheitsdaten und laden zur Hochrechnung bekannter Trends ein. Bei kurzfristigen revolutionären Veränderungen im Markt führen sie systematisch in die Irre. Dies läßt sich mit einem Autofahrer vergleichen, der allein durch die aus seinem Rückspiegel gewonnenen Informationen sein Auto zu lenken versucht.

Da man in kaum einer Branche von einer kontinuierlichen Entwicklung ausgehen kann, gehen Unternehmen dazu über, Szenarien und Visionen zu entwickeln bzw. Leitbilder zu formulieren. So versucht man, sich vor unhinterfragten Extrapolationen zu schützen.

1.2 Planung und Ausführung

Es wird davon ausgegangen, daß Planung und Ausführung unterschiedliche Tätigkeiten sind, die auch organisatorisch getrennt gehören. Planung dient der Steuerung und gilt als eine höherwertige Tätigkeit, die somit auch hierarchisch höher anzusiedeln ist.

Diese organisatorische Trennung von Planung und Ausführung ist in der letzten Zeit verstärkt kritisiert worden, da Untersuchungen zeigen konnten, daß die Japaner durch die Einbeziehung der Betroffenen in die Planung wesentlich bessere Resultate erzielen (Womack u. a. 1991). Die klare

Trennung ist also kein Vorteil, sondern vor allem in der Umsetzung eine Behinderung. Ganz im Gegenteil: Planung ist Umsetzung, denn diese beginnt bei der Veränderung von Einstellungen, Gedanken und Erwartungen von alle jenen, die von dieser Planung betroffen sind. D. h., das Umsetzen ist wörtlich zu nehmen. Umsetzen heißt, sich um-zu-setzen und einen anderen Standpunkt, einen anderen Blickwinkel einnehmen zu können.

1.3 Planung im nachhinein

Man nimmt an, daß Planung der Ausführung vorausgeht, d. h. zuerst erfolgt Planungshandeln und dann Ausführungshandeln. Doch auch dieser Zusammenhang läßt sich in der Praxis nicht immer eindeutig feststellen. Häufig ist es die Planung, die den Ereignissen hinterher hinkt, indem Abläufe und Entscheidungen festgehalten werden, die bereits Realität sind.

Üblicherweise wird Planung als in die Zukunft gerichtete Tätigkeit verstanden. Wenn man allerdings den Zeitpfeil umdreht und vom Zeitpunkt der Ergebnisse auf die Planung zurückblickt, dann kann man einen anderen Zusammenhang erkennen. Nietzsche hat dies so beschrieben:

„Etwas Unbekanntes auf Bekanntes zurückzuführen erleichtert, beruhigt, befriedigt, gibt außerdem ein Gefühl von Macht. Mit dem Unbekannten ist die Gefahr, die Unruhe, die Sorge gegeben – der erste Instinkt geht dahin, die peinlichen Zustände wegzuschaffen. Erster Grundsatz: irgendeine Erklärung ist besser als keine."

Diesem Grundsatz folgend versucht Planung im nachhinein einen Zusammenhang zu konstruieren, den es ursprünglich vielleicht nicht gegeben hat. In diesem Sinn erfüllt Planung eine wichtige Funktion, sie beruhigt und hilft, den Mythos aufrechtzuerhalten, daß das Management die Firma im Griff hat. Damit werden „die peinlichen Zustände" weggeschafft und die Ängste beruhigt, weil die Welt in Ordnung bleibt: objektivierbar, berechenbar und steuerbar.

2. Funktion von Planung

Löst man sich von der Annahme, daß Unternehmen zweckrational sind (niemand würde diese Annahme z. B. bei Familien machen), so kann Planung in einem anderen Licht gesehen werden. Es lassen sich u. a. folgende Funktionen als Ergänzung zu der traditionellen Betrachtungsweise identifizieren:

2.1 Planung reduziert Unsicherheit

Aus den vielfältigen Möglichkeiten, die einem Unternehmen zur Verfügung stehen, müssen wenige ausgewählt werden. Aus der Menge der Informationen gilt es, jene zu wählen, die relevant sind. Es müssen elementare Abgrenzungen getroffen werden, mit welchen Produkten man auf welchen Märkten vorgehen will, was als relevanter Absatzmarkt verstanden wird, welche Politik man den Lieferanten gegenüber einschlagen will usw. All diese Festlegungen führen dazu, daß man sich ein Bild von der Wirklichkeit macht. Diese Wirklichkeit ist nicht gegeben, sondern wird durch die Vereinbarung von relevanten Unterschieden geschaffen.

So führt z. B. die Unterscheidung „relevanter Absatzmarkt" und „Marktumfeld" dazu, daß bestimmte Unternehmen als Konkurrenten gesehen werden und andere nicht, oder daß manche Produkte als Substitutionsprodukte erkannt werden und andere nicht (wie im Fall der Digitaluhr und der Schweizer Uhrenindustrie). Dies bedeutet, daß das Beobachten kein passiver Vorgang ist, in dem die Außenwelt bloß abgebildet wird, sondern der Beobachter gestaltet aktiv seine Wirklichkeit, indem er die Informationen durch seine Wahrnehmung, seine Bewertungen und seine Theorien bearbeitet. Planung sollte somit als ein Beobachtungsvorgang verstanden werden, in dem Wirklichkeitsbilder bearbeitet werden und entstehen können. Beobachtung und vor allem die Dinge, die die Beobachtung eines Systems steuern, werden damit zu einer strategischen Kategorie.

Damit erfüllt der Planungsprozeß die Funktion, die Wirklichkeitsbilder der Organisationsteilnehmer aufeinander abzustimmen und in den wesentlichen Eckpunkten ein gemeinsames Verständnis herauszubilden. Die Auswahl der nützlichsten Beschreibung der Realität ist ein Wettbewerbsvorteil, wobei nicht nur das Zeichnen einer gemeinsamen Landkarte von Bedeutung ist, sondern auch die Forderung unterschiedliche Standpunkte einnehmen zu können.

2.2 Planung ist Marketing

Mit Hilfe von Planungsaktivitäten gelingt es sehr häufig, die Aufmerksamkeit auf ein bestimmtes Vorhaben zu lenken und dafür Energie und Motivation freizusetzen. Dies scheint oft wesentlich wichtiger zu sein, als eine Rückkoppelung der später vorliegenden Ergebnisse auf die Planungsinhalte, da in der Praxis Projektkontrollen und -nachkalkulationen eher eine Ausnahme darstellen. Durch Planung kann ein Unternehmen oder ein Projekt auf sich aufmerksam machen und die Bereitschaft intern oder extern erhöhen, sich auf mögliche Veränderungen einzulassen. So wird z. B. die Ankündigung eines Produzenten, er plane Struktur und Beziehung zu den Lieferanten zu überdenken (just-in-time-Auslieferung und single sourcing), hohe Resonanz bei den Lieferanten auslösen.

Eine auch in diesem Sinne des Marketing sensibel durchgeführte Planung wird jedenfalls bei der Realisierung viele Widerstände vermeiden helfen, die durch rechtzeitiges Einwirken auf die Erwartungsstrukturen reduziert werden können.

3. Planung der Planung

Durch die bisherigen Ausführungen sollte deutlich gemacht werden, daß strategische Planung sinnvollerweise nicht Basis für Abweichungsanalysen sein kann, sondern daß durch das Planungssystem Ereignisse vermieden werden sollen, die man zu Beginn nicht wollte. Die Chance, dieses Ziel zu erreichen, erhöht sich, wenn strategische Planung nicht als das Produzieren von schriftlicher Information verstanden wird. Es läßt sich oft eine umgekehrte Abhängigkeit feststellen: Je mehr Papier produziert wird, desto weniger erfüllt sich das Planungsziel.

Planung ist ein geistiger Prozeß, dessen Wesen häufig mißverstanden wird, da jene Annahmen zur Anwendung kommen, die für technische Systeme (Maschinen und dgl.) gelten, die aber bei sozialen Systemen irreführend sind. Als geistiger Prozeß gilt es zunächst, diesen überhaupt in Gang zu bringen und dann auch in Gang zu halten. Ein solcher Prozeß entsteht bei einem regen Gedankenaustausch und bei lebendiger Kommunikation, die von der Vielfalt der Ansichten und den Ambivalenzen lebt. Völlig falsch verstanden ist die Planungsfunktion, wenn ein glattes Papier ohne Widersprüche und ohne entsprechenden Diskussionsprozeß vorgelegt wird. Strategische Planung zielt auf die Gedanken, auf die Beobachtungen und Unterscheidungen eines Systems und will die Anpassungsfähigkeit des Unternehmens an wechselnde Bedingungen fördern. Wenn Planung dies erreichen helfen soll, kann sie nicht damit abgeschlossen sein, daß Aussagen bloß schriftlich festgehalten und widerspruchslos zur Kenntnis genommen werden.

Planung geht als ein auf die Zukunft gerichteter, sozialer Prozeß immer zu Lasten der Gegenwart; statt zu handeln wird nachgedacht. Dieses Nachdenken führt dazu, daß man im Augenblick weniger Vorteile erzielen kann, als wenn man handelt, d. h. verkauft oder produziert. Dies ist der Preis, den man für Beeinflussung zukünftiger Ereignisse bezahlt. Beeinflussen jedoch kann man die Zukunft nur heute und nicht erst in Zukunft! Durch die Definition der strategischen Planung als sozialer Prozeß verschiebt sich auch der Schwerpunkt. Statt einer einseitigen Außenorientierung auf Markt und Konkurrenz, wird das Gewicht zugunsten der unternehmensinternen Faktoren verschoben. Der Planungsprozeß wird als ein Vorhaben verstanden, der der Steigerung der Sensibilität eines Unternehmens für die fortlaufende Anpassung an veränderte Voraussetzungen dient.

Die Planung dieses Planungsprozesses gilt es zu strukturieren und überschaubar zu machen. Dabei geht es um folgendes:

3.1 Planung als Beobachtung

Jede Planung ist Beobachtung und somit vom Beobachter abhängig. Der Planer-Beobachter wählt einen Ausschnitt, dem er die Aufmerksamkeit schenkt und konstruiert sich so seine Wirklichkeit. Da der Planer-Beobachter aber nicht sicher sein kann, daß alle relevanten Faktoren innerhalb seines Aufmerksamkeitsbereiches liegen und daß Wichtiges nicht übersehen wurde, unterliegen alle einmaligen Planungsentwürfe (so und nicht anders ist die Welt) einem hohen Risiko.

Die andere Alternative ist eine prozeßhafte Planung, die zirkulär folgenden Ablauf hat:

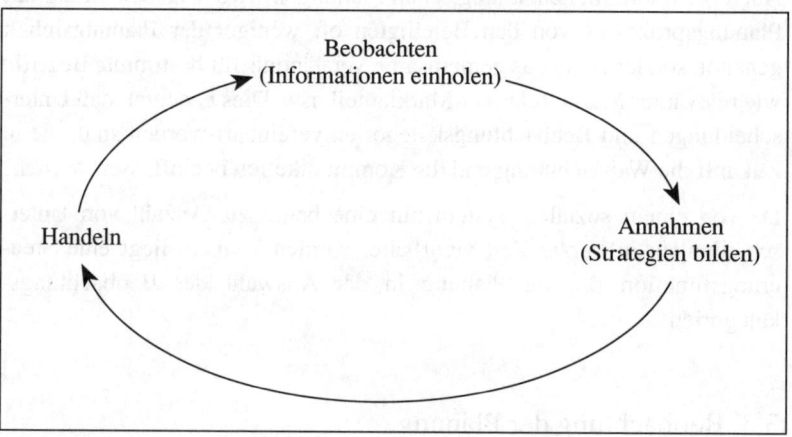

Insbesondere der Schritt der bewußten Annahmebildung und Hinterfragung wird häufig übersprungen. Es empfiehlt sich diesbezüglich, nicht nur einen einzigen Beobachtungsstandpunkt einzunehmen, sondern Annahmen aus unterschiedlichen Rollen (z. B. Kunden, Konkurrenz, andere SGF) herauszuformulieren. Hier ist auch das Beiziehen von externen Beratern hilfreich, die nicht nur einen zusätzlichen Betrachtungswinkel einbringen, sondern auch bei der Strukturierung des gesamten Prozesses behilflich sein können.

3.2 Planung von Unterschieden

Jede Beobachtung beruht auf Unterschieden (Spencer-Brown: Draw a distinction!). Dabei ist interessant, welche Unterschiede im Planungsprozeß verarbeitet werden. Dazu ein Beispiel: die wichtigsten Statistiken, die in einer bundesweit operierenden Institution verwendet wurden, waren so aufgebaut, daß jedes Institut die Vergleichsdaten der anderen Töchter vorgelegt bekam und sich daran messen konnte, aber keine Information über die Konkurrenz erhielt. Solche Innenorientierungen haben vielfältige Konsequenzen wie man unschwer in bürokratischen Organisationen feststellen kann (z. B. Planstellenvergleiche).

Auch bei traditionellen strategischen Planungen wird als Auswirkung des Planungsprozesses von den Beteiligten oft weniger der Planungsinhalt genannt, sondern eher das gemeinsame Verständnis für bestimmte Begriffe wie relevanter Markt, relativer Marktanteil usw. Dies bedeutet, daß Unterscheidungen und Beobachtungskategorien vereinbart worden sind, die in Zukunft die Wahrnehmung und die Kommunikation beeinflussen werden.

Da von einem sozialen System nur eine begrenzte Anzahl von Unterscheidungen in kurzer Zeit verarbeitet werden können, liegt eine Steuerungsfunktion für die Planung in der Auswahl der Beobachtungskategorien.

3.3 Beobachtung der Planung

Der Planungsprozeß in einem sozialen System ist immer mit schon bestehenden Unterschieden, die von diesem System verwendet werden, konfrontiert. Die Beobachtung und Analyse dieser Unterschiede wird häufig vernachlässigt, da strategische Planung als ausschließlich zukunftsgerichtete Aktivität verstanden wird, anstelle die in der Vergangenheit verwendeten Beobachtungsmuster auf ihre erfolgreiche Anwendung hin zu untersuchen.

Diese einseitige Zukunftsorientierung beruht auf der Annahme, daß Prognosen die größere Herausforderung sind als Analysen der Vergangenheit, denn schließlich sei die Vergangenheit schon vorbei, wird argumentiert, und auf vergangene Fakten könne man sich leicht einigen. Dem ist jedoch entgegenzuhalten, daß die Geschichte eines Unternehmens immer unterschiedlich interpretiert wird und manchmal schwerer eine Einigung zu erzielen ist als bei Prognosen.

Zum anderen ist die Vergangenheit wohl vorbei, allerdings können die Muster, mit dem ein Unternehmen operiert hat, auch in Zukunft wirksam und von ausschlaggebender Bedeutung für die erfolgreiche Ausführung der Strategie sein.

Als Muster wird dabei eine charakteristische Handlungsabfolge eines sozialen Systems verstanden. Ein Beispiel für solche Muster ist ein Projektteam, das unter Druck gerät und immer schneller zu handeln und immer weniger zu planen beginnt, wodurch es noch mehr unter Druck gerät und noch rascher handelt usw.

Die Vernachlässigung der Analyse solcher Muster rächt sich spätestens in der Phase der Umsetzung von strategischen Planungen, wenn diese selbst unvorbereitet in den Sog dieser Muster geraten. Zudem dient die Analyse der Muster auch dazu, den Planungsprozeß selbst beobachten zu können, um zu erkennen, nach welchen Mustern sich die Planung selbst vollzieht.

Ein häufig zu beobachtendes Muster ist, daß Umsetzungsentscheidungen hinausgezögert werden, weil vorab sorgfältig geplant werden muß. Die ausführliche Planung hilft hier der Umsetzung nicht, sondern erhöht den Druck, worauf mit noch genauerer Planung reagiert wird. Mit diesem Muster erschweren die Planungshandlungen eine Verbesserung der Veränderungsbereitschaft des Systems. Strategische Planung wird zur strategischen Behinderung. Statt bessere Voraussetzungen zur Anpassung an veränderbare Bedingungen zu schaffen, wird das Gegenteil erreicht. Deswegen ist es sinnvoll, daß strategische Planung nicht nur die Vergangenheit des Systems analysiert, sondern sich auch selbst regelmäßig beobachtet, um früh genug gegensteuern zu können.

Auch mit einer so verstandenen Planung der Planung kann man sich nicht wie Münchhausen am eigenen Schopf aus den Beobachtungsmustern herausziehen und objektiven Boden unter den Füßen gewinnen. Man erweitert jedoch die Möglichkeiten des Handelns und des Beeinflussens und hat die Chance, früher zu erkennen, auf welche Rahmenbedingungen das System und die Planung selbst reagiert (vgl. Abb. 1. und Boos 1991).

Leitdifferenz	zentrale Widersprüche	strategische Fragestellungen
Teil und Ganzes	Differenzierung und Integration (die Hierarchiefragen)	Was wird wahrgenommen? Welche Werte gibt es? Wie wird für das Ganze gedacht?
System und Umwelt	Komplexitätsaufbau und -reduktion Innen- u. Außenorientierung (die Frage der Anschlußfähigkeit)	Welche sind die relevanten Umwelten? Wie will sich das System unterscheiden? Wie ist der Umgang mit Alternativen und Festlegungen?
Identität und Differenz	Kontinuität und Veränderung (die Frage der Identitätsentwicklung)	Welche sind die Muster des Systems? Was sind die Bilder der Zukunft? Wie erkennt man Erfolg?

Abb.1: Beobachtungskategorien und strategische Fragestellungen

Die wohl wichtigste Herausforderung dabei ist die Entwicklung einer Planungsgrammatik, d. h. der Aufbau eines sozialen Prozesses mit Denkspielräumen und Deutungshilfen, wobei der Rahmen, in dem dieser Prozeß abläuft, Orientierung bieten sollte, d. h. z. B. Zeitvorgaben, zur Verfügung gestellte Ressourcen und Verantwortlichkeiten beinhalten muß. Diesen Planungsprozeß gilt es also zu planen.

4. Fazit

Die weitgehende Selbststeuerung von Subsystemen ist heute angesagt, nachdem die Erwartungen in die Planungsbemühungen und Steuerungsversuche sukzessive reduziert werden mußten. Steuerung – so wird heute erkannt – ist keine Tätigkeit, die an einer oder an bestimmten Stellen in

Systemen lokalisierbar ist, sondern Steuerung erfolgt verstreut im ganzen System. Jeder Bereich, jede Abteilung, letztlich jeder Mitarbeiter steuert und plant in gewisser Art und Weise und tut dies im Bewußtsein, daß andere unter gleichen Voraussetzungen ebenfalls planen und beeinflussen wollen.

Durch die wechselseitige Berücksichtigung von Reaktionsweisen und Erwartungshaltungen wird die Steuerungsfrage nochmals verschärft. Vor diesem Hintergrund wird die Funktion und der Sinn von Unternehmensplanungen zu überdenken sein. Denn die Grundidee aller Planung ist, eine erwartbare Beeinflussung von Ereignissen zu erreichen und diesem Ziel werden viele Bemühungen nicht gerecht. Planung ist wohl deswegen heute schwieriger geworden, weil die Transparenz von sozialen Systemen kaum mehr gegeben ist, und weil der Faktor Zeit eine wesentlich größere Rolle spielt.

Da aus den obengenannten Gründen der Anspruch, alle Ereignisse in einem Unternehmen planbar zu machen, fallen gelassen werden mußte, stellt sich die Frage, auf welchem Teilbereich Planung anzubieten ist und was der Selbststeuerung überlassen werden muß. Diese Fragestellung bedingt jedoch die Position eines Beobachters, der sozusagen von außen das System und die Effekte der Planung betrachten kann. Dies ist – so vermute ich – die Richtung, in die sich strategische Planung unter den aktuellen Rahmenbedingungen weiterentwickeln kann: eine Verfeinerung des externen und internen Sensoriums, eine bewußte Reflexion der eigenen Annahmen und Hypothesen und das Erlernen, wie die Selbststeuerung von Systemen beeinflußt werden kann.

Strategische Planung, so könnte man heute meinen, tritt in eine neue Phase. Anstatt sich einer ausschließlichen Zahlen- und Instrumentenorientierung zu verschreiben, rücken die weicheren Signale in den Vordergrund. Jetzt wo die Unternehmen die operative Planung im Griff haben – sozusagen die Hygienefaktoren der Unternehmensplanung – wird die Bedeutung der innovativen Entwicklung eines Unternehmens erkannt. Strategische Planung ist nun kein einmaliger Akt, eine außerordentliche Anstrengung, eine Ausnahmeerscheinung im Unternehmensalltag, sondern strategische Planung, besser strategisches Management, ist eine Alltagshandlung mit dem Ziel, die Beobachtungsfähigkeit für interne und externe Vorgänge zu fördern.

Literatur

BOOS, F.: Zum Machen des Unmachbaren – Unternehmensberatung aus systemischer Sicht. In: Henning Balck, Rolf Kreibich (Hrsg.): Evolutionäre Wege in die Zukunft, wie lassen sich komplexe Systeme managen? Weinheim, Basel (Beltz Zukunftsstudien) 1991, S. 101–127.

GÄLWEILER, S.: Strategische Unternehmensführung. Frankfurt/Main (Campus) 1987.

KROHN, W./KÜPPERS, G.: Selbstreferenz und Planung. In: U. Niedersen/L. Pohlmann: Selbstorganisation, Jahrbuch für Komplexität in den Natur-, Sozial- und Geisteswissenschaften, Bd. 1, Selbstorganisation und Determination, Berlin (Duncker u. Humblot) 1990, S. 109–128.

NIETZSCHE, F.: Kritische Studienausgabe. G. Colli, M. Montinari (Hrsg.) von Bd. 6, Berlin (de Gruyter) 1990, 1988: zit. nach: H. R. Fischer: Management by bye? Philosophische Nachschläge zum Abschied des Prinzipiellen. In: Christof Schmitz, Peter W. Gester, Barbara Heitger (Hrsg.): Managerie. Systemisches Denken und Handeln im Management, 1. Jahrbuch, Heidelberg (Carl-Auer-Systeme) 1992, S. 15–40.

WOMACK, J. P./JONES, D./ROOS, D.: Die zweite Revolution in der Autoindustrie. Frankfurt/Main (Campus) 1991.

Barbara Heitger/Wolfgang Weber

Alte Organisation – neue EDV: „Alles geht?!" oder „Nichts geht mehr?!"

Impulse aus der Perspektive des Informationsmanagements und der Organisationsberatung

„Alles geht!" oder „Nichts geht mehr" – das sind Kommentare, die im Kontext von EDV-Vorhaben häufig gegeben werden. Die Polarität dieser Statements macht deutlich, wie sehr EDV-Projekte hin- und herpendeln zwischen Allmachtsvorstellungen, nach denen sie Probleme rasch und effektiv beseitigen und Ohnmachtsgefühlen, nach denen man sich der EDV ausgeliefert glaubt und nichts mehr funktioniert. Signale des oft gespannten Verhältnisses zwischen Technik und Organisation sind in der Unternehmenspraxis Akzeptanz- und Realisierungsschwierigkeiten von EDV-Projekten. In der Theorie ist die selten versuchte und oft von Skepsis und Mißverständnissen geprägte Kommunikation zwischen Informatik und Organisationstheorie (Sozialwissenschaften) Ausdruck der gegenseitigen Ambivalenz.

Der Frage, worin diese Skepsis ihre Wurzeln hat, wollen wir in diesem Beitrag ebenso nachgehen wie den jeweiligen Spezifika der „Welt der Technologie" und „der Organisation". Die Spannungsfelder der gängigen Diskussion werden häufig – etwas vereinfachend – nach dem scheinbaren Gegensatzpaar Technik-Mensch abgehandelt oder auch von der Frage geleitet, wer denn wen dominiere.

1. Paradigmen und Trends der Informationstechnologie und Informationsverarbeitung und ihre Auswirkungen auf die Organisation

1.1 Die Perspektive des Informationsmanagements

Seit 1950 hat sich das Erscheinungsbild von Informationssystemen (IS) einschneidend geändert. Drei Phasen lassen sich unterscheiden:

- 1950–1970: zentrale Rechenzentren
  Vor allem der hohen Kosten wegen, aber auch wegen der Komplexität in Betrieb (Kühlung, Stromversorgung, Gewicht) und Verwendung (Programmieren als Geheimwissenschaft weniger Eingeweihter) wurden Computer nahezu ausschließlich in zentralen Rechenzentren betrieben. Die „Kommunikation" mit dem Anwender geschah zunächst über Lochkarten und Listen (Batchverarbeitung), später über Bildschirme (Dialogbetrieb).

- 1970–1980: dezentrale Minicomputer und PCs
  Mit dem Verfügbarwerden von Minicomputern mit geringeren Anforderungen an Infrastruktur für den Betrieb und Fachwissen für die Verwendung schlug das Pendel in Richtung Dezentralisierung aus. Ausgelöst wurde dieser Gegentrend vor allem durch technische Anwendungen, da sich Techniker leichter mit abstrakt-kapriziös erscheinenden Computersystemen zurechtfanden. Gegen Ende dieser Periode öffnete die Einführung des Personal Computers (PC) der Informationstechnologie den Weg auf jeden Schreibtisch. Informationstechnologie (IT) wurde mit einer so freundlichen „Software-Verpackung" (Benutzeroberfläche) versehen, daß auch der Nichtexperte relativ leicht den Zugang fand.

- seit 1980: Vernetzung und Client-/Server-Systeme
  Die Zentrifugalbewegung der IS vom Rechenzentrum zum Schreibtisch des Anwenders brachte Vorteile, hatte aber auch nicht zu übersehende Nachteile. Die Vielzahl der entstehenden „Computerinseln" (Isolation) erschwerte die Zusammenarbeit und auch die Koordination (z. B. Beschaffung, Benutzerbetreuung) enorm. Man begann, die einzelnen Sy-

steme miteinander zu Netzwerken zu verbinden. Zunehmend stellte sich dann auch heraus, daß PCs oder Work Stations für sich allein, für große und kritische Aufgaben wie die zentralen betriebswirtschaftlichen Aufgaben (Finanzbuchhaltung, Auftragsbearbeitung usw.) nicht ausreichten. So verbanden sich die beiden Welten Rechenzentrum (zentraler Server) und dezentrale PCs (Client) zum Miteinander der Client-/Server-Systeme. Der individuelle Bedarf an Informationsverarbeitung wird mit dem PC auf dem Schreibtisch erledigt und dabei auf unternehmensweit relevante Informationen im Rechenzentrum (vulgo Server) zugegriffen. Grundsätzlich ein bestechend einfaches Konzept, dessen Realisierung aber anspruchsvoll ist.

Betrachtet man diese Entwicklung der vergangenen vierzig Jahre, so fällt zunächst die Halbierung der Dauer der Phasen auf. Dieser Trend der Beschleunigung ist charakteristisch für alle Entwicklungen der und durch die IT. Weiter lassen sich die einzelnen Entwicklungsstufen der IT an der Charakterisierung des Marktes (als Umfeld des Unternehmens) spiegeln. Diese dreistufige Äquivalenz findet sich in der Entwicklung von Organisationen (siehe 1.2) und der Strategien für den Einsatz von IT (siehe 3.1) wieder.

Zeit	IT	Markt
1950 –1970	Rechenzentrum	wenig dynamisch, wenig komplex
1970 –1980	Abteilungsrechner, PC	hochdynamisch, wenig komplex
1980 – 19..	Client/Server-Netzwerk	hochdynamisch komplex

Abb. 1: Entwicklung der IT seit 1950

In dynamischen Märkten wird der Lebenszyklus von Produkten immer kürzer, die Produktvielfalt wächst, hohe Komplexität zeigt sich im schnellen Wandel von Zielgruppen und im „Lösungsgeschäft" (Qualität, Maßschneiderei, häufig reife Märkte).

221

Die Hardware Revolution

Möglich wurde die (R)Evolution vom isolierten Großrechner im Rechenzentrum zum vernetzten System aus PCs, Work Stations, Abteilungsrechnern und zentralen Großrechnern als Server vor allem durch drei signifikante Entwicklungen.

Die Entwicklung der Hardwarepreise hat den Paradigmenwechsel zentral-dezentral ausgelöst und den nächsten Schritt dezentral-vernetzt gefördert. Nur stark fallende Preise und gleichzeitig stark steigende Leistungskapazität – verbunden mit auch von Nichtexperten zu meisternder Software (sogenannte grafische Benutzeroberflächen) – machten den PC oder die Work Station auf jedem Schreibtisch möglich. Alle zwei Jahre bekommt man (vor allem bei Personalcomputern) fürs gleiche Geld die doppelte Computerleistung, verbunden mit immer besserer Software. Diese Rasanz wird noch zunehmen.

Ein Beispiel soll die ungeheure Dynamik der Entwicklung vor Augen verdeutlichen: Der legendäre VW-Käfer, wie wir ihn letztmals aus den 70er Jahren kennen. Er hatte stolze 34 PS, verbrauchte 10 Liter Benzin für 100 km und sein Boxermotor hatte die Größe eines mittleren Reisekoffers. Hätte sich der Sparkäfer so weiterentwickelt wie die Hardwaretechnologie, dann hätte der „Käfer 90" wohl an die 350 PS gehabt und nicht mehr als 0,1 Liter Benzin für 100 km verbraucht. Und das alles mit einem Motor in der Größe einer Zündholzschachtel! – Die Großrechner von 1970 passen heute in eine Aktentasche ...

Standards entstehen

Computer verschiedener Hersteller „vertragen" sich miteinander, sind kompatibel. Diese Entwicklung hat aber auch ihren Preis, vor allem für die Anbieter der Hardware. Die Kosten für Forschung, Entwicklung und Produktion sind ebenso gestiegen (besser: explodiert) wie die Preise für den Endkunden gesunken. Die Folge ist ein weltweiter Konzentrationsprozeß bei den Herstellern, verbunden mit einem eindeutigen Trend zur Standardisierung. Damit wurde die Hardware weitgehend austauschbar. Ein ähnlicher Trend bei der Software folgte. Diese sehr weitgehende Standardisierung hatte zwei Effekte. Zum einen beschleunigte sie – durch den Wettbewerbsdruck – den Preisverfall weiter, zum anderen ermöglichte erst diese Vereinheitlichung die Verbindung der isolierten PC's und Work Stations zu Netzwerken. Diese „doppelte" Wirkung erklärt die Beschleunigung der Entwicklung von der Phase „dezentral" zur Phase „vernetzt".

Computer + Kommunikation = Vernetzung

Der Übergang von der Inselstruktur zur Vernetzung wurde nur durch entsprechende Kommunikationssysteme möglich, die ihrerseits wieder einen qualitativen und quantitativen Entwicklungsschub durch den Einsatz von Computern erfuhren: IT als Leittechnologie mit Multiplikatorwirkung. Kommunikation ist nur „auf gleicher Wellenlänge" möglich, Kommunikationssysteme sind daher wieder Vorreiter der Standardisierung. Wir können heute nur deshalb weltweit telefonieren, weil sich die Betreiber der Telefonsysteme auf einen Standard geeinigt haben. Kommunikationssysteme verbinden nicht nur einzelne Computersysteme zu Netzwerken, sie beschleunigen auch den Prozeß der Standardisierung. Der Kreis (besser: das Netz) schließt sich (Multimediaverbund, Telekommunikation etc.).

Die Software-Krise

„The two main factors governing sustained economic growth throughout the world are oil and software. Whilst expensive and inconvenient, there are alternatives to oil… ", so schrieb vor kurzem das Wall Street Journal. Und wie wir es vom Rohöl kennen, wird der Ruf nach mehr Software laut. Wir haben aber noch überhaupt keine Fortschritte in der „Einsparung von Software" gemacht – im Gegenteil. Es gibt notorisch zuwenig Software, vor allem notorisch zuwenig gute Software!

Alternative: Groupware

„Groupware" heißt zum Beispiel die Software, die eine neue Form der „elektronischen Zusammenarbeit im Team" (auch in globalen Dimensionen) möglich macht. Dazu sind keine zentralen „Kollektivcomputer" in Rechenzentren mehr notwendig. Stattdessen schaffen vernetzte Personal Computer die Voraussetzung zur Dezentralisierung der Computerleistung.

Groupware wird einen starken Aufschwung erleben. Sie verbindet die einzelnen PCs eines Teams zu einer Einheit, ohne die Autonomie des einzelnen Anwenders einzuschränken. Sie ist aber auch die Grundlage und der Auslöser für neue organisatorische Konzeptionen, die ein rasches Reagieren auf neue Anforderungen (Response-Wettbewerb) erleichtern. Groupware stellt in Client-Server-Konzepten die Brücke zu den Großrechnern mit den zentralen Anwendungen und Informationen einer Organisation her. Dieser Kombination von zentraler und dezentraler Informationsverarbeitung gehört eindeutig die Zukunft.

Ohne Alternative: Softwarequalität

Die Qualität der Software ist unzweifelhaft gestiegen. Dies manifestiert sich in höherer Zuverlässigkeit, aber auch in einfacherer Handhabung. Trotzdem bleibt noch viel zu tun, denn die Softwareindustrie steht eigentlich noch vor ihrer Industrialisierung (jedenfalls was die Fertigung betrifft!).

Wenn wir nämlich die Produktion von Software mit der Produktion von Autos vergleichen, dann ergibt sich das folgende Bild: Von zwanzig Autos, die im Werk von Band laufen, würde nur eines (!) den Erfordernissen des Marktes und den Qualitäts bzw. Sicherheitsanforderungen entsprechen. Und Sie müßten in fünf Jahren für die Wartung Ihres Autos noch den vierfachen (!) Kaufpreis investieren. Warum das so ist? Dafür sind wohl zwei Gründe maßgebend. Zum einen ist die Entwicklung und Produktion von Software eine sehr junge Fertigkeit, besser Ingenieurwissenschaft. Die Lernkurve der Ingenieurwissenschaft Hoch- und Tiefbau zum Beispiel reicht viele Jahrtausende zurück (chinesische Mauer, Pyramiden, Stonehenge ...). Dagegen nehmen sich die maximal fünfzig Jahre, seit denen bewußt Software entwickelt wird, sehr bescheiden aus.

Dazu kommt noch eine andere Eigenschaft der Computerprogramme, die an Hand einer unsichtbaren Autofabrik „sichtbar" wird. Der Fertigungsprozeß in der unsichtbaren Fabrik läßt sich nur am Ergebnis (Endprodukt) erkennen und beeinflussen. Software ist, wenn sie an der Arbeit ist, unsichtbar. Nur ihre Auswirkungen – die Ergebnisse der Verarbeitung – sind zu erkennen. Daher ist ihre Fertigung nicht direkt steuerbar, ihre Qualität nicht direkt überprüfbar.

Heute geht es darum, die Produktion von Software zu „industrialisieren", die Lernkurve voranzutreiben. Es gibt auch gute Fortschritte, so z. B. Software Tools: Programme, die Programme schreiben, sozusagen die Roboter der Softwareproduktion. Die Produktivität und die Qualität der Fertigung von Software werden steigen, allerdings langsamer, als wir es von der Hardware gewohnt sind. Die Kosten für Entwicklung und Produktion werden allerdings dramatisch zunehmen, damit einen Konzentrationsprozeß auslösen und die Standardisierung beschleunigen.

Summa summarum: Plus und Minus

Faßt man die Entwicklungen von Hard- und Software zusammen, so ergibt sich für den Anwender der Informationstechnologie eine grundsätzlich positive Perspektive. Der Trend geht eindeutig in Richtung anwenderfreundliche Systeme. Das Qualitätsbewußtsein der Softwareentwickler ist deutlich gestiegen. Die Konzentration bei Hardware und Softwareanbietern, verbunden mit einer immer weitergehenden Standardisierung von Computersystemen, macht aus einem Verkäufermarkt einen Käufermarkt.

In diese Freude mischt sich ein Wermutstropfen. Die „Inflation der Innovation" verlangt dem Management immer häufigere Entscheidungen mit immer weniger Entscheidungsgrundlagen ab. Das Ausbalancieren der Gegensätze Investitionssicherung versus Innovationsvorsprung (Peters & Waterman: Managing the Paradox!) wird zum Schlüsselfaktor des strategischen Einsatzes von IT/IS.

1.2 Die Perspektive der Organisationsberatung

Computer sind multifunktional einsetzbar – darin liegt ihre Stärke und ihre Schwäche: wofür sie eingesetzt und gebraucht werden, bedarf eines Aushandlungsprozesses – ihre jeweilige Funktion ist nicht per se, wie bei anderen Maschinen, vorgegeben (Niemand wird mit einem Toaster staubsaugen oder mit einem Fön fernsehen wollen).

Computer stellen eine Struktur und Verknüpfungsprozesse komplexer, formaler kombinatori scher Operationen dar, die codiert (programmiert) an viele Handlungsprozesse (Auftragsbearbeitung, Produktionsplanung, Produktentwicklung, ...) gekoppelt werden können und diese Operationen entweder verfeinern (genaue Informationen, „Qualität") oder auch steigern und beschleunigen (Vernetzung oder „time to market") bzw. effizienter (Rationalisierung) durchführen können. Für den Laien wirken sie daher hoch abstrakt, eigentlich nicht begreifbar, auch wenn die Benutzerfreundlichkeit (graphische Benutzeroberflächen ...) deutlich zugenommen hat. Verfolgt man die Entwicklung der Informationstechnologie, werden einige Parallelen zur Entwicklung von Organisationen deutlich:

Zentrale Rechenzentren mit Großrechnern

Hohe Spezialisierung der EDV („die im weißen Kittel"), wenig Anwender-Kontakte und wenig Integrationsbedarf – von der Organisationsseite her vergleichbar mit einer zentral gesteuerten Hierarchie.

Insellösungen (PCs, Abteilungsrechner bzw. Minicomputer)

Autonome, von der zentralen EDV unabhängige Insellösungen etablieren sich, Anwender („Hobbyexperten") werden kompetenter: Entwicklung von der Monopolstellung der zentralen EDV zu mehr Wettbewerb und Professionalisierungsdruck bzw. notwendiger Anwenderorientierung der EDV. Auf Organisationsseite entsprechen dieser Entwicklung die wachsende Innendifferenzierung und Spezialisierung von Subsystemen im Unternehmen (Bereiche, Abteilungen, „hohe Fertigungstiefe") – hohe Expertise auf Kosten von Koordinierung.

Vernetzung und anwendungsbezogene Integration

Vernetzte PCs, Workstations und Client-Server-Systeme stellen die Qualität und Effizienz von Strategieentscheidungen und ihrer Umsetzung vor neue Herausforderungen. Das heißt radikal dezentralisierte Kommunikation und organisatorisch dezentrale, autonomere Einheiten (Töchter, Profitcenter) im gemeinsamen, oft loseren Verbund (Holding). Gesamtsteuerung des Unter-

226

nehmens wie auch der „IT Landschaft" erfordert hier weniger direkt einzugreifen, sondern vielmehr einen Rahmen zu schaffen (gemeinsame Vision, Infrastruktur, Kommunikationsanreize, Erfolgskriterien …), der die Dynamik zwischen marktnaher Flexibilität der Subeinheiten und der Integration des Ganzen ausbalanciert. Diese dezentrale Vernetzung erhöht natürlich die Qualitätsansprüche an die Aushandlungsprozesse über Strategie, Funktion, Priorisierung des IT Einsatzes etc. stark und fordert die Kompetenz des Unternehmens zur parallel laufenden Organisationsentwicklung.

Auf EDV Vorhaben bezogen heißt das: Anwender, Linienmanager, Topmanagement und IT-Management sehen sich jeweils spezifisch in komplexe Entscheidungsprozesse involviert, von denen sie sich eher überfordert als unterfordert fühlen, verfügt doch keiner über den „gesamten Durchblick". Verschärft wird dieser „Entscheidungsnotstand" dadurch, daß die rasant kürzer werdenden Innovationszyklen der EDV und die hohe Investitionsintensität viele Entscheidungsoptionen anbieten und zugleich den Druck, rasch zu entscheiden, erhöhen:

Die technologische Kompetenz wächst entschieden schneller als die Fähigkeit von Organisationen, sich weiterzuentwickeln (s. Abb. 2).

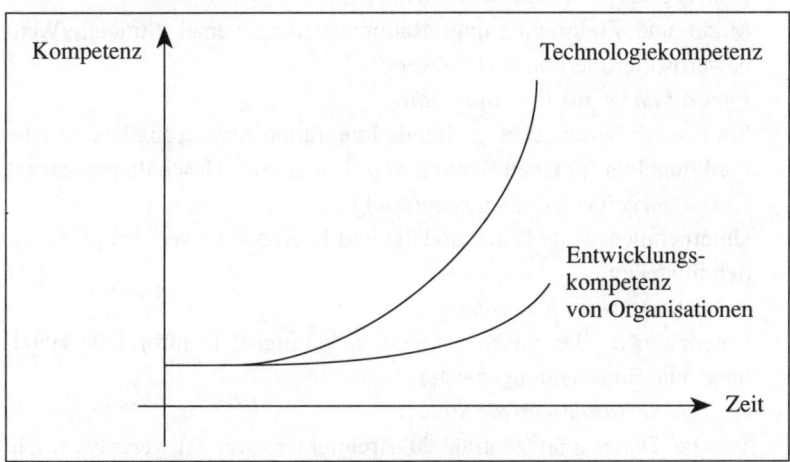

Abb. 2: Entwicklungsunterschiede verschiedener Kompetenzen zu einem beliebigen Zeitpunkt

Mit dieser unterschiedlichen Entwicklungsdynamik und -logik von Technologie und Organisation ist jedes EDV Vorhaben konfrontiert, geht es doch darum, das technisch-mechanistische Paradigma der Technologie (formal-rationale Logik, Berechenbarkeit, Ursache-Wirkung-Denken) und das organisch systemische Paradigma der lebendigen Organisation (Sprache, Selbstorganisationsmuster, Kultur, Identität) zu koppeln.

Natürlich geht es bei EDV-Vorhaben immer auch darum, was technologisch möglich ist (Komplexität, Vernetzung ...). Unserer Erfahrung nach liegt der „Knackpunkt" vieler EDV-Projekte vor allem in der Fähigkeit der Organisation zur eigenen Weiterentwicklung, sprich darin, Technologiefragen „maßgeschneidert" zur eigenen Identitätsentwicklung (Innen- und Marktorientierung) auszuhandeln.

Damit rücken einerseits die Kommunikations- und Entscheidungsmuster zwischen EDV-Anwendern-Managern etc. in den Mittelpunkt und andererseits auch die „Organisationsdiagnose/Beratungskompetenz" der Beteiligten.

Folgende Fragen sind hier jeweils auszuhandeln:

- *Priorisierung von EDV-Vorhaben*
  Markt und Zielorientierung; Rationalisierung versus Strategie/Wettbewerbsorierntierung als IT-Zweck ...
- *Integration versus Funktionalität*
  Streben wir bereichsübergreifende Integration/Anknüpfbarkeit an oder Funktionalität für einen Bereich bzw. Teil unseres Geschäftsprozesses?
- *Gestaltbarkeit versus Determinierung*
  Unternehmensweite Datenmodelle und IT-Konzepte versus Freiräume, Schnittstellen ...
- *Autonomie versus Kontrolle*
  Datenzugriff, „die gläserne Abteilung", Eingriff in informelle Handlungs und Entscheidungsmuster
- *zentrale versus dezentrale Steuerung*
  Welche Daten sind zentral? IT-Architektur; wer ist verantwortlich/ kompetent für System -bzw. Datenentwicklung, -produktion, -betrieb, -verwaltung ...?

228

Diese Spannungsfelder bilden viele Fragen ab, die sich auch beim derzeitigen Trend zu miteinander vernetzten kleinen autonomen Einheiten (Profit Center, Töchter, …) im Unternehmensverband stellen und deswegen besonders sensibel sind (gleiche Trends der IT- und Organisationsentwicklung). Die Komplexität dieser Entwicklung verschärft sich noch einmal durch die zu Beginn beschriebenen Trends zu Standardisierung, Vernetzung, Groupware und Softwarequalität.

Architektur und Betriebssysteme gleichen sich an und werden – mehr oder minder – kompatibel. Damit steigen die Nutzungsmöglichkeiten (EDI electronic data interchange; „Enterprise Integration" = EDV-Vernetzung zwischen Unternehmen/Abteilungen etc.). Die Erfolgsfaktoren Software und Nutzungseffizienz verdeutlichen einmal mehr die notwendige Kooperation zwischen Management-EDV-An-wendern.

Der Trend zur Konvergenztechnologie – das Verknüpfen verschiedener Techniken mit dem Computer als Leittechnologie – erweitert Kommunikationspotentiale quantitativ und qualitativ enorm (Telefon, Telefax, Bildschirm, ISDN): „Jeder ist jederzeit überall erreichbar" … Diese Entwicklungstendenzen werden uns dazu bringen, unsere Vorstellungen von Organisation – die Zuordnung von Aufgaben zu Raum („Stelle", „Struktur") und Zeit (Procedere, „Ablauf") gründlich zu revidieren. Wenn jeder zu jeder Zeit mit jedem kommunizieren kann, ist „Organisation" neu zu denken, als etwas, das beweglicher, netzwerkartig, flukturierender und chaotischer ist, also ganz anders als das, was wir heute mit Organisation assoziieren (Ordnung, Regeln …).

Die Kommunikationsdichte bringt Vernetzung, wachsende Abhängigkeit, aber auch Handlungsvielfalt und Gestaltungsoptionen – insgesamt wohl so etwas wie *„kontrolliertere Autonomie"*: Dafür brauchen wir Information schnell und von hoher Qualität. Wir haben noch nie soviel Informationen gehabt wie heute und zugleich haben wir uns noch nie so wenig informiert gefühlt. Wie läßt sich so ein Übermaß an Komplexität vereinfachen – das ist für viele Manager bereits eine Schlüsselfrage geworden.

Die Diskussion über „die Organisation der Zukunft" läuft erst an. Modelle der Selbstorganisation, Impulse aus der Chaostheorie und Netzwerk Konzepte (im nichttechnischen Sinn) liefern erste Anregungen und Ideen dazu.

2. Was löst EDV im Unternehmen aus?

Computer sind phantasierte Wunschmaschinen – weil sie multifunktional und programmierbar sind – besonders für „absolute beginners" bzw. „EDV-Einsteiger". Damit bieten sie sich an als Projektionsfläche für Hoffnungen, Wünsche und Ängste bzw. Unsicherheiten.

In unserer Beratungspraxis stoßen wir – vereinfacht gesprochen – immer wieder auf zwei gängige Problemdefinitionen im Unternehmen.

– *Personalisierung:* die Ursache und die Lösung eines Problems liegt an einer Person X; die sollte sich ändern und damit gäbe es kein Problem mehr („der schwierige Mitarbeiter" ...)
– *Technisierung:* Probleme werden als technisch zu lösende definiert (neue EDV, Software etc.; auch hier bleiben Relationen zwischen Abteilungen, Unternehmen und Kunden) und ihre Gestaltung außen vor – ein Signal für Problemexport an die EDV. Diese „Delegationstendenzen von Konflikten" sind nicht unverständlich, löst doch jede Entwicklungsgeschwindigkeit (Konzentration auf neue Zielgruppen, Umorganisation ...) Ambivalenzen aus nach dem Motto „es muß etwas geschehen" und zugleich „es soll so bleiben wie es ist".

Falls sich die EDV- bzw. Organisationsabteilung auf diese Problemdelegation einläßt und Problemlösungen verspricht („Alles geht"), fühlen sich die internen Klienten/Kunden von ihrem Problem entlastet, mit dem häufigen Projektergebnis des „Nichts geht mehr" – weil die Technisierung eines Problems das Organisationsproblem meistens verschärft, wenn es im Lauf der Zeit nicht kommuniziert und verhandelt wird.

Um so einen Mißerfolg zu vermeiden, tendieren EDV-Abteilungen immer wieder dazu, auf Anfragen mit „Das geht nicht", „keine Zeit" (Projekt Warteschlange ....) zu antworten, während dann die Nachfrager eher die „alles geht"-Position vertreten. Das Muster ist in beiden Fällen dasselbe – der Widerspruch polarisiert sich und wird aufgespalten in „Alles oder nichts".

Das Gelingen der technischen wie der sozialen und organisatorischen Problemlösung kann erst wirksam werden durch kontinuierliche Aushandlungsprozesse zwischen den jeweils Involvierten.

Die Gründe dafür:

- Computer sind multifunktional – wird über ihre Funktion nicht „verhandelt", sind sie Projektionsfläche unterschiedlicher und ungeklärter Bedürfnisse und Wirklichkeitsbeschreibungen.
- Die notwendige Eingrenzung ihres Einsatzes/Nutzens erfordert Priorisierung. Aber zugleich ist der Informationsbedarf im Unternehmen besonders bei strategisch orientierten EDV-Projekten relativ unbestimmt: Welche Informationen wir brauchen, ist uns analytisch gar nicht immer klar. Vor allem können wir nur formalisierbare Informationen EDV-mäßig erfassen – der Gesamtkontext von Informations- und Entscheidungsprozessen und ihre emotionale Dimension bleiben der EDV „unzugänglich". Der Informationsbedarf ist immer wahrnehmungs- und rollenabhängig, das heißt nie objektiv.
- Die Kosten/Nutzenbewertung von EDV ist daher außerordentlich schwierig und stark von der jeweiligen Perspektive abhängig – wie Abbildung 3 beleuchtet.

Der Einsatz von EDV- und Informationstechnolgie ist aufgrund der „Offenheit und Unbestimmtheit" dieser Technologie Anlaß für:

- *Deutungskonflikte über Ziele, Rollen, Aufgaben der Involvierten*
- *das Entwerfen von Zukunftsszenarien:* Wer werden wir sein, welche Informationen werden wir brauchen, welche Entscheidungen treffen, welche Steuerungsmöglichkeiten im Vergleich zu anderen haben ...
- *das Ziehen von Grenzen und Gestalten von Relationen/Abhängigkeiten:* Auf wieviel Kooperation und Transparenz/Kontrolle können/wollen wir uns festlegen? Wie sehr wirkt sich die Gestaltung dieser Außenrelationen auf unsere Binnenstruktur aus ...?

Diese Fragen stellen sich einzelne Personen ebenso wie Abteilungen, Bereichen oder das Unternehmen insgesamt, wenn es um die Entwicklung und Realisierung von IT-Strategien geht. Kommunikation und Informationsverarbeitung durch EDV lösen dadurch Fragen nach der Identität und nach Zukunftsoptionen bzw. Szenarien aus. Solche Fragen sind natürlich hochsensibel und nur in einem kontinuierlichen Prozeß allmählich thema-

231

tisierbar. Die Unterschiedlichkeit des Know-hows und die gegenseitige Expertenabhängigkeit (EDV-Chinesisch, Fachmanagement-Know-how und Anwender mit Handlungswissen) verschärfen diese Problematik – die Situation ist vergleichbar mit einem Treffen verschiedensprachiger Personen ohne Dolmetscher.

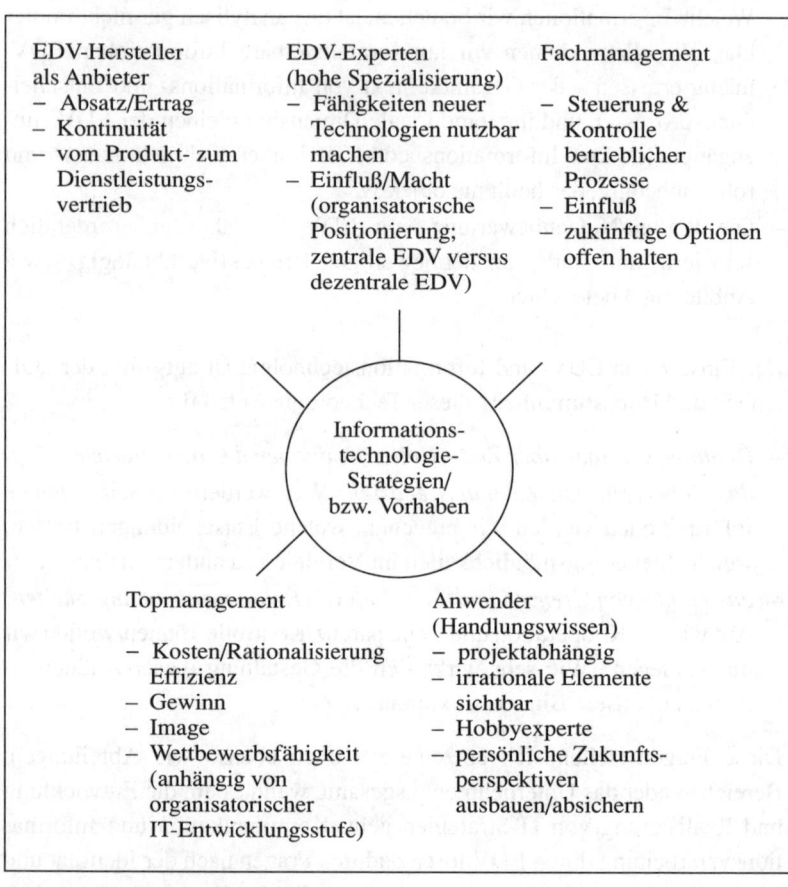

Abb. 3: Widersprüchliche Erwartungen und Ziele beim Einsatz von EDV bzw. Informationstechnologien

Darüber hinaus galten Computer früher als Inbegriff von *Präzision,* Verläßlichkeit, Unbestechlichkeit und Objektivität. Voraussetzung dafür wäre allerdings die formale Codierung/Programmierung von Wirklichkeit. Damit rückt sofort die Frage nach der jeweils adäquaten Vereinfachung von komplexer Wirklichkeit in den Mittelpunkt – was können wir (und wer?) ungestraft weglassen? Wer bestimmt, welche Wirklichkeit (verschiedene Abteilungen ...) sich durchsetzt (Datenmodell, Interfaces ...), gar nicht zu reden von der Frage der „Digitalisierbarkeit" von Realität.

Dennoch, das systemische Modell der Wirklichkeitskonstruktion ist hier sehr nützlich, weil es nicht den Kampf um eine – die richtige – Wirklichkeit unterstützt, sondern Wirklichkeit als etwas von verschiedenen Perspektiven in Schleifen Auszuhandelndes begreift.

Die Aura der *Unbestechlichkeit der EDV* hat natürlich ihre Kehrseiten: Glaube ich an die Technik oder kann ich meinen Einschätzungen vertrauen? Handelt man sich das Zauberlehrling-Syndrom ein? Immer wieder entsteht ein Gefühl von Unheimlichkeit: Alles ist möglich, jede beliebige Datenverknüpfung und damit kommt es zur Angst vor Datenüberfluß (ersticken in Information ...) und vor Kontrolle und Risiken („das System *stürzt ab",* ein Virus *verseucht* das Programm).

Heikel ist jedenfalls der *Verlust der Irrtumsfähigkeit* – die Kehrseite der Unbestechlichkeit und Präzision von Computern. Etwas auszuprobieren und sich irren zu können, ist ja nur dann eine sinnvolle/nützliche Ressource, wenn wir den Irrtum nicht teuer bezahlen müssen – und diese Ressource bietet der Computer eher nicht – er ist fehlerunfreundlich und auch das löst in der Organisation eher Irritation aus – weil das Arbeiten mit dem Computer damit in seinen Wechselwirkungen höchst störanfällig wird (man vergleiche die politischen Diskussionen, wie man sich vor Kriegen durch „Computerfehler" schützen kann). Immerhin wurde Amerika durch Irrtum entdeckt, Irrtum ist eine Quelle von Kreativität, die durch fehlerunfreundliche EDV limitiert wird.

3. Konsequenzen und Anregungen

3.1 Das Entwickeln von IT-Strategien

Zunächst einige Daten:

Verbindung der IS-Planung mit der Unternehmensplanung
(Gallies Umfrage; U.K. 1986)

voll integriert	10 %
zum Teil verbunden	31 %
leicht verbunden	43 %
nicht integriert	16 %

Diese Untersuchung zeigt, daß IS- und Unternehmensplanung 1986 in England nur in 10 % aller befragten Unternehmen voll integriert waren.

Die Strategien für IS und IT orientieren sich an der Unternehmensstrategie. Der reine Top-down-Ansatz hat sich allerdings überlebt, denn es gibt auch Rückwirkungen von IS/IT auf die Unternehmensstrategie. Die drei Bereiche sind vernetzt, werden jedoch von der Unternehmensstrategie dominiert.

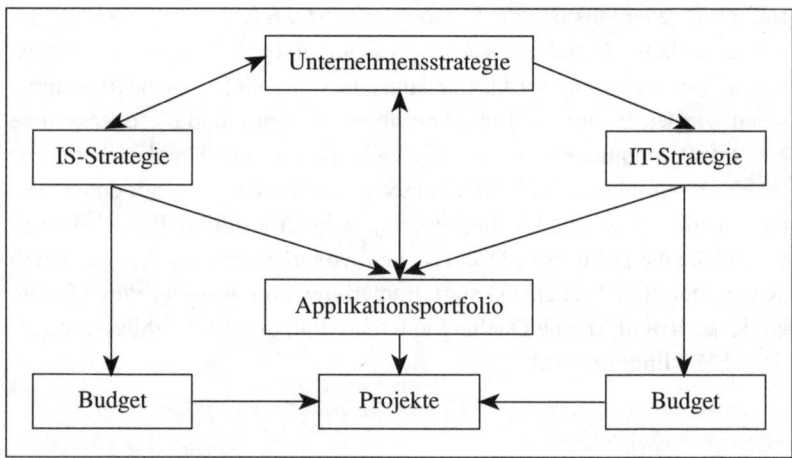

Abb. 4: Die Dominanz der Unternehmensstrategie auf IT-Strategie und Projekte

Wie zwischen IS/IT-Strategie und Organisation gibt es auch Parallelen zwischen Unternehmensstrategie und IS/IT-Strategie bzw. -Zielsetzung. Die drei bekannten Entwicklungsstufen finden sich auch hier wieder.

Markt	IT	Strategie	Organisation
wenig dynamisch, wenig komplex	Rechenzentrum	geringere Kosten	zentral
hochdynamisch, wenig komplex	Abteilungs-rechner, PC	höhere Produktivität	dezentral
hochdynamisch komplex	Client/Server-Netzwerk	bessere Marktposition	vernetzt

Abb. 5: Organisation als Folge von Markt, IT und Strategie

Warum kam es zu diesem Gesinnungswandel in der strategischen Zielsetzung? Der wesentliche Auslöser war sicher die Einsicht, daß Kostenführerschaft als Strategie – sei es in der zentralistischen Phase bezogen auf die IT/IS, sei es in der dezentralen Phase bezogen auf die Produktionsfaktoren des Unternehmens – begrenzt erfolgreich ist. Erst die Orientierung am spezifischen Markt und, noch besser, am Kunden sichert den nachhaltigen Vorsprung gegenüber dem Mitbewerb *Differenzierungsstrategie*.

Daher liegt der Schwerpunkt des Einsatzes von IT/IS heute vorwiegend auf der engeren Kopplung des Unternehmens an seine Kunden und Lieferanten: *Unternehmensintegration*. Die Kommunikationstechnologie und die zunehmende Standardisierung der Computersysteme machen diese Entwicklung möglich. Als zweiter Schwerpunkt rückt der Mehrwert, der durch IT/IS generiert wird, in den Mittelpunkt: Intelligente, maßgeschneiderte Produkte oder besserer Kundenservice als Wettbewerbsvorteil: *Wertschöpfungskette*.

Unternehmensintern haben sich die Akzente von der Effizienzsteigerung auf die Unterstützung des Managements im Entscheidungsprozeß (DSS – Decision Support Systems) und des strategischen Controlling verschoben.

235

Dieses Anwendungsgebiet erfordert von den Informationssystemen ein so hohes Maß an Flexibilität, wie es nur die modernen Client-/Server-Konzepte mit ihrer Kombination aus zentralen (Unternehmensdatenbank) und dezentralen (individuelle Verarbeitung im PC) Komponenten bieten.

Die Entwicklung von IT/IS-Strategien unterscheidet sich nicht grundsätzlich von der klassischen Vorgangsweise, erfordert aber einige spezifische Ergänzungen. So sind vor allem bei der Situationsanalyse als wesentliche Faktoren die verfügbaren Technologien und das vorliegende Portfolio an Anwendungen der IS zu berücksichtigen.

Ausgangspunkt sind die – theoretisch – übergeordnete (Unternehmens)-Zielsetzung mit ihren strategischen Erfolgsfaktoren und die (Unternehmens)-Strategie. Daraus und aus der Analyse der Innen und der Umwelt entsteht die Situationsanalyse. Aus der Situationsanalyse leiten sich die Ziele und Erfolgsfaktoren für die IS/IT und daraus wieder die IS/IT-Strategie ab. Die Operationalisierung besteht dann einerseits im Betrieb der Informationssysteme und andererseits in Projekten zur Entwicklung neuer Informationssysteme.

Dieser Entwicklungsprozeß läuft natürlich sinnvollerweise nicht linear, sondern quasi in rückgekoppelten „Erarbeitungsschleifen" ab – wie oben besprochen, geht es ja um Identitätsentwicklung, die Qualität der Ergebnisse ist eng an die der Gestaltung dieses Entwicklungs- und Planungsprozesses gebunden. In der Praxis hat sich die Rückwärtsplanung bewährt: Von der gewünschten Zukunft (Vision, Mission des Unternehmens) zur heutigen Situation – dabei werden Fragen der Organisations- und Kommunikations- bzw. Informationsstruktur/-entwicklung mit integriert.

Für Zukunftsszenarien werden Strategieportfolios entwickelt und daran anknüpfend Konzeptionen von zukünftigen Geschäfts- und Organisationsmodellen. Die Technologie-Architektur und das strategische Integrationsdesign bedarf sorgfältiger Diskussion: mehrjährige Einführungszyklen komplexer Vorhaben (EDI, Systemintegration …), Abhängigkeiten als Infrastruktur (= Kosten-)Faktor von marktorientierten Strategien erfordern strategische Planungszeiträume. Das Ansetzen bei gemeinsam entwickelter Zukunft fokussiert Identitätsfragen und vermindert das „Automatisieren" und das Flickwerk an der Gegenwart.

236

Die Gestaltung dieses Prozesses erfordert methodisches Strategie-Knowhow, Organisationsexpertise und Moderations- und Beratungskompetenz. Visualisierung und Teamarbeit (Integration verschiedener Perspektiven) sind ebenso wesentliche Voraussetzungen für das effiziente Gelingen dieser Identitätsarbeit.

Die IT/IS-Strategie weist gegenüber der Unternehmensstrategie folgende Erweiterungen/*Spezifika* auf:

– Herstellerstrategie
Hier geht es um die Auswahl der Lieferanten für Hardware, Software und Dienstleistungen. Wenn auch vor allem Hardware und zunehmend auch Software wegen der Standardisierung austauschbar werden, so unterscheiden sich die Lieferanten in der Qualität ihrer Dienstleistung. Diese kommt aber nur bei einer längerfristigen Zusammenarbeit wirklich zum Tragen.

– interne Verrechnung von Leistungen der IS/IT
Ein heißes Eisen! Patentlösungen gibt es (wie generell für interne Leistungsverrechnung) nicht. Eine von Leistungserbringer wie Nutznießer akzeptierte und einigermaßen transparente, verständliche Regelung ist anzustreben (auszuhandeln).

– Funktionalstrategien der IS/IT (Bereiche …)

– Informationsmanagement
Ein schwieriges Thema, da die im Unternehmen benötigten Informationen nie vollständig faßbar sind. Geht man von den kritischen Erfolgsfaktoren der Unternehmensstrategie aus und untersucht, welche Informationen damit verbunden sind, liegt man richtig.

– Kommunikationssysteme
Die fortschreitende Standardisierung der Herstellerprodukte, aber auch der Postdienste bringen eine gewisse Erleichterung bei der Auswahl der Kommunikationsinfrastruktur. Neue Dienstangebote der Post und die sich laufend ändernden Preise für die Postdienste verlangen laufende Anpassung (Investitionssicherung versus Kostenvorteil).

- Kapazitätsplanung

Hier liegt die Kunst darin, die sprungfixen Kosten im Griff zu halten. Die Ausbauten müssen so klein wie möglich und so spät wie möglich vorgenommen werden, ohne die Servicequalität zu beeinträchtigen. Die Verbesserung des Preis-/Leistungsverhältnisses bei der Hardware legt den Umstieg auf die jeweils neueste Technologie nahe. Umstellungsaufwand und Fixkosten müssen dagegengehalten werden.

- Basishardware und Software

Kontinuität ist hier wichtig als Beitrag zur Investitionssicherung!

- Systemarchitektur

Sie hängt eng mit der Basishard- und Software zusammen. Kontinuität ist hier unerläßlich, damit das Zusammenspiel der aktuellen und zukünftigen Anwendungen möglich ist. Hier werden die Investitionen in IT/IS wirklich gesichert.

- Betrieb/Produktion

Der Erfolgsfaktor ist schon lange nicht mehr das Rechenzentrum (das läßt sich relativ leicht steuern), sondern liegt im Netzwerk und in den dezentralen Systemen, vor allem in der Unterstützung der Anwender. Aktionsschwerpunkt ist daher Organisation und Organisationsentwicklung.

- Anwendungsportfolio

Hier liegt die entscheidende Kopplung der Unternehmensstrategie mit der IT/IS-Strategie und damit der Schlüssel zur Nutzung. Ausgewogenheit ist wichtig, wie in jedem anderen Portfolio auch. Beim „Heranzüchten von Nachschub" sind die Lebenszyklen der Anwendungen zu berücksichtigen.

Abschließend ein Portfolio-Raster für die Einordnung von IS-Systemen und Anwendungen nach ihrem Beitrag zum Unternehmenserfolg. Es ist – wie gesagt – eine Grundlage für die Planung eines ausgewogenen Mixes im Einsatz von IT/IS und damit Schlüssel zum Erfolg (aufbauend auf das BCG Portfolio und das der Cranfield Management School).

Wenn man beispielhaft die wesentlichen Anwendungen in dieses Raster einordnet, dann entsteht etwa folgendes Bild:

strategisch	innovativ
hoch Einbindung von Kunden und Lieferanten (EDI) Flexible Fertigung (just in time) Marketing- und Verkaufsunterstützung	Automation des Bürobetriebes CAD/CAM/CAQ (Automation der konstruktion und Qualitätssicherung
gering Vertriebssteuerung Auftragsbearbeitung Materialwirtschaft und Produktionsplanung Cash Management	Personalverrechnung Finanzbuchhhaltung Anlagenbuchhaltung Berichtswesen
produktiv	infrastrukturell

höher   geringer

Abb. 6: Beitrag zum Unternehmenserfolg
(die vertikale Achse bezeichnet die Ressourcenkapazitäten)

Die strategischen Stoßrichtungen (Regelstrategien) dazu sind:

strategisch	innovativ
Abstimmung der zukünftigen IS mit den zukünftigen unternehmerischen Anforderungen	Identifikation von IT und IS, die zukünftig zum Unternehmenserfolg beitragen können
Abstimmung der IS mit den aktuellen betrieblichen Anforderungen	Optimierung der Nutzung der infrastrukturellen IS
produktiv	infrastrukturell

3.2 Das Umsetzen von IT-Strategien und -Projekten

Verknüpft man die Diagnose der Auswirkungen von EDV im Unternehmen und die Orientierungen für die Entwicklungen von IT-Strategien, so zeichnen sich doch einige Anregungen für EDV-Verantwortliche/Manager/Projektleiter ab.

239

1. Die *Fachberatung und Organisationsberatung* gewinnt an Bedeutung als Erfolgsfaktor für IT-Vorhaben:

- für kontinuierliches Aushandeln sorgen (zwischen Topmanagement, Fach-, EDV, Anwendern)
- Differenzierung Kern- und Zusatznutzen (Priorisierung)
- Mitverantwortung – „Verträge verhandeln" → Erfolg ist der wahrgenommene Nutzen (perceived value), nicht der „objektive Wert"
- Stabile interne Kundenbeziehungen aufbauen (Partnerschaft, Kommunikation): Kontinuität und Interdisziplinarität fördern.
- Prozeß- *und* Ergebnisorientierung (Prozeß, Spielregeln, Struktur): stabile Kommunikation schafft die Option, mit Offenheit und Unvorhergesehenem schneller zurechtzukommen
- Selbstbeobachtungs- und -reflexionsschleifen einbauen (Kickoff-meeting der Involvierten: gemeinsame Diagnose, Erfolgskriterien) erarbeiten, Funktionalität: latente/manifeste Bedürfnisse herausarbeiten)
- kontinuierliche Aushandlungsprozesse initiieren (gemeinsame Sprache entwickeln) consumer + producer = prosumer; das heißt nicht für den internen Kunden etwas zu entwickeln, sondern mit ihm! Der EDV-Nutzer bzw. -Konsument ist Mitproduzent.
- offene, fehlerfreundliche Projektgestaltung (viele kleine Schritte – statt eines Riesensprungs, Experimente, Piloterfahrungen) Weniger ist mehr!
- Das Spannungsfeld zwischen „bewahren und verändern" ausbalancieren.
- klären: wer ist jeweils der Klient/Kunde des Projekts (das Unternehmen, ein Bereich, eine Abteilung ...)
- Außen- und Innenorientierung sicherstellen (wer ist der Kunde des Kunden, wer seine Mitarbeiter ...)
- praktischen Erfahrungserwerb in der Anwendung ermöglichen (z. B. Tag der offenen Tür in der EDV; Prototyping, Superuserkonzepte etc.)
- Fach- und Mittelmanagement als Multiplikatoren aufbauen (Organisationsmitverantwortung!)

2. EDV-Projekte lösen Organisationswandel aus bzw. sind Ausdruck der Notwendigkeit des Wandels. Damit bekommen Fragen des strategischen Managements große Bedeutung. Die *Elemente des strategischen Managements* zeigt Abbildung 7.

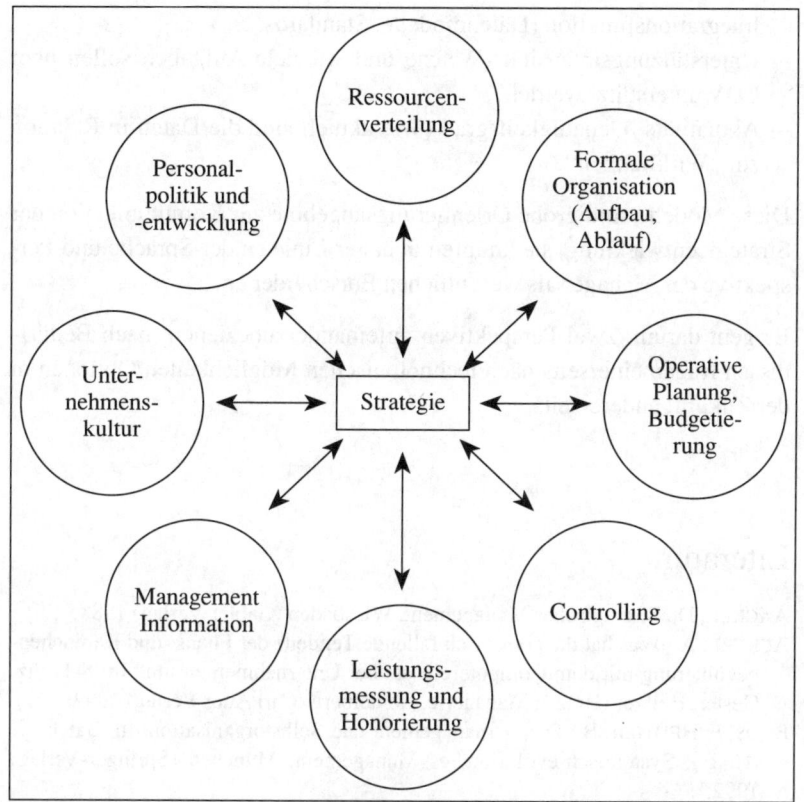

Abb. 7: Elemente des strategischen Managements

Beim Planen und Realisieren von IT/IS-Strategien geht es daher auch darum, diese Elemente des strategischen Managements miteinander zu verknüpfen und weiterzuentwickeln.

3. Priorisierung und Kernnutzen über den Wertschöpfungsprozeß herausarbeiten:

Worin liegt die spezifische Wertschöpfung einer Strategie:
– Informationsgrad/intensität (branchen- und funktions-/bereichsabhängig)

241

- Integrationsfunktion (Datenmodelle, Standards, …)
- Unterstützungsintensität (Welche und wieviele Aufgaben sollen über EDV unterstützt werden?)
- Aktualitäts-/Genauigkeitsgrad (Wie aktuell sind die Daten in Relation zur „Wirklichkeit"?)

Diese Modelle sind grobe Orientierungsangebote zur Kommunikation der Strategieentwicklung, sie knüpfen in erster Linie an der Sprache und Perspektive der Manager als wesentlichen Entscheider an.

Es geht darum, zwei Perspektiven aufeinanderzubeziehen: nach Bedürfnissen fragen einerseits nach technologischen Möglichkeiten/Optionen in der Zukunft andererseits.

Literatur

AACKER, D.: Strategisches Management. Wiesbaden (Gabler Verlag) 1988.

ACKERL, A.: Was hat die periodisch fallende Tendenz der Fuchs- und Kaninchenbevölkerung mit dem Computereinsatz bei Unternehmen zu tun? In: Schmitz, Gester, Heitger (Hrsg.): Managerie. Heidelberg (Carl Auer Verlag) 1992.

BOOS, F./HEITGER, B.: Projektmanagement und Selbstorganisation. In: Balck, … (Hrsg.): Systemisch-evolutionäres Management. München (Springer-Verlag) 1992.

DE MARCO, T./LISTER, T.: Wien wartet auf Dich! Der Faktor Mensch im DV Management. Hamburg (Carl Hanser Verlag) 1991.

ENRICH, C.: Die Megamaschine. Hamburg (Luchterhand) 1991.

FLECKER, J.: Sozialbeziehungen und Technikeinsatz im Betrieb. Wien (Service Fachverlag) 1990.

HEITGER, B.: Chaotische Organisationen – organisiertes Chaos? Der Beitrag des Managements zur lernenden Organisation. In: Sattelberger (Hrsg.): Die lernende Organisation. Wiesbaden (Gabler Verlag) 1991.

HEITGER, B.: Alte Organisation – Neue EDV. Unveröffentlichtes Manuskript zum DECollege Seminar, Wien 1990.

KÖNIGSWIESER, R./LUTZ, C.: Das systemisch-evolutionäre Management. Wien (Orac-Verlag) 1990.

KÜPPER, W./ORTMANN, G. (Hrsg.): Mikropolitik – Rationalität, Macht und Spiele in Organisationen. Wiesbaden (Westdeutscher Verlag) 1988.

MERSCH, D./NYRIRI, J.C. (Hrsg.): Computer, Kultur, Geschichte. Beiträge zur Philosophie des Informationszeitalters. Wien (Passagen-Verlag) 1991.

MALONE, T./ROCKART, J.: Computers, Networks and the Corporation. In: Scientific American Special Issue: Communications, Computers and Networks. September, 1991.

PORTER, M.: Wettbewerbsvorteile. Frankfurt (Campus) 1986.

PRANTSCH, W./VON DOBSCHÜTZ, L.: Hohe DV-Kosten: Immer ein schlechtes Zeichen? In: Harvard Manager 1/92 (S. 118–125).

RAMMERT, W.(HRSG.): Computerwelten – Alltagswelten. Wiesbaden (Westdeutscher Verlag) 1990.

REUTER, L.: Enterprise Vision Design. Unveröffentlichtes Manuskript. Genf (Digital Equipment) 1989.

SPROULL, L./KIESLER, S.: Computers, Networks and Work. In: Scientific American Special Issue: Communications, Computers and Networks. September 1991.

WEINGART, P. (HRSG.): Technik als sozialer Prozeß. Frankfurt (Suhrkamp Verlag) 1989.

WINOGARD, T./ FLORES, F.: Erkenntnis, Maschinen, Verstehen. Berlin (Rotbuch Rationen) 1989.

WOLFRUM, B.: Strategisches Technologiemanagement. Wiesbaden (Gabler Verlag) 1991.

243

Richard Timel

Personalabteilungen im Umbruch

Modernes Personalmanagement zwischen Strategie- und Organisationsentwicklung

1. Das lernende Unternehmen – die lernende Personalabteilung

Mitarbeiter aus Personalabteilungen, vor allem aus dem Bereich der Personalentwicklung, von Aus- und Weiterbildung, melden sich mit Beratungsbedarf. Noch gibt es gewisse Berührungsängste, aber Personalentwickler und Personalbetreuer sehen sich mit neuen Aufgabenstellungen konfrontiert. Im raschen Wechsel von Organisationsstrukturen sind Personalmanager und „internal consultants" gefragt, professionelles Wissen für die Gestaltung von Veränderungsprozessen einzubringen und den „personalen Faktor" unter veränderten Bedingungen zu vertreten. Bei Organisationsberatern wird die Expertise vermutet, Veränderungsprozesse zu planen und zu steuern und im Wandel unterschiedliche Systemebenen miteinander verknüpfen zu können. Allzulange hatten sich Organisations- und Personalentwicklung nebeneinander entwickelt. In den Unternehmen hatte zunächst Organisationsentwicklung eine strategiebegleitende und flankierende Funktion - „structure follows strategy" – zum anderen wurde „Personalarbeit" vorrangig unter tarifpolitischen Gesichtspunkten bzw. stark unter qualifikatorischen Überlegungen – „der richtige Mann am richtigen Platz" – wahrgenommen. Während sich auf der einen Seite die Dichotomie Strategieformulierung und Strategieimplementierung verstärkte, wurde auf der anderen Seite der Gegensatz zwischen Personalentwicklung und Personalbetreuung in der Praxis immer sichtbarer. In vielen Personalabteilungen wurde das Interesse zwischen kulturbewahrender Funktion und der

Notwendigkeit, ein neues Verständnis für höhere Flexibilität und Mobilität zu schaffen, klarer und deutlicher. Die Auseinandersetzungen in den Personalabteilungen nahmen des öfteren den Charakter von Glaubenskriegen an und für viele Personalleiter verliefen die Schützengräben quer durch die eigene Abteilung.

So setzt sich immer stärker ein Verständnis durch, das im Lernen von und in Organisationen eine der wesentlichsten Erfolgspositionen sieht: „Es bedarf herausfordernder und innovativer Denk- und Handlungsansätze, die in der Organisations- und Führungskultur eines Unternehmens verankert werden müssen, damit die Organisation und die darin tätigen Individuen antwort- und fortschrittsfähig mit internem und externem Wandel umgehen. Lernen zum Tagesgeschäft zu machen, die Förderung natürlicher Lernprozesse, die Eröffnung von Lernfeldern für Persönlichkeitsentwicklung, die Institutionalisierung von Lern- und Feedbacksystemen, von Planungs-, Strategiebildungs- und Controllingprozessen als Lernprozeß für die Beteiligten, die Förderung von Kulturentwicklungsprozessen und die Reintegration von Lernen und Arbeiten bzw. Lehren und Führen sind Schlüsselwege zum Ausbau dieser Erfolgsposition" (Sattelberger 1991, S. 22).

Im folgenden bin ich bemüht, solche Lernprozesse zu beschreiben. Es wird versucht, geänderte Bedingungen in den externen und internen Umwelten von Personalabteilungen darzustellen, um daraus die entsprechenden Schlußfolgerungen für die Identität und die Strategie dieses betrieblichen Aufgabenfeldes zu gewinnen.

1.1 Zwischen Personalbetreuung und Personalentwicklung

Zunächst gehe ich davon aus, daß das herkömmliche Verständnis des Bereiches Personal darin liegt, eine „Wächterfunktion" hinsichtlich des Ein- und Austrittes von Personal in und aus der Organisation einzunehmen. Hochqualifizierte, engagierte und attraktive Führungskräfte sollen durch die Vermittlung der Personalabteilung über das „Haupttor" in die Organi-

sation gelangen und andererseits sollen Demotivierte, Müde, Abqualifi-
zierte und Alte über die „Hintertreppe" „freigesetzt" werden. Die Überbe-
tonung von Personalauswahl, Personalverwaltung und von „outplacement"
hat zu einem Selbstverständnis geführt, daß die Fähigkeiten und Fertigkeiten des Einzelnen stark in den Vordergrund der Betrachtung der Personalabteilungen rückt.

Bei einer von dem Betriebswirtschaftler Dr. Wolfgang Looss durchgeführten Studie von Personalanzeigen waren folgende Eigenschaftswörter
immer wieder zu finden:

„Gesucht wird ein flexibler, einsatzfreudiger, führungssicherer, kreativer,
engagierter, initiativer, teamfähiger, belastbarer, dynamischer, leistungs-
williger und durchsetzungsfähiger ...". Welche Person könnte mit diesen
Eigenschaftswörtern beschrieben sein? „Diese Begriffe treffen sowohl auf
einen Gefängnisaufseher als auch auf einen Bandenchef der Mafia zu",
resümmierte damals Dr. Looss etwas sarkastisch. Die hier beschriebene
Vorgehensweise verfängt sich zu sehr im Netz einer personenorientierten
Überlegung. Übersehen wird in diesem Zusammenhang das gesamte Umfeld der zu besetzenden Stelle bzw. die Karriere des Bewerbers unter den
gegebenen strukturellen und kulturellen Bedingungen. Bei einer solchen
Besetzungspolitk bleiben zumeist folgende Fragen unbeantwortet:

– Soll sich die neue Führungskraft in das bestehende Klima nahtlos
  einfügen oder kulturverändernde Maßnahmen einleiten?
– Geht es um langfristige Optimierung von Personen oder um kurzfristiges
  Krisenmanagement?
– Soll die neue Führungskraft ihr Augenmerk stärker auf Differenzierung
  oder Integration lenken?
– Welche organisatorischen Probleme sollen durch die Besetzung der
  Stelle gelöst werden?
– Soll der Betroffene Kenntnisse im Projektmanagement haben und zu
  anderen Bereichen die Kooperation verbessern oder eher abgrenzend
  vorgehen und markante Leistungsanreize im eigenen Bereich setzen?
– Soll er eher die Potentiale seiner Mitarbeiter anheben und fördern oder
  mehr darauf achten, daß sich sein Bereich nach außen gut darstellt?

Die Kriterien für die Qualität von Besetzungsentscheidungen haben sich in der Zwischenzeit grundlegend geändert. Es genügt jetzt nicht mehr, daß der „richtige Mann am richtigen Platz sitzt", sondern Personalbetreuer müssen bei der Personalauswahl strategische Perspektiven beachten und das organisatorische Umfeld der zu besetzenden Stelle berücksichtigen. Immer öfter sehen sich Personalabteilungen genötigt, ihre „Wächterfunktion" im Sinne der Wahrung von positionsbedingten Standards aufzugeben und sich gemeinsam mit den Führungskräften auf das unsichere Feld neuer organisatorischer Rahmenbedingungen zu begeben, die heute durch steigende Komplexizität gekennzeichnet sind. Die fachlichen Kenntnisse sind Voraussetzung, aber keine hinreichende Bedingung dafür, daß durch die Besetzung Veränderungsprozesse und Innovationen eingeleitet werden.

1.2 Zunehmende Komplexität verlangt nach Beratungsexpertise

Diese Steigerung des organisationsinternen Spezialistentums läßt sich in den meisten betrieblichen Aufgabengebieten feststellen, die bislang durch die herkömmliche funktionale Gliederung abgebildet werden, ganz abgesehen von der deutlichen Zunahme von Stabstellen, die mit dem geschilderten Prozeß verbunden sind.

Diese ganz offentsichtlich unvermeidliche Entwicklung zu einer stärker funktionalen Differenzierung ermöglicht einen verbesserten Umgang mit der knappen Ressource *Zeit*. Die Möglichkeit, daß gleichzeitig in fachlich kompetenter Weise an ganz unterschiedlichen Problemstellungen gearbeitet wird, vervielfacht sich. Die Intensivierung funktionaler Differenzierung ist damit selbst ein Moment der Beschleunigung. Andererseits können auf diesem Wege dann, wenn die interprofessionelle Kooperation klappt, wesentlich komplexere Problemstellungen bearbeitet werden, als dies bislang der Fall war. Letztlich wächst auf diese Weise die Problembearbeitungskapazität eines Systems, Expertenwissen wird an vielen Stellen der Organisation ausgeprägt und weiterentwickelt. Wir erleben eine verstärkte Dezentralisierung fachlicher Intelligenz (Wimmer 1992, S. 32 f.).

Immer mehr ist Fachwissen gefragt, das in der Lage ist, komplexe Fachaufgabcn zu gestalten. Diese Entwicklung eröffnet für Fachkräfte – vor allem Spezialisten im High-Tech-Bereich – eigene Karrieren. So wird neben der Führungskräfteentwicklung die Förderung der Human-Resources auch in anderen Verwendungsbereichen des Unternehmens eine Notwendigkeit. In vielen Fällen kann das „Durchfluten" der Bereiche Entwicklung, Konstruktion, Produktion, Logistik etc. durch eine abgestimmte Job-rotation einerseits die Voraussetzung für die Bearbeitung anspruchsvoller Projekte mit sich bringen und gleichzeitig interdisziplinäre Zusammenarbeit fördern. So besteht allenthalben ein großes Interesse daran, Fachleute an das Unternehmen zu binden. Der Austritt von hochqualifizierten Mitarbeitern kann zu gravierenden Wettbewerbsnachteilen führen. Bei einem gespaltenen Arbeitsmarkt, wo neben einem Mangel an Experten und Spezialisten gleichzeitig relativ hohe Arbeitslosigkeit besteht, gewinnt Personalentwicklung zunehmend an strategischer Bedeutung.

Daraus wird ersichtlich, daß es einerseits sowohl bei Führungskräften als auch in der Personalentwicklung darum geht, sich auf flexiblere und flachere organisatorische Strukturen einzustellen und andererseits dem Wertewandel in der Gesellschaft und vor allem in der jüngeren Generation Rechnung zu tragen. Die Menschen sind immer weniger mit der protestantischen Leistungsethik von Anno dazumal zu motivieren. Eine neue Weltoffenheit und großstädtische Lebensverhältnisse, die allgemeine Beschleunigung und Mobilität läßt neue Karrieremuster entstehen. Selbstverwirklichung in der Aufgabe wird bedeutungsvoller als das angepaßte Turnen auf der Karriereleiter. Neben dem vertikalen Aufstieg geraten auch andere Entwicklungen ins Blickfeld, die unter Umständen dem individuellen „Wollen" wesentlich stärker entgegenkommen.

Folgende Eignungen und Fähigkeiten qualifizierter Mitarbeiter werden als Maßstäbe an eine zukunftsorientierte Personalentwicklung angelegt:

1. Offenheit gegenüber fremden Kulturen
2. Wissen um die eigenen Grenzen und mit diesen experimentieren können
3. Anderen Visionen nahebringen können

4. Probleme analytisch durchdringen können und einen Blick für das Ganze entwickeln
5. In Strukturen und Prozeßverläufen denken können
6. In unstrukturierten und widersprüchlichen Situationen Handlungsfähigkeit und Durchhaltevermögen zeigen
7. Gleichzeitig kooperations- und konfliktfähig sein. In Teams arbeiten können aber auch als Einzelner belastbar sein.
8. Sich um eine realistische Selbsteinschätzung bemühen und die Bereitschaft mitbringen – zumindest auf Zeit – sich intensiv und engagiert anzustrengen und wenn notwendig auch größere Belastung auf sich zu nehmen.

Eine Reihe weiterer Faktoren erfordern in der internen Umwelt der Personalabteilungen der Organisation eine entsprechende Reaktion. Allenthalben werden mit dem Schlagwort von größerer Kundennähe und der Forderung, die gesamte Organisation für eine verstärkte Dienstleistungshaltung gegenüber den Zielgruppen am Markt zu gewinnen, dezentralisierte und flachere Hierarchien geschaffen. Die Profit-Center Organisation (PC, Cost-Center, Service-Center) erfreut sich zunehmender Beliebtheit. Große Konzerne sehen diese Organisationsform als eine Art Wundermittel an, manövrierunfähige „Schlachtschiffe" wieder steuerbar zu machen und die ständig wachsenden Kosten in den Griff zu bekommen. Der Begriff der schlanken Produktion (lean-production) in der Automobilindustrie ist ein anschauliches Beispiel für so eine weitreichende Innovation unter zunehmendem Wettbewerbsdruck. Gerade in dieser Branche werden die Veränderungstendenzen insofern multipliziert, als durch neue Formen der Arbeitsorganisation (Gruppenarbeit) und durch die Einführung neuer Verfahren zur Qualitätssicherung die Arbeitnehmer vor Ort wieder größere Verantwortung in ihrem Arbeitsbereich übernehmen (vgl. VOLVO in Schweden).

Diese Maßnahmen sind von nachhaltiger Wirkung, nicht nur für die mittelbar Betroffenen in der Produktion, sondern sie erfordern von den Abteilungen Organisation, Logistik, Arbeitswirtschaft, Personal und dem betrieblichen Bildungswesen eine stärkere Vernetzung ihrer Aktivitäten. Nur gemeinsam lassen sich diese Veränderungen planen, organisieren und koordinieren. Darüber hinaus sind begleitende Maßnahmen der Qualifizierung unerläßlich. Beraterische Qualitäten wie Supervision und Prozeß-beratung werden vor Ort nachgefragt und gehören in das Repertoire von eigens dafür geschaffenen Stellen in der Personalabteilung. Immer häufiger wird in den Unternehmungen die Linienfunktion „Personalentwicklung" eingerichtet, die über entsprechende beraterische Kompetenz im Feld ver-fügen soll.

2. Umstrukturierung und Aneigung neuer Qualifikationen als Antwort des Personalwesens

In diesem Zusammenhang ist es nicht ausreichend, Ziele und Philosophien für die Zukunft zu definieren, vielmehr ist die Durchsetzung strategischer Prinzipien in den Mentalitäten, Einstellungen und Verhaltensweisen auf al-len Ebenen des Unternehmens gefragt. Es wächst nicht nur der Bedarf nach ganzheitlichen, umfassenden und komplexen Konzepten, sondern die Mit-wirkung bei der Implementierung wird selbst zu einer eigenen Expertise.

In vielen Unternehmungen läßt sich deshalb folgender Trend zur Bewälti-gung der neuen Aufgaben feststellen:

1. Die Schaffung einer zentralen Funktion: Personalentwicklung
2. Eine engere Verknüpfung von Aus- und Weiterbildung mit Personal-entwicklung
3. Stärkere Berücksichtigung einer längerfristig orientierten Nachfolge-planung für ausscheidende Führungskräfte. In engem Zusammenhang damit steht der Bedeutungszuwachs für eine entsprechende Nach-wuchsführungskräfteentwicklung
4. Erkennen der Notwendigkeit von regelmäßigen Potentialanalysen im Sinne einer Bestandsaufnahme für strategische Konzepte und als Mit-tel zur Überwindung von Bereichsegoismen
5. Erkennen der Bedeutung von quantitativer und qualitativer Personal-planung
6. Eröffnen von Fachkarrieren neben Führungskräftekarrieren als selb-ständigen „Karriere-Pfad". Damit verbunden gewinnt die Job-rotation an Bedeutung

7. Regelmäßige Zielvereinbarungen mit Mitarbeitern und Beurteilungs-gespräche als Mittel von Personalentwicklung
8. Stärkere Verankerung von Mitarbeiterentwicklung als essentieller, nicht delegierbarer Bestandteil der Funktion von Linienführungkräften
9. Verstärken neuer Formen des persönlichkeitszentrierten Lernens, das zu Experimenten mit Coaching und Mentoring ermutigt
10. Einführung von Assessment-Centers zur Entdeckung und Förderung von Potentialen
11. Schaffung stärker leistungsbezogener und erfolgsabhängiger Entloh-nungs- und Gehaltsfindungssysteme.

2.1 Das Personalwesen zwischen Identitätsfindung und Identitätsförderung

„Eine neue Kultur heißt den Übergang zu einem Unternehmen der vielen Unternehmen und Unternehmer zu managen. Denn die Welt der Innova-tionen besteht nicht nur aus Erfindungen und Entwicklungen, die von Technikern stammen. Heute geht es darum, Wege für erfolgreiche neue Produkte, Geschäftsfelder und Unternehmen zu erarbeiten. Und hiebei ist die unternehmerische Grundeinstellung bei möglichst vielen Führungs-kräften die Voraussetzung für die Innovationsfähigkeit. Das allerdings ist etwas anderes als eine rein technologie- oder produktorientierte Kultur. Nötig ist eine umfassende unternehmerische, innovations- und lernorien-tierte Kultur". (Sattelberger, 1991, S. 40)

Der „unternehmerische Mensch", der „Entrepreneur", hatte früher exklusi-ven Charakter. Im „kleinen Kreis" wurden Strategien und Konzepte festge-legt und die große Mehrheit war damit beschäftigt, Anweisungen im opera-tiven Bereich zur Ausführung zu bringen. Nunmehr wird der Anspruch Ei-genständigkeit und Initiative, Vielseitigkeit und Flexibilität zu zeigen, eine Verpflichtung, die sich an alle Führungskräfte und Experten richtet. Die Zu-gehörigkeit zur Organisation zeigt sich nicht nur im passiven Teilhaben son-dern auch in der Fähigkeit, die Unternehmenskultur glaubwürdig nach außen zu vertreten und im Inneren ein Klima für Innovationen zu schaffen.

Immer häufiger beschäftigen sich Unternehmen mit „corporate identity"
und „corporate design". Leitbilder werden verabschiedet, die sich gleicherweise an Kunden und Lieferanten und an Führungskräfte und Mitarbeiter
wenden. Bei flukturierenden Märkten und in unsicheren Zeiten wird eine
durchgängige Identität die Basis für gemeinsames Handeln. In widersprüchlichen Situationen und bei unübersichtlichen Problemlagen soll ein
gemeinsamer „Wertevorrat" der Orientierung dienen. Identifikation bedeutet in diesem Verständnis nicht Beratung einer oder einiger Personen
oder langfristige Zielvorstellungen, sondern stellt vor allem die Fähigkeit
dar, trotz aller Turbulenzen in der Umwelt verinnerlichte Werte als Leit-
vorstellung durchzuhalten und aus dieser Überzeugung heraus flexibel auf
sich rasch wandelnde Umweltanforderungen zu reagieren.

In diesem Kontext wird die herkömmliche tendenziell nur verwaltende
„Wächterfunktion" des Personalwesens in Frage gestellt. Die bisher vorrangige Funktion, die Einhaltung von Normen und Werten in der Organisation zu gewährleisten, ist unzureichend. Die Personalabteilungen sind
herausgefordert, die Unternehmensentwicklung und die Persönlichkeitsentwicklung der Mitarbeiter zu einer fruchtbaren Synthese zu verknüpfen.
Das Unternehmen muß die unterschiedlichen Lebenslagen und Lebens-
phasen ihrer Führungskräfte und Mitarbeiter ernst nehmen und in den
eigenen Planungen berücksichtigen.Diese sind ihrerseits aufgefordert, die
Leistungen des Unternehmens und die dahinterliegenden Visionen mit
hohem Einsatz gegenüber Markt und Gesellschaft zu vertreten.

Die Personalabteilungen sind durch den Identitätswandel mit folgenden
Aufgabenstellungen konfrontiert:

1. Der Mithilfe bei der Bestandsaufnahme alter Werte und Grundhaltungen
   sowie die Überprüfung, inwieweit diese für die Gegenwart und Zukunft
   noch Gültigkeit haben;
2. eine Corporate Identity glaubwürdig nach innen zu vertreten und darauf
   zu achten, daß die gesamte Personalpolitik diesem Ziel folgt;
3. die Aufmerksamkeit darauf zu lenken, daß Personalentwicklung zu einer
   Unternehmensfunktion wird und Karriereentwicklung und Beurtei-
   lungswesen dieses Anliegen unterstützen und flankieren;

4. vor allem sich selbst als Dienstleistungsabteilung zu definieren, welche die Führungskräfte ermutigt, Mitarbeiterentwicklung als nicht delegierbare Führungsaufgabe ernst zu nehmen;

5. die eigenen Aufgaben so anzusetzen, daß personelle Übergänge in andere Organisationseinheiten intern ohne größere Friktionen und Rückschläge ermöglicht werden und

6. Einrichten und unterstützen von integrativen Lern- und Arbeitsorganisationen sowie Projektarbeit zu strategischen Schlüsselthemen.

Das Personalwesen engagiert sich für eine gemeinsam getragene Unternehmensidentität. Es achtet darauf, daß diese glaubwürdig symbolisiert wird. Es hilft beim Zustandekommen der Corporate Identity und setzt sich selbst kritisch mit dem eigenen Selbstverständnis auseinander. So befindet sich das Personalwesen in einem Prozeß, der gleicherweise Identitätsverlust und Identitätsfindung umfaßt. Einerseits ist das Management menschlicher Ressourcen dorthin zurückzugeben, wo es hingehört – zu den Führungskräften. Andererseits wachsen dem Personalwesen neue strategische und operative Funktionen zu, die das Management in die Lage versetzen, Potentiale bei den Mitarbeitern zu erkennen, zu entwickeln und zu fördern. Solche Prozesse zu begleiten, erfordert vom Mitarbeiter im Personalwesen weniger missionarischen Eifer als die Bereitschaft, in und mit der Organisation zu lernen.

Externe Organisationsberatung kann (wenn gebraucht) bei diesem Neuorientierungsprozeß des Personalwesens an einer besonders interessanten Schnittstelle mitwirken, geht es hier doch darum, Strategie-, Organisations- und Personalentwicklung ständig miteinander zu verknüpfen, ohne wie bisher diese Aufgabe in einem zeitlichen Nacheinander zu bewältigen (ein Vorgehen, das diese wichtige Wechselwirkung regelmäßig unterbelichtet gelassen hat). Das Zusammendenken dieser drei zentralen Entwicklungsdimensionen schafft allerdings für Organisationsberater neben ihrer Prozeßberatungskompetenz einen Qualifikationsanspruch, dem in der Praxis gegenwärtig noch sehr selten entsprochen wird. Aber zweifelsohne wird man sich diesem Anspruch mehr und mehr stellen müssen – nicht nur in den Personalabteilungen, sondern auch in den entsprechenden Beratungsprofessionen.

Literatur

ARMSTRONG, M.: A Handbook of Human Ressource Management. London (Kagon Page Ltd) 1990.

HIEL, M.: Personalpolitik für Multinationale Unternehmen. Zürich (Industrielle Organisation) 1985.

SARGES W.: Management-Diagnostik. Göttingen, Toronto, Zürich (Verlag für Psychologie – Dr. C. J. Hogrefe) 1990.

SATTELBERGER, T. (Hrsg.): Die lernende Organisation, Konzepte für eine neue Qualität der Unternehmensentwicklung. Wiesbaden (Gabler Verlag) 1991.

SATTELBERGER, T. (Hrsg.): Innovative Personalentwicklung, Grundlagen – Konzepte – Erfahrungen. Wiesbaden (Gabler Verlag) 1989.

SCHOLZ, CH.: Personalmanagement: Informationsorientierte und verhaltenstheoretische Grundlagen. München (Vahlen) 1989.

WIMMER, R.: Zur Eigendynamik komplexer Organisationen. Sind Unternehmungen mit hoher Eigenkomplexität noch steuerbar? In: Fatzer, G. (Hrsg.): Organisationsentwicklung für die Zukunft – Ein Handbuch. Köln 1992.

WOMACK, J. P. u.a.: Die zweite Revolution in der Autoindustrie. Konsequenzen aus der weltweiten Studie aus dem Massachusetts Institute of Technology. Frankfurt/Main, New York (Campus Verlag) 4. Aufl. 1992.

254

Marin Ignatov

Organisationsberatung in Osteuropa

1. Die Ziele der systemischen Organisationsberatung in Osteuropa

Die Ziele einer umfassenden zukunftsorientierten Strategie für die Organisationsberatung in Osteuropa stehen gemäß der veränderten sozialpolitischen Umfeldvoraussetzungen zur Disposition. Diese Ziele müssen gleichzeitig praxisrelevant, aber auch aus den gegenwärtigen wirtschaftswissenschaftlichen und sozial- bzw. organisationspsychologischen Theorien ableitbar sein.

Die Praxis in Osteuropa zeigt immer wieder, daß die OE-Beratung nur dann wirklich erfolgreich ist, wenn eine systemische Verschmelzung zwischen Anforderungsermittlung und Anforderungsvermittlung gewährleistet ist. Gemeinsame Forschungsprojekte zu ausgewählten Beratungsbereichen sind nicht als Selbstzweck zu verstehen – vielmehr sind sie Voraussetzung für erfolgreiche Weiterbildungs- und Restrukturierungsmaßnahmen in einem Betrieb bzw. in einem Betriebszweig.

Die Problematik der Anforderungsermittlung für die Beratungspraxis erfolgreicher Berater im osteuropäischen Raum läßt mehrere Herangehensweisen zu. Wir orientieren uns an einer kulturanthropologisch begründeten Analyse mit einer starken Bezugsfindung zum Erfassungsmodus der Handlungsregulationstheorie.

Somit teilen wir die Anforderungen in drei Grundtypen:

– Umgang mit Zielen des Unternehmens;
– Betriebswirtschaftliche Situationsanalyse;
– Handlungsbedarfsanalyse und Handlungsauswahl.

Beim Umgang mit Zielen ist zunächst die Zielfindung als ein besonders exponierter Anforderungs- und Regulationsbereich anzusehen. Die Komplexität der Leitungstätigkeit in einem großen verstaatlichten Betrieb ist oft paradoxerweise durch Unklarheit und Verschwommenheit der Ziele gekennzeichnet. Es ist unter solchen Voraussetzungen viel schwieriger, sowohl für die Manager, als auch für die Berater, zwischen eigentlicher Zielbildung und Zielkonkretisierung zu trennen. Häufige Beschwerde ist dabei das Fehlen einer Perspektive, ganz im Gegensatz zu der Situation in neu entstandenen privatwirtschaftlichen Betrieben.

Die klare Definition von Teilzielen als Regulationsdeterminanten von Teil- oder Zwischenhandlungen ist aber in der Regel nur mit der Sinngebung der gesamten Tätigkeit möglich. Komplexe wirtschaftliche Entscheidungen sind keine reinen Problemlösungssituationen, sondern in einem verstärkten Maße auch Sinngebungs- und Zielfindungssituationen. Die Mängelzustände bei der Ausführungsregulation großer betriebswirtschaftlicher Einheiten in Osteuropa basieren sehr oft auf einer unbewältigten Sinnproblematik. Die Zielkonkretisierung gelingt oft deshalb nicht, weil die Sinngebung und die Zielsetzung selbst ungelöste Probleme geblieben sind. Und dies ist mit der Wiederholbarkeit einer Gesetzmäßigkeit so, denn gerade in einer Zeit der veränderten und veränderbaren Einfluß- und Machtstrukturen sind Wirtschaftsziele sehr unklar zu formulieren.

Ein gutes Beispiel für die massive Manipulation mit Begriffen ist der Umgang mit dem Schlagwort „Marktwirtschaft". Neuerdings wurde diese paradoxe Situation während einer Beratungssitzung mit leitenden Angestellten so formuliert: „Wenn man die Begriffe „Markt" und „Kommunismus" austauscht, aber die betriebsinternen Parolen beibehält, kommt man auf das gleiche heraus". Parolen wie: „Wir bauen die Marktwirtschaft auf! Wir kämpfen für die Marktwirtschaft!" sind üblich und zeigen eine alte Denkweise mit einer neuen, als opportun erscheinenden Etikettierung.

Ein zweiter Aspekt betrifft die Tabuisierung der Bereiche „Wertsystem" und „Welt- bzw. Menschenbild". Weil die Wertkomponente im Realsozialismus mißbraucht wurde, wird sie jetzt verpönt, aber nicht aufgearbeitet – alles ideologische oder ideologisierende sei veraltet, hinderlich oder unbrauchbar. Ein Zurück zum „gesunden Pragmatismus" wird gefordert. Die Berater beobachten aber, daß in der Realität eine mangelnde Zielkonkretisierung vorherrscht, verbunden mit einem mehr oder minder zufälligen Abtasten der Freiräume im betriebswirtschaftlichen System. Wo die Führungskräfte dann auf Mißstände stoßen, versuchen sie sie zu beseitigen (das sogenannte „Reparaturdienstprinzip"). Das Handeln solcher Führungskräfte kann oft durch Wissen und Können gekennzeichnet werden – es fehlt die Vision. Aber gerade in einer Zeit des Umschwungs und der Veränderung braucht die Wirtschaft wieder Visionäre, freilich nicht auf der ideologisch eingleisigen Schiene realsozialistischer Utopien.

Die problemadäquate Situationsanalyse ist eine weitere Grundkomponente von Anforderungen, die bei Organisationsberatung unbedingt beachtet werden soll. Ausgehend von unserer Erfahrung sehen wir hier Probleme bei der Unterbewertung der Analyse.

Klarheit über die Bedingungen des Handels wird oft vorausgesetzt und deshalb auf Arbeitsbesprechungen nur ungenügend thematisiert. Es gehört zu den „Selbstverständlichkeiten" eines Betriebsleiters, daß er die Folgen bestimmter Maßnahmen „richtig" einschätzen kann. Deshalb spricht er in der Beratungssituation auch nicht darüber. Die betriebswirtschaftliche Situationsanalyse bleibt als Folge in der Beratung einseitig und klassisch-kausal orientiert. Die realen Prozesse sind aber vernetzt und erfordern deshalb auch vernetztes Denken (siehe auch D. Dörner, 1989).

So betonen wir in unserer Beratungs- und Trainingstätigkeit folgende Charakteristika der Ausgangssituation für Organisationsberatungsprojekte:

a. Die *hohe Komplexität* des betriebswirtschaftlichen Problems, die unter den Bedingungen begrenzter Zeitkapazität die exakte Analyse des Sachverhalts unmöglich macht. Die Entwicklung und die Aneignung von Verfahren zur Komplexitätsverminderung und Problemstrukturierung wird folglich als eine der wichtigsten Aufgaben sowohl für die Führung als auch für den Berater sein.

b. Der Grad der *Transparenz,* der Zugänglichkeit von betriebswirtschaftlichen Merkmalen, insbesondere die Einschätzbarkeit von Merkmalsausprägungen ist für die adäquate Situationsanalyse von ausschlaggebender Bedeutung. In Fällen, wo dies aus verschiedenen Gründen nicht gewährleistet wird, ist ein symptomabgeleitetes statt kausalanalytisches Handeln oft die Regel.

c. Die *Eigendynamik* betrieblicher Probleme stellt den Organisationsberater zum einen vor das Problem des Zeitdrucks, zum anderen vor das der Erfassung meist nicht linearer Wachstums- oder Zerfallsprozesse. Tendenzen einschätzen und Stabilität ausnutzen sind aber zwei der grundlegenden Regulationserfordernisse, so daß Trainingsprogramme hierzu herangezogen werden sollen, um krasse Verhaltensdefizite aufzuspühren und aufzuarbeiten.

d. Die *Vernetztheit* betrieblicher Geschehensabläufe wird vor allem durch die Nebenwirkungen von wirtschaftlichen Handlungen deutlich. Die bisherige Ausbildung der Führungskräfte im osteuropäischen Raum war vor allem auf die Suche von Wirkungsketten ausgerichtet und nicht so sehr auf die Suche von Wirkungsnetzen. Neue Trainingsmethodiken erscheinen hierzu auch notwendig.

In der Praxis weisen wir als Berater auf die Vermengung zwischen der eingeschätzten *Wichtigkeit* und *Dringlichkeit* der Leitungsmaßnahmen im Betrieb hin. Bei der Leitungstätigkeit in großen verstaatlichten Unternehmen wird die betriebswirtschaftlicheSituationsanalyse nur unzureichend in bezug auf Komplexität und Vernetztheit durchgeführt. Die Eingriffspunkte sind aber nicht beliebig wiederholbar oder austauschbar.

Besonders unter den gegenwärtigen Bedingungen des Übergangs zu neuen Strukturen verwechseln die Führungskräfte die real wichtigen Faktoren mit den Faktoren, die sich aktuell aus verschiedensten Gründen besonders lautstark anbieten. Die aus der Kommandowirtschaft kommende habitualisierte Tendenz zum Zugzwang ohne zuverlässige Einschätzung der Wichtigkeit führt oft zu Fehlgriffen in der Produktion oder im Vertrieb. Deshalb betonen und untermauern wir als Organisationsberater die Devise: „Von der Wirtschaftskampagne zum Wirtschaften, von der Stachanow/ Hennecke-Tonnenideologie zur bedachten Qualitätsarbeit".

Die Handlungsbedarfsanalyse und die Handlungsauswahl sind zwei der wichtigsten Anforderungen an die operative Struktur der Beratungstätigkeit. Schwierige Probleme liegen hier erfahrungsgemäß in den mangelnden

Möglichkeiten der Rückkopplung. Eine erfolgreich durchgeführte Feedback-Analyse ergibt als häufige Symptome der Betriebssituation mangelnde Neben-und Fernwirkungsanalysen, falsche Dosierung von Maßnahmen (Unter- oder Übersteuerung), aber auch das Bestreben, alles selbst machen zu können (Delegierungsscheu). Hierzu sind einzelne praktisch orientierte Beratungssansätze bereits entwickelt worden, um systemisch für die Organisation förderliche Herangehensweisen zu eruieren und diese dann gruppen- und branchenspezifisch zu vermitteln.

2. Die Beratungskompetenz

Ausgehend von den Grundbereichen der Anforderungsermittlung (Umgang mit Unternehmenszielen, betriebswirtschaftliche Situationsanalyse und Handlungsbedarfsanalyse) verdichten wir unsere Schlußfolgerungen und Vorstellungen im Konstrukt der *Kompetenz* (Beratungskompetenz). Somit verstehen wir die Kompetenz nicht als Persönlichkeitseigenschaft oder angeborene Veranlagung – vielmehr ist dies die Abbildung eines Beziehungsgeflechts von Regulationserfordernissen.

Das personspezifische Herangehen an die betriebswirtschaftliche Situation und die darin enthaltene persönliche *Sinngebung, Zielsetzung und Aufgabenfeststellung* drücken sich im Konstrukt der Kompetenz aus. Im Unterschied zu Begriffen wie Anpassung, aber auch Autonomie und Effektivität schließt ein solcher Kompetenzbegriff die zwei Richtungen der Auseinandersetzung „Berater – betriebswirtschaftliche Situation" mit ein:

Kompetenz steht hier für eine Optimierungsleistung zweiter Ordnung: aufbauend auf der Optimierung des Verhältnisses „Anstrengung – Verausgabung" einerseits, und „Erfolg – Mißerfolg" andererseits. Hohe Beratungskompetenz ist somit Ausdruck der Wechselwirkung zwischen einer Förderung der personalen Produktivität im Betrieb, aber auch einer Verbesserung der Güte der Stressbewältigung. Kompetente Organisationsberatung führt nicht nur zu einer Maximierung des wirtschaftlichen Erfolgs, sondern stellt eine Optimierung des Erfolgsstrebens unter Berücksichtigung der Langzeitfolgen psychischer Verausgabung dar.

Damit betonen wir die gesamtwirtschaftliche Bedeutung des frühen Ausfalls von Führungskräften. Diese Symptomatik ist in der Organisationspsychologie hinreichend beschrieben als das sogenannte „burn-out" Syndrom. Gerade unter den Bedingungen eines raschen gesellschaftlichen Wandels gewinnt diese Problematik stark an Bedeutung. Das vorhandene Potential an Führungskräften, die nicht mit dem alten und diskreditierten „Nomenklatura"-System verbunden sind, ist relativ klein. Deshalb ist Förderung und Schutz für die Manager im osteuropäischen Raum keine manierliche Zusatzforderung, sondern ein Grunderfordernis bei der Beratung und Betreuung.

Beim Aufbau einer OE-Methodik ist es notwendig, daß das Konstrukt *Beratungskompetenz* praxisrelevant strukturiert wird. Hierzu ist vor allem der Grad der Situationsspezifität der Beratungsaufgaben entscheidend. Situationsspezifische Aufgaben beziehen sich auf ganz konkrete Merkmalskonstellationen und rufen eher rollenspezifisches Verhalten auf. Umgekehrt gibt es Lebensaufgaben, die eher schwieriger mit bestimmten Situationen in Verbindung gebracht werden können. Dies macht sie jedoch nicht weniger wichtig für die Entfaltung der Persönlichkeit. So unterscheiden wir nach dem Kriterium der Situationsspezifität drei Grundtypen der Kompetenz:

Die *regenerative Kompetenz* ist ein verdichteter Ausdruck der Bewältigung von situationsunspezifischen Lebensaufgaben. Unabhängig von den konkreten Anforderungen der berufsspezifischen Situation ist es wichtig, daß Fertigkeiten und Fähigkeiten zur kurzzeitigen Regeneration des psychischen Potentials zum operativen Handlungsrepertoire der Person gehören. Dies geschieht normalerweise durch Heranziehen von äußeren Substanzen – die häufigste ist Alkohol, neuerdings auch Medikamente und Drogen.

Eine regenerativ kompetente Person dagegen ist in der Lage, ohne äußere Substanzen, mittels Relaxation und Selbstinstruktion zu einem Zustand der Entspannung zu kommen. Die Betonung der regenerativen Kompetenz in unserer praktischen Tätigkeit hat viel mit der aktiven Bekämpfung des „versteckten Alkoholismus" im Betrieb zu tun. Einbezogen ist auch die Beweisführung, daß der Alkoholmißbrauch eine suboptimale Bewältigung von Anspannung und Stress darstellt.

Die *soziale Kompetenz* ist ein Ausdruck der Bewältigung von Regulationsaufgaben mittlerer Situationsspezifität. Wir erfassen hier die Berater vor allem in ihren Fähigkeiten und Fertigkeiten als Fazilitatoren in Groß- und Kleingruppenprozessen. Sensible, behutsame, aber auch methodisch präzise Arbeit zur Verbesserung der Gesprächs- und Verhandlungsführung im Betrieb sind hier ausschlaggebend.

Das Verhältnis zum Partner wird in der Beratungssituation differenziert betrachtet. Das konkrete Verhalten in drei Grundsituationen des innerbetrieblichen Zusammenseins wird analysiert: Kooperations-, Kompetitions- und Konfliktverhalten. Bei der Berücksichtigung der spezifischen Gegebenheiten im osteuropäischen Raum hat hier die Verbesserung der Akzeptanz für Kompetitionsförderungsprogramme sowohl auf der individuellen als auch auf der Gruppenebene Priorität.

Dies ist von ausschlaggebender Bedeutung bei der Einführung eines marktwirtschaftlichen Wertsystems in der innerbetrieblichen Kommunikation. Wettbewerb ohne Rivalität wird als System von Einstellungen und Verhaltensweisen erlernbar gemacht. Dabei wird auch die hohe Bedeutung innerbetrieblicher Kooperation in den Vordergrund gestellt.

Die *Rollen-, Branchen-* und *positionsspezifische Kompetenz* ist gefordert bei der Bewältigung von solchen Regulationsaufgaben, die hochgradig situationsspezifisch sind. Die Verinnerlichung sozial-geprägter Rollen ist hier von ausschlaggebender Bedeutung. Jede Beratungstätigkeit unter betriebswirtschaftlichen Prämissen ist branchenspezifisch, obwohl diese Spezifität nicht unbedingt etwas mit der Methodik und der Auswahl für Eingriffspunkte des Beraters zu tun hat. Das Wechselspiel von Rollenstabilität und Rollenflexibilität macht vielmehr die Problematik dieser Beratungskompetenz aus.

Dies ist um so mehr von Bedeutung, als die beliebige Branchenaustauschbarkeit der traditionellen kommunistischen „Nomenklatura" in Frage gestellt wird zugunsten einer Fachkompetenz in Wirtschafts- oder Rechtsfragen.

Die so geschilderte Anforderungsermittlung ist Grundlage unserer Organisationsentwicklungs-Strategie. Sie ist orientiert an den nationalen, regionalen und branchenspezifischen Besonderheiten. Beratungs- und Trainingsprojekte werden als Einheit betrachtet.

Die Beratung konzentriert sich in der Regel auf zwei Themenkreise:

- Die Entwicklung neuer Ziele auf der betriebswirtschaftlichen, sowie auf der Persönlichkeitsebene;
- Begleitungsprojekte bei der Entstehung von, aber auch der Umgang mit Rationalisierungsmaßnahmen, Innovationen, Erfindungen.

Folgende betriebswirtschaftliche Bereiche werden einbezogen:

- Abteilungen Forschung und Entwicklung, Konstruktionsbüros, Technologie und Fertigung, betriebliches Vorschlagswesen;
- Betriebseigene Vertriebsorganisation, sowie die gegenwärtigen und potentiellen Kunden – Einführung von „Marketingdenken" oder „customer-oriented approach";
- HRM-Abteilungen (Human Resources Management) –Maßnahmen zur Personalentwicklung und Potentialentfaltung der Mitarbeiter.

Bei allen Beratungsprojekten kommt immer wieder ein Widerspruch, der nur aus der unterschiedlichen Entwicklung in beiden Teilen Europas zu verstehen ist. In Osteuropa werden zumeist die wirtschaftlichen Probleme von der Produktion und der Distribution her aufgerollt. In Westeuropa dagegen ist der Ausgangspunkt für jede Art von wirtschaftlicher Tätigkeit der Markt, d. h. das Verhältnis zwischen effektivem Angebot und effektiver Nachfrage. Auf der Ebene der Rationalität wird das leicht verstanden, viel schwieriger ist es dagegen, dies auch emotional und einstellungsmäßig zu akzeptieren. In Osteuropa wurden zahlreiche Diplomingenieure ausgebildet und die Kaufleute spielen immer noch eine verhältnismäßig untergeordnete Rolle. Die meisten Führungskräfte, mit denen der Organisationsberater zu tun hat, sind Diplomingenieure. Das Verhältnis zwischen Kaufleuten und Ingenieuren in Westeuropa ist etwa umgekehrt. Der methodische Aufbau der Organisationsberatung in Osteuropa muß auch dieses Spezifikum berücksichtigen.

3. Rolle der Computer-Simulation in der Organisationsberatung

Bei Beratungsprojekten bemühen wir uns grundsätzlich in Kleingruppen zu arbeiten unter Berücksichtigung der Prinzipien der systemischen Organisationsentwicklung. Die Einbeziehung der bereits genannten wichtigen Anforderungsbereiche in einer umfassenden zukunftsorientierten Organisationsberatung und Betreuung von Führungskräften setzt u. E. die' verstärkte Anwendung von Computer-Simulationen voraus. Eine widersprüchliche, aber sehr innovative Entwicklung ist hier zu beobachten.

3.1 Der aktuelle Stand der Forschung im osteuropäischen Raum

In Osteuropa ist ein verstärktes Interesse für die Problematik der Mensch – Rechner – Interaktion bemerkbar. Bisher sind aber in der einschlägigen Literatur nur spärlich Hinweise auf die Computer-Simulation komplexer Sachverhalte zu finden.

So ist z. B. für O. K. Tichomirow (1984) die Formierung geistiger Handlungen gemäß der theoretischen Vorstellung Galperins auch in der Interaktion mit dem Rechner wichtig. T. W. Kornilowa (1980) erfaßt die Zielbildungsprozesse und vergleicht Situationen mit Problemlösungscharakter bei Mensch-Maschine oder Mensch-Mensch-Interaktion. A. W. Bruschlinski (1989) ist der Auffassung, daß der psychologische Aspekt des Denkens überhaupt nicht durch Simulationsexperimente erforscht werden kann. Andererseits zeigten die Diskussionen in den Zeitschriften „Psihologija – MGU" und „Woprosy Psihologii" (1986-1990), daß seitens der gesellschaftlichen Praxis neue und höhere Anforderungen gestellt werden, denen die Denk- sowie die Organisationspsychologie in Osteuropa noch nicht in vollem Maße gewachsen ist. Man spricht auch allgemeiner von Krisenerscheinungen in der gegenwärtigen angewandten psychologischen Forschung in Osteuropa.

3.2 Die vorhandenen Simulationen sowie deren Simulationsziele

Die Grundidee, ökologisch valide Abbildungen der Realität zu simulieren und das Denken beim Herangehen an solche Situationen zu beobachten, findet in den letzten Jahren große Verbreitung. Die Lohhausen-Studie von D. Dörner u.a. (1983) gibt einen umfassenden Einblick in diese Problematik und macht auch die Strategie der Herangehensweise fest. Typisch ist, daß die Probanden nicht auf die Analyse der intervariaten Verbindungen ihre Antworten aufbauen können, sie müssen vielmehr auf plausible und erprobte Schemata des sozialen Handelns zurückgreifen.

Einige Problemcharakteristika wie Komplexität, Transparenz, Eigendynamik und Vernetzheit werden bei der Erstellung der Aufgaben besonders beachtet. Die Zahl der beeinflußbaren Variablen ist im Unterschied zu den klassischen Problemlösungsexperimenten nicht angegeben. In der Regel wirken die Versuchspersonen nicht direkt auf den Rechner, sondern geben dem Versuchsleiter ihre Maßnahmen an.

Die Simulationssituationen bleiben ökologisch valide, weil sie von den Alltagsproblemen nicht abgehoben sind. Es ist interessant, daß das Ziel der Simulationen noch auf die Felder der Grundlagenforschung begrenzt wird. Dies ist nicht zufällig. Gerade auf dem Gebiet der computer-gestützten Simulationsverfahren erscheint Vorsicht dringend angebracht. Solange man noch nicht in der Lage ist, die grundlegenden Aspekte des Herangehens an die komplexe Aufgabe erschöpfend zu analysieren, so z. B. der Umgang mit Zielen, aber auch die Handlungsauswahl, bleibt die lernpsychologische Seite klärungsbedürftig.

Trotzdem teile ich die Auffassung, daß die Einbeziehung von computergestützten Simultionsverfahren in Organistationsberatungsprojekten notwendig und angebracht ist. Gleichzeitig muß aber betont werden, daß diese Verfahren nur Komponenten einer ganzheitlichen Beeinflussung sein können. Sie ergänzen und verdichten die Auseinandersetzung mit der Realität, die sonst innerhalb der dynamischen Situation der Fallanalyse in der Kleingruppe erfolgt.

3.3 Probleme bei der Anwendung von Simulationsverfahren in Beratungsprojekten

Die *Beachtung der Situationsgebundenheit* von Simulationsverfahren ist ein Aspekt, der bisher nicht systemisch betrachtet und analysiert wurde. Ich teile die Meinung, daß für die Lösung der nicht rollenspezifischen Beratungsaufgaben solche Verfahren von Nutzen sein können, die eher lose mit der Lebenssituation der Beteiligten verbunden sind. Nach dem *Begegnungs-Prinzip* wäre es sogar angebracht, gerade solche Verfahren auszuwählen, die aus einem anderen Realitätsabschnitt stammen: so z. B. für Führungskräfte aus den Bereichen der Kunst und Kultur Simulationen von Produktionsprozessen, für technische Leiter Simulationen von Entwicklungshilfeprojekten usw.

Umgekehrt sollte man verfahren, wenn die Lösung der rollenspezifischen Beratungsaufgaben spezifische Simulationen erforderlich macht. Sowohl der Survey-Aspekt, als auch der Trainingsaspekt der Beratung ist hier mit Simulationen verbunden, die eine maximale Ähnlichkeit zu den tatsächlichen Prozessen aufweisen.

Die Veränderung des Rollenveständnisses von Versuchsleitern und Versuchsperson

Die zwei sich gegenüberstehenden Personen in einer Computer-Simulation erscheinen jetzt nicht mehr, wie in der Psychologie üblich, als Versuchsleiter und Versuchsperson, sondern als Trainer und Trainee und gehen deshalb mit anderen Zielsetzungen an die Simulationsaufgabe heran. Der Grad der Permissivität des Leiters ist z. B. eine Variable, die vor allem im Training an Bedeutung gewinnt. Folglich muß sie kontrolliert oder vielleicht sogar bewußt variiert werden. Die Zielsetzungen müssen thematisierbar sein, und wenn schon die simulierten Realitätsbereiche intransparent sind, muß das Verhalten des Trainers in jedem Trainingsabschnitt transparent bleiben.

Die Vermengung von Realität und Realitätsabbildung
als mögliche Gefahr für den Beratungserfolg

Gerade bei Verfahren, die augenscheinlich ökologisch valide sind, gibt es „plausible" semantische Einbettungen, wo sich ein Gefühl des Entfremdetseins entwickeln kann. Die Prozesse werden als realitätsnah, aber auch gleichzeitig gebrochen durch die Werte und Kenntnisse des Programmherstellers erlebt. Ähnliche negative Erfahrungen sind aus der Medienforschung hinreichend bekannt. Zu leicht entsteht dann eine kontradependente Einstellung zur Computer-Simulation, die sich störend auf den Lernfortschritt, sowie auf den gesamten Beratungserfolg auswirken kann. Eine Gefühlsneutralisierung ist m. E. erreichbar durch die etappenweise Relativierung und Infragestellung der Abbildung (des Programms). Werte und Haltungen dürfen hinter der Tätigkeit des Programmherstellers genau so angenommen werden, wie bei der Diskussion der simulierten Betriebssituation durch die Beteiligten am Beratungsprojekt.

Die Vermengung von Diagnose, Training und Forschung
als mögliche Ursache für Motivationsstörungen

Indem der Proband, in unserem Falle üblicherweise Führungskraft, die Versuchssituation nicht mehr als ausschließliche Experimentalsituation betrachtet, sondern über ihren zweckgebundenen instrumentellen Charakter spekuliert, entsteht die Unsicherheit über die Ziele der Aufgabe. Ist es eine Trainingsaufgabe ohne Leistungsnachweis, ist es eine Trainingsaufgabe mit Leistungsnachweis oder aber eine reine Diagnostikaufgabe? Die somit entstandenen impliziten Theorien beeinflussen das Verhalten durch die Veränderung der Motivationsgrundlage.

Auch ein zweiter Aspekt ist hierbei von Bedeutung. Der gesellschaftliche Druck für eine schnelle und zuverlässige Diagnose des Führungsverhaltens in Osteuropa ist sehr groß. Aus politischen Erwägungen wird gefordert, daß alle Führungskräfte „attestiert" werden. Dies sollte neutral und möglichst maschinell, z. B. mittels Computer-Simulationen erfolgen. Dahinter steht der Wunsch, die nach „wissenschaftlichen" Kriterien ausgewählten Führungskräfte zu befördern, bzw. die alten Repräsentanten der „Nomenklatura" auszuschalten. Diese möglicherweise wichtige Zielsetzung von Institutionen wird zu einem Problem, falls die Kontraktgestaltung unvollständig ist.

Deshalb muß auch die für einen Organisationsberater wichtige Kontraktproblematik frei angesprochen werden. Eine irrtümlicherweise angenommene Zweigleisigkeit der beraterischen Intentionen wirkt sich hinderlich auf die Arbeit am Projekt aus. Ausweg ist wiederum die deutliche Thematisierung, die die notwendige Transparenz verschafft.

Wenn wir am Ende dieser Ausführung durch die spezifischen Charakteristika von Organisationsberatung in Osteuropa gehen, so drängt sich die Schlußfolgerung auf, daß sich Beratungsprojekte bisher, wenn überhaupt, nur bei Großinvestitionen im infrastrukturellen Bereich bewährt haben. Die systemische Organisationsberatung entfaltet sich in Osteuropa in einem monopoloiden oder oligopoloiden Umfeld, d. h. in Fällen, in denen der Konkurrenzdruck verhältnismäßig klein ist. Die bisherige Herangehensweise ist umständlich und bürokratisch. Oft stehen zwei Philosophien einander gegenüber, die nur schwer zu integrieren sind. Nach ein paar Jahren wird die Situation mit Sicherheit ganz anders gelagert sein.

Die Markterfordernisse ändern sich, die Angebots- und Nachfragestrukturen gehen in eine andere Richtung und damit verändern sich auch notwendigerweise die Anforderungen an Beratungsprojekte in Osteuropa. Es ist ein großer, immer noch stark unterentwickelter Beratungsmarkt. Auf die große Herausforderung dieses Marktes zu antworten, bleibt unsere Aufgabe.

Literatur

BRUSCHLINSKI A. V.: Ist die künstliche Intelligenz möglich? (in Russisch) In: O. K. Tichomirov (Hrsg.): Psihologiceskie issledovanija intelektualjnoj dejateljnosti. Moskau (1989).

DÖRNER, D.: Die Logik des Misslingens. Reinbek (Rowohlt) 1989.

DÖRNER, D/KREUZIG, H.W./REITHER, F./STÄUDEL, Th.: Lohhausen, Vom Umgang mit Unbestimmtheit und Komplexität. Bern (1983).

KORNILOVA T. V.: Die Zielbildung im Dialogregime mit dem Rechner und unter den Bedingungen der Kommunikation (in Russisch). Moskau 1980.

TICHOMIROV O. K.: Die Psychologie des Denkens (in Russisch). Moskau 1984.

Gunnar Hjelholt

Beratung im interkulturellen Kontext

1. Der Workshop

1.1 Das Konzept

Die Teilnehmer des Welser Symposiums, die sich für meinen Workshop
angemeldet hatten, waren auf ein erfahrungsorientiertes Lernkonzept eingestellt.

Die Struktur des Workshops war einfach:

1. Gruppenbildung nach alltäglichen Kriterien
2. Konsolidierung der Gruppen durch Verständigung über das ihnen als
   Gruppe zugrundeliegende Wertesystem („Einigt Euch auf fünf Werte,
   die der Kultur Eurer Gruppe zugrunde liegen und charakteristisch für sie
   sind. Wählt danach einen Namen für Eure Gruppe").
3. Beratungsphase: Jede Gruppe wählte einen Vertreter und bereitete ihn
   darauf vor, eine der anderen Gruppen in einem festgesetzten Zeitraum
   zu beraten. Der Berater verbrachte 15–20 Minuten in der anderen „Kultur" und kehrte dann in seine Heimatgruppe zurück, um den bisherigen
   Beratungsverlauf zu besprechen und gemeinsam die nächste Runde
   vorzubereiten. Die anschließende und zugleich abschließende Beratung
   beim „Klienten" dauerte nochmals 15 Minuten.
4. Schließlich wurden die Erfahrungen des Prozesses aus den Perspektiven
   der verschiedenen Rollen und Gruppen im Plenum diskutiert.

1.2 Was hat sich ereignet? Wie ist der Prozeß abgelaufen?

Alle 22 Teilnehmer sprachen Deutsch. Der offensichtlichste Unterschied
war der zwischen den Geschlechtern, zwischen Frauen und Männern. So
bildete sich als erste Formation eine Frauengruppe, die zumindest 3 Na-

269

tionalitäten und Angehörige von drei verschiedenen Religionen umfaßte. Die Männer kamen – mit einer einzigen Ausnahme – entweder aus Österreich oder aus Deutschland, und so wurden Gruppe 2 und Gruppe 3 nach dem Kriterium der nationalen Zugehörigkeit gebildet. – Aber ein Mann – ein Bulgare – saß alleine da. Wohin sollte er gehen? Geschichtlich gesehen war er der österreichischen Gruppe näher; aber sein intellektuelles Erbe und seine Ausbildung hatte er an deutschen Universitäten erworben; und er fühlte sich am meisten zu den Frauen hingezogen. Schließlich wurde er, als Minderheit, der Frauengruppe zugeordnet. – Allein die Einteilung in Gruppen brachte bereits einige der Grundelemente, aus denen Kulturen gemacht sind, zutage: Religion, Geschichte, Sozialisation in einer bestimmten Lernumgebung, Berufsrolle und Geschlechtsrolle.

Die Arbeit zur Konsolidierung der Gruppen gestaltete sich äußerst intensiv. Die neugebildeten Gruppen versuchten, intern Verknüpfungen und Verbindungen aufzubauen, indem sie über gemeinsame Werte diskutierten und ihre Identität nach außen hin durch einen Gruppennamen zum Ausdruck brachten. Für den Beobachter mit Außenperspektive ergaben sich folgende Bilder von den Gruppenkonstellationen: in der deutschen Gruppe schien es zwei Fraktionen zu geben, die augenscheinlich mit großer Dichte und Konzentration am Werk waren; lockerer und mit Gelächter ging es in der österreichischen Gruppe zu; die Frauengruppe zeigte einen hohen Grad des sich-Einlassens, wobei der Mann als Minderheit an der Peripherie saß.

Als der Beratungsprozeß begann, veränderte sich die Atmosphäre. Es sah so aus, als ob die Frauengruppe ihren Berater mit höflicher Zurückhaltung empfing. Ihre starke Beteiligung von vorher nahm sichtlich ab, und zeitweise wurden sie zu höflichen Zuhörerinnen. – Die österreichische Gruppe brachte den beiden Beraterinnen der Frauengruppe sichtlich Erwartungen entgegen und vertiefte sich alsbald in ein ernsthafteres Gespräch; und obwohl die Beraterinnen klar verteilte Rollen hatten – die eine war als Beobachterin mitgekommen – waren sie beide hochgradig in den Prozeß involviert. – Der österreichische Berater schien die deutsche Gruppe nach der ersten Beratungsrunde ziemlich verzweifelt zu verlassen, aber nachdem er in seiner Heimatgruppe neu gebrieft worden war, ging es ihm beim zweiten Mal besser.

270

Ich bedaure sehr, daß ich die Plenumsdiskussion mit dem Erfahrungsaustausch der Beratungsübung nicht aufgezeichnet habe. Nach meiner Erinnerung kamen folgende Punkte zur Sprache:

– Der Österreicher, der in der deutschen Kultur arbeitete, hatte das Gefühl, dort eigentlich unerwünscht zu sein; er hatte Schwierigkeiten, einen Zugang zur Gruppe und deren Akzeptanz zu finden. Er spürte Ressentiments. Die Gruppe war nicht homogen (ihr Gruppenname lautete: „Leicht – Gründlich"). Es war nicht klar, wieweit das Empfinden des Beraters, daß ihm die Gruppe mit Ressentiments und Feindlichkeit begegnete, auch auf seine eigenen Erwartungen und Vorstellungen über die Gruppe zurückzuführen war, da er früher einmal als Österreicher Schwierigkeiten gehabt hatte, in Deutschland zu arbeiten.

– Die Beraterinnen der interkulturellen Frauengruppe fanden ohne nennenswerte Schwierigkeiten einen Zugang zur österreichischen Gruppe und fanden ihre Akzeptanz, da eine von ihnen auch Österreicherin war. Der Umstand, daß sie zu zweit waren, erhöhte auch ihre Interventionssicherheit in der Gruppe.

– Der deutsche Berater hatte Schwierigkeiten, in der Frauengruppe akzeptiert zu werden und konnte daher auch nicht wirklich intervenieren.Diese Gruppe hatte alle ihre Energien darauf verwendet, gemeinsame Werte zu finden und eine Gruppe zu werden – sich auch noch mit der Außenwelt zu beschäftigen, war schlicht zuviel verlangt. Sie erkannten ihren Berater nicht an, aber sie zeigten es ihm nicht offen. (Dieser Mangel an Akzeptanz hatte vielleicht mit seinem Geschlecht zu tun. Sie hatte ja auch den einzigen Mann nicht in die Gruppe integrieren können).

Die Plenardiskussion machte zwei Aspekte von „Kultur" deutlich, die bezeichnend für Europa sein dürften. Der eine Aspekt betraf die Vorurteilsbildung über Kulturen, die sich gerade in einem Prozeß des Wandels befinden und versuchen, ihr Image zu verändern. Die Deutsche Nation ruft bei ihren kleineren Nachbarn sehr leicht negative Bilder hervor. Diese kritische Haltung kommt aus der Rolle, die Deutschland in der Europäischen Geschichte dieses Jahrhunderts gespielt hat, und die noch nicht vergessen ist. Die Deutschen sind sich dieses Erbes sehr wohl bewußt, genauso wie der Werte, auf die sich ihre starke Position im Rahmen der Europäischen Gemeinschaft gründet.

Der Versuch, ihr Image „abzumildern" und zugleich auf ihre paradoxe Situation aufmerksam zu machen, eine neue Identität zu finden, spiegelte sich in ihrer Namensgebung wider: „Leicht – Gründlich".

Der Bulgare, der in der Frauengruppe – der internationalsten Gruppe am Workshop – gewesen war, trug sehr viel zur Analyse des dort stattgefundenen Prozesses bei. Er zeigte sich überwältigt von den Ähnlichkeiten zwischen den Prozessen, die in dieser Gruppe gelaufen waren und den Ereignissen, die sich gerade zu Hause, in den Ländern Osteuropas, abspielten. Die Anstrengung, sich auf gemeinsame Werte zu einigen und als neue Gruppe eine Identität zu finden, war so groß, daß jegliche Hilfe von außen einfach zu viel war. Und es ist mit hoher Wahrscheinlichkeit anzunehmen, daß das mangelnde Verständnis von Beratern für den mühsamen Identitätsfindungsprozeß der osteuropäischen Staaten wieder nur zur Bildung von neuen Ideologien führt, die an die Stelle der alten kommunistischen Ideologie treten. Diese konnte u.a. deshalb nicht überleben, weil sie das tiefverwurzelte Wertesystem, das historisch und religiös begründet ist, zugedeckt oder unterdrückt hatte.

2. Reflexionen über Beratung

Der Berater ist ein Externer, der von außen in ein unbekanntes System *hineingeht,* dort die *Akzeptanz* für *Interventionen* gewinnen muß, die darauf abzielen, daß das System (z. B. eine Organisation) sich so verändert, daß es besser funktioniert/arbeiten kann.

Der Berater ist in seiner Arbeit immer entfernt von seiner eigenen Kultur. Er arbeitet dort, wo er nicht „zu Hause" ist. Das ist seine Stärke und zugleich seine Achillesferse. Aufgrund seiner Position als Externer kann er sehen, was Interne nicht mehr wahrnehmen, weil es ihnen zu nahe oder zu vertraut ist. Außerdem ist er als Externer nicht an die Normen des Systems gebunden und besitzt mehr Freiheit, Themen anzusprechen, über die die Mitglieder des Systems zwar gerne reden würden, dies aber wegen ihrer eigenen Normen und Tabus nicht können. Ein Externer kann diese Tabus leichter brechen und ein Gespräch ermöglichen. Die Außenposition verleiht dem Berater einigen Spielraum, naive Fragen zu stellen, weil er ja die Organisation noch nicht kennt und daher auch über ein höheres Maß an Ungeniertheit und Unerschrockenheit verfügt als Interne. Dadurch bekommt die Gruppe oder die Organisation den nötigen „Kick", jene Fragen und Aufgaben anzugehen, die ihre Probleme verursachen.

2.1 Das Ankoppeln

Aber zunächst muß der Externe einen Zugang zu dem System finden, d. h. er muß sich ankoppeln. Und das erlaubt eine Organisation nicht jedem. In vielen Firmen gibt es an der Rezeption Gast-Plaketten für Besucher. In fremden Kulturen ist das auch so, wenn auch die Symbole verschieden aussehen. In einem Indianerdorf besteht das Eintrittsritual in einer Versammlung der wichtigen Dorfeinwohner, in der der Besucher ein Glas Wasser angeboten bekommt. Wenn man das Wasser ablehnt, weil man vielleicht spätere Magenbeschwerden befürchtet, hat man sich nicht angemessen angekoppelt.

Ein weiteres Beispiel: In den achtziger Jahren wurden zwei Kollegen (ein Deutscher und ein Brasilianer) und ich mit der Aufgabe betraut, eine Evaluationsstudie über ein landwirtschaftliches Entwicklungsprogramm in Portugal durchzuführen. Als erstes gingen wir zum Landwirtschaftsminister, stellten uns selbst und unseren Auftrag vor und ersuchten um die Erlaubnis, mit dem Direktor der Sektion Landwirtschaft zu sprechen; mit dieser Erlaubnis gingen wir zum Direktor, stellten uns selbst und unseren Auftrag vor und baten um die Erlaubnis, mit dem speziellen Direktor für dieses Entwicklungsprogramm zu sprechen. Mit dieser Erlaubnis gingen wir zu dem besagten Direktor und fragten ihn wiederum, ob wir mit seinen Abteilungsleitern sprechen könnten usw. Wir wählten unseren Eintritt immer von der Spitze der Hierarchie abwärts und versicherten uns jeweils des Zugangs zu der nächsten Ebene, bis wir schließlich mit den Arbeitern, Mechanikern, Statistikern und Verbrauchern sprechen konnten. Und als wir unsere Daten auf der untersten Ebene gesammelt hatten, baten wir unsere Informanten um die Erlaubnis, unseren Bericht der Führungsebene zu präsentieren, besprachen mit ihnen durch, was wir mit ihrer Erlaubnis sagen wollten und kletterten so die ganze Hierarchieleiter Sprosse um Sprosse wieder hinauf, bis schließlich der Endbericht an den Landwirtschaftsminister und das Amt für Entwicklungsfragen ging. Wir betraten und verließen das System entsprechend den systemüblichen Verfahrensbestimmungen und achteten darauf, daß niemandes Würde verletzt wurde. Das bedeutete nicht, daß damit alle unerfreulichen Aspekte des Projektes ausgeschaltet werden konnten; aber es hatte sich doch, quer durch die Hierarchie, ein Verständnis dafür entwickelt, daß die Sichtweisen und die einschränkenden Rahmenbedingungen jeder Position beachtet und berücksichtigt werden mußten – und daß niemand das Gesicht verloren hatte. Vier Monate später luden die portugiesischen Behörden das Team ein, wiederzukommen und ihnen dabei behilflich zu sein, einige der Veränderungen im Projekt zu implementieren, die im Endbericht der Evaluation empfohlen worden waren.

Das hier beschriebene Beispiel für das Ankoppeln an ein System entlang der formalen Verfahrensregeln der Hierarchie und der sorgfältig geplante Rückzug, der darauf Bedacht nahm, niemanden in seiner Position zu untergraben, war das Resultat langjähriger Erfahrungen mit Organisationen.

Entwicklungsprojekte sind in den seltensten Fällen erfolgreich, und Evaluationsstudien derselben sind wirkungslos oder erzeugen allenfalls negative Wirkungen, wenn sie nur von einer oder zwei der involvierten Parteien zurückgewiesen werden. Einer der Gründe dafür könnte sein, daß der Berater oder das Beraterteam es versäumt haben, sich darüber Gedanken zu machen, welche Art des Zuganges/des Einfädelns/des Ankoppelns in diesem System akzeptiert werden kann. Eine dem System angemessene Vorgangsweise bei den Erstkontakten müßte eigentlich die Akzeptanz des Systems gegenüber dem Berater erleichtern.

2.2 Akzeptanz

Wenn es gelungen ist, sich einem System entsprechend anzukoppeln – ob es sich nun um eine fremde Kultur oder um eine Organisation handelt – kann man trotzdem noch nicht mit der Arbeit beginnen.der Berater braucht, um arbeiten zu können, die emotionale Akzeptanz seines Klientensystems. Und das ist ein sehr subtiler Prozeß, oft so subtil, daß sich der Berater nicht einmal bewußt ist, was das System nun konkret veranlaßt hat, Vertrauen zu ihm zu fassen.

Edgar H. Schein sagt in seinem Buch „Organisationskultur und Führung", daß Kultur als Wechselspiel unterschiedlicher Ebenen beschrieben werden kann. Auf der Ebene des allgemein Sichtbaren liegen alle Erscheinungen, die dem freien Auge zugänglich sind, wie z. B.die in einer Organisation verwendeten Technologien, die architektonische Gestaltung und räumliche Ausstattung, typische Verhaltensmuster und Begegnungsrituale. Auf der Ebene des Unsichtbaren, das dem freien Auge verborgen ist, gibt es das der Organisation zugrundeliegende Wertesystem und Grundannahmen über das Leben. Das Ankoppeln an ein System hat mit der sichtbaren/manifesten Ebene zu tun und muß im Einklang mit den anerkannten Verhaltensmustern der Kultur erfolgen.

Akzeptanz hat etwas mit dem „Abtasten" des Beraters zu tun. Respektiert er die Werte des Systems ? Vom Berater wird nicht verlangt, daß er diese Werte teilt, aber er muß das Recht der Mitglieder des Systems respektieren, diese Werte zu haben und er darf nicht gegen sie handeln.

In vielen Kulturen – besonders in solchen, wo Familien-Werte vorherrschen – sind es die alten Leute, die das Urteil über den Externen fällen. Wenn Sie einem alten Vater oder einem Onkel vorgestellt werden, wird die Akzeptanz, die Sie in diesem System bekommen, sehr wahrscheinlich davon abhängen, was der alte Mann nach dieser Begegnung über Sie sagt. – Oft kommt es vor, daß Ihr Klient plötzlich sein Verhalten Ihnen gegenüber ändert und Sie haben keine Ahnung, warum. Ein Beispiel dafür: Sie haben schon seit einigen Monaten eine Klienten-Berater-Beziehung mit einem Beamten der öffentlichen Verwaltung. Eines Tages lädt er Sie plötzlich ein, mit ihm in seinem überfüllten Büro seine Mittagsbrötchen zu teilen, anstatt wie bisher formell in ein Restaurant ausgeführt zu werden.

Der Grund, warum ich immer wieder die Bedeutung der Akzeptanz im Beratungsprozeß so stark betone ist der, daß in interkulturellen Trainingskursen und bei der Vorbereitung für die Arbeit in fremden Kulturen die öffentlich sichtbaren Verhaltensmuster, in denen sich diese Kultur von anderen unterscheidet, so offensichtlich am Tisch liegen. Training und Vorbereitung bleiben üblicherweise beim Lernen über diese Eigenheiten im Verhalten stehen. Für einen Berater, der eine reale Chance haben will, Veränderungen zu unterstützen, ist es aber nicht genug, wie ein Tourist oder ein Forschungsreisender das Land und seine Kultur zu erkunden. Er muß mit den Leuten arbeiten können und sie auch dazu bringen, bei allen Unsicherheiten und Schwierigkeiten, die in Veränderungsprozessen unvermeidlich sind, weiterzuarbeiten. Und dazu braucht er ihre Akzeptanz.

2.3 Interventionen

Von einem Berater , der als Externer nicht in das Netzwerk und die Kreuz- und quer-Bezüge des Systems involviert ist, wird erwartet, daß er sich in irgendeiner Weise als hilfreich erweist. – Dabei kann es um einen reinen Wissenstransfer im technischen Bereich gehen – oder, was in meinen Beratungen am häufigsten der Fall war, um eine Unterstützung des Systems beim Nachdenken über seine *Funktionen, Strukturen* oder Verhaltensusancen im Umgang mit *Fluktuationen,* Unsicherheiten und Veränderungen.

Zur Zeit gibt es einen intensiven Wissenstransfer von den Industriestaaten des Westens in die Länder des Ostens und des Südens. Osteuropa ist einer der Nutznießer des technologischen Wissenstransfers und westliche Firmen konkurrieren darum, ihre Produkte liefern zu können. Aber fast alle Projekte sprengen ihren geplanten zeitlichen und finanziellen Rahmen.Und viele kommen über die Anlaufphase nicht hinaus .

Die schwedische Firma Ecisson Telecom, die ihre Telephonanlagen seit vielen Jahren auf der ganzen Welt vertreibt, kam kürzlich in einer Publikation („Wir stellen uns der Herausforderung der Konkurrenz. 4.: Die Entwicklung neuer Beziehungsformen zwischen Firmen und ihren Kunden") zu der Schlußfolgerung, daß die wichtigste Ursache von Problemen, die sich herauskristallisieren läßt, in den Unterschieden zwischen den Kulturen liegen dürfte.

Die Interventionen eines Beraters haben nur dann Aussicht auf Erfolg, wenn sie sich im Rahmen des Wertesystems jener Kultur bewegen, in der sie gesetzt werden. Wenn die Interventionen aber im Klientensystem den Eindruck auslösen, daß sie sein Wertesystem zerrütten oder zerstören, ist die Reaktion Widerstand und der Berater läuft Gefahr, die bereits gewonnene Akzeptanz wieder zu verlieren.

Ich möchte nun an einigen Beispielen illustrieren, was ich damit meine, wenn ich sage, daß sich Interventionen immer im Rahmen des Wertesystems jener Kultur bewegen sollten, in der sie gesetzt werden.

In den siebziger Jahren wurden in Indien Versuche gemacht, den Umgang der einheimischen Arbeiter mit Zeit zu verändern. In diesem Zusammenhang errichtete die Hindustan Steel Company in Kashmir eine Fabrik zur Herstellung billiger Uhren. Die Japaner hatten die Pläne für diese Fabrik entworfen. Das Konzept war durchrationalisiert und auf Fließbandarbeit aufgebaut, wie die meisten Fabrikspläne in den Industrieländern. Die Arbeiter sind in Produktionslinien aufgereiht , tun immer die gleichen genau vorgeplanten Handgriffe, die wie bei einer Maschine präzis aufeinander abgestimmt sind.

Was bei den Japanern ganz in Ordnung war oder zumindest toleriert werden konnte, erschien den Bergbewohnern von Kaschmir völlig fremd. Eine Studie über das dörfliche Leben in Kaschmir zeigte, daß sich dort alles in selbststeuernden Gruppen abspielte. Diese Struktur gewährleistete Intimität, leichten Zugang zu den Nachbarn und zu den Segnungen von Gütergemeinschaften wie der dörflichen Bratpfanne.So wurde das Fabrikskonzept neu strukturiert: es wurde eine Reihe von selbststeuernden Gruppen gebildet (die eine große Ähnlichkeit mit den teilautonomen Arbeitsgruppen in modernen Fabriken aufweisen), wodurch einerseits ein völlig neuer Arbeitsbereich geschaffen werden konnte, andererseits die grundlegenden Verhaltensmuster, Ausdrucksformen des gesellschaftlichen Wertesystems, weder berührt noch zerstört wurden.

In der islamischen und der arabischen Welt spielen Familienstrukturen eine dominante Rolle, und so sind auch die wichtigen Wertesysteme mit der Familie verbunden. Ein Berater tut also gut daran, seine Interventionen so zu setzen, daß sie in das Familienmuster hineinpassen. Ich war fünf Jahre lang Mitglied eines Teams, das Entwicklungsprogramme überwachte und evaluierte.dieses Team war sehr heterogen zusammengesetzt: es bestand aus Männern und Frauen, Professoren und Beamten und Vertretern verschiedener Staaten, vor allem aus dem asiatischen Gastland. Die Emotionen gingen hoch und die widersprechenden Interessen kamen in den Diskussion deutlich zum Vorschein. Erst als sich die Gruppe als Familie definierte, die ein bestimmtes Ziel verfolgte (die MEG – Familie), konnte sie wirklich produktiv arbeiten und auch eine solide Standfestigkeit gegen den Druck von außen entwickeln, dem ein Evaluationsteam aus der Natur seiner Tätigkeit immer ausgesetzt ist. Diese Selbstdefinition, die Familienmetapher, beinhaltete einen Wert; innerhalb dieses Rahmens konnten den einzelnen Mitgliedern Rollen zugeschrieben und die Unterschiede toleriert werden. Ein rational denkender und auf Effizienz bedachter junger Mann aus dem westlichen Kulturkreis (zum Beispiel), der bislang allen anderen durch sein Anfertigen von Notizen und Mitschriften auf die Nerven gegangen war, erhielt jetzt plötzlich als Junge in dieser Familie für seine Ungeduld und Tüchtigkeit alle Zuwendung und Toleranz, die eben Kinder in einer asiatischen Familie bekommen. Und ich, dem die Rolle des Onkels zugeschrieben wurde, kam damit auch in die Rolle des Schlichters in Streitfällen. Bei den Indern ist das nämlich die Aufgabe des Onkels, wenn die Familie gespalten ist und sich nicht einigen kann.

Die Interventionen sollten also in die Logik und den Rahmen der Kultur passen, in der sie gesetzt werden, oder eine Sprache verwenden, die die Werte dieser Kultur zum Ausdruck bringt.

Bis jetzt haben wir die Situation des Beraters beleuchtet, der aus seiner eigenen Kultur kommt, um in einer neuen, fremden Kultur zu arbeiten.

Aber es gibt zumindest zwei weitere Konstellationen, die hier beschrieben werden sollen. Für die eine Konstellation gibt es ein Beispiel vom Workshop in Wels. Dort versuchte die Frauengruppe, in der unterschiedlichste Nationalitäten und Religionen vertreten waren, zu einer gemeinsamen Identität zu finden. Die unverkennbare Minorität, der Mann, wurde dabei aus der Gruppe herausgehalten, oder er stellte sich selbst hinaus. Die Länder Osteuropas, Afrikas und Asiens sind in derselben Situation. Innerhalb eines Staates wollen unterschiedlichste nationale und religiöse Kulturen ihre Identität geltend machen. Gerade in Europa sehen wir zur Zeit viele tragische Beispiele für diesen Identitätskampf innerhalb eines Landes. Dieser Kampf saugt alle Energien auf und das System kann überhaupt nicht tätig werden/funktionieren.

Das Ankoppeln an das System ist extrem schwierig, weil jede Art des Zugehens für Teile des Systems passend ist, für andere Teile wiederum völlig unpassend; die Akzeptanz der einen Subgruppe macht einen in den Augen der anderen Subkultur verdächtig. In diesem Fall müssen Interventionen sehr vorsichtig gesetzt werden und es braucht sehr viel Zeit, bis man herausfindet, welche Werte geteilt werden könnten und welche Art von Metaphern sowohl den Identitätsfindungsprozeß als auch die Einführung notwendiger Veränderungen unterstützen könnte. – Helmut Willke hat in seinem Referat am Symposium die These aufgestellt, daß Organisationen über die Fähigkeit verfügen, ihre unterschiedlichen Auseinandersetzungsmöglichkeiten mit der Umwelt zur Weiterentwicklung ihrer internen Strukturen zu nutzen.

Die zweite Konstellation ist am Beispiel einer großen internationalen Firma oder der UNO zu beschreiben. Dort arbeiten im Rahmen einer Unternehmenskultur viele verschiedene Nationalitäten zusammen. Die multinationale Firma oder die UNO haben ihre eigene Kultur oder ihre spezifische Art, ihre Geschäfte abzuwickeln. Aber der gemeinsame kulturelle Rahmen ist auf die Verwendung bestimmter Technologien, das Erscheinungsbild von Gebäuden , die Gestaltung von Räumen und einige spezielle Verhaltensmuster beschränkt. Das sind alles offenkundige, dem freien Auge zugängliche Dimensionen von Kultur. Das äußere Erscheinungsbild ist das gleiche. Deswegen ist es oft auch schwer zu erkennen, wo man sich gerade befindet. Der gleiche Kalender hängt an den Wänden der Büros in Amerika und in Großbritannien. Hofstede hat in einer Untersuchung („Culture's Consequences", 1980), die sich hauptsächlich auf bei IBM gewonnene Daten stützt, herausgefunden, daß es innerhalb einer Unternehmenskultur sehr wohl große Unterschiede gibt, und zwar in bezug auf den Umgang mit Zeit, der Beziehung zu Menschen, den Grundannahmen über das Leben etc. Alle diese Unterschiede haben mit dem Wertesystem zu tun.

Das kann dazu führen, daß solche Organisationen ihr Leistungspotential überhaupt nicht ausschöpfen. Die große Heterogenität macht es einem Berater auch sehr schwer zu intervenieren, weil er sich dauernd auf der Ebene des kleinsten gemeinsamen Nenners bewegen muß. Diese Art von Organisationen neigt dazu, Berater zu verschlingen, die versuchen sollten, ihre Funktionen, Strukturen oder ihren Umgang mit Veränderungen in Frage zu stellen – und sie wieder auszuspucken. Eine Ausnahme davon ist die UNICEF, deren Funktion darin besteht, Kindern zu helfen. Und diese Aufgabe stellt in allen Kulturen einen hohen Wert dar.

Diese Beschreibung multinationaler Organisationen sollte nicht besagen, daß dort keine Veränderungen bewirkt werden könnten oder daß eine Beratungsarbeit völlig unmöglich ist. Aber größere/wichtige Veränderungen werden, soweit ich weiß, normalerweise durch Druck von außen in Gang gesetzt (z. B. durch technologische Innovationen oder Konkurrenzdruck) und in einem kulturell homogenen Unternehmensbereich implementiert, wie z. B. in einer nationalen Tochterfirma.

2.4 Die Achillesferse des Beraters

Der Berater arbeitet fern von der Heimat in einer unbekannten Umwelt. Ich habe schon weiter oben, in den „Reflexionen über Beratung" einige allgemeine Betrachtungen zu diesem Beruf angestellt, die auch in diese Richtung gehen. Die Beratungssituation und die Arbeit in einer fremden Kultur macht nicht den Unterschied zu einer „normalen" Arbeit aus. Auch dort hängt der Erfolg davon ab, ob man sich gut an eine Organisation ankoppeln kann, ob man als Fremder vom System akzeptiert wird, und wie sorgfältig man seine Interventionen wählt.

Es ist die Entfernung, die den Unterschied ausmacht. Der Berater ist so weit von zu Hause weg, daß er nur schwer zu seinem heimatlichen Stützpunkt zurückkehren kann, um sich Unterstützung und Supervision zu holen. Seine eigene Bedürftigkeit nach Akzeptanz könnte den Berater dazu verführen, sich dem trügerischen Glauben hinzugeben, seine Klienten zu verstehen bzw. von diesen in seiner eigenen Lage als Berater verstanden zu werden. Diese Suche nach Akzeptanz führt den Berater oft in die besondere Nähe zur Peripherie des Systems, zu den Außenseitern. Das wäre zum Beispiel der Fall, wenn er nur zur Personalabteilung oder zur Schulungsabteilung Zugang hätte und deren Perspektive auf die Organisation zur Grundlage seines Handelns nehmen würde. Der Wunsch, akzeptiert zu werden, in ein System „hineinzukommen", führt leicht dazu, sich mit den falschen Genossen zu verbinden.

Eine andere Handlungsvariante wäre, sich heimlich mit jenem Teil des Systems zu verbünden, der Veränderungen ablehnt. Dann wird die Arbeit des Beraters zu einer Alibihandlung. Das tiefe Bedürfnis des Beraters nach Anerkennung kann also zu Distanzverlust gegenüber dem Klientensystem führen, aber auch zu Aggressivität. Beide Gefühlslagen sind für seine Arbeit kontraproduktiv. Weit weg von zu Hause beginnt man, die fremde Umgebung zu „hassen" und sich darüber zu beschweren, daß es dort nicht genauso ist wie in der Heimat. Die Dummheit des Klienten ist daher ein häufiges Gesprächsthema in Beratungsfirmen. Das muß kein Zeichen dafür sein, daß der Berater seine Arbeit nicht gut gemacht hat, sondern dient eher der emotionalen Entlastung vom Druck des Alleinseins im fremden Land. Aber negative Gefühle des Beraters übertragen sich auf den Klienten und führen zu seiner Isolation, besonders im interkulturellen Kontext.

Die Rolle des Beraters ist emotional sehr anspruchsvoll: er muß dem Klienten gegenüber Nähe und Distanz entwickeln, ein neugieriger und interessierter Fremder sein, der Anteil nimmt und auch in unvertrauten Umwelten arbeitsfähig bleibt. Und der Gewinn ? Zumindest lernt er etwas über sich selbst und über die Kultur, aus der er kommt.

(Aus dem Englischen übersetzt von Mag. Margit Oswald.)

Teil IV:

Organisationsberatung außerhalb der Wirtschaft

Jürgen M. Pelikan/Ralph Grossmann/Veronika Dalheimer

„Neue Wege" der Organisationsberatung im Krankenhaus am Beispiel des WHO-Projekts „Gesundheit und Krankenhaus"

Die „neuen Wege" der Organisationsberatung im Krankenhaus sollen in diesem Beitrag an den Erfahrungen aus dem WHO-Modellprojekt „Gesundheit und Krankenhaus" erörtert und am Beispiel zweier Subprojekte, „Gesundheit am Arbeitsplatz" bzw. „Gesunde Ernährung im Krankenhaus" vertieft werden.

Der erste Teil des Beitrags beinhaltet eine Darstellung der Geschichte, der Zielsetzungen und Strukturen des Gesamtprojekts aus der Perspektive des Projektleiters.

Der zweite Teil berichtet aus der Sicht des Beraters eines sehr umfassenden Subprojekts über die Arbeit und stellt aus dieser Perspektive Reflexionen über das Gesamtprojekt an.

Der dritte Teil stellt schließlich die Erfahrung aus der Perspektive der Beraterin eines sehr viel spezifischeren Subprojekts dar.

Vorweg einige Anmerkungen zur zeitlichen Dimension des Projekts:

Das Modellprojekt „Gesundheit und Krankenhaus" wird seit Herbst 1989 gemeinsam vom Ludwig Boltzmann-Institut für Medizin- und Gesundheitssoziologie (LBIMGS) und der Krankenanstalt der Stadt Wien Rudolfstiftung (KAR) im Auftrag des WHO-Regionalbüros für Europa (Departments Lifestyles & Health, Health Services) und der Gemeinde Wien (Magistratsabteilung 17), die auch Eigentümer und Erhalter der KAR ist, durchgeführt. Es soll Ende des Jahres 1994 abgeschlossen sein und ist gleichzeitig Pilotprojekt von Health Promoting Hospitals An International Network, das seit Herbst 1990 als „Multi City Action Plan – Health Promoting Hospitals" des „Healthy Cities" Projekts der WHO-Europa besteht.

285

Das LBIMGS ist seit diesem Zeitpunkt – im Auftrag der WHO – auch die wissenschaftliche und planerische Koordinations-Institution des internationalen HPH-Netzwerks; die KAR ist sein erstes Pilotspital.

1. Das Gesamtprojekt (Jürgen M.Pelikan)

1.1 Die Besonderheiten des WHO-Modellprojekts

Das Projekt „Gesundheit und Krankenhaus" ist ein Organisationsentwicklungs- bzw. -beratungsprojekt, das einige unübliche Besonderheiten aufweist:

– Es ist auf ein bestimmtes inhaltliches, von außen (durch WHO) in Grundzügen vorgegebenes Ziel „Gesundheitsförderung" und auf bestimmte Prinzipien (Ottawa Charter zur Gesundheitsförderung, 1986) festgelegt und zudem den Prinzipien der Wiener Krankenhausreform verpflichtet.

– Es ist als sozialwissenschaftliches Modellprojekt konzipiert und muß entsprechenden Standards von Dokumentation und Evaluation genügen

– Es fungiert als internationales Pilotprojekt für das in Entwicklung befindliche Netzwerk europäischer „gesundheitsförderlicher" Krankenhäuser. Ein praktisches Problem, das sich daraus ergibt, ist die Dokumentation auch in englischer Sprache.

Diesen Besonderheiten entspricht eine ungewöhnliche Form des Zustandekommens des Beratungskontrakts: Von der WHO als initiierender Institution wurde zunächst ein wissenschaftliches Institut für die Modellentwicklung eines „Gesundheitsförderlichen Krankenhauses" interessiert (das LBIMGS). Von beiden Partnern wurde dann ein Auftraggeber für die Durchführung eines Modellprojekts in einem Krankenhaus gesucht (die Gemeinde Wien) und im letzten Schritt wurde im Rahmen eines Pilotprojekts ein konkretes geeignetes Krankenhaus, sozusagen als „Klientensystem", gesucht und gewonnen (die KAR).

286

Zielsetzung Gesundheitsförderung

Gesundheitsförderung heißt nicht, daß die Medizin ihre Orientierung an Krankheiten und an deren Heilung aufgeben muß. Dieses Ziel muß aber erweitert und gleichzeitig Verantwortung für Prozesse der Gesundwerdung und der Gesunderhaltung übernommen werden.

Gesundheitsförderung ist dabei nicht primär als ein neues Problem für das Krankenhaus, sondern als eine neue Strategie, die geeignet ist, viele alte Probleme des Krankenhauses in einer neuartigen Art und Weise zu bearbeiten, zu sehen.

Diese „alten" Probleme bzw. Desiderata lassen sich wie folgt auflisten:

- Sicherung von Qualitätsstandards der angebotenen Dienstleistungen
- Anpassung an geänderte Erwartungen an das Krankenhaus als Arbeitsplatz (Angebote für das Personal, Entwicklung für Mitarbeiter)
- Integration präventiver und rehabilitativer Leistungsangebote als Reaktion auf ein verändertes Krankheitsspektrum
- Integration einer psychosozialen, ganzheitlichen Perspektive in der Patientenbetreuung
- Entwicklung von neuen Managementkapazitäten und Organisationskulturen
- Verbesserung der interprofessionellen Kommunikation und Teamentwicklung
- Anpassung an veränderte gesellschaftliche und individuelle Erwartungen an Krankenhausstandards und Leistungen
- bessere Integration mit extramuralen medizinischen und sozialen Versorgungsangeboten.

Diese Probleme sind unserer Meinung nach mit der Zielsetzung und den Strategien Gesundheitsförderung im Krankenhaus zu bearbeiten.

Strategien für Gesundheitsförderung im und durch das Krankenhaus

Vier sehr unterschiedliche, aber miteinander kombinierbare Strategien für Gesundheitsförderung im und durch das Krankenhaus können genannt werden:

287

a. Veränderungen der Struktur und der Kultur (auch dessen, was hinein-
kommt und dessen, was hinausgeht), das heißt insgesamt der alltäglichen Funktionsweise des Krankenhauses – wenn man ein Schlagwort
verwenden will: indem man das Krankenhaus zu einer gesünderen Ar-
beits- und Lebensumwelt für das Personal und die Patienten macht, zu
einem „gesünderen Krankenhaus".

b. Erweiterung des Dienstleistungsangebotes des Krankenhauses um gesundheitsförderliche Angebote hinsichtlich Schulung und Information
einerseits sowie Rehabilitation andererseits.

c. Eine bessere Berücksichtigung von Gesundungsprozessen im Rahmen
der ohnehin durchgeführten Diagnostiken und Therapien.

d. Das Krankenhaus kann wegen seiner zentralen Stellung in der medizinischen Forschung, Versorgung und Ausbildung einen spezifischen Beitrag als Anwalt der Gesundheitsförderung in anderen Bereichen leisten,
besonders auch innerhalb der Region, in der das Krankenhaus liegt.

Prioritätensetzungen des WHO-Modellprojekts

– Das Projekt „Gesundheit und Krankenhaus" konzentriert sich zunächst
auf das Krankenhaus selbst: nur ein „gesundes Krankenhaus" kann
glaubwürdig als Promoter und als Anwalt für Gesundheitsförderung in
seiner Umwelt auftreten.

– Schwerpunkt auf Gesundheitsförderung für das Personal: nur von einem
ausreichend „gesunden" Personal kann erwartet werden, daß es sich
neben der Krankenbetreuung noch zusätzlich auf die Gesundheitsförderung als Aufgabe einläßt.

– Konzentration auf die Verbesserung der vorhandenen Aufbau-, Ab-
lauf- und Austauschstrukturen im Krankenhaus und Zurückhaltung bezüglich der Einführung neuer Dienstleistungen: es gibt ohnehin schon
Kritik, daß das Krankenhaus zu viele solcher „neuer" Dienstleistungen
an sich reißt. Weiters: In einer Situation, wo zunächst Basissanierung
notwendig ist, ist es wichtig, diese vorzunehmen, bevor man den Ak-
tionsrahmen der Organisation erweitert.

– Gleiches und gleichzeitiges Augenmerk auf die Veränderung von
Strukturen in der Organisation – also Organisationsentwicklung – und

auf die Entwicklung der Fähigkeiten und der Leistungsmöglichkeiten des Personals – also Personalentwicklung.

Methoden des Projekts

– Trotz dieser prinzipiellen Zielorientierung erfolgte die Entscheidung gegen ein Planungskonzept und für ein Organisationsentwicklungsdesign. Das Krankenhaus hat begonnen, seinen Status Quo kritisch zu diagnostizieren, und aufgrund dieser kritischen Diagnose in einzelnen Bereichen, wo es besonders dringende Probleme gab, Maßnahmen eingeleitet. Die weitere Entwicklung baut auf diesen Schritten und Erfahrungen auf.

– Damit dieser Prozeß auch überprüfbar, nachvollziehbar und dokumentierbar wird, erfolgte zunächst die Entscheidung für Projektmanagement: abgegrenzte Projekte mit klaren Zielsetzungen und Ressourcenzuteilungen und Zielvorgaben.

– Die Methoden der empirischen Sozialforschung wurden zur Diagnose und zur Evaluation herangezogen.

1.2 Das WHO-Modellprojekt als Beratungsprojekt

Bei der Beschreibung des Projekts folgen wir einer systemischen Perspektive der Intervention in soziale Systeme, wie wir sie auch an anderer Stelle (Exner, Königswieser, Pelikan 1992) entwickelt und ausführlicher beschrieben haben. In dieser Perspektive ist Beratung ein strategischer sozialer Prozess, der zwischen zwei sozialen Systemen einem Beratersystem (BS) und einem Klientensystem (KS) in einem dritten sozialen System, dem Beratungssystem (BKS) stattfindet, das vom BS und KS gemeinsam konstituiert und aufrechterhalten werden muß.

Das Beratersystem

Das Projekt „Gesundheit und Krankenhaus" im LBIMGS ist Träger des Beratersystems für das Modellprojekt. Das LBIMGS verfügt sowohl über

Erfahrungen mit Krankenhausforschung (z. B. über psychiatrische Krankenhäuser, über Arzt-Patient-Kommunikation im Krankenhaus etc.) als auch über Erfahrungen mit der Betreuung innovativer sozialer Prozesse (z. B. mit dem Modell „Sachwalterschaft").

Deshalb hatte die WHO 1988 das LBIMGS beauftragt, Überlegungen zur Übertragbarkeit des Konzepts und der Prinzipien der Gesundheitsförderung (vgl. Ottawa Charter 1986), die seit 1987 bereits im Rahmen des „Gesunde Städte-Projekts" angewandt wurden, auf die medizinische Versorgung und im besonderen auf Krankenhäuser abzustellen. Die Gemeinde Wien, seit 1988 Mitglied im Gesunde Städte-Netzwerk der WHO und Krankenhauserhalter von 18 Krankenanstalten mit ca. 11.000 Betten, erteilte daraufhin im Herbst 1988 dem Institut den Auftrag für ein Pilotprojekt „Gesundheitsförderung im und durch das Krankenhaus" mit der Zielsetzung, ein Konzept für ein gesundheitsförderliches Krankenhaus zu entwickeln und ein geeignetes Wiener Modellkrankenhaus zu finden.

Zu diesem Zweck wurde im LBIMGS ein erstes interdisziplinäres Wissenschaftler-Team von zunächst 5 Mitarbeiterinnen konstituiert, das unter der Leitung eines Soziologen (mit Erfahrung als Gruppendynamik-Trainer und systemischer Organisationsberater) einen Pilot-Bericht und ein Exposé für ein größeres Fortsetzungs- und Modellprojekt erarbeitete. Auf Grundlage dieser Arbeit erfolgten im Herbst 1989 die Auftragserteilung und der Projektbeginn.

Das Projektteam hat im Laufe der letzten 3 Jahre eine Reihe von Veränderungen personeller und struktureller Art erfahren. Derzeit besteht das Kernteam aus dem Projektleiter und 3 Vollzeit-Wissenschaftlern und einem administrativen Stab im Umfang von 2 Vollzeit-Anstellungen. Dazu kommen derzeit noch 7 externe Beraterinnen, die spezifische Subprojekte betreuen sowie eine Reihe weiterer Organisationsberaterinnen bzw. Trainerinnen mit speziellen Aufgaben; seit einiger Zeit erfolgt im Rahmen einzelner Subprojekte auch die Kooperation mit spezifischen Fachberaterinnen.

Die interne Arbeitsorganisation im Projektteam des LBIMGS ist seit Projektbeginn matrixförmig angelegt, so daß einerseits Grundfunktionen des Projektes einzelnen verantwortlichen Personen im Kernteam zugeordnet sind, andererseits die SubprojektberaterInnen die Subprojekte verantwortlich betreiben.

Zur Gewährleistung der internen Kooperation zwischen den Mitarbeiterinnen des Projektteams wurden folgende Entscheidungsstrukturen entwickelt:

– wöchentliche Sitzung der hauptberuflichen Mitarbeiterinnen mit dem Projektleiter (Kernteam), in der alle laufenden Entscheidungen in der Projektarbeit getroffen werden („Entscheidungssitzung");
– monatlich abgehaltene halbtägige Sitzungsklausuren der 3 wissenschaftlichen Mitarbeiter des Kernteams mit dem Projektleiter, die der strategischen Planung des Gesamtprojektes dienen;
– vierteljährliche Sitzung des Kernteams mit einzelnen SubprojektberaterInnen, in der die organisatorische und inhaltliche Koordination zwischen den Subprojekten gewährleistet wird („SubprojektberaterInnen-Sitzung"); einmal jährlich ist eine Klausur aller SubprojektberaterInnen mit dem Kernteam geplant;
– monatliche Supervisionssitzungen mit einem externen Supervisor (Kernteam und eingeladene BeraterInnen).
– alle wesentlichen Informationen und Entscheidungen werden in einem „KonsulentInnen-Rundbrief" allen MitarbeiterInnen des Projektteams zur Kenntnis gebracht.

Das Klientensystem

Im strengen Sinn ist das Klientensystem des WHO-Modellprojekts die KAR, eines von vier Schwerpunktspitälern der Gemeinde Wien. Sie versorgt in insgesamt ca. 850 Betten (und zusätzlich jeweils 50-100 Not-und Gangbetten) ca. 33.000 stationär aufgenommene Patienten pro Jahr. Die durchschnittliche Verweildauer beträgt 10,7 Tage, die durchschnittliche Bettenauslastung 101%. Zusätzlich werden pro Jahr noch 200.000 Patienten ambulant versorgt. Der medizinische und pflegerische Ruf der KAR ist sehr gut, was sich auf ihre Auslastung belastend auswirkt.

291

In 13 bettenführenden Abteilungen (4 Interne, 2 Chirurgische, Dermatologie, Gynäkologie, Neurochirurgie, Neurologie, Urologie, Augen und HNO) mit insgesamt 28 Stationen und 18 Ambulanzen, weiteren 9 zentralen nicht-bettenführenden medizinischen Instituten und Einrichtungen sowie der Verwaltung und anderen Infrastruktureinrichtungen arbeiten ca. 1500 Beschäftigte, davon 260 im ärztlichen, 140 im medizinisch-technischen und 700 im Pflegedienst. Vor allem im Pflegebereich herrscht, wie in anderen Wiener Spitälern auch, ein akuter Personalmangel.

Die KAR liegt im dritten Wiener Gemeindebezirk, hat aber ein Einzugsgebiet, das weit über diesen und auch die angrenzenden Bezirke hinausgeht.

Untergebracht ist das Spital hauptsächlich in einem 14stöckigen Zentralbau aus den siebziger Jahren. Die meisten Zimmer sind 6-Bett-Zimmer. Die Raumnot ist in fast allen Bereichen beträchtlich, so daß unterschiedliche Zubaupläne im Gespräch sind.

Insgesamt erfüllt die KAR damit zwar einige Bedingungen, die für ein Modellprojekt wünschenswert sind, aber durchaus nicht alle.

Wie die Wiener Gemeindespitäler insgesamt ist die KAR auch nicht autonom, sondern Teil der Magistratsabteilung 17 (Anstaltenamt), die dem Stadtrat für Gesundheit- und Spitalswesen untersteht, der auch der Auftraggeber des Modellprojekts ist. In wesentlichen Fragen des Budgets und der Dienstposten ist aber auch die MA 17 von zentralen Stellen der Wiener Magistratsdirektion abhängig. Es handelt sich bei der KAR also um ein Klientensystem, das nur begrenzt die Bedingungen des eigenen Handelns bestimmen kann und in wesentlichen Aspekten von anderen Institutionen bestimmt ist. Dies wird auch im Projektalltag immer wieder nur allzu deutlich sichtbar und verlangsamt u.a. das mögliche Tempo von Innovationen merklich. Für die Beratung stellt die mangelnde Autonomie des Klientensystems (natürlich noch viel einschneidender für die Mitarbeiter der KAR) eine ständige Geduldsprobe dar. Im Beratersystem muß der Versuchung widerstanden werden, das Klientensystem über den Auftrag hinaus auszudehnen. Große Mühe muß darauf verwandt werden die notwendige Neutralität und Äquidistanz gegenüber Klientensystem, Auftraggeber und relevanter determinierender Umwelt aufrecht zu erhalten.

Der spezifische Auftrag macht die KAR zwar zum Klienten, insofern es sich um die gemeinsame Entwicklung des Modellprojekts eines gesundheitsförderlichen Krankenhauses handelt. Der gegenwärtige Alltagsbetrieb des Krankenhauses ist als solcher aber nicht automatisch Gegenstand der Beratung. Alltagsbetriebliche Aspekte werden jedoch dann einbezogen und bearbeitet, wenn dies als Voraussetzung zur Realisierung gesundheitsförderlicher Modellvorhaben unerläßlich ist (oder den Prinzipien der Wiener Spitalsreform entspricht). Für die Kooperation im Beratungssystem ist es zweifellos sehr günstig, daß es in erster Linie einen positiv formulierten Auftrag zur Modellentwicklung und nicht einen negativ formulierten zur Defizitbearbeitung gibt.

Vertragsgemäß und prinzipiell ist in diesem eingeschränkten Sinn die gesamte KAR Klientensystem, faktisch sind jedoch die verschiedenen Einheiten und Mitarbeiter der KAR sehr unterschiedlich intensiv in den Beratungsprozeß einbezogen. Beschränkte Ressourcen, aber vor allem die Selbstfestlegung auf ein absolutes Prinzip von Freiwilligkeit der Teilnahme an allen Modellvorhaben machen eine differenzierte Abstinenz notwendig und sinnvoll.

Das Beratungssystem

- *Die Initiierung des Beratungssystems*

Ein gemeinsames Beratungssystem für das Modell-Projekt ist mit dem Klientensystem (KAR) schrittweise von oben nach unten aufgebaut worden, wobei die Initiative beim Beratersystem (LBIMGS) lag.

Als Einstieg gab es, noch im Rahmen des Pilotprojekts, ein erstes Gespräch mit dem ärztlichen Direktor. Dieser zeigte – im Gegensatz zu anderen angesprochenen Spitals-Direktoren – großes Interesse an einem Modellprojekt in seinem Hause und schlug eine Vorstellung des Projektkonzepts in der „Primarärzte-Sitzung" (an der auch die Pflegedirektorin, der Verwaltungsdirektor und die Personalvertretung teilnehmen) vor.

In der entsprechenden Sitzung wurde von den Teilnehmern neben Interesse und Zustimmung auch genügend Skepsis und Kritik geäußert, aber keine unbedingte Ablehnung, so daß es möglich war die prinzipielle Bereitschaft der KAR zur Kooperation dem Auftraggeber und Spitalserhalter mitzuteilen.

Einige Monate später (die Ereignisse im Krankenhaus Lainz der Gemeinde Wien hatten eine Auftragserteilung direkt im Anschluß an das Pilotprojekt verzögert) zeigte sich allerdings, daß das in der Primarärzte-Sitzung erzielte Einvernehmen nicht ausreichend für die Aufnahme einer gemeinsamen Arbeit war. Besonders von Seiten der Pflegedirektion und der Personalvertretung wurden Zweifel und Einwände geäußert. Befürchtet wurde ein sicheres Ansteigen der Arbeitsbelastung des Personals durch das Projekt, bei unsicherem Gewinn für das Haus. Deshalb wollte vor allem die Personalvertretung ohne eine stärkere Einbeziehung der Beschäftigten in die Entscheidung der Durchführung eines Modellprojekts an der KAR nicht zustimmen.

Die Abhaltung von zwei außerordentlichen Betriebsversammlungen mit Präsentationen des Projekts wurde vereinbart, um allen Beschäftigten Gelegenheit zu geben sich über das Projekt zu informieren und anschließend über die Bereitschaft zur Teilnahme abzustimmen. Insgesamt waren 200 Beschäftigte anwesend, ca. 75% stimmten für die Durchführung des WHO-Projekts an der KAR unter der Bedingung, daß die Beteiligung am WHO-Projekt gleichzeitig als Beitrag der KAR im Rahmen der Wiener Spitalsreform angerechnet würde.

Damit war der Weg frei um gemeinsam mit der kollegialen Führung und Vertretern des Dienststellenauschusses die erste öffentliche Präsentation des Projektes vor den Mitarbeitern des Hauses und geladenen Gästen vorzubereiten.

● *Institutionelle Arrangements des Beratungssystems*

Besonders in einer Organisation wie dem Krankenhaus, in der der Druck der Alltagsarbeit sehr hoch ist und gleichzeitig Management- Strukturen nicht ausreichend ausgebaut sind, ist es notwendig für Reflexions- und Veränderungsprozesse legitime und abgesicherte, zugleich aber auch eingeschränkte Freiräume und Freizeiten für Organisationsentwicklung einzurichten. Gemeinsam und schrittweise wurden verschiedene institutionelle Arrangements für diesen Zweck aufgebaut: ein gemeinsames Entscheidungsgremium, verschiedene Informationsmedien und spezifische Subprojekt-Strukturen.

Entscheidungsgremium

Zur Steuerung des Projekts wurde ein Gemeinsamer Projektausschuß eingerichtet, dem von Seiten der KAR die gesamte kollegiale Führung (ärztlicher Direktor, Direktorin des Pflegedienstes, Verwaltungsdirektor), von Seiten des LBIMGS-Projektteams der Projektleiter und die Koordinatoren für Modellentwicklung und -umsetzung bzw. Modelldokumentation und -evaluation angehören. Alle wesentlichen, das Projekt betreffenden Entscheidungen werden hier in ca. dreiwöchigem Abstand in zweistündigen Sitzungen nach dem Konsensprinzip gefällt. Je nach Tagesordnung werden Gäste (Personalvertretung, spezielle Auftraggeber, Mitglieder der Subprojektgruppen, Subprojektberater) als Berater zugezogen.

Informationsmedien

Zur regelmäßigen Information der Belegschaft der KAR und der Auftraggeber gibt der Gemeinsame Projektausschuß einen monatlichen Rundbrief heraus der alle wesentlichen aktuellen Informationen über das Gesamtprojekt und die verschiedenen Subprojekte enthält.

Einmal im Jahr veranstaltet der Gemeinsame Projektausschuß eine öffentliche Projektpräsentation im Haus, zu der die Belegschaft und als Gäste die Mitglieder einer Wiener und einer österreichischen Beobachtergruppe eingeladen sind. Der Projektausschuß stellt den Fortgang des Gesamtprojekts dar, die Auftraggeber geben ein Feedback und alle Subprojektgruppen präsentieren ihre Arbeitsergebnisse und stellen diese zur Diskussion. Die Darstellungen bei der öffentlichen Projektpräsentation werden als schriftliche Dokumentation festgehalten und sind öffentlich zugänglich. Auf einer anschließenden Pressekonferenz wird der Projektfortgang den Medien präsentiert. Aus Anlaß der Halbzeitbilanz wurden für das Gesamtprojekt und alle Subprojekte Informationsfolder herausgegeben. Für alle wesentlichen Modelle im Rahmen der Subprojekte sind schriftliche Modelldokumente (Problem- und Modelldarstellung, Erfahrungsbericht und Evaluation) in Vorbereitung. Jährlich wird ein interner Bericht für die Auftraggeber erstellt.

Subprojekt-Strukturen

Die hauptsächliche Projektarbeit wird jedoch in Form von derzeit acht spezifischen gesundheitsförderlichen Subprojekten durchgeführt. Zur Einrichtung von Subprojekten hat der Projektausschuß im Anschluß an die erste öffentliche Projekpräsentation alle Untereinheiten der KAR zur Mitarbeit am Modellprojekt eingeladen. Allen Untereinheiten (Abteilungen, Stationen etc.) wurde ein Besuch durch das Projektteam angeboten, um sich über das Modellprojekt genauer zu informieren, um die Bearbeitbarkeit von Problemen der Untereinheit im Rahmen eines Gesundheitsförderungsprojekts abzuklären und um mögliche Kooperationen im Rahmen des Modellprojekts zu erörtern. 20 Untereinheiten machten von dem Angebot des Informationsrundgangs Gebrauch und es kam zu Gruppen- und Einzelgesprächen mit ca. 130 Personen. Auf der Basis dieser Expertengespräche erstellte das Projektteam eine erste Diagnose über Organisationsprobleme, Ansatzpunkte für Gesundheitsförderung und Kooperationsangebote in der KAR. Vor diesem Hintergrund entschied sich der Projektauschuß zunächst für die Durchführung von fünf Subprojekten, die später noch um drei zusätzliche erweitert wurden:

- Gesundheit am Arbeitsplatz
- Hygiene-Organisation
- Stationsorganisation
- Spitalsambulanz als Schaltstelle zwischen intra- und extramuraler Versorgung
- Gesunde Ernährung im Krankenhaus
- Diabetikerschulung
- Pflege
- Patientenhilfsteam Rudolfstiftung

Bei der Etablierung der Subprojekte hat sich die Abfolge bestimmter Schritte und Vorgehensweisen bewährt. Als erster Schritt wurden jeweils geeignete BeraterInnen/SozialwissenschaftlerInnen gesucht und beauftragt, auf der Grundlage weiterer Expertengespräche eine detailliertere Problemdiagnose zu erstellen, mögliche Maßnahmen und Vorgehensweisen zu erarbeiten und Vorschläge für die Zusammensetzung einer Projektgruppe aus Mitarbeiterinnen der KAR zu machen. Die Beratervorschläge wurden vom Projektausschuß (im Falle von Subprojekten, die sich nicht auf die gesamte KAR, sondern auf einzelne Untereinheiten von dieser beziehen, auch von deren Leitern als speziellen Auftraggebern) diskutiert, modifiziert und verabschiedet.

Hierarchisch, professionell und nach Einheiten der KAR heterogen zusammengesetzte (bzw. bei einzelnen Subprojekten auch Außenstehende einschließende) Projektgruppen zwischen 5 und 15 Mitgliedern wurden vom Projektausschuß eingesetzt. Die Projektgruppenmitglieder sind bis zu zwei Stunden pro Woche in ihrer Dienstzeit für Projektaufgaben freigestellt. In Kick-off-meetings wurden die Projektgruppen und ihre Berater beauftragt die Beraterdiagnose weiter zu entwickeln und Vorschläge für gesundheitsförderliche Modellmaßnahmen und Anträge für die dazu benötigten personellen, materiellen und finanziellen Ressourcen auszuarbeiten. Im Anschluß an ein- bis zweitägige Startklausuren wurde dieser Auftrag innerhalb weniger Wochen von den Projektgruppen bewältigt. Die Ergebnisse wurden im Projektausschuß präsentiert, diskutiert, z.T. modifiziert und dann als „Vorschläge und Anträge" an den Spitalserhalter zur Prüfung und Entscheidung weitergeleitet. Im großen und ganzen wurden die „Vorschläge und Anträge" auch genehmigt (und die speziellen Auftraggeber) und die Projektgruppen mit der Implementation der Modellvorhaben beauftragt. Zunächst wurden die Modellvorhaben für ein halbes Jahr bewilligt, danach jeweils für ein weiteres Jahr, inzwischen schon zum zweiten Mal, verlängert.

Im Laufe der Zeit haben die meisten Projektgruppen ihre Modellvorhaben sachlich in Teilprojekte und Arbeitsschwerpunkte und sozial in Arbeitsgruppen mit eigenen Koordinatoren ausdifferenziert. Neben der usprünglichen Planungs- und Implementationsarbeit sind Tätigkeiten der Dokumentation und Evaluation immer bedeutsamer geworden.

1.3 Fazit

Grundsätzlich hat sich die geschilderte systemische Vorgehensweise bewährt und dazu geführt, daß immer weitere Teilorganisationen und Rollenträger der KAR in das Projekt einbezogen wurden und daß sogar mehr Anregungen und Anträge auf weitere Modellvorhaben vorliegen, als wegen der beschränkten finanziellen, personellen und organisatorischen Ressourcen der KAR derzeit in Angriff genommen werden können.

Außer der geschilderten sorgfältigen Vorgehensweise beim Aufbau des gemeinsamen Beratungssystems waren für diesen Erfolg vor allem die konsequente Beachtung folgender zentraler Grundprinzipien der Kultur der systemischen Beratung, wie wir sie verstehen, ausschlaggebend:

- Neutralität der Berater gegenüber widersprüchlichen Perspektiven im Klientensystem
- Freiwilligkeit der Teilnahme an allen Veränderungsprozessen
- Partizipation der Betroffenen in allen Stadien des Veränderungsprozesses
- Transparenz der Zielsetzungen, Entscheidungsverläufe und Vorgehensweisen.

2. Subprojekt „Gesundheit am Arbeitsplatz" (Ralph Grossmann)

Ausgangspunkt des Subprojekts

2.1 Ausdifferenzierung wichtiger systeminterner Strukturen

Dieser Beitrag basiert auf den Beobachtungen, die ich als Berater des Subprojekts „Gesundheit am Arbeitsplatz" im Rahmen des WHO-Modellprojekts „Gesundheit und Krankenhaus" gemacht habe. Darüber hinaus bezieht er Erfahrungen aus organisationsbezogenen Weiterbildungsprogrammen für Ärzte und Angehörige der Pflegeberufe österreichischer Spitäler ein.

- Er beschreibt Aufgabe und Entwicklung des Subprojekts
- Er identifiziert konstitutive Merkmale der Organisationskultur des Spitals
- Er entwickelt vor dem Hintergrund dieser Organisationsanalyse eine Interventionsorientierung des Projekts

Ausgangspunkt des Subprojekts „Gesundheit am Arbeitsplatz" war die gemeinsame Überzeugung von Spitalsleitung und Projektteam, daß die Verbesserung der Arbeitsbedingungen im Krankenhaus und ein sorgfältiger Umgang mit der Gesundheit der Beschäftigten einen entscheidenen Beitrag zur Sicherung der Arbeitsmotivation und der Arbeitsqualität im Spital darstellt. Die Investitionen in die Gesundheit und die Arbeitszufriedenheit der Berufsgruppen im Spital sind ein Angelpunkt der Spitalsreform.

Darüber hinaus ist das Krankenhaus auch eine quantitativ sehr relevante Arbeitsumwelt und damit ein wichtiger Ansatzpunkt für Gesundheitsförderung am Arbeitsplatz: In Wien sind über 20.000 Arbeitnehmer in den öffentlichen Spitälern beschäftigt. In vielen österreichischen Städten ist das Spital der größte Betrieb am Ort.

2.2 Schritte der Entwicklung des Subprojekts

Das Subprojekt wurde mit einer kleinen Organisationsdiagnose des Beraters eingeleitet, um einen ersten Eindruck von der Art und Weise, wie in der Organisation Spital mit der Gesundheit der Beschäftigten umgegangen wird, zu gewinnen und um die Systemlogik etwas kennenzulernen (April, Mai 1990).

Auf Vorschlag des Beraters wurde dann im Juni 1990 eine Projektgruppe eingerichtet. In dieser Gruppe sind Hausarbeiter, Schwestern und Ärztinnen aus verschiedenen Hierarchieebenen vertreten.

Die Projektgruppe erarbeitete im Auftrag des Projektausschusses ein Arbeitsprogramm für das Subprojekt, den Aktionsplan „Gesundheit am Arbeitsplatz", der Mitte Juli 1990 vom Projektausschuß diskutiert und akzeptiert wurde.

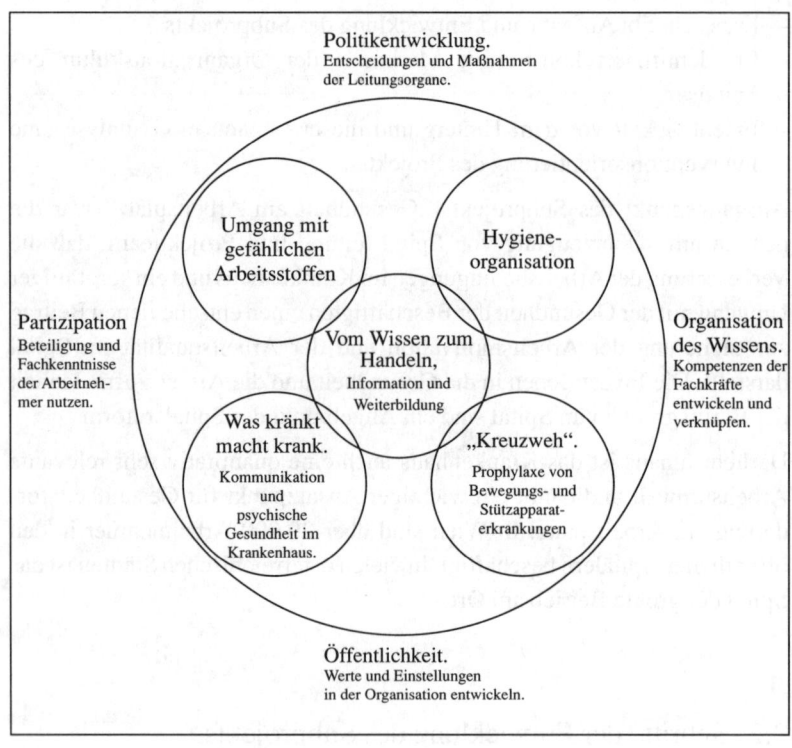

Politikentwicklung.
Entscheidungen und Maßnahmen
der Leitungsorgane.

Umgang mit
gefählichen
Arbeitsstoffen

Hygiene-
organisation

Partizipation
Beteiligung und
Fachkenntnisse
der Arbeitneh-
mer nutzen.

Vom Wissen zum
Handeln,
Information und
Weiterbildung

Organisation
des Wissens.
Kompetenzen der
Fachkräfte
entwickeln und
verknüpfen.

Was kränkt
macht krank.

Kommunikation
und
psychische
Gesundheit im
Krankenhaus.

„Kreuzweh".

Prophylaxe von
Bewegungs- und
Stützapparat-
erkrankungen

Öffentlichkeit.
Werte und Einstellungen
in der Organisation entwickeln.

Der Aktionsplan wurde mit „Vorschlägen und Anträgen" der anderen Subprojekte dem Stadtrat für Gesundheit und der zuständigen Magistratsver-
waltung zur Entscheidung und Finanzierung vorgelegt. Im September 1990
wurde der Aktionsplan angenommen und die Finanzierung zugesagt. Im
Rahmen der Zweiten Öffentlichen Projektpräsentation (August 1990)
wurde auch das Programm des Subprojekts „Gesundheit am Arbeitsplatz"
vorgestellt. Seit Oktober 1990 wird an der schrittweisen Umsetzung gearbeitet.

300

Diese Organisationsschritte wurden – wie man sehen kann – sehr rasch realisiert, unter anderem deshalb, weil wir als Berater das Tempo forciert hatten. Der erste Eindruck von der Spitalskultur war, daß eine resignative, gelähmte Grundstimmung herrschte. Seit Jahren waren Reformpapiere auf allen Ebenen der Spitalsverwaltung angefertigt worden – ohne nennenswerte Wirkung auf das tatsächliche Organisationsleben. Im Zeitraum der geschilderten Projektphase war z. B. gerade ein „Beirat zur Spitalsreform" an der Arbeit, eingerichtet auf politischen Beschluß, ohne klare Regelung für seine Zusammensetzung und Konstituierung, ohne definierten Auftrag und ohne klare Positionierung in Relation zur Spitalsleitung und Verwaltung. Innerhalb kürzester Zeit war er in heftige, emotional geladene Auseinandersetzungen mit der kollegialen Führung des Spitals verwickelt – eine weitere Bestätigung für viele Mitarbeiterinnen, daß Reformversuche ohnehin zwecklos seien.

Unsere Interventionen waren daher darauf gerichtet, rasch ein realisierbares Programm zu entwickeln und die Erfahrung gelingender Organisationsprozesse zu ermöglichen. Dieses Programm war mit den Beschäftigten zu entwickeln und dabei waren Arbeits- und Kooperationserfahrungen erlebbar zu machen, die neue Optionen gegenüber den vorherrschenden Arbeitsbeziehungen eröffnen können.

Gleichzeitig mußten die überzogenen Erwartungen auf rasche Änderungen in substantiellen Fragen der Spitalsorganisation gebremst und die Energie der Projektgruppe auf eine längerfristige kontinuierliche Organisationsentwicklung eingestellt werden. Nach anfänglichem Pessimismus, was die Grenzen der Unternehmung und die Möglichkeiten der Zusammenarbeit betrifft, hat sich eine engagierte, kooperative Arbeit in der Projektgruppe entwickelt. Die positiven Erfahrungen in der Kooperation über die Grenzen der Berufsgruppen und Hierarchieebenen hinweg, die persönlichen Erfahrungen erfolgreicher Veränderungsschritte durch persönliche Einflußnahme und der Zuwachs an persönlichen Kenntnissen und Erfahrungen über die Produktionsweise der Organisation Spital bilden die Motivationsgrundlage der Gruppe für ihre anstrengende und von der Organisation nicht immer bedankte Arbeit.

2.3 Beobachtungen zur organisatorischen Verfassung des Spitals aus der Perspektive eines Subprojektberaters

Problembewußtsein und Handlungsstrukturen

Schon in den ersten Kontakten mit der Organisation Spital hat mich die große Diskrepanz zwischen dem Problembewußtsein der einzelnen Personen und den vorfindlichen Kommunikations- und Handlungsstrukturen besonders interessiert. Meine Gesprächspartner konnten sehr differenziert die Arbeitsbedingungen und gesundheitsrelevanten Problemstellungen im Spital beschreiben. Sie machten auch eine Fülle von Veränderungsvorschlägen, wie die Arbeit besser organisiert werden könnte und wo anzusetzen wäre. Aber die Organisation Spital verfügt nicht über adäquate Problemlösungsstrukturen, um diese Innovationen zu realisieren. Die Interviewpartner in der Diagnoseerstellung und später die Projektgruppe konnten zwar von vielen gescheiterten Reformideen und Plänen berichten, aber kaum über versuchte systematische Planungs- und Reorganisationsprozesse. „Vom Wissen zum Handeln" könnte die Devise der Spitalsreform sein.

Dementsprechend war es leicht, mit der Projektgruppe einen Arbeitsplan zu erarbeiten und bedeutend schwieriger, dieses Programm in einen Umsetzungsplan zu übersetzen sowie eine schrittweise Bearbeitung einzuleiten. Daß der Aktionsplan mit der Spitalsleitung abzustimmen ist, daß die Projektgruppe sich einen entsprechenden Auftrag für die Umsetzung holen muß, damit die Zielsetzungen in der Organisation Verbindlichkeit erlangen, daß in der Folge relevante fachliche und hierarchische Schlüsselpersonen in die Arbeit einzubeziehen sind, waren für die weiterhin sehr engagierte Projektgruppe keine Selbstverständlichkeiten mehr. Die Willensbildung und der Entscheidungsprozeß um den Aktionsplan hat allerdings eine erste positive Erfahrung vermittelt, was die Möglichkeiten der Einflußnahme in einer Organisation durch sorgfältig vorgenommene Planungen und Entscheidungen betrifft.

Die scharfe systemtheoretische Trennung von Person und sozialem System mit ihren kategorial unterschiedlichen Reproduktionsformen, Bewußtsein und Kommunikation, hat sich in diesem Beratungsprozeß sehr deutlich bestätigt (Luhmann 1986; Grossmann, Scala 1991).

Die Kommunikationsstrukturen im sozialen System Spital sind nicht sehr ausdifferenziert, oder genauer gesagt, sind bestimmte Funktionen nicht ausdifferenziert und werden gegenüber anderen vernachlässigt. Z. B. ist die Planung, Vorbereitung und Durchführung von chirurgischen Operationen ein sehr komplexer Vorgang, der im System permanent bewältigt werden muß; die Strukturen derartiger medizinisch-technischer Prozesse scheinen dabei gut entwickelt, zumindest was die Aufgaben und Interessen der einzelnen Fachabteilungen betrifft.

Kaum ausdifferenziert sind die Strukturen für Leitung und Planung bezogen auf Abteilungen oder das ganze Haus, Kooperation zwischen den Berufsgruppen, soziale Integration, Konfliktbearbeitung und soziale Unterstützung.

Vor allem überall dort, wo Probleme über die Grenzen von Berufsgruppen, Abteilungen und mehrere Verwaltungseinheiten hinweg zu bearbeiten sind, fehlen geeignete Kommunikationsstrukturen.

Für das Subprojekt (und wohl auch das Gesamtprojekt) ergab sich daraus das Ziel, die Strukturentwicklung innerhalb der Organisation besonders zu unterstützen.

Im Rahmen der Projektarbeit wurden daher die interprofessionellen und intersektoralen Arbeitsstrukturen besonders sorgfältig entwickelt und fast alle Subprojekte hatten auch die Ausdifferenzierung der Strukturen innerhalb des Spitals oder seiner organisatorischen Einheiten zur Aufgabe.

Dominanz des Informellen

Entsprechend dem Strukturmangel auf der offiziellen Arbeitsebene blüht das Informelle in der Organisation. Der informellen Kommunikation und der Personenorientierung kommt großes Gewicht zu. Sie erhält das Spital wahrscheinlich auch funktionsfähig. Verbindlichkeit zu erzielen, getragen von der Akzeptanz der Beteiligten und nicht bloß situativ hierarchisch durchgesetzt, ist sehr schwierig. Offizielle Regelungsversuche und ständige informelle Praxis stehen im Widerspruch. Entscheidungen werden unterlaufen, partikulare Interessen sind das Vorherrschende. Die formellen Strukturen werden ständig abgewertet.

Das beginnt auf der Ebene der „kollegialen Führung" des Spitals und reicht über politische Interventionstätigkeit der Primarii gegenüber der Gemeidepolitik, über die Zuständigkeitsregeln zwischen Ärzten und Schwestern bis zur arbeitsmedizinischen Versorgung.

Komplementär dazu haben wir in der Projektarbeit (Subprojekt und Gesamtprojekt) die formelle Gestaltung der Arbeitsbeziehungen sehr betont und gefördert. Wir haben damit versucht, einen Unterschied zwischen Bürokratismus und klaren verbindlichen Regelungen erfahrbar zu machen, praktisch die Einsicht zu vermitteln, daß sich Organisationen letztlich nur über ihre formellen Strukturen als Ganzes und verbindlich weiter entwickeln können.

Unsere Interventionen waren insgesamt gerichtet auf:

- Klare Auftragserteilung und Definitionen gegenüber den Projektgruppen und ihren Mitgliedern
- Eindeutige Regelung der Bedingungen für die Mitarbeit in der Projektorganisation
- Transparenz der Projekte in der Organisation
- Sorgfältige Planungsunterlagen für Vorschläge und Anträge an die Spitalsverwaltung und die politischen Entscheidungsträger zu erstellen (zu inhaltlichen Entscheidungen der Finanzierung von Modellversuchen)
- Sorgfältige Protokolle und Berichte, die den Arbeitsprozeß nachvollziehbar machen
- Schriftlichkeit für wichtige Kommunikationen
- Klare Arbeitsteilungen und geeignete Kooperationsbeziehungen innerhalb und zwischen den Projektgruppen bzw. zwischen Projektgruppen und Organisationseinheiten des Spitals.

Als ein gutes Beispiel für strukturbildende Intervention und eine produktive Nutzung formalisierter Abläufe kann die Implementierung von Modellversuchen zu berufsübergreifenden „Stationsbesprechungen", also echten Teambesprechungen, gelten, die ein Teilprojekt des Subprojekts „Gesundheit am Arbeitsplatz" darstellen.

Obwohl unsere Formalismen häufig belächelt wurden, hat dieser Implementierungsvorgang allen Beteiligten die Sicherheit und Klarheit stiftende Funktion solcher Abläufe vor Augen geführt.

Folgende Schritte zur Implementierung wurden gesetzt:

- Eine Arbeitsgruppe, zusammengesetzt aus Mitgliedern verschiedener Projektgruppen, hatte ein Konzept für die Einführung von solchen Stationsbesprechungen erarbeitet (unterstützt von zwei Beratern)
- In diesem Konzept wurden auch Voraussetzungen benannt, unter denen interessierte Stationen und Institute an einem Modellversuch teilnehmen könnten. Zu diesen Kriterien zählen:
- Gemeinsame positive Entscheidung von Abteilungsleiter und Oberschwester, (medizinischer Leiter und Leiterin des Pflegeteams einer Abteilung)
- Benennung eines Verantwortlichen zweier Teams aus einem Oberarzt und der Stationsschwester (unmittelbarer Vorgesetzter des Pflegeteams einer Station) für die Organisation und Leitung der Besprechungen und ihrer Stellvertreter
- Signifikante Zustimmung unter den Bediensteten der Station (Ärzte, Schwestern, andere Berufsgruppen)
- Verfügbarkeit von Raum und Zeit (mindestens vier Stunden pro Monat) für eine solche echte Teambesprechung
- Nach Annahme des Konzepts durch die Projektleitung wurden die Abteilungen und Institute im Rahmen einer internen Ausschreibung eingeladen, sich für einen Modellversuch zu bewerben
- Alle interessierten Stationen und Institute wurden genau informiert und die Voraussetzungen einer Mitwirkung überprüft
- Die definitive Bewerbung mußte schriftlich, von Primar, Oberschwester, Oberarzt und Stationsschwester unterzeichnet an den Projektausschuß gerichtet werden. Von fünf interessierten Organisationseinheiten wurden schließlich drei für die erste Runde des Modellversuchs ausgewählt.

- In einem Kick-off-Meeting, zu dem alle Mitarbeiterinnen der drei beteiligten Einheiten eingeladen waren, wurden Auftrag, Strukturen und Arbeitsweise noch einmal erläutert.
- Von zwei externen Beratern wurden die Leitungsteams geschult und seither in monatlichen Beratungssitzungen in der Wahrnehmung ihrer Leitungsfunktionen unterstützt.

Der Bewerbungs- und Auswahlvorgang hat geholfen, die Motivlage zu klären, Verbindlichkeit für die Interessen zu schaffen und die Startvoraussetzungen für einen gelingenden Versuch mit zu erzeugen. Die Zugangsvoraussetzungen für den Modellversuch und die Grenzziehung zwischen Eigenverantwortung der Stationen und Institute und externer Unterstützung wurden transparent gehalten.

Diese Form der internen Ausschreibung von Innovationsversuchen wurde mittlerweile auch für andere Problemstellungen des Gesamtprojekts, wie die Einrichtung von Modellstationen zur Hygieneorganisation oder für Versuche zur Praxisanleitung auf den Stationen, mit Erfolg angewandt.

Leitungsdefizit

Ein rascher Blick in die Organisation des Krankenhauses aus der Perspektive der Organisationsberatung löst Verblüffung aus, mit wie wenig Leitungsarbeit ein so großer und komplexer Betrieb glaubt auszukommen. Charakteristisch für die Organisation Krankenhaus (wie für andere Expertenbetriebe auch: Schulen, Altenheime, Universitäten) ist ein erhebliches Leitungsdefizit.

- In die Qualifikation von Führungskräften wird persönlich und institutionell wenig investiert. Immer noch gilt Leitungsqualifikation nicht als entscheidendes Kriterium für die Besetzung von Leitungsfunktionen. Fachkompetenz ist gefragt. Die Arbeitshypothese ist weit verbreitet, daß ein guter Fachmann auch die Leitungsaufgaben gut und souverän bewältigt.
- Von außen zu beobachten ist eine Doppelstruktur von Leitung. In vielen Sachfragen der medizinischen Arbeit wird Leitung autoritativ wahrge-

nommen. Ein Vakuum besteht in anderen Funktionen von Leitung, wie Planung, Arbeitsorganisation, Kooperation, soziale Integration und Konfliktbearbeitung. Dafür fehlen die entsprechenden Kommunikationsstrukturen.

- Das Leitungsdefizit wird dadurch zementiert, daß die Institution Krankenhaus in vielfachen Abhängigkeiten von staatlicher Verwaltung oder anderen (z.B. kirchlichen) Trägern steht. Durch diese Rahmenbedingungen und Entscheidungen wird Verantwortlichkeit reduziert. Ein eigenartiger Leerlauf entsteht. Wichtige Leitungsfunktionen werden nicht wahrgenommen, in beide Richtungen delegiert, Aggressionen und Resignationsgefühle werden freigesetzt. Es entsteht die Situation, daß sich eine fachlich hochprofessionelle Organisation auf sozialer Ebene weitgehend unmündig verhält.

- Innerhalb des Krankenhauses gibt es eine Einschätzung, die die Bedeutung von Leitungsfunktionen eher ab- als aufwertet. Leitungsarbeit gilt nicht als Teil der Professionalität. Über Leitung erhält man wenig offizielle Anerkennung. Karrieremöglichkeiten werden aufgrund anderer Qualifikationen eröffnet.

- Entscheidungen der Leitung werden von den Mitarbeitern regelmäßig unterlaufen oder auf informellen Wegen korrigiert. Andererseits werden Führungsaufgaben überhöht und primär mit charismatischen Fähigkeiten von dazu besonders begabten Persönlichkeiten assoziiert (Grossmann, Heller 1992).

Die Schlüsselfrage ist: Wie können Leitungs- und Organisationsarbeiten als wichtiger Teil der professionellen Rolle gestaltet werden? Eine stärkere Professionalisierung der Leitungsarbeit ist aus meiner Perspektive der Schlüssel zur Spitalsreform und Organisationsentwicklung im Krankenhaus. Um die Leitungsarbeit zu entwickeln, braucht es Qualifikationen von Personen und gezielte Entwicklung von Strukturen und Verfahren.

- Wenn es z. B. keine anerkannten Strukturen für berufsübergreifende Teambesprechungen auf den Stationen gibt, bleibt die Kooperation zwischen Ärzten und Schwestern der persönlichen informellen Initiative überlassen.

– Wenn die kollegiale Führung nur wenig Zeit reserviert und nur selten stabile Vereinbarungen für gemeinsame Planung und Entscheidungen trifft, reagiert sie nur von Fall zu Fall. Ohne effizientes Aufgabenmanagement kann sie Leitung nicht ausführen.

– Wenn es zwischen den Stationen und Instituten keine routinierten und alltäglichen Verfahren gibt, Aufgaben abzustimmen, blühen weiter Vorurteile und die Brüche zwischen den Bereichen werden tiefer.

Innerhalb des Gesamtprojekts ist das Thema „Leitung" kein explizites Thema etwa im Sinne eines Subprojekts. Aber innerhalb der Projektorganisation versuchen wir, Leitungsarbeit zu unterstützen und modellbildend zu wirken. In den Projektgruppen können z. B. MitarbeiterInnen das Wahrnehmen von Leitungsfunktionen einüben und gemeinsam an einem angemessenen Leitungsverständnis arbeiten. In einzelnen Teilprojekten, wie dem Modellversuch zur Stationsbesprechung, wird auch direkt an der Qualifizierung für Leitung gearbeitet. Auch in diesem Kontext steht das strukturbildende Moment im Vordergrund und soll das Projekt aus meiner Perspektive die Erfahrung vermitteln, daß im Zusammenhang mit Leitung nicht allein die Person zählt, sondern die Gestaltung von Beziehungen und von Beziehungen zwischen den Beziehungen.

3. Subprojekt „Gesunde Ernährung im Krankenhaus" (Veronika Dalheimer)

3.1 Besonderheiten des (Gesamt-)Projekts aus der Sicht einer Subprojektberaterin –
Strukturelle Bedingungen und ihre Auswirkungen auf Gruppenprozesse und die Rolle der Beraterin

Die in diesem Projekt relevanten Systeme (vgl. Abschnitt 1 des Beitrags) bestimmen und beeinflussen die Rolle und die Handlungsmöglichkeiten der Berater:

- Unter der Patronanz der WHO zu arbeiten, bedeutet für die Berater, in ihren theoretischen Überlegungen und in ihrer praktischen Arbeit die Prinzipien der Ottawa-Charter (1986) zu berücksichtigen und auch den Beteiligten gegenüber klar zu vertreten.
- Das Ludwig Boltzmann-Institut für Medizin- und Gesundheitssoziologie (LBIMGS) als unmittelbarer Vertragspartner der Berater hat neben seiner Funktion als Organisator und Koordinator die wissenschaftliche Betreuung des Projektes und verpflichtet alle Berater zu laufender Dokumentation und Evaluierung. Gleichzeitig wird der Informationsaustausch zwischen den Subprojektgruppen und auf Anfrage die Supervision der Berater bereitgestellt, was ebenso als Hilfe wie auch als Zeit- und Leistungsdruck empfunden werden kann.
- Die Gemeinde Wien als politischer und finanzieller Träger des Projektes bestimmt auf Grund ihrer spezifischen strukturellen Gegebenheiten (siehe auch Bosetzky 1985) in vielen Phasen das Tempo und den Stil der Arbeit, legt Beziehungsmuster zwischen Personen, Rollen und Systemen nahe, und umreißt damit den Handlungsspielraum nicht nur von Organisationsmitgliedern, sondern z.T. auch von Beratern.
- Der Projektausschuß als Auftraggeber zeigt sich oft inhomogen in der Identifizierung mit Teilaufträgen; weiters haben die Mitglieder der kollegialen Führung auf Grund ihrer Doppelfunktion – als verantwortliche Vorgesetzte der Mitarbeiter aus den Projektgruppen und als Mitglieder des Projektausschusses des WHO-Modellprojekts – den Konflikt „Innovator vs. Verteidiger des Bestehenden" in sich und mit den anderen ständig aufs Neue auszutragen. So kann es passieren, daß man auch als Berater mit ambivalenten Haltungen beim Auftraggeber selbst konfrontiert ist.
- Die Subprojektgruppe für das Projekt „Gesunde Ernährung im Krankenhaus" als Klient verdankt ihre eigene Existenz ebenso wie auch mich als Beraterin einem „Auftrag von oben" und tendiert deshalb laufend dazu, intern aber auch im Verhältnis zu mir und anderen relevanten Umwelten vertraute Strukturen der Kommunikation zu reproduzieren (Betonung von hierarchischen Unterschieden, Hinweis auf Weisungsrechte bis hin zur jederzeitigen Abrufbarkeit, Bevorzugung des Informellen usw..), wodurch auch problematische Grundmuster wie Überkomplizierung (Türk 1976) entstehen können.

– Der Klientengruppe gegenüber sehe ich als Beraterin mich immer wieder in die Rolle der Lehrenden gedrängt, die erklären soll, „wie man es richtig macht", was sich einerseits als Bedürfnis nach sozialer Kompetenz in der Projektgruppenarbeit (Heintel u.krainz 1988), andrerseits aber auch als Streben nach den gewohnten, wenn auch selbst immer wieder abgewerteten hierarchischen Verhältnissen verstehen läßt.

Die Bewunderung der von mir formulierten Berichte, Anträge, Vorschläge führt dann leicht zur Bereitschaft, der Beraterin alles zu überlassen, auch das Schreiben von Protokollen, Einladungen etc, und damit Gefühle von Neid auf die Position außerhalb der Organisation abzureagieren. Ausmaß und Grenzen der Möglichkeiten, etwas zu verändern, werden stark mit mir als Person in Zusammenhang gebracht und mit der bereits beschriebenen Ambivalenz verbunden.

Wenngleich ich nun weder als Trainerin noch als Analytikerin in diesem Projekt engagiert bin, habe ich doch die Möglichkeit, bei der Vorbereitung, Abhaltung und Auswertung von Sitzungen praktische und theoretische Hilfestellungen zu geben bzw. auch notwendige Ausbildungen, die für diese Berufsfelder von verschiedenen Instituten angeboten werden und an deren Entwicklung ich auch beteiligt bin, vorzuschlagen.

Meine Ausbildung als Analytikerin hilft mir, die auftretenden Übertragungsphänomene schneller zu erkennen und entsprechend zu nutzen, und zwar sowohl in Bezug auf kleine Personengruppen (Klein 1991) als auch auf Institutionen (Menzies Lyth 1990; Douglas 1991), Organisationen (de Board 1976) und soziale Systeme (Jaques 1955; Menzies Lyth 1960).

– Daß ich in diesem Fall nicht als (Gesamt-)Projektleiterin fungiere und deshalb von vielen organisatorischen Aufgaben befreit bin, entlastet mich und gibt mir Kraft für die Betreuung der Subprojektgruppe, erzeugt aber auch oft Angst, Einfluß und Überblick zu verlieren.

Dieses Spannungsfeld von:

– gesundheitspolitischen, durch die WHO vorgegebenen Ansprüchen,
– wissenschaftlichen Anforderungen von Seiten des LBIMGS,

- politischen und ökonomischen Interessen des Trägers (Gemeinde Wien),
- praktischen Erwartungen des Auftraggebers (Projektausschuß)
- und schließlich Hoffnung auf Erfolgserlebnisse in der Subprojektgruppe

machen die Arbeit als Beraterin spannend, anregend, manchmal recht anstrengend, gilt es doch, die Variablen aus dem Beratungskontext, die den Erfolg unterstützen bzw. behindern können (Klein 1991), in ihrer Bedeutung so zu akzentuieren, daß Erkenntnisse über sozialwissenschaftliche Beratung (Schein 1969; Beckhard und Harris 1977; G.u.R.Lippit 1978) greifen können.

3.2 Erfahrungen des Subprojekts „Gesunde Ernährung im Krankenhaus"

Zur Problematik des Themas „Gesunde Ernährung" in der KAR

Das Thema „Gesunde Ernährung" hat – im Vergleich zu den Themen anderer Subprojektgruppen des Modellprojektes – insofern eine Sonderstellung, als es schon von Beginn an und seither immer wieder Gefahr läuft, im wahrsten Sinn des Wortes „aus dem Rahmen zu fallen".

- Das liegt zunächst daran, daß die „Gesunde/gute Ernährung" ein Thema ist, an dem die KAR in den letzten Jahren schon mehrere gescheiterte Anläufe erlebt hatte.
- Schon Jahre vor Beginn des WHO-Projektes hat man in der Gemeinde Wien entdeckt, daß es beim Essen im Krankenhaus im Hinblick auf Gesundheit und Geschmack einen eindeutigen Verbesserungsbedarf gibt. Eine Gruppe namhafter Fachleute hat sich mit der Erstellung neuer Kostformen beschäftigt, die anschließend gemeindeweit allen Spitälern verbindlich empfohlen wurden (1989) – geändert hat sich dadurch jedoch zumindest in der KAR nichts.
- Zur Frage der Verköstigung der im Krankenhaus Beschäftigten wurden bereits von verschiedenen Seiten – auch von der Personalvertretung –

wichtige Vorschläge erarbeitet, keiner davon wurde aber früher mit der nötigen Konsequenz (und auch Unterstützung von Seiten der Leitung?) umgesetzt.

So ist es einerseits verständlich, daß im Zuge der ersten Gespräche während der Rundgänge der Mitarbeiter des LBIMGS die Problematik immer wieder aufgetaucht ist und sich zum Aufgreifen angeboten hat. Allerdings hätte gerade die Tatsache, daß das Thema auch schon so oft fallengelassen wurde, alarmieren können.

- Ein weiteres Problem liegt wohl darin, daß die verschiedenen interessierten Personen (bzw. -gruppen) mit völlig verschiedenen Motivationen an das Thema herangehen. Über diese Unterschiedlichkeit herrscht zwar Offenheit sowie auch die Bereitschaft, trotzdem ein gemeinsamen Ziel zu verfolgen und die Maßnahmen entsprechend abzustimmen. In der Praxis tauchen aber immer wieder Abgründe des völligen gegenseitigen Unverständnisses auf, z. B. zwischen denen, die aktiv zu werden bereit sind und jenen, die sich nur einfach „besseres Essen wünschen".

Das führt zu Enttäuschungen, die sofort Auswirkung auf die Effizienz der Arbeit haben. Solche Entmutigungen beeinträchtigen dann natürlich den Zusammenhalt der Gruppe.

- Neben diesen unterschiedlichen Motivationslagen gibt es auch extreme Unterschiede im Informationsstand bzw. im Problembewußtsein:

Selbst unter den von der Misere unmittelbar Betroffenen, wie z. B. den Schwestern, die den Patienten das Essen vorsetzen müssen, aber auch bei vielen Ärzten, herrscht eine große Ahnungslosigkeit, was die Logik der organisatorischen Abläufe einer Großküche in einem Schwerpunkt-Krankenhaus betrifft, was die Vermutung aufkommen läßt, daß es sich hier um eine kollektive Verdrängung handelt.

Auffällig ist, daß gerade diejenigen Personen, die selbst gern gut kochen, eine Qualität und Individualität erwarten, von der sie wissen müßten, daß sie in einem so großen Rahmen nicht geboten werden kann.

– Organisatorische Trennung der Küche vom sonstigen Krankenhaus: Über den organisatorischen Rahmen der Küche wissen wenige Bescheid: Die Räumlichkeiten der Küche – weit ab vom Haupthaus gelegen und auf Grund mehrerer „Hygiene-Sperren" hermetisch abgetrennt – sind den meisten unbekannt.

Fast hat es den Anschein, als würden auch die dort Arbeitenden nicht in Erscheinung treten wollen: im Haus-Jargon „Küchenschaben" genannt, verrichten sie ihren Dienst pragmatisch, möglichst unauffällig, abseits von den kritischen Blicken ihrer „Kunden im Haus", immer mit Vorwürfen und neuen „unerfüllbaren" Forderungen rechnend.

Hinzu kommt (als Sonderproblem), daß der Speisesaal für das Personal sowohl von der Einrichtung, vom Ambiente und vom Geruch, als auch von den Benützungszeiten her zumindest (auch) aus meiner Perspektive bislang wenig ansprechend ist.

– Deshalb stehen auch relativ viele Beschäftigte auf dem Standpunkt, daß die umliegenden Gasthäuser attraktiver sind als die Küche im eigenen Haus. Es wird argumentiert, daß man eventuell für die Patienten ein Catering engagieren und selbst auswärts essen gehen könnte.

Das bedeutet, daß einer gesamten Arbeitseinheit mit mehr als 60 Mitarbeitern von vielen die Anerkennung ihrer Leistungen verweigert und sogar die Daseinsberechtigung abgesprochen wird. Was das wiederum für Auswirkungen auf die Arbeitsmotivation hat, ist unschwer zu erraten.

Das LBIMGS hat sich für die Beratung dieses Subprojektes in mir eine Person ausgesucht, die neben den fachlichen Voraussetzungen eine positive und engagierte Grundhaltung zum Thema „gute Küche" mitbringt – und das Verständnis für die tiefe Trostlosigkeit bei mangelhafter kulinarischer Versorgung war zur Zeit des Einstiegs für mich wohl auch der primäre Grund zur Zustimmung.

Leider ist dieses Engagement zur Verbesserung der sinnlichen Lebensqualitäten im Krankenhaus in der Zwischenzeit etwas in den Hintergrund getreten und mußte der Sorge um effiziente Abläufe und rationalisierbare Routine-Arbeiten weichen.

Im Zuge dieser Veränderung hat sich auch mein Blick für die unterschiedlichsten bürokratischen „Verrücktheiten" (gemeint sind Verrückungen der
Realität im Sinne von Türk's pathologischen Grundmustern) geschärft, und
zwar für zeitliche (Termine), formale (Titel), legistische (Vorschriften) und
psychologische (Einfluß auf Ansichten) [1].

Ziele und Methoden der Subprojektgruppe

Zielsetzungen

– Die Subprojektgruppe hat sich zum zentralen Ziel gesetzt, die Arbeitsabläufe der Küche so zu verändern, daß von dieser Seite eine bessere und
  gesündere Ernährung von Patienten und Mitarbeitern überhaupt angeboten werden kann.

– Diese Sicherheit im Angebot ist eine grundlegende Voraussetzung, wenn
  ein weiteres Ziel, nämlich bei den Patienten ein Bewußtsein für „Gesunde Ernährung" zu wecken, erreicht werde soll, wenn also über die
  unmittelbare Spitalsernährung hinausgehende Effekte auf den Lebens-
  stil (die Ernährungsgewohnheiten) erzielt werden sollen. Ausgangspunkt dieser Zielsetzung ist die Überlegung, daß die Zeit eines Kran-
  kenhausaufenthaltes bei Patienten – auch abgesehen von der therapeutischen Notwendigkeit, die in manchen Fällen bestimmte Kostformen
  vorschreibt – genützt werden könnte, sie über „Gesunde Ernährung"
  aufzuklären und dafür zu begeistern.

Um solche Lerneffekte zu erzielen, ist es – wie gesagt – natürlich notwendig, überhaupt qualitativ hochwertige Produkte herstellen zu können; diese
müssen aber auch „verkauft" werden. Dabei kommt den Diätassistentinnen
eine große Bedeutung zu, da sie von der Ausbildung her am ehesten
geeignet sind, Patienten, aber auch Kollegen über „Gesunde Ernährung"
aufzuklären.

---

1 Manchmal habe ich den Eindruck, daß das Erzählen einschlägiger „Schmankerln"
  (= österr.f.Leckerbissen, Teuschl, 1990) aus dem Klientensystem für das Beratersystem
  zu jenem Degustationserlebnis wird, das die Küche dort eben nicht bieten kann.

– Auch die Angestellten der Krankenanstalt Rudolfstiftung haben das
Recht, an ihrem Arbeitsplatz während der gesamten Dienstzeit gesund
ernährt zu werden; Ernährungsfragen haben – nach neueren sozialwissenschaftlichen Untersuchungen – eine große Bedeutung für Gesundheit
am Arbeitsplatz (vgl. Köhler 1990).

Strategien

Zur Erreichung dieser Ziele hat sich die Subprojektgruppe z. B. im Jahr
1991 auf vier Themenbereich konzentriert:

– Zur Neugestaltung der Speisepläne wurden vom Küchenregieleiter, den
Diätassistentinnen, der Küchenleiterin und dem Koch gemeinsam Vorschläge für Speisepläne entworfen, die jedoch mangels einer geeigneten
EDV-unterstützten Verrechnungsanlage noch nicht im Detail kalkuliert
sind.

– Der Einsatz der Diätassistentinnen war bisher nicht optimal. Sie ver-
brachten weit mehr als die Hälfte ihrer Zeit mit Verrechnungsarbeiten,
für die sie überqualifiziert sind. Das führte zu Demotivation und starker
Fluktuation sowie zu langen Abwesenheiten. Die Situation war lange
Zeit durch Krankenstände, Resturlaube, sowie die Nichtbesetzung der
Leitungsfunktion im Diätbüro Küche und daraus resultierenden Tal-
sohlen in der Motivation gekennzeichnet. Hier ist durch eine Neubeset-
zung der Leitungsfunktion eine Verbesserung eingetreten, die im Zuge
der Projektarbeit aber weiter abzustützen sein wird.

– Auf Testbasis wird EDV im Küchenbereich eingeführt, wovon man sich
eine Vereinfachung der Bestell- und Verrechnungsarbeiten erhofft. Zuletzt wurden hier nach abgeschlossener Installation der Hardware der
Küchenregieleiter, sein Stellvertreter, die beiden WHO-Kanzlei-Kräfte
und ein Großteil der Diätassistentinnen im Diätbüro Küche im Laufe des
Herbstes in IBS (Internes Betriebssystem) eingeschult.

Da zwei bestellte Softwarepakete sehr lange Zeit nicht geliefert wurden,
konnte mit dieser Testung erst 1992 begonnen werden. Hilfreich und
unterstützend wirken hier die Mitarbeiter eines neuen EDV-
Beratungsteams in der Krankenanstalt Rudolfstiftung aus, die neben ihrer

generellen Beratung den Anwendern gegenüber punktuell zu Sitzungen der Subprojektgruppe hinzugezogen werden und Hinweise auf Vor- und Nachteile verschiedener Software-Lösungen geben.

– Eine problematische Personalstruktur in der Küche zeigte bald – noch vor Beginn der Herstellung der neuen Speisen – Engpässe, die manchmal katastrophale Auswirkungen – auch auf die kontinuierliche Arbeit der Subprojektgruppe – haben.

Hier wurde eine Fachberatung ausgesucht, die nach entsprechenden Beobachtungen der Arbeitsabläufe Verbesserungsvorschläge unterbreiten wird, die von den Betroffenen als Aufwertung ihrer Arbeit und als Unterstützung bewertet werden können. Damit soll gleichzeitig erreicht werden, daß bevorstehende Neuerungen bei der Herstellung der Speisen auf mehr Akzeptanz stoßen.

Erfahrungen aus der bisherigen Arbeit im Projekt bzw. mit dem Subprojekt „Gesunde Ernährung"

Unterschiedliche Arbeitsstile im Subprojekt

Ich betrachte es als eine meiner wesentlichsten Aufgaben, der Subprojektgruppe bei der Verständigung über die sehr unterschiedlichen Arbeits-Stile innerhalb der Gruppe und bei der Auseinandersetzung mit den relevanten Umwelten zu helfen.

Bei so unterschiedlichen Temperamenten wie sie in dieser – auch von den Berufen her sehr heterogenen – Gruppe vertreten sind, war es zu Beginn oft schwer, auch nur so Grundlegendes wie einen gemeinsamen Termin verbindlich zu vereinbaren.

Ist dieser Rahmen aber nicht in einer von allen akzeptierten Weise gesichert, so steigen Störungen und Ausfälle ins Unerträgliche. Noch viel schlimmer sind jene Schein-Anpassungen, mit denen auf meine hin und wieder aufkommende Ungeduld geantwortet wird und die anschließend zu Problemen in der Umsetzung führen.

Problematische Erwartungen an die Beraterin

Auf meine Rolle in der Subprojektgruppe wurden immer wieder unerfüllte Wünsche und Ängste, die sich aus der Beziehung mit den tatsächlichen hierarchischen Vorgesetzten ergeben dürften, übertragen. Ich wurde um Entscheidungen und Interventionen ersucht und die Enttäuschung und der Ärger waren groß, wenn ich den Erwartungen („Wenn's ein Problem gibt, brauch ma an Doktor") nicht entsprach. Dann bekam ich über eine gewisse Zeit keine wichtigen Informationen oder ich wurde mit relativ banalen Alltagsereignissen überschüttet.

Problematische zeitliche Verzögerungen bei der Implementierung von Modellmaßnahmen

In der Phase der Implementierung der Maßnahmen ist es teilweise zu empfindlichen Wartezeiten – insbesondere bei der Einrichtung der EDV-Anlage in der Küche – gekommen, was die Motivation der Subprojektgruppenmitglieder reduziert und außerdem „Munition" für sämtliche Kritiker im Hause bietet. Dabei ist es unklar, wer was zu diesem Unmut beiträgt. An sich wäre von der aktuellen Aufgabenstellung her derzeit noch wenig Kontakt mit dem Umfeld geplant – aber vermutlich ist es gerade diese Abgeschiedenheit der Gruppenarbeit und das bisherige Ausbleiben von konkreten Ergebnissen, die mißtrauisch machen. Dabei zeigen sich insbesonders Schwierigkeiten beim Aufeinandertreffen der üblichen hierarchischen Linien und den neuen, durch das Projektgruppenmodell erzeugten Arbeitszusammenhängen. Da die Arbeit der Projektgruppe oft auch auf Probleme stößt, die als bisherige „Versäumnisse" gedeutet werden können, kann es geschehen, daß die Beraterin dabei als externe Kritikern erlebt wird.

Öffentliche Thematisierung von Küchenproblemen als Irritation

In bezug auf die Öffentlichkeit außerhalb des Krankenhauses gab es – außer bei den „Öffentlichen Präsentationen" des WHO-Projekts, wo Informationen mit Interesse und Engagement gegeben und aufgenommen wurden – eher Mißtrauen und Skepsis. Schreckgespenster wie „der Müsli-Schock im Krankenhaus", die Drohung der Fremd-Versorgung durch externe Großküchen und Auflassung des gesamten Küchenbetriebes, ebenso wie die Artikulation von (wählerfreundlichen) Erwartungen wie „Späteres Abendessen" kamen immer wieder im Umlauf.

Was auf der einen Seite üblicher Arbeitsstil von Politik und Medien ist – nämlich das pointierte Aufzeigen von Mißständen – bewirkt in der Subprojektgruppe noch mehr Überforderung und führt entweder zu hektischer Abwehr oder zu deprimierten Lähmung.

In regelmäßigen Abständen wurden auch (zumindest aus meiner Perspektive) alte Vorurteile gepflegt und Projektionen ausgetauscht, z. B. wenn darauf hingewiesen wurde, daß die Öffentlichkeit ja ganz offensichtlich wenig Interesse an einer Verbesserung hat, da „die Gehälter in einer Spitalsküche der Gemeinde Wien deutlich unter jenen in anderen, insbesondere privaten Küchen liegen" (eine Vermutung, die übrigens nicht stimmt).

Der Modell-Charakter des Projektes und die Angliederung an die WHO – und damit an eine internationale Öffentlichkeit – legten von Anfang an einen Informationsaustausch mit externen Interessenten nahe. Dazu fühlte sich die Subprojektgruppe aber lange Zeit nicht in der Lage, ja zeigte sogar eher die Tendenz, jene Personen, die dazu fähig gewesen wären, „zurückzupfeifen".

Ambivalentes Verhältnis zum LBIMGS

Diese Scheu zeigte sich auch in einem von mißtrauischer Bewunderung getragenen Verhältnis zum LBIMGS von Seiten der Mitglieder der Subprojektgruppe.

Für sie war ich (obwohl bekanntermaßen nur Werkvertragsnehmerin) die Repräsentantin dieses Systems, was sich in allerhand Fehlleistungen zeigte. Alle Gruppenmitglieder hatten von Beginn an meine private Telephon-Nummer, dennoch erreichten mich während des gesamten ersten Jahres sämtliche Anrufe und Zuschriften über das Institut.

Auch wurde ich neu Hinzukommenden immer wieder als „die Soziologin" vorgestellt oder gefragt, wie „so etwas im Institut gemacht wird".

318

Probleme im Beratersystem

Hier kam ich in eine interessante Position der Vermittlerin zwischen zwei Welten:

Im Bewußtsein der Eigentümlichkeiten der Systeme Verwaltung, Medizinische Versorgung im Krankenhaus, Pflege im Krankenhaus, aber auch deren gemeinsamer Logik in der Differenz zu anderen Betrieben, die sonst mein Beratungsfeld sind, war ich einerseits an einer wissenschaftlichen Aufarbeitung dieser Unterschiede in einem guten Team interessiert, habe aber gleichzeitig oft das Gefühl der Fremdheit und den Verdacht der Unübertragbarkeit dessen, was im Beraterteam zur Unterstützung der Projektgruppen erdacht wird, erlebt.

Da die Beratergruppe bald eine recht beachtliche Größe erreicht hatte, zeigten sich natürlich auch dort deutliche Differenzierungen: ich fühlte mich am wenigsten auf Gesundheit, WHO, Medizinsoziologie oder rein wissenschaftliche Interessen festgelegt, mich reizte es vielmehr, mit qualifizierten Kollegen an einem komplexen System wie dem Krankenhaus zu arbeiten und daraus Erkenntnisse abzuleiten.

Wenn ich dabei in Schwierigkeiten geriet – insbesondere dann, wenn das sprachliche Niveau meiner Meinung nach zu weit von der Realität der dort Arbeitenden abzuheben drohte – produzierte ich oft jene „dummen Fragen", die dann aber manchmal zur allgemeinen Erleichterung dienten, weil sie so dumm auch wieder nicht waren. Nur die guten kollegialen Verbindungen in dieser Gruppe machten es mir möglich, diese Randposition zu ertragen, oft sogar zu genießen.

Schwierig, aber auch spannend wurde es dann, wenn die Differenzen zwischen den Hierarchie-Ebenen im Krankenhaus im Projekt-Ausschuß auf die Berater übertragen wurden. So wurde z. B. einmal (bei besonderer Unzufriedenheit mit dem Projektfortschritt) der Projektleiter aufgefordert, „seiner" Beraterin eine andere Vorgehensweise nahezulegen.

In diesem Fall bedurfte es besonderer Aufmerksamkeit – auch auf eigene Gefühlsreaktionen: Wenn nämlich eine Art Spiegelung (de Board 1978) der Probleme erzeugt wird, d. h. wenn auch ich mich in meiner Fähigkeit

319

und meinem Selbstwert bedroht fühle, dann ist die projektive Identifizierung gelungen. Und dann ist die Art, wie der Konflikt einer Lösung zugeführt wird, durch seine exemplarische Bedeutung von besonderer Wichtigkeit als Modell für das System.

Es war also notwendig, sich dort ganz besonders über Unterschiede in der Vorgangsweise zu verständigen und eine möglichst große Autonomie (bei gleichzeitiger Bereitschaft zur Information) zu erhalten, die dann als Vorbild auf das System zurückwirken kann.

Strukturelle Veränderungen im System zur Erhöhung der Lernfähigkeit – Bisherige Schritte und Desiderata

– Zunächst war es notwendig, eine weitere Differenzierung der Arbeitsteilung innerhalb der Subprojektgruppe vorzunehmen, wodurch nicht nur die Entlastung des vorerst einzigen Koordinators, des Küchenregieleiters, erreicht, sondern außerdem das Spektrum der Möglichkeiten durch Nutzung zusätzlicher Ressourcen erweitert werden konnte. Insbesondere die Aufgaben der Informationssuche und der Informationsweitergabe nach außen waren auf mehrere Personen zu verteilen (Senge 1990).
– Es hat es sich auch gezeigt, daß die Zusammensetzung der Projektgruppe (dominiert durch eine Überzahl von Personen, die unmittelbar mit der Ernährung beschäftigt sind), nicht günstig war. Eine kreativere Planung in Bezug auf „Gesunde Ernährung" wird leichter möglich, wenn unbefangene Interessierte sich dem Thema widmen.
– In einem Fall mußte eine gesonderte Beratung bezüglich einer problematischen Arbeitsbeziehung durchgeführt werden. Erst danach war es möglich, über eine Neu-Konzeption der Information über die Arbeit der Subprojektgruppe auch diese Achse zu betreuen.
– Im Diätbüro in der Küche bahnte sich bereits durch eine Neu-Ausschreibung des Leitungsposten zusätzlicher Beratungsbedarf an. Hier hatte die Subprojektgruppe bereits eine Stellenbeschreibung (die es vorher nie gab) verfaßt, nach der die neue Leitung auch auf die zusätz-

lichen und interessanteren Tätigkeiten im Zuge des WHO-Projektes vorbereitet werden sollte. Das wirkte so motivierend, daß sich schließlich doch eine der dort arbeitenden Diätassistentinnen um die Stelle bewarb – was früher nie möglich gewesen wäre – und sie auch erhielt. Für diese Berufsgruppe unter der neuen Leitung wird nun eine Kooperationsberatung für die eigenen Aufgaben und für die Zusammenarbeit mit dem Küchenpersonal eingerichtet, was dann besonders wichtig wird, wenn geklärt ist, welche strukturellen Veränderungen dort notwendig sind.

– Im Beratersystem ist verstärkt darauf zu achten, daß trotz ständig wachsender Komplexität der Informationsaustausch nicht nur über Ziele. Maßnahmen und Anträge, sondern auch über Methoden und Vorgehensweisen der Intervention möglichst ökonomisch und reibungslos funktioniert.

Es fällt mir, da die Beratung der Krankenanstalt Rudolfstiftung nur einen relativ kleinen Bereich meiner Tätigkeit darstellt und ich mit den Kollegen aus dem Beraterteam nicht so eng in einem Boot sitze wie jene von ihnen, die miteinander im LBIMGS arbeiten, schwer, die notwendigen Termine entweder aktiv einzurichten oder Vorgaben einzuhalten.

Ich halte es aber für die in einem so umfangreichen Projekt mit Sicherheit zu erwartenden Probleme für äußerst angemessen, diese „Pflege der Arbeitsbedingungen" weiter zu kultivieren, um der Automatik von Spiegelungseffekten entgegenzuwirken und gleichzeitig die darin zu erkennenden, wichtigen Differenzen im Klientensystem dem Beratersystem zugänglich zu machen.

Literaturliste

BECKHARD, R./HARRIS, R. T.: Organizational Transitions: Managing Complex Change Reading, Mass.(Addison-Wesley Publ.Comp.) 1977.

BOSETZKY, H./HEINRICH, P.: Mensch und Organisation. Stuttgart (Kohlhammer) 1985.

DE BOARD, R.: The Psychoanalysis of Organizations. London (Tavistock Publ.) 1978.

DOUGLAS, M.: Wie Institutionen denken. Frankfurt (Suhrkamp) 1991.

GROSSMANN, R./HELLER A.: Leiten im Krankenhaus, in Ärztewoche (Hrsg.), Klinik 1/1992, Wien.

GROSSMANN, R./SCALA K.: Über die Schwierigkeit „Gesundheit" gesellschaftlich zu organisieren, in: Pellert, A. (Hrsg.), Vernetzung und Widerspruch, München 1991.

HEINTEL, P./KRAINZ, E. E.: Projektmanagement. Wiesbaden (Gabler) 1990.

KLEIN, L./EASON, K.: Putting Social Science to Work. Cambridge (University Press) 1991.

KÖHLER, B. M.: Die Ernährung von Beschäftigten. Aus der Serie: „Health Risks and Preventive Policy". Berlin (Wissenschaftszentrum) 1990.

LIPPITT, G./LIPPITT, R.: The Consulting Process in Action. La Jolla, Calif. (University Associates Publ.) 1978.

LUDWIG BOLTZMANN-INSTITUT FÜR MEDIZIN- UND GESUNDHEITSSOZIOLOGIE (LBI), KRANKENANSTALT RUDOLFSTIFTUNG (KAR), Gesundes Krankenhaus/2, Wien 1990.

LUHMANN, N.: Ökologische Kommunikation, Opladen 1986.

MENZIES LYTH, I.: Social Systems as a Defense against Anxiety. In: E. Trist & H.Murray: The Social Engagement of Social Science. London (Free Association Books) 1990.

MENZIES LYTH, I.: A Psychoanalytical Perspective on Social Institutions. London (Free Association Books) 1990.

SCHEIN, E.: Process Consultation: Its Role on Organization Development Reading, Mass. (Addison-Wesley Publ.Comp.) 1969.

SENGE P. M.: The Fifth Discipline: The Art and Practice of the Learning Organization. New York (Doubleday/Currency) 1990.

TEUSCHL, W.: Wiener Dialekt-Lexikon. Wien (Schwarzer) 1990.

Alfred Zauner

Im Spannungsfeld von Zentralismus und Informalität

Beratung in der öffentlichen Verwaltung

1. Risiken ambivalenter Beratermotivation

Verwaltungsberatung gilt in der Branche als mühsam und „undankbar". Diese Einschätzung stützt sich auf Erfahrungen mit der sprichwörtlichen Unbeweglichkeit des Systems, mit juristisch verbrämten Kooperationsbarrieren, mit einer seitens der Klienten oftmals neidisch beargwöhnten Leistungshonorierung. Dies ist die eine Seite.

Andererseits spricht einiges für eine aufmerksame Beachtung dieses Beratungsfeldes:

Da ist zunächst das politische Gewicht der öffentlichen Verwaltung selbst. Die öffentliche Verwaltung ist der rechtlich gebundene Teil des politischen Systems. Damit verbindet sich zum einen eine flächendeckende Monopolstellung, zum anderen – dies sollte entgegen der allseits beschworenen Serviceorientierung nicht vergessen werden – auch Zwangsgewalt. Der Umfang der von staatlichen Behörden eingesetzten Gewaltmittel und nicht zuletzt die Form der Ausübung staatlichen Zwanges zählen nun zweifelsfrei zum Kern der politischen Kultur eines Landes.

Dies macht Verwaltungsberatung für den Organisationsberater als Mitbetroffenen staatlich-administrativen Handelns und darüber hinaus in seiner bürgerlichen Rolle als politischer Mensch immer wieder attraktiv. (Schon an dieser Stelle soll angemerkt werden, daß diese „politische Motivationsschiene" eine der beliebtesten Fallen darstellt, um den Berater aus seiner erfolgskritischen Distanz zu locken, ihn ins System einzubinden und damit in seiner Wirksamkeit stillzulegen.)

Mit Blickrichtung auf die Entwicklung möglicher Arbeitsfelder der Beraterprofession ist weiters nicht zu übersehen, daß die politischen Verwaltungsführungen unter dem Kostendruck der öffentlichen Haushalte in jüngerer Zeit ein wachsendes und nachfragewirksames Interesse nach organisations- und projektbezogenen Beratungsleistungen zeigen.

Entwickelt sich externe professionelle Organisationsberatung zu einem methodischen Angelpunkt der allseits geforderten Verwaltungsreform? Sollte externe Verwaltungsberatung mit dem Ziel nachhaltig wirksamer und erfolgreicher Zusammenarbeit in diese Position einrücken wollen, so erscheinen theoretische Erschließungsarbeiten auf zwei Seiten unverzichtbar:

Auf der einen Seite gilt es ein theoretisch hinreichend elaboriertes, berufliches Selbstverständnis von Beratung zu erarbeiten. Was ist, was leistet und wodurch leistet Organisationsberatung das, was sie zuwege zu bringen scheint? (Siehe dazu neben den Beiträgen in diesem Band insb. Wimmer 1991.) Zum anderen zwingen gerade die methodischen Positionen des systemischen Beratungsansatzes dazu, den funktionalen Handlungskontexten des Klientensystems forschend, d.h. unterscheidend und verknüpfend nachzugehen. Was macht die spezifische Logik eines Handlungssystems aus? Oder bereits konkreter: In welcher Weise überlagern, beeinflussen und immunisieren sich unterschiedliche Handlungslogiken in der öffentlichen Verwaltung? Wie soll etwa „positive Symptombewertung" gelingen, d.h. entlastende Wirkung entfalten, wenn die organisationalen Bezugsprobleme dem Berater kognitiv nicht zugänglich sind?

Für die weitere Diskussion sollte der folgende Arbeitsrahmen eine hinreichend klare Konturierung unseres Gegenstandes und seiner spezifischen Beratungsanforderungen geben:

– Als Berater habe ich in mitunter mühsamen, bisweilen auch befreiend leichten Lernschritten die Produktivität des systemischen Beratungsansatzes bis hin zur „Paradoxie der wirkungsvollen Nichteinmischung" (Zauner 1990) erfahren. Der vorliegende Beitrag zielt primär nicht auf

die theoretische Vertiefung einzelner systemischer Beratungspositio-
nen. Hier soll vielmehr im Bild des „Blühens systemischer Praxis"
(Kongreßtitel Heidelberg 1991) ein Anwendungsfeld systemischer Beratungsarbeit vorgestellt und in einigen Erfahrungsskizzen exemplarisch
ausgeleuchtet werden.

– Zum Einstieg wird in summarischen Thesen Antwort auf die Frage
  gegeben, was denn nun auf der Grundlage langjähriger Beratungserfahrung in der öffentlichen Verwaltung die Besonderheit dieses Beratungsfeldes im Unterschied zur Beratung von Unternehmungen (hier als
  praktischer Allgemeinfall gesetzt) ausmacht?

– Im Hauptteil des Beitrags soll die Fruchtbarkeit des systemischen Be-
  ratungsverständnisses anhand von Ausschnitten aus Beratungsarbeiten
  in österreichischen Bundesministerien ausgewiesen werden. An den
  konkreten Beispielen könnte sichtbar werden, daß die beobachtbar
  leichtere und unbeschwerte Gangart, die eine lösungs- und ressourcen-
  orientierte Beraterhaltung vermittelt, nicht nur organisationale Kreativität sondern mehr noch eine organisationstheoretisch fundierte Beweglichkeit erfordert.

Abschließend werden einige handlungspraktische Folgerungen für die
Beratungstätigkeit in der öffentlichen Verwaltung gezogen.

2. Zentralismus und Informalität als Orientierungs- und Irritationspunkte der Verwaltungsberatung

„Die" Verwaltung gibt es auf der Ebene der Organisationsbetrachtung von
Behörden, Ämtern und Dienststellen ebensowenig wie die Beschreibung
des gesellschaftlichen Funktionssystems „Wirtschaft" Aussagen über die
konkrete Form eines Unternehmens als wirtschaftlich tätiger Organisation
zuläßt.

Und doch macht die Zuordnung einer Organisation zum Funktionssystem
Wirtschaft oder zu jenem der öffentlichen Verwaltung Unterschiede für die
Beratung. Unterschiede, die sich auf allgemeiner Ebene für das System

Wirtschaft mit funktionaler Simplizität (Unternehmenserhaltung durch Sicherstellung von Zahlungsfähigkeit) bei gleichzeitiger organisationaler Vielfalt und spiegelbildlich für das Funktionssystem „Öffentliche Verwaltung" mit funktionaler Vielfalt bei organisationsstruktureller Simplizität umschreiben lassen.

Innerhalb dieser organisationstheoretischen Grobmarkierung finden jene Erscheinungsformen Platz, die als herausragende Orientierungs- und Irritationspunkte die Erfahrung mit reformorientierten Beratungsprojekten in der öffentlichen Verwaltung prägen: Strukturaler Zentralismus und das Gewicht informaler Parallel- (und Gegen-) Steuerung.

– Die staatsrechtlich unverzichtbare Fiktion der zentralen Steuerbarkeit des Gesamtsystems der öffentlichen Verwaltung findet ihren Ausdruck in vielfältigen Anstrengungen, bürokratische Großorganisationen einschließlich ihrer Unter- und Ausgliederungen von einer zentralen Stelle aus zu steuern und zu kontrollieren.
– Informale Beziehungsgeflechte und Handlungsmuster begleiten, ergänzen, korrigieren, unterminieren und verlebendigen in funktionsgerechter und funktionswidriger Weise das Entscheidungshandeln innerhalb der öffentlichen Verwaltung.

Das Ignorieren oder auch Unterlaufen des zentralistischen Steuerungs- und Kontrollanspruchs steckt – wie die folgenden Beratungsausschnitte zeigen sollen – der Wirksamkeit von Verwaltungsberatung ebenso enge Grenzen wie die Duplizierung informaler Beziehungsformen und Handlungsmuster innerhalb der Berater-Klienten-Beziehung.

2.1 Zentrale Organisationsgewalt und bürokratischer Kontrollbedarf

Staatlich-administratives Handeln ist grundsätzlich nicht freies Handeln. Bezugspunkt dieser systemkonstitutiven Leitlinie ist die historisch legitimierte Wertvorstellung des Ausschlusses obrigkeitlicher Willkür und der Vorhersagbarkeit staatlichen Tuns und Unterlassens. Dieser Wert bildet einen Eckpfeiler des bürgerlichen Rechtsstaats. Zu seiner Sicherung hat die Verwaltungsrechtswissenschaft eine hoch ausdifferenzierten Bindungsdogmatik und Vollzugskontrolle entwickelt.

Demgegenüber stand und steht das organisationale Substrat administrativen Handelns – also das Amt, die Dienststelle – im verwaltungswissenschaftlichen Schatten. Organisationsgewalt und Gestaltung des inneren Dienstbetriebs – so die organisationsrechtliche Begriffsbildung in Österreich – werden entsprechend der hierarchischen Struktur der Verwaltungszweige den „obersten Organen" zugeschlagen. Das Verhältnis von politischer Verwaltungsspitze zu administrativer (Groß-)Organisation wird als zentrale Steuerung eines behördlichen Hilfsapparats gedacht. So umfaßt beispielsweise die Leitungsbefugnis der obersten Organe über die ihren unmittelbaren Zentralstellen unterstellten „nachgeordnete Dienststellen" nach österreichischem Organisationsrecht folgende Eingriffsrechte:

> *„Personalhoheit,* d.i. die Befugnis, in Personalangelegenheiten der nachgeordneten Dienststellen zu entscheiden;
>
> *Finanzhoheit,* d.i. die Befugnis, die dem Ressort zugewiesenen Mittel auf die einzelnen Verwaltungseinheiten aufzuteilen;
>
> *Organisationsgewalt,* d.i. die Befugnis, die (innere) Organisation der nachgeordneten Dienststellen zu regeln;
>
> *Anordnungsbefugnis,* d.i. die Befugnis, Weisungen im Einzelfall zu erteilen und allgemeine Vorschriften für den Bereich der nachgeordneten Dienststellen zu erlassen;
>
> *Aufsichtsbefugnis,* d.i. die Befugnis, Akten und Berichte anzufordern, allenfalls auch delegierte Befugnisse an sich zu ziehen, Entscheidungen einer Genehmigungspflicht zu unterwerfen udgl."
>
> (Raschauer, Kazda 1983, S. 152)

Zu beachten ist nun, daß hinter dem bescheidenen Begriff der „nachgeordneten Dienststellen" in aller Regel nicht kleine Außenstellen einer Zentralbehörde stehen, sondern funktional ausdifferenzierte Organisationseinheiten mit oft mehreren hundert Bediensteten, die in ihren Verwaltungsgebieten bedeutendes gesellschaftliches Gewicht haben. Unter diesem Blickwinkel wird das Spannungsfeld deutlich, das sich auftut zwischen der

Vorstellung der Verwaltung als einem neutralen „entmenschlichten" Vollzugsinstrument (Max Weber) und den Funktionserfordernissen und Steuerungsproblemen sozialer Systeme. H. v. Foerster hat das hinter den oben beschriebenen Steuerungsansprüchen stehende Organisationsverständnis mit dem plastischen Bild der „Trivialmaschine" nachgezeichnet und daran die Grenzen direktiver Steuerbarkeit sozialer Systeme aufgezeigt.

Für eine ihren vielfältigen Aufgaben und Funktionen gerecht werdende Verwaltungspraxis und für eine zu ihrer Förderung und Entwicklung antretende Verwaltungsberatung folgt aus dem beschriebenen Spannungsfeld durchaus Unterschiedliches:

– Um einigermaßen wirksam agieren zu können, sucht die Verwaltung die Spannung zwischen den zentralistischen Steuerungs- und Kontollimperativen und den Anforderungen eines lokal-situativ angepaßten Organisationshandelns durch den Aufbau und die Pflege informaler Informationskanäle und Einflußbeziehungen in den Griff zu bekommen. Das Spiel zwischen formalem und informalen Handeln zu beherrschen, gilt dementsprechend als die hohe Kunst des Verwaltungsmannes (F. Morstein Marx 1965).

– Für die Organisationsberatung öffentlicher Verwaltungen kann Gleiches – bei Strafe relativer Wirkungslosigkeit – nicht gelten. Hier dürfte nach aller Erfahrung ein ungebrochenes Kopieren der verdeckten Bewegungsabläufe zwischen formellen und informellen Kontakten und Absprachen eine erstrangige Quelle der Selbstlähmung des Beraters darstellen. Wohl ist die Bedeutung informeller Kontakte für die Eröffnung von Beratungsbeziehungen zunächst keinesfalls zu unterschätzen. So mit Blickrichtung auf organisationales Lernen auch Kappler (1972, S. 115): „Besonders bei Organisationsstrukturen, die in ihrer Entwicklung eine gewisse formale Starrheit erreicht haben, sind in informellen Kontakten wesentliche Ansatzpunkte einer Erneuerung durch effiziente Lernprozesse zu sehen."

Wirksame, d. h. auf dauerhafte und entlastende Strukturverbesserungen zielende Beratung aber wird eben in diesem Punkt einen Unterschied markieren und sich der Versuchung des informellen Unterlaufens formaler Strukturbarrieren widersetzten, will sie den strukturkonservierenden Wirkungen dieses verwaltungsspezifischen Doppelspiels entgehen. Luhmann (1964a, S. 285) hat die strukturbewahrende Funktion informalen Handelns mit einem maliziös-hintergründigen Beispiel illustriert: „Soweit formale und informale Erwartungen in Thematik und Stil divergieren, wird der Widerspruch in eine Zeitfolge verschiedener Situationen aufgelöst und dann nicht mehr als belastende Diskrepanz erlebt – so wie ja der Betrug auf dem Markt das Almosen in der Kirche nicht ausschließt, sondern als Abrundung geradezu fordert."

In bezug auf die vorgestellte Systemeigenschaft des zentralen verwaltungspolitischen Steuerungsanspruches und dessen bürokratische Realisierungsversuche folgt aus diesen Überlegungen, daß der Berater gut beraten ist, diesen Aspekt der Formalstruktur nicht als uneinlösbare Fiktion abzutun, sondern als relevanten Bezugspunkt ernstzunehmen. In der Praxis bedeutet dies, hinreichende Aufmerksamkeit und Energie in die Klarstellung des Beratungsauftrags zu investieren und auf formaler Absicherung durch die organisationsrechtlich dafür zuständige Verwaltungsspitze in den Zentralstellen zu bestehen. Das Klientensystem ist in seinen Selbstbeschreibungen ernstzunehmen, auch wenn diese mitunter als fiktionale oder skurrile Selbsttäuschungen erscheinen mögen.

An einem Dokument aus einem anspruchsvollen und breit angelegten Beratungsprojekt soll abschließend illustriert werden, in welche Sackgasse ein Reformvorhaben geraten kann, das sich – den eben erörterten Aspekt offenkundig unterschätzend – auf ein informelles Umgehen der wie auch immer verständnislosen und widerspenstigen Zentralstelle einläßt:

Klient war eine große nachgeordnete Dienststelle mit etwa fünfhundert Bediensteten, die in einem mehrjährigen Organisationsentwicklungsprozeß eine nach allen Regeln der Kunst differenzierte Selbstanalyse und strategische Planungsarbeit geleistet hatte. In einem Brief des Beraters an den Dienststellenleiter heißt es nun in Reaktion auf Programmkürzungen durch die (finanzierungsentscheidende!) Zentralstelle:

„… Für die Linie gibt es immer die Phantasie, daß das Chaos aus- und die Ordnung einbricht, daß Projektgruppen mehr Kompetenz (Sach- und Problemlösungskompetenz) besitzen, als es ein ordentlicher Linienvor-

329

gesetzter haben sollte und daß die Projektgruppe und ihr Management Dinge tun, die ihnen nicht zustehen – eine Szenariogruppe, die „Ziele setzt", zum Beispiel.

Gerade diese Verbindung von „Ziele setzen" mit der Szenariogruppe und der Hinweis, daß das Aufgabe der Zentralstelle sei, zeigt das ganze Dilemma der wirklich armen Zentralstelle auf.

1. Sie hat nicht verstanden, daß das Zukunftsszenario für die Vision gebraucht wird.
2. Sie hat nicht verstanden, daß die Vision ...
3.–6. Sie hat nicht verstanden, daß ...

Sicher, die zentrale Stelle ist überfordert. Sie wehrt sich manchmal gegen Gespenster, gezeugt von der eigenen Phantasie. Realität ist, daß die Macht bei den zentralen Stellen liegt. ..."

Die Projektunterlagen machen an anderer Stelle deutlich, daß dieses methodisch wie umfangmäßig ehrgeizige, vom Berater wie vom unmittelbaren Klienten mit viel Engagement betriebene Beratungsprojekt in der Zentralstelle, dem übergeordneten Bundesministerium, unter dem formellen Schleier eines regionalen Weiterbildungsprogramms eingeordnet und administriert worden war.

2.2 Gewicht und Ambivalenz des Informalen im lösungsorientierten Beratungsverständnis

Organisationen entwickeln in der Bewältigung ihrer Aufgaben und im Umgang mit ihrer inneren Umwelt, d.h. den Interessen und Ansprüchen ihrer Beschäftigten, neben den formalisierten Kommunikations- und Entscheidungsstrukturen und offiziell für verbindlich erklärten Handlungsrichtlinien ein reiches Feld informaler Beziehungsmuster, Handlungsformen und Entscheidungsroutinen aus. Soweit der banale soziologische Befund. Innerhalb der sozialwissenschaftlich fundierten Verwaltungsforschung herrscht nun Übereinstimmung darüber, daß – trotz (oder wegen) des Faktums rechtlicher Übernormierung – in der staatlichen Bürokratie die

Balance zwischen formell und informell zugunsten des Informellen verschoben ist. „Formelle Fragen werden nach der im Informellen herrschenden Logik entschieden." (Wimmer 1988, S. 22)

Für eine Verwaltungsberatung, die sich im weitesten die methodische Unterstützung von funktionsgerechten und nachhaltig tragfähigen Anstrengungen der Verwaltungsentwicklung zum Ziel setzt, gilt nun, daß sie sich – bei voller Kenntnis der manifesten negativen Folgen des Übergewichts des Informalen – die Ambivalenz in der Bewertung informaler Strukturen und Handlungsroutinen offenhalten muß. Luhmanns zentraler Hinweis auf die substitutive Funktion des Informellen bleibt auch im Falle manifester und folgenschwerer Aushöhlungen formaler Strukturen bedeutungsvoll: „Systembedürfnisse, die im Rahmen der formalen Struktur nicht anerkannt werden können, müssen in informalen Situationen befriedigt werden." (Luhmann 1964a, S. 285)

Von dieser Position aus erschließt sich problemlos die Logik einer in der Unternehmens- und Verwaltungsberatung oft erstaunlich irritierenden und wirkungsvollen Betrachtungsweise:

Die im Bereich der systemischen Therapie und Beratung entwickelte Methodik der „positiven Symptombewertung" sucht in jenen hartnäckigen Erscheinungen, an denen das Individuum oder die Organisation offenbar chronisch „krankt", einen Beitrag zur Systemerhaltung sichtbar zu machen. Der offenkundige Gewinn dieses Vorgehens liegt darin, sich zunächst der verdeckten Funktionsleistungen gewahr zu werden, die das symptomatische Verhalten – in aller Regel für den oder die Akteure nicht bewußt – für das Gesamtsystem erbringt. Von dieser Ebene aus ist sodann mit Zielrichtung auf eine wünschenswerte Systementwicklung zu fragen, wie denn die möglichen Alternativen aussehen, die die diagnostizierten Funktionsbeiträge des „Krankheitssymptoms" auf andere Weise zu leisten imstande wären. Es geht, um mit Luhmann zu sprechen, um die Suche nach bzw. in aller Regel wohl um den kreativen Entwurf von „funktionalen Äquivalenten". Die Aussicht auf solche sollte dazu verhalfen, das hartnäckige Festhalten an überkommenen, als defizitär bewerteten Handlungsmustern – also den Veränderungswiderstand – mit Blickrichtung auf neue, ebenso befriedigende Handlungsalternativen zu verflüssigen.

Im weiteren soll dieser Beratungszugang anhand von Ausschnitten aus zwei Beratungsarbeiten in österreichischen Bundesministerien vorgestellt werden. Im ersten Fall geht es um das von leitenden Beamten als höchst problematisch empfundene Gewicht der Personalvertretung in Personalangelegenheiten einschließlich der Besetzung von Führungspositionen, also um die Frage nach organisationsinterner Ersatzfunktionen des Informellen. Im zweiten Beispiel wird ein organisationsübergreifendes informelles Verhaltensmuster, die ministerielle Vorsprache, zum Anlaß genommen, latenten Funktionsleistungen eines vermeintlichen Mißstandes nachzugehen.

2.3 Zum organisationspolitischen Gewicht der Personalvertretung in österreichischen Verwaltungsbehörden

Die spezifische Beziehung von behördlicher Führung und Personalvertretung zu untersuchen oder neuzugestalten, war nicht unmittelbar Gegenstand unseres Beratungsauftrags und auch nicht der innerhalb dieser Beratung durchgeführten empirischen Untersuchung. Demgemäß war in den Interviews auch nicht nach Einfluß und Rolle der Personalvertretung im Führungsgeschehen dieses Verwaltungsbereichs gefragt worden.

Eine im Zusammenhang eines funktions- und mitarbeitergerechten Führungshandelns nicht zu umgehende Frage erbrachte jedoch unüberhörbare Hinweise auf das beträchtliche organisationspolitische Gewicht der Personalvertretung. Die entsprechende Frage hatte zu erheben versucht, welche realen Möglichkeiten einem leitenden Beamten als personalverantwortlicher Führungskraft zur Verfügung stehen, um besonders geeignete Mitarbeiter in ihrer weiteren Laufbahn zu fördern. Die Frage zielte auf eine für die Sicherung der mittel- und langfristigen Leistungsfähigkeit einer Organisation höchst bedeutsame Führungsaufgabe.

Die Antworten der Beamten verwiesen auf zwei kritische Aspekte:

– Inhaltlich dominierte bei den Führungskräften ein Gefühl der Ohnmacht gegenüber dem personalpolitischen Steuerungsanspruch und dem darüber hinausgehenden organisationspolitischen Gewicht der Personalvertretung.

– Erklärungen für die als organisatorisch bedenklich und persönlich unbefriedigend beschriebene Situation blieben weitgehend im Rahmen personalisierender Zuschreibungen von individuellen Stärken und Schwächen.

Aus verwaltungswissenschaftlicher Perspektive ist dazu anzumerken:

Eine in vielen Beratungs- und Fortbildungsaktivitäten erhärtete Einschätzung der Realverfassung österreichischer Verwaltungsbehörden legt es nahe, die von den Interviewpartnern beschriebene Führungs- und Entscheidungspraxis nicht als einzigartigen Sonderfall, sondern eher als besonders markant ausgeprägten Fall zu sehen. Stimmt man dieser Einschätzung zu, so erfordert eine ernstzunehmende Interpretation jedenfalls, von personalistischen Ursachenzuschreibungen Abstand zu nehmen und nach strukturellen Erklärungszusammenhängen Ausschau zu halten.

Daraus folgt im Hinblick auf das aus verschiedenen Gründen für bedenklich eingeschätzte Gewicht der Personalvertretung fürs erste:

– Jeder Erklärungsversuch greift zu kurz, der die Ursachen für die beschriebene Situation primär im persönlichen Machtstreben von Personalvertretern sucht. (Wiewohl dies im Einzelfall nicht ausgeschlossen werden kann.)
– In gleicher Weise unzulänglich sind Erklärungsversuche, die den beklagten Zustand primär der persönlichen Führungsschwäche von Vorgesetzten anlasten wollen. (Im Einzelfall ist auch dies nicht auszuschließen.)

Das beträchtliche Gewicht der Personalvertretung ist nur zu verstehen, wenn wir davon ausgehen, daß es – gerade auch in seinen über die ursprünglichen Kernfunktionen des Personalvertretungsgesetzes hinausgehenden und von den befragten Führungskräften kritisierten Ausweitungen – eine für das Gesamtsystem insgesamt positive Funktion erfüllt. Nichts, so die hinter diesem Gedanken stehende These, kann sich in einem sozialen

System über längere Zeiträume hinweg halten, was nicht eine – wenn auch manchmal nicht gleich wahrnehmbare – positive Leistung für das Systemganze erbringt und deshalb aufrechterhalten wird.

Aus diesem Blickwinkel gibt es gute Gründe für die Annahme, das Gewicht der Personalvertretung in den Verwaltungsbürokratien könnte sich mittelbar aus strukturbedingten Unzulänglichkeiten und Verkürzungen des Führungs- und Steuerungsverständnisses der formalen Leitungshierarchien ableiten:

Die offizielle Selbst- und Fremdbeschreibung der öffentlichen Verwaltung stützt sich auf tradierte staatsrechtliche Denkmuster. Demnach vollzieht staatliche Verwaltung den gesetzgeberischen Willen und verfolgt kein wie immer geartetes Eigeninteresse. Dieser Selbstdefinition entspricht ein juristisch verengtes Bild von der administrativen Führungsaufgabe als Sicherung der zentralen Willensdurchsetzung mittels einfacher und vordefinierter Steuerungs- und Kontrollinstrumente. Führung hat in der Verwaltungspraxis denn auch vielfach die bescheidene Stufe von Diensteinteilung, Dienstaufsicht und disziplinärer Kontrolle noch nicht überschritten. Darüber hinaus findet sich eine Art „Naturpsychologie": Entweder einer kann's oder er kann's eben nicht.

Im Zusammenhang unserer Fragestellung nach den strukturellen Gründen der machtvollen Stellung der Personalvertretung könnte eine weiterführende These folglich lauten: Die Personalvertretung erfüllt im Hinblick auf ein juristisch verengtes und unterentwickeltes Führungsverständnis eine organisatorisch bedeutsame Ersatzfunktion. Eine in den Denkmustern fragloser hierarchischer Willensdurchsetzung verfangene Führung, die in Verkennung der Reichweite autoritativer Steuerungsinstrumente glaubt, zentrale Führungsaufgaben wie beispielsweise die innere Akzeptanzbildung von Entscheidungen, die soziale Integration von Mitarbeitern, die differenzierte und motivierende Anerkennung von Leistung außer acht lassen zu können, sollte sich nicht verwundern, wenn andere sich ersatzweise dieser für den organisatorischen Zusammenhalt unerläßlichen Funktion annehmen – und dadurch zu einem beachtlichen Machtfaktor werden.

Unter dem Aspekt funktionsgerechter Gestaltungsempfehlungen konnten aus dem Gesagten folgende strategische Einschätzungen gegeben werden:

1. Eine korrigierende Neugewichtung, also ein Neuaustarieren der organisationspolitischen Gewichte zwischen der formalen Leitungshierarchie und der informalen Nebenhierarchie der Personalvertretung im allgemeinen, zwischen personalverantwortlichen Dienststellenleitern und Vorgesetzten und Dienststellenausschüssen im engeren setzt auf Seiten der behördlichen Führungskräfte eine Professionalisierung des Führungshandelns voraus. Führung ist mehr als disziplinierter und disziplinierender Rechtsvollzug und mit den Mitteln von Weisung und Weisungsbefolgung – garniert mit dem stumpfen Drohpotential des Disziplinarrechts – allein nicht mehr funktionsgerecht zu leisten. Entsprechende Qualifikationsmaßnahmen, die auf einem Führungsverständnis als einer eigenständigen und anspruchsvollen Aufgabe aufbauen, sind in den Ausbildungen der leitenden Beamten grundzulegen. Der zentrale Ort der Führungsqualifikation wird in einer intensiven berufsbegleitenden Fortbildung zu finden sein.

2. Erst eine hinreichend erfolgreiche Professionalisierung im Sinne der bewußtseinsmäßigen, verhaltensbezogenen und instrumentellen Führungs- und Managementqualifikation wird es auf der anderen Seite für die Personalvertretung möglich, sinnvoll und notwendig machen, sich aus ihren derzeit ersatzmäßig wahrgenommenen Führungsfunktionen zurückzuziehen.

2.4 Informelle Steuerungspraktiken von unten. Oder: Die Intervention als Problemlösung?

Im Rahmen der Diskussion um eine funktionsgerechte Erneuerung der Leitungsbeziehung zwischen dem österreichischen Bundesministerium für Wissenschaft und Forschung (BMWF) und den Universitäten wird regelmäßig und mit Nachdruck auf das Phänomen der informellen oder auch halboffiziellen Vorsprache beim Bundesminister oder bei einzelnen Ministerialbeamten hingewiesen. Im Bericht einer von der Hochschulplanungskommission eingesetzen Arbeitsgruppe „Hochschuleigene Planung" heißt es dazu unter der Überschrift „Unklare Beziehungen zwischen Hochschulen und Ministerium" (1990, S. 34 ff.):

„Und nicht zuletzt gibt es wohl eine Fülle „heimlicher Koalitionen" zwischen Ministerialbeamten und Hochschulangehörige, die zwar einerseits zur Befriedung der Hochschulen beizutragen vermögen, deren Wirkung unter der Oberfläche aber andererseits kaum die erforderliche Planungstransparenz erzeugt. ... Dabei wirkt die oftmals beobachtete Polarisierung zwischen Hochschule und Ministerium durchaus funktional im Sinne einer Verschleierung „informaler Geschäftätigkeiten".

Der Bericht verweist sodann auf die weit verbreitete *„Kultur des Intervenierens"* (Hervorh. im Orig.), „also de(n) Versuch, über vermutete oder tatsächlich mächtige, oft auch außenstehende Dritte ein Netz von Verbindlichkeiten herzustellen und Forderungen durchzusetzen, die auf dem üblichen Verfahrensweg nicht durchsetzbar waren." (1990, S. 37)

Wie vor dem Hintergrund eines moralischen oder auch rationalplanerischen Bewußtseins nicht anders zu erwarten, wird die so beschriebene Interventionspraxis in der hochschulpolitischen Diskussion durchgehend negativ bewertet und als folgenschweres Problem eingestuft. Dazu nochmals die Hochschulplanungskommission:

„Für die Hochschule selbst muß sich dies auf die Dauer fatal auswirken: Nicht nur, weil damit das Kommunikationsklima innerhalb der Hochschule immer stärker von politisch-taktischen Erwägungen und Mißtrauen geprägt wird, sondern auch dadurch, daß damit die eigene Unfähigkeit zur produktiven Konfliktaustragung dokumentiert wird und Ministerium, Politiker und andere Mächtige „eingeladen" werden, in die Hochschulautonomie einzugreifen. Die privatistische Ausbeutung persönlicher Beziehungen auf Kosten des Gesamtsystems bringt die Glaubwürdigkeit schließlich zur Strecke, wenn an anderer Stelle der Rekurs auf die Autonomie zur Abwehr von Veränderungen und zur rigiden Grenzziehung herangezogen wird." (1990, S. 37)

Kein Praktiker der Hochschulpolitik wird bei hinreichender Distanz zum eigenen strategischen Methodeninventar dieser Problemumschreibung widersprechen. Jenseits dieser Plausibilität sei aus anderer Perspektive ein zweiter Blick gewagt:

Auf der Basis einer lösungsorientierten systemischen Beratungsphilosophie macht es auch Sinn, die naheliegende Einschätzung des beschriebenen Phänomens in radikalem Perspektivenwechsel gedanklich umzukehren und zu fragen, ob das diagnostizierte Problem nicht eher als eine Lösung gesehen werden sollte? Eine mehr oder minder befriedigende Lösung für tieferliegende Problemkonstellationen, die durch „das Problem" oberflächlich erfolgreich verdeckt werden?

Die Widerstandfähigkeit der beklagten Interventionspraxis erschließt sich aber nur dem, der den weiteren Bezugsrahmen, der diesem problematischen Beziehungsmuster Sinn verleiht, ins Auge faßt. Wir kommen somit nicht umhin, zumindest in wenigen Sätzen auf die widersprüchlichen Funktionslogiken und Rationalitätskriterien des Verwaltungshandelns im entwickelten Rechts- und Sozialstaat und deren spezifischen Folgen einzugehen.

Eine grundlegende Problematik des entwickelten Rechts- und Sozialstaats besteht darin, daß den staatlich-administrativen Steuerungsmaßnahmen nicht ein einziges, eindeutiges Entscheidungskriterium zugrundegelegt werden kann. Vielmehr haben sich die Maßnahmen an drei unterschiedlichen Kriterien zu orientieren, deren Rationalität zumindest partiell in Widerspruch zueinander steht (Offe 1974):

– die formale Rationalität bezieht sich auf den rechtmäßigen Vollzug rechtlicher Normen;
– die funktionsorientierte Rationalität stellt ab auf die Verwirklichung projektierter Ziele durch angemessene Mittel;
– die konsensorienterte Rationalität zielt auf die Sicherstellung der Akzeptanz für die Verwaltungsmaßnahmen.

In einem Spannungszustand stehen diese Entscheidungskriterien insofern zueinander, als das Bezugsproblem der formalen Rationalität die Beachtung von rechtsförmigen Entscheidungsprämissen ist. Dieser Inputorientierung kontrastiert die funktionale Rationalität, da sie auf Handlungswirkungen bezogen und damit outputorientiert ist. Im Verhältnis dieser beiden Entscheidungskriterien zur konsensorientierten Rationalität bleibt festzuhalten, daß weder formale Konditionalprogramme noch funktionsorientierte Zweckprogramme notwendig die Akzeptanz der Steuerungsadressaten finden müssen.

Aus diesen Prämissen folgt zweierlei. Zum einen: Wo die Erfordernisse der Rechtsstaatlichkeit und jene der sozialstaatlichen Effektivität und Effizienz in unterschiedliche, ja gegensätzliche Richtung weisen, wird deren Legitimationskraft wechselseitig geschwächt. Umso deutlicher tritt die Entscheidungslogik verwaltungspolitischer Konsensfähigkeit in den Vordergrund.

Zum anderen wird damit aber die offizielle Trennwand zwischen Politik und Verwaltung brüchig. Die staatsrechtlich unantastbare Fiktion des unpolitischen Verwaltungshandelns ist in der Praxis dann oftmals nur durch die Aufspaltung des Handelns in eine formalisierte offizielle Handlungsebene und eine – für die materielle Entscheidungsfindung oftmals bedeutsamere – informelle Handlungsebene aufrechtzuerhalten.

Unter diesem Gesichtspunkt wird es möglich, die Intervention als eine zweckmäßige und rationale Form der „informellen Koordination von unten", also als eine situativ angemessene Lösung zu begreifen. Will man unter Reformgesichtspunkten die Praxis des Intervenierens nicht nur beklagen, sondern als verbreitetes und wirksames Handlungsmuster außer Kraft setzten, so sind folglich deren latente Funktionen als stabilisierende Faktoren mit zu berücksichtigen.

Wir wollen zum Abschluß dieses Gedankenganges die jeweiligen Einzel-
gesichtspunkte nach dem Unterscheidungkriterium manifester und latenter
Funktionen nochmals im Überblick darstellen.

Als offenkundige Funktionsdefizite, die uns das Interventionswesen zunächst als höchst kritikwürdiges Problem wahrnehmen lassen, bleiben
aufrecht: Gefahr und Neigung zu partikularistischer Vorteilsaneignung
aufgrund des für die Interventionspraxis charakteristischen hohen Grades
an Informalität und Intransparenz; Nutzung und Mißbrauch verdeckter
parteipolitischer Einflußschienen auf Kosten eines offenen verwaltungspolitischen Diskurses; Stabilisierung bestehender Ungleichgewichte, indem machtvolle Intervenienten, also solche, die bereits hinreichend Be-
ziehungskapital aufgebaut haben, weiterhin begünstigt werden.

Zu den latenten Lösungsanteilen können wir auf seiten der ministeriellen
Interventionsadressaten u. a. zählen:

– Die Herstellung und Absicherung verwaltungspolitischer Akzeptanz.
  Nicht selten wird die politische Tragfähigkeit einer Entscheidung dadurch erhöht, daß interventionsmächtige Repräsentanten des Universi-
  tätssystems mit einem bisweilen relativ geringen, jedenfalls aber ab-
  schätzbaren Aufwand partikular befriedigt oder zumindest auf Zeit ru-
  higgestellt werden können.
– Die Gewinnung offiziell schwer zugänglicher Information über univer-
  sitätsinterne Abläufe, Realstrukturen und Wertzumessungen. Diese –
  wenn auch hochgradig unsichere – Informationsbasis ermöglicht punktuelle verwaltungspolitische Eingriffe.
– Nicht völlig übergangen sollte schließlich auch jener aus der öffentlichen Kommunikation ausgeschlossene Interventionsgewinn werden,
  der in elaborierten „Interventionsritualen" einer im Verhältnis zu ihrer
  akademischen Klientel in aller Regel unterprivilegierten Ministerialbü-
  rokratie zumindest Macht und Einfluß bestätigt.

Auf der Seite der Universitäten stellt die Interventionspraxis eine in gewisser Weise funktionale Lösung jedenfalls für folgende Problemlagen
dar:

- Bürokratische Arbeit ist hochgradig arbeitsteilig organisiert. Nicht selten läßt es ein an integralen Leistungszielen orientiertes Entscheidungshandeln seitens der Universitäten unter diesem Aspekt zweckmäßig erscheinen, eine auf mehrere Abteilungen sich verteilende Abhängigkeit von Ministerialentscheidungen inhaltlich und/oder zeitlich „von unten" zu koordinieren.

- Die „Kultur des Intervenierens" entlastet die akademischen Funktionsträger von konflikthaften Auseinandersetzungen mit Kollegen um materielle und personelle Ressourcen des wissenschaftlichen Arbeitens. Auf der tieferliegenden Ebene der Identität als Wissenschaftler ermöglicht dies, ein oftmals heroisches Selbstbild als unabhängiger Forscher und Lehrer aufrechtzuerhalten. Das „schmutzige Geschäft" der (Hochschul-) Politik kann jenen überlassen oder zugeschoben werden, die als Mikropolitiker darin Erfüllung finden bzw. sich in ihrem über die Basisausstattung hinausgehenden Ressourcenbedarf nicht auf außeruniversitären Märkten zu versorgen wissen.

3. Wie positioniert sich der Berater gegenüber dem Verwaltungssystem?

Kehren wir zum Abschluß unserer Überlegungen noch einmal zurück zur Position des Organisationsberaters im allseits eingeforderten Prozeß nachhaltig wirksamer Verwaltungsreformen.

Die Ausführungen zur Ambivalenz informeller Handlungsroutinen und zum organisationspolitischen Gewicht informeller Beziehungsgeflechte in der öffentlichen Verwaltung machen zunächst überdeutlich, wo der Verwaltungsberater nicht steht:

Er steht nicht auf Seiten einer mikropolitischen Fraktion, auch nicht einer solchen, die sich die Veränderung des Bestehenden auf ihre Fahnen geschrieben hat. Mehr noch als andere Organisationen gilt für die öffentliche Verwaltung, daß wir ihre faktisch kooperierenden Handlungseinheiten als geschlossene Systeme zu betrachten haben. Will der Berater nicht eine Figur am Schachbrett informaler Spiele um Macht, Prestige und Aufstieg in der Hierarchie werden, so darf er sich nicht im blinden Eifer des politisch interessierten Bürgers auf die Seite der Veränderung schlagen.

Funktional erscheint demgegenüber eine Positionierung, die Handlungsspielraum in der Verknüpfung mehrerer erfolgskritischer Anforderungen schafft. Zu diesen zählen etwa:

- als relevanter und verständiger Partner des zu beratenden Verwaltungssystems wahrgenommen zu werden,
- hinreichenden Abstand zum Klientensystem insgesamt und dessen vielfältigen Einladungen zum politischen „Mitspielen" zu bewahren,
- hinreichende Nähe aufzubauen und zuzulassen, um den Anspruch auf unparteiisches und funktionsbezogenes Verständnis für alle im System agierenden Verwaltungsbediensteten gerecht werden zu können.

Die sensible beraterische Aufgabe einer handlungsfähigen und wirkungsvollen Positionierung gegenüber einer Klientenorganisation aus dem Bereich der öffentlichen Verwaltung wird – dies legen die vorausgegangenen Fallbeispiele und Überlegungen nahe – entscheidend erleichtert durch zwei Haltungen bzw. Leistungen seitens des Beraters: Zum einen durch eine klare beratungspolitische Orientierung am offiziellen Beratungsauftrag und zum anderen durch eine hinreichend differenzierte Erschließung der Funktionserfordernisse administrativen Handelns im entwickelten Rechts- und Sozialstaat. Letzteres wiederum erfordert eine Verwaltungstheorie, die imstande ist, die organisationalen und kommunikativen Folgeprobleme der unterschiedlichen, die Verwaltungspraxis leitenden Handlungslogiken zu erfassen.

Die Etablierung und Handhabung der erfolgskritischen Beraterdistanz wird letztlich auch erleichtert durch die Tatsache, daß Berater in aller Regel nicht ausschließlich im Bereich der öffentlichen Verwaltung arbeiten. Begleitend zu beobachtbaren Spezialisierungen am Beratermarkt bleibt es doch weiterhin sinnvoll und empfehlenswert, daß der Berater Erfahrungen und Kenntnisse aus der strukturflexibleren Welt privatwirtschaftlich tätiger Organisationen der oftmals beengenden und energieverzehrenden Verwaltungswelt entgegenzusetzen weiß.

Literatur

FOERSTER, H. v.: Sicht und Einsicht. Braunschweig 1985.

HOCHSCHULPLANUNGSKOMMISSION (Hrsg.): Notwendigkeiten, Möglichkeiten und Grenzen hochschuleigener Planung, Arbeitsgruppenbericht verfaßt von R. M. Hammer und St. Laske. Wien 1990.

KAPPLER, E.: Systementwicklung. Lernprozesse betriebswirtschaftlicher Organisationen. Wiesbaden 1972.

LUHMANN, N.: Funktion und Folgen formaler Organisation. Berlin 1964.

LUHMANN N.: Lob der Routine. In: Verwaltungsarchiv 55, 1964b, S. 1–33; wiederabgedruckt in: ders: Politische Planung. Aufsätze zur Soziologie von Politik und Verwaltung. Opladen 1971, S. 113–142.

MORSTEIN MARX, F.: Das Dilemma des Verwaltungsmannes. Berlin 1965.

OFFE, C.: Rationalitätskriterien und Funktionsprobleme politisch-administrativen Handelns. In: Leviathan 1974, S. 333–345.

RASCHAUER, B./KAZDA, W. J.: Organisation der Verwaltung. In: Wenger, K., Brünner, Ch., Oberndorfer, P. (Hrsg.): Grundriß der Verwaltungslehre. Wien, Köln 1983, S. 141–180.

WIMMER, R.: Was können selbstreflexive Lernformen in der öffentlichen Verwaltung bewirken? In: Gruppendynamik, 19. Jg., 1988, S. 7–27.

WIMMER, R.: Organisationsberatung. Eine Wachstumsbranche ohne professionelles Selbstverständnis. In: Hofmann, M. (Hrsg.): Theorie und Praxis der Unternehmensberatung. Wien 1991, S. 45–136.

WILLKE, H.: Systemtheorie entwickelter Gesellschaften. Dynamik und Riskanz moderner gesellschaftlicher Selbstorganisation. Weinheim und München 1989.

ZAUNER, A.: Beratung im Wandel. Nachfolgeberatung als engagierte Wegbegleitung in freundschaftlicher Distanz. In: Kappler E., Laske, St. (Hrsg.): Blickwechsel. Zur Dramatik und Dramaturgie von Nachfolgeprozessen im Familienbetrieb. Freiburg 1990, S. 221–237.

Teil V:

Professionalisierung von Organisationsberatern (innen)

Peter Heintel

Läßt sich Beratung erlernen?

Perspektiven für die Aus- und Weiterbildung von Organisationsberatern

Jeder, der die Frage nach der Erlernbarkeit von Organisationsberatung zu beantworten versucht, gerät, wenn er selbst als Berater tätig ist, in eine mißliche Lage: Erstens muß von ihm erwartet werden, daß er mit einem klaren Ja antwortet, weil man sonst berechtigterweise an seiner Existenz Zweifel haben könnte – denn schließlich wird niemand als Berater geboren, und jeder muß irgendwann irgend etwas gelernt haben. Auch ist die Tatsache nicht zu bestreiten, daß sich Vereinigungen und Gesellschaften zunehmend intensiver mit der Professionalisierung des Beraterberufs beschäftigen und Ausbildungsgänge anbieten. Eine profunde Qualifizierung für Organisationsberatung ist im Rahmen von Universitätsstudien nicht oder nur sehr begrenzt möglich. Als wissenschaftliche Gesellschaft und Berufsvereinigung betreibt die „Österreichische Gesellschaft für Gruppendynamik und Organisationsberatung" (ÖGGO) ein Ausbildungscurriculum für Organisationbsberater. Die Niederschrift der hier vorgebrachten grundsätzlichen Überlegungen wurde durch die institutionelle Verabschiedung einer neuen Ausbildungsordnung angeregt.

Also könnte man sich seine Aufgabe dadurch erleichtern, daß man Curricula mit Lerninhalten herunterbuchstabiert – wie auch sonst im Bildungssystem üblich. Leicht gerät man dabei aber in die Rolle des „Oberlehrers", der zu wissen glaubt, was andere brauchen. Curricula und Ausbildungsordnungen teilen jedoch sehr oft das Schicksal üblicher Studien- und Ausbildungsgänge: Es kommt immer etwas hinzu, es wird immer etwas mehr, alles natürlich sinnvoll und unverzichtbar. Schließlich wird man alt, bevor man selbständig tätig sein kann.

Nun sind Alter und Lebensreife für die Tätigkeit als Organisationsberater sicher kein Ausschließungsgrund – im Gegenteil, es läßt sich aber der Verdacht schwer abwehren, daß die immer höheren Anforderungen und Erweiterungen dazu dienen könnten, die Jüngeren im Zugang zum Markt abzubremsen.

Die in der Überschrift gestellte Frage läßt als Antwort anscheinend auch ein Nein zu, was meine Lage nicht verbessert, weil ich nun in die Verlegenheit gerate, darüber zu berichten, was ich tue und warum ich es tue. Zwar ist der Hinweis, es handle sich hier eben um eine Kunst und nicht um ein erlernbares Wissen, so abwegig nicht, aber im Zeitalter der *Postmoderne,* der Kritik an jeder möglichen Art von Aufklärung, kommt auch diese Kunst – und damit jedes Beratungshandeln – um Auskunfts- und Begründungspflicht nicht herum. „Kunst" im Sozialen – als Handeln und Formen in Organisation – kann sich nicht wie sonst Kunst auf Subjektivität und „Genie" als Letztinstanz berufen, die sich der übrigen Gesellschaft gegenüberstellt. Es geht auch nicht um das „Werk" eines einzelnen.

Wenn nämlich Beratung – unseren Konzepten zufolge – immer auch der Selbstreflexion und Selbstaufklärung sozialer Systeme dient und die Kunst in der Gestaltung des Weges dorthin besteht, wird sie zu einem zweck- und zielbezogenen Mittel, das nicht mehr bloß für sich steht. Zwar mögen Beratungsprozesse in ihrem Verlauf immer auch durch plötzliche Intuitionen, durch Einfälle sozialer Phantasie gesteuert sein, dennoch müssen sie als Intervention begründbar sein.Man muß sagen können, was man damit erreichen will. Damit hat Kunst hier Anteil an kollektiver Rationalität und kann nicht für sich stehen bleiben. Im übrigen ist – wie auch sonst in der Kunst – vieles Handwerk, Technik und Routine.

In beiden Betrachtungen kommen wir also zum Resultat, daß Organisationsberatung lehr- und lernbar ist. Warum also das Fragezeichen? Der Sinn liegt m. E. in der damit verbundenen Aufforderung, den Lernbegriff zu differenzieren. Lernen im Alltagsgebrauch und auch im weitgehenden Konsens unserer Schulen und Bildungseinrichtungen ist fast ausschließlich an Wissensvermittlung und Werkzeuggebrauch gebunden. Zwar spricht man auch von Verhaltensschulung und dem Lernen sozialer Kompetenzen, aber erstens findet sich dieser Lernbegriff erst in jüngster Zeit im Repertoire von Minderheiten, und zweitens muß festgestellt werden, daß man gar nicht so recht weiß, was denn Lernen auf diesem Gebiet ist und wie es geschieht. Ich möchte versuchen, den Lernbegriff in Hinblick auf die Perspektiven für die Aus- und Weiterbildung von Organisationsberatern zu differenzieren, wobei ich mich auf einige wenige Felder beschränke. Dabei soll klarer werden, auf welch unterschiedlichen Ebenen der Berater zu lernen hat und was dies für die Gestaltung von Ausbildungsgängen bedeutet.

Ich möchte mich daher im weiteren mit folgenden Ebenen beschäftigen:

– mit der *Ebene der Theorie* (Wissenschaft, Modellbildung etc.) – unter dem Aspekt: Was soll ich *wissen?*;
– mit der *Ebene des Verhaltens* – unter dem Aspekt: Wie soll ich *sein?*;
– mit der *Ebene der Einzelkompetenz* – unter dem Aspekt: Was soll ich *können?*

Auch wenn diese Fragen (in gewisser Anlehnung an I. Kant) zunächst recht plakativ und umfassend klingen und leicht zu individualistischen Verkürzung verführen, sollen sie doch die unterschiedlichen Lernebenen (die auch Ebenen unterschiedlicher Abstraktheit darstellen) deutlich machen. Es ist anzunehmen, daß man auf diesen verschiedenen Ebenen jeweils anders lernt und daß dies für das Arrangement von Lehr- und Lernsituationen Bedeutung haben müßte. Den Individualismus wird man ohnehin nur dadurch los, daß man sich der notwendigen Dialektik ständig bewußt ist: Es lernen zwar Individuen für sich und durch sich, Erfassungen komplexer Wirklichkeit sind aber immer Resultat kollektiver Lernprozesse, die jeweils auch die in ihnen stehenden Individuen ständig ändern; insofern ist Ausbildung übrigens auch niemals abgeschlossen.

Dies hinterläßt Berater mit dem unausweichlichen Problem ihrer individuellen Kompetenzgrenzen, die weniger im bloßen Wissen als solchem liegen als vielmehr in der Komplexität der Wirklichkeit einer Organisation. Es fragt sich aber, wie von Beraterseite die Dimensionen dieser Komplexität angemessen erfaßt werden können. Daraus ergibt sich, daß man Organisationen *allein* gar nicht beraten kann, so daß sich in formelhafter Komprimierung sagen läßt: *Ein* Berater ist *kein* Berater. Für die Ausbildung heißt dies, daß nicht nur die zu beratende Organisation Lerngegenstand ist, sondern auch die *Selbstorganisation von Beratersystemen*, die ihre Kompetenzen und Ressourcen auf ihren „Gegenstand" hin abstimmen und bündeln.

1. Zu Modell und Theorie

Während vieler Jahrhunderte der Menschheitsgeschichte hat man über Organisationen wenig oder überhaupt nicht nachgedacht. Es war gewissermaßen sogar verboten, natürliche oder göttliche Ordnungen in Frage zu stellen. In unserem Jahrhundert aber begann man, sich diesem Thema intensiver zu widmen. Vor allem in den letzten vierzig Jahren haben sich die unterschiedlichsten Wissenschaften mit dem Gegenstand Organisation auseinandergesetzt und unser Wissen darüber gewaltig vergrößert.

Den Ursachen dieser jüngeren Entwicklung ist hier nicht nachzugehen, sie sollen nur genannt werden: ihren Ursprung haben wohl fast alle im Denken der Aufklärung, das nicht nur religiöse *Begründungen* und Tabuisierungen säkularisierte, sondern auch bemüht war, das menschliche Zusammenleben nach rational einsehbaren Kriterien zu organisieren. Zu Hilfe kamen die Naturwissenschaft und technische Erfindungen, Maschinen, nach deren Vorbild man auch die Gesellschaft und den Staat konstruieren wollte (Stollberg-Rilinger 1986).

Ein weiteres Fundament ist in der bürgerlich-industriellen Entwicklung zu suchen, die nicht bloß „demokratische" Organisationsideen mit sich brachte, sondern eine Differenzierung gesellschaftlicher Organisationen, die die klassischen Hierarchien immer schlechter aussehen ließ (diese wurden dysfunktional). Ab nun war man vor die Aufgabe gestellt, zunehmende Komplexität zu ordnen, aufeinander zu beziehen und zu verwalten; statt einiger übersichtlicher hierarchischer Systeme (Kirche, Militär, Stände) schossen plötzlich immer mehr Institutionen und Organisationen aus dem Boden, die aber bei zunehmender Komplexität ihren rationalen Instrumentalcharakter verloren haben.

Der *Störfaktor Mensch* erkennt immer deutlicher, daß sich die Verhältnisse zum Teil umkehren, daß nämlich er zum Mittel der Organisation geworden ist und nicht umgekehrt sie ein Mittel für ihn. Von den *Human-Relations-Bewegungen* bis zu Karriereverweigerung und *innerer Emigration* läßt sich ein konsequenter Weg der Reaktion nachzeichnen: Zwar waren und sind die Interessen zweifellos immer noch – ökonomisch bedingt – auf Effizienz gerichtet, man hat aber zur Kenntnis nehmen müssen, daß man dabei *den Störfaktor Mensch* irgendwie *besonders* pflegen muß. Menschen lassen sich immer weniger auf bloße Funktionen reduzieren, was dem Idealtyp der rational-instrumentellen Organisation entsprochen hätte. In ihrem Widerstand hilft ihnen aber die Organisationsrealität selbst: Sie verlangt nämlich heute zunehmend *mehr Person,* jedenfalls mehr Funktionen, Rollen, Qualifikationen, schließlich auch Selbständigkeit, Verantwortlichkeit und *soziale* Tugenden und Kompetenzen. Dieser „neue" Organisationsmensch läßt sich nicht mehr so ohne weiteres vorschreiben, schon gar nicht von außen, was für ihn die beste Organisationsform zu sein hat. Er hat selbst seine Vorstellungen davon und will auch gefragt werden, will selbst Initiator, Träger und Verwalter von Organisationsveränderung und -entwicklung sein.

Für unsere Zusammenhänge sind zwei Konsequenzen wichtig: einmal die dadurch veranlaßte Veränderung der Wissenschaften und vor allem die ihres *Selbstbewußtseins,* zum anderen die Veränderung im Bewußtsein von Beratungs- und Steuerungsmöglichkeiten. In doppelter Hinsicht ist der Wissenschaft heute der Boden entzogen worden: Erstens erlaubt die Komplexität der Organisationen in unserer Wissenschaftsorganisation nur mehr spezialistische Teilerkenntnisse, besser *perspektivische Beschreibungen,* die für globale Anwendung ohnehin untauglich wären; zweitens müssen aus demselben Grund die Organisationen ihr Leben *selbst* in die Hand nehmen, weil die vorliegenden Konstruktionen nicht mehr passen. Es erfolgt eine Trennung von Organisationswirklichkeit und Organisationstheorie, die letztere immer machtloser werden läßt. Zwar war Wissenschaft im Grunde genommen auch in ihren früheren Gestalten nicht Erkenntnis der Wirklichkeit und immer in Gefahr, sich theoretisch und esoterisch abzukoppeln – es gab aber *einen* Zeitraum, in dem sie ihrem Erkenntnis- und Wahrheitsideal am nächsten kam: nämlich dort, wo sie als *Technik* im weitesten Sinn die Macht bekam, ihre Erkenntnis als Wirklichkeit zu setzen.

Der *Machtverlust* im Anwendungsbereich hat für die Wissenschaft noch eine weitere – übrigens verantwortungsentlastende – Folge: Sie nimmt mit der zunehmenden Anwendungsunmöglichkeit auch den Entscheidungsdruck. Wissenschaft muß nicht mehr entscheiden, was am besten zu tun ist, sie stellt vielmehr Sichtweisen zur Verfügung. Für die Beratungsaufgabe hat diese Situation natürlich ihre besondere Konsequenz. Beratung befindet sich nämlich an einer wesentlichen Schnittstelle: Sicher wird es ihre Aufgabe sein, beschreibende (wissenschaftlich erarbeitete) Sichtweisen, neue Perspektiven (Differenzschemata) an die Organisationen heranzutragen. Aus diesen sind aber keine Entscheidungen für Entwicklung und Veränderung deduzierbar. Ihre andere Aufgabe ist es, die Organisation in der von *ihr* (der Organisation) erworbenen Sichtweise entscheidungsfähig zu machen, ihr dabei zu helfen, sie zu unterstützen. In Beratungen zeigt sich damit recht deutlich die Dialektik von *Systemkoppelungen* und die dabei auftretenden Widersprüche. Beratung koppelt als Vermittlungsprozeß das Wissenschaftssystem an das Anwendersystem, die zu beratenden Organisationen in Wirtschaft, Verwaltung etc..

1.1 Funktion und Rolle von Wissenschaft

Damit soll aber nicht gesagt werden, daß sich Berater möglichst von der Wissenschaft fernhalten sollen – im Gegenteil: Es schadet überhaupt nichts, möglichst viele wissenschaftliche Positionen kennenzulernen und auch selbst wissenschaftlich tätig zu sein; nur darf man dies nicht mit Beratung verwechseln. Für den Berater ist es weniger wichtig, in den verschiedenen Wissenschaften zu Hause oder irgendwo als Spezialist ausgewiesen zu sein, vielmehr muß er über die *Funktion und Rolle von Wissenschaft im Beratungsprozeß* Bescheid wissen.

Aus dem bisher Ausgeführten lassen sich zunächst zwei Rollen erkennen: die *bestimmende* und die *beschreibende*. Die erste figuriert nach dem

Modell (am naturwissenschaftlichen Muster) der technisch angewandten *Konstruktionswissenschaft:* Es wird ein *Ordnungsmodell* erstellt und begründet, und die vorhandene Wirklichkeit wird nach ihm zurechtgemacht. Die *Wahrheit* des Modells (der Wissenschaft) besteht in seiner *Bewährung* in der Praxis. Organisationen sind in dieser Sichtweise immer theoretische, abstrakte, zweckbezogene *Konstruktionen* und Verengungen von Gesamtwirklichkeiten. Jede zweckbestimmte Organisation hat Instrumentalcharakter und damit technische Anteile. Diese sind grundsäztlich und prinzipiell zu sehen. Sie resultieren nicht daraus, daß in Organisationen Maschinen und technische Medien verwendet werden, sondern umgekehrt: Diese können nur verwendet werden, weil Organisationen *auch* technische Gebilde sind.

Freilich meine ich nicht, daß sich der Berater nun zum Experten technischer Organisationswissenschaften ausbilden muß. Er soll aber z. B. wissen, wo es sinnvoll ist, im Beratungsgeschäft einen solchen zuzuziehen. Es ist sinnlos, das Angebot von Expertisen zu verweigern, wo es notwendig ist (nur weil man selbst davon zuwenig versteht).

Nun zur *beschreibenden Wissenschaft,* die reflektiert, analysiert – und dies „frei" vom Zwang der Anwendung in technischem Sinn. Diese Wissenschaft kann man nun beschreibend, hermeneutisch, reflexiv, dialektisch, systemisch nennen, wie auch immer – als gemeinsamen Wesenszug würde ich ihr Enthaltsamkeit von technischer Anwendung und von *Entscheidung* zumessen.

Aufgabe dieser Art von Wissenschaft ist es, die Wirklichkeit so zu lassen, wie sie ist, und sie von allen möglichen Seiten her zu beobachten, zu beschreiben, Sichtweisen „herzustellen", Verständigungsformen zu entwerfen, Sprache zu entwickeln – voller Bewunderung der Vielfalt und Komplexität. Ihre Aufgabe ist nicht Eingriff, Konstruktion von Wirklichkeit, zweckbezogene Reduktion oder normative Handlungsanleitung. Sie ist daher eigentlich „unpraktisch" und im gängigen Sinn unnütz.

Vielfach zieht man daraus den Schluß, daß man sich diesen Luxus gar nicht leisten soll. Wissenschaften sollen evaluiert werden, tönt es von allen Seiten, d. h., sie sollen zeigen, wo sie von der Gesellschaft nutzbringend angewendet werden können. Es gehört aber gerade zum Charakter „befreiter" Reflexion, daß sie nur durch sich selbst evaluierbar ist – d. h. im Sinne ihrer unendlichen Aufgabe überhaupt nicht: Denn auf welches bestimmte Maß soll sie beziehbar sein? Dies heißt weder, daß sich nicht auch Wissenschaft darum kümmern kann, daß mit ihren Sichtweisen und Beschreibungen *etwas geschieht,* noch, daß sich Gesellschaft deshalb endgültig vom Freiraum Wissenschaft zurückziehen soll (Beratung z. B. ist ein Ort der *Koppelung* dieser Bereiche). Es soll aber weder die Wissenschaft ständig anwendbar sein, noch sollte man dies von ihr verlangen. Man zwingt sie sonst in seltsame Verrenkungen. Man sollte aber auch Politik und Gesellschaft nicht in die vollständige Wissenschaftsaneignung und –berücksichtigung hineinjagen wollen, weil sie dabei ihre Entscheidungsfähigkeit verliert.

Was ist der „Nutzen" dieser autonomen, befreit-enthaltsamen, beschreibenden Wissenschaft? Ich habe schon gesagt, daß sie „näher" an der Wirklichkeit und, wenn man so will, damit „wahrer" ist als jede angewandte Wissenschaft, denn letztere *muß* abstrahieren und reduzieren, *muß* Entscheidungen treffen – und jede Entscheidung ist Entscheidung für etwas Bestimmtes und Ausschluß anderer Möglichkeiten. Zwar reduziert auch die beschreibende Wissenschaft nach Perspektiven, Details etc. (dies liegt schon am Begriff und an der Sprache); insgesamt hat sie aber die Aufgabe, *nach allen Seiten zu gehen,* Komplexität also ständig zu erweitern. Nun können dies weder einzelne Personen, noch einzelne Wissenschaften in traditioneller Abgrenzung, aber alle zusammen wohl. So ist es heute eher die Frage, wie man sich zu dieser Unendlichkeit Zugang und in ihr Übersicht verschafft; auch hier sind Einzelpersonen zweifellos überfordert.

Konkret geht es um das Verhältnis aller nicht-technischen Bereiche der Organisation zu ihrer *wissenschaftlichen Erfassung* und um die Rolle der Beratung *dazwischen.* Für alle möglichen Wissenschaften ist Organisation in letzter Zeit interessant geworden; Psychoanalyse beschäftigt sich mit ihr ebenso wie Psychologie, Soziologie, Bürokratietheorie, Verwaltungswissenschaft, Systemtheorie, Biologie – zuletzt sogar Philosophie. Nun gibt es auch in diesen Wissenschaften genug Vertreter, die nach dem alten Modell Erkennen – Deduzieren – Anwenden vorgehen, sozusagen Organisationsmechanik betreiben wollen. Dieses Unterfangen gelingt immer weniger, weil Systeme und Organisationen sozusagen zu ihrem Selbstbewußtsein als *Organismen* gekommen sind – und im Lebendigen herrschen andere Gesetze; z. B. werden Eingriffe von außen entweder überhaupt abgewehrt (wie gesundheitsgefährdende Bakterien) oder nach vorhandenen Mustern aufgenommen, bearbeitet und verändert. Systeme sind zu *Subjekten* ihrer (Selbst)Organisation geworden und lassen sich auch von Wissenschaften nicht mehr als Gegenstände, als Objekte behandeln. Dies erfahren alle jene externen Organisationsberater leidvoll, die meinen, das beste Modell geraten zu haben, und bemerken müssen, wie es im Umsetzungsakt aus – wie sie meinen – *irrationaler* Abwehr zerbröselt.

1.2 Bedeutung für die Praxis

Was also nützt dem Berater die ganze Wissenschaft, wenn er sie nicht anwenden kann? Sie kann zunächst Verständnis für die Vielfalt der Phänomene, die Buntheit und Komplexität von Organisationselementen erreichen, sie kann *bescheidener* machen und voreilige Verkürzungen und Simplifizierungen vermeiden helfen; und sie läßt den konkreten *Lebenssinn* von Organisationen besser verstehen und damit auch die *Vernünftigkeit* des anscheinend *Irrationalen* erkennen. In Organisationen ist immer weit mehr „los" (wirklich) als ziel- und zweckbezogen nötig wäre; sie lassen sich daher nicht funktional reduzieren. Trotz aller Ausschlußversuche sind sie Ort einer gesamten Lebenswirklichkeit des Menschen, und diese bringt sich mehr oder weniger unterstützend oder dysfunktional zur Geltung. Diese Tatsachen sind heute allgemein anerkannt, was aber folgt für das Verhältnis von Wissenschaft und Beratung?

Ich halte nicht viel vom einzelwissenschaftlichen Vorgehen. Die Realität der Organisationen widerlegt unsere disziplinären Wissenschaftsorganisationsformen ständig. Sie werden schief und falsch, nicht weil sie für sich genommen falsch wären, sondern weil sie als einzelne an Gesamtzusammenhänge, eben an Systeme heranzutreten versuchen.

Heißt dies, daß man als Berater Universalgenie sein sollte? Eigentlich schon – wir wissen aber, daß dies eine illusionäre Überforderung ist. Ich komme daher zu meiner Anfangsbemerkung zurück: *Ein* Berater ist *kein* Berater – nur ein Team mit möglichst unterschiedlichen Ressourcen und Herkünften schafft in sich ein Gegenbild jener komplexen Wirklichkeit, die auf der anderen Seite die Organisation ausmacht. Erst eine *gemeinsam* vorgenommene Diagnose, die möglichst viele Wirklichkeitsbereiche von Organisationen umfaßt, läßt uns abschätzen, an welchen Punkten mit welchen Möglichkeiten und Sichtweisen angesetzt werden kann.

Für die Ausbildung des einzelnen Beraters heißt dies zweierlei: erstens, sich größtmögliche Übersicht zu verschaffen – über das, was an Wissen über Organisationen existiert. Neben den wissenschaftlichen Zugängen empfiehlt es sich m. E., sich auf noch zwei Gebieten kundig zu machen: einmal in der *Systemgeschichte* menschlicher Organisations-Entwicklung, zum anderen in der selbstreflexiven Literatur über Organisations-Entwicklung (s. Rieckmann 1991). Ich halte beides für unverzichtbar. Die gesamte menschheitsgeschichtliche Organisations-Entwicklung erscheint mir als eine Kette meist unbewußt getroffener kollektiver Entscheidungen. Man muß wenigstens die entscheidenden Weichenstellungen kennen, will man verstehen, in welcher Situation man sich heute befindet. Und Selbstreflexion ist gerade in unserem Bereich ganz besonders geboten – schon um den eigenen Handlungsrückhalt zu sichern; ohne diesen verliert man als Berater sehr leicht jene Widerstandskraft, die man Organisationen gegenüber nun einmal braucht.

Zweitens heißt dies zu lernen, im Team zu arbeiten und sich nie auf sich allein verlassen zu wollen. Auch Klienten ist dies ganz deutlich zu machen: Aus naheliegenden Gründen (individualistisch-autoritären Traditionen, ökonomischen Gründen, aber auch aus dem meist unbewußten Motiv, Individuen seien eben leichter „einkaufbar") wollen sie oft nur einzelne Berater. Man kann ihnen aber doch immer wieder deutlich machen, daß durch Teams die Qualität der Beratung *exponentiell* zunimmt. Allerdings müssen die Teams ihrerseits funktionieren.

Wir kommen damit im eigentlichen Sinn zur *Koppelungs- und Vermittlungsrolle von Beratung* und zu einer letzten noch genaueren Beschreibung

354

der Rolle von Wissen, Wissenschaft, Theorie und Modell. Das Problem – auf einer anderen Betrachtungsebene – lautet: Wie werden unter Zuhilfenahme vorhandenen (wissenschaftlichen) Wissens Entscheidungen getroffen und optimiert, die weder aus dem Wissen durch Experten deduziert werden können, noch den Entscheidenden Eigenverantwortung, „Systemfreiheit" und Selbständigkeit nehmen? Ein Kollege brachte es unlängst auf den Punkt: „Beratung ist organisierte Hilfe für Entscheidungsprozesse – nach bestem Wissen und Gewissen."

Zusammenfassend sehe ich für Theorie, Wissen und Modelle folgende Funktionen im Beratungsprozeß:

- Sie haben in Beratungssituationen direkt oder indirekt immer *Interventionscharakter*.
- Sie dienen der Erweiterung von Sichtweisen und des Motivationshorizontes, dem Herantragen neuer *Differenz-Schemata* methodischer Disziplinierung (Selbstdistanz, Überwinden notwendiger „Befremdlichkeitsgefühle") und damit
- dem besseren Verständnis seiner selbst als Material der Selbstreflexion („Versprachlichung des Selbst").
- Erst dieses Verstehen macht sicherer für die selbst zu treffenden Entscheidungen und für die Übernahme der damit verbundenen Verantwortungen.
- Jede Organisation hat *ihre Theorie*. (Das soll nicht heißen, daß man über jede Organisation eine eigene Theorie machen kann – das ohnehin -, sondern daß im Sinne ihrer notwendigen Reduktion auf Zweck und Ziel jede Organisation Theorie *verkörpert* ein theoretisch-künstliches Gebilde *ist*). Organisationsdiagnose heißt, diese Theorie und ihre Auswirkungen zu erfassen.
- Theorien und Modelle dienen der Zusammenfassung, der sprachlichen Einigung und Verbindlichkeit gemeinsamer Sichtweisen. Zusammenfassung und Einigung sind immer auch verallgemeinernde Reduktionen.
- Modelle dienen der Entscheidungsvorbereitung, für die Komplexität reduziert werden muß; Theorien, Erzählungen, Mythen dienen der Bekräftigung, Rechtfertigung und Stützung getroffener Organisationsentscheidungen.

- Modelle sind Entscheidungen einer „Machbarkeit" und Entlastung gegenüber weiteren, immer denkbaren Möglichkeiten.
- Als besondere Intervention dienen sie auch der emotionalen Entlastung (Rationalisierungseffekt).
- Sie sind Ordnungsformen der Sinnreflexion.

Die Punktation macht ersichtlich, daß es sich hier nicht um wissenschaftliches Wissen im beschriebenen Sinn handelt – weder im Sinne der „unendlichen Reflexion" noch im Sinne einer möglichen technischen Anwendung. Was hier bezeichnet wurde, könnte man *Beratungswissen* oder *Beratungstheorie* nennen; nicht Wissen und Theorie über Beratung, sondern Wissen, Theorie, Modell, wie sie sich im Beratungsprozeß *konstituieren,* welche Gestalt und Funktion sie bekommen. Die jeweilige Funktion ist durch die Beratungssituation determiniert. Es ist daher vor allem wichtig, sich über diese Klarheit zu verschaffen.

Dem Berater- und Klientensystem sollte immer transparent sein, in welcher Funktion Theorie, Wissen, Modelle auftreten und verwendet werden. Dies ist umso dringlicher, als es einiges an unausgesprochenen Wünschen, Erwartungen, Hoffnungen etc. gibt, die ihrerseits aus der Situation heraus Wissensangebote funktionalisieren. Häufig wird man mit Grundhaltungen konfrontiert, die leicht dazu verführen, selbst die Rolle des *Wissenden,* des wissenschaftlichen Experten anzunehmen und damit den Beratungsprozeß auf Schienen zu stellen, die man schwer wieder verlassen kann.

In der einen Grundhaltung wird schnelle und effiziente Hilfe erwartet, man sucht den „Arzt" oder „Experten" und begibt sich als „Patient" oder „Laie" in freiwillige Abhängigkeit. Diese Anfangssituation ist durchaus „normal" und als solche zu akzeptieren. Jeder Berater *muß* in ihr mehr sicherheitsgebende Autorität annehmen, als ihm oft recht ist. Er muß imstande sein zu vermitteln, daß der Kunde mit ihm die rechte Wahl getroffen hat. Dies kann er auf verschiedene Art – eine ist es eben, auch mit Theorien, wissenschaftlichen Forschungen und Ergebnissen aufzufahren. Das kommt auch durchaus den Abhängigkeitswünschen auf der anderen Seite entgegen. Wenn man aber das Konzept der „Selbstheilung" der Organisation vertritt, der Selbstverantwortung für Entwicklung und Veränderung, empfiehlt es

356

sich, die Rolle als Experte nur zum Teil anzunehmen und möglichst bald die Dysfunktionalität des Abhängigkeitsverhältnisses zu thematisieren.

Die zweite Grundhaltung motiviert sich aus dem glatten Gegenteil: Eigentlich will man weder Entwicklung noch Veränderung, obwohl man es offiziell beteuert. Hier hat der Ruf nach Expertise, Theorien, Wissenschaft einen anderen Hintergrund. Nichts geht nämlich schneller und leichter, als nachzuweisen, daß alles Vorgetragene eben graue Theorie ist und die Praxis ganz anders. Dem Berater wird Schritt für Schritt „nachgewiesen", wie mangelhaft und unbrauchbar seine Theorien und Modelle sind. Wenn man in dieser Beratungssituation zu rasch auf die Schiene des Fachmanns springt, begibt man sich leicht aufs Glatteis.

Die dritte Grundhaltung erwartet Rechtfertigung, Beweis für die bereits vorhandene Ansicht und Maßnahmenvorstellung des jeweiligen Klienten. Die Fachinstanz soll von außen – ohne Betriebsblindheit – bestätigen und begründen, was sich bestimmte Leute oder Interessengruppen im Inneren denken und vorstellen.

Äußere Autorität schafft leichtere Akzeptanz im Inneren und kann auch als entlastendes Alibi für „unpopuläre" Maßnahmen verwendet werden. Es sind uns einige „berühmte" Beratungsfirmen wohlbekannt, die dieser Funktion Ansehen und Ruf verdanken. Ich meine dies nicht abwertend: Es gibt Maßnahmen, die sich Unternehmen als *Sozialkörper* selbst schwer zumuten können, weil diese emotional überlasten (z. B. Rationalisierungsmaßnahmen, die immer einer „Selbstamputation" gleichkommen). Hier braucht man *fremde,* nicht in gleicher Weise involvierte Autoritäten. Jedenfalls sollte m. E. zwischen Auftraggeber und Berater Klarheit herrschen, worum es eigentlich geht und wozu hier Wissenschaft herangezogen wird. Wenn man sich aber auf eine solche „Beratung" einläßt und hier ein Maximum an Verantwortung übernimmt, ist es besser, von *Selbstorganisations-Konzepten* Abschied zu nehmen. Diese wären auch nur störend, weil man nie weiß, ob nicht die ursprünglichen Zielsetzungen durch sie verändert werden.

Auf der Basis erreichter Klarheit läßt sich Wissen und Wissenschaft in den beschriebenen Funktionen recht gut verwenden. Die Erweiterung von

Sichtweisen, die Betriebsblindheit überwinden helfen, ist dann ebenso möglich, wie das Herantragen neuer *Differenzschemata*. Hier wird nicht theoretisch beruhigt, die Mitglieder der Organisation bekommen nur neue, andersgeartete „Brillen" aufgesetzt, die ihnen einen anderen Blick auf ihr Unternehmen gestatten; hier wird ihre Wahrnehmungsfähigkeit geschärft und damit ihre Kompetenz erweitert. Dies verschafft ihnen wiederum mehr Material für Selbstreflexion, neue Betrachtungsweisen für Problemursachen und Diagnosemöglichkeiten; allerdings wird dadurch Komplexität erweitert, und wie in der „verstehenden" Wissenschaft kann dieser Prozeß unendlich fortgesetzt werden.

Auf die Organisation bezogen kann dies allerdings ungewollte Folgen haben oder gerade jenen Tendenzen entgegenkommen, die Stabilität, Ruhe und Status quo befestigen wollen: Man denkt und analysiert zwar viel – hat dafür sogar Projekte geschaffen –, aber es ändert sich nichts; und wenn sich einmal irgendwo doch etwas bewegt, so kann man sich darauf stürzen und wiederum unendliche Reflexionsprozesse starten.

1.3 Unendliche Reflexion versus Komplexitätsreduktion

Wir stehen hier vor einer zentralen Beratungsdialektik, die äußerst schwer zu steuern ist und allen Seiten viel an gutem Willen abverlangt: Analyse, Reflexion und damit Komplexitätserweiterung sind zweifellos notwendig. Um z. B. eine adäquate Organisationsdiagnose erstellen zu können, in der auch das Thema *Umwelten* berücksichtigt wird, muß schon einiger Aufwand getrieben werden, und es wird dabei deutlich, wie kompliziert, verschränkt, und im Grunde „unbeherrschbar" alles ist. Nun sind unsere Organisationen ohne Zweifel äußerst komplexe Gebilde, die einen würdigen Gegenstand für die *unendliche Reflexion* abgeben. Beratung soll aber nicht bloß Denken, sondern auch Handeln ermöglichen. Komplexität läßt leicht Ohnmachtsgefühle auftreten; und diese zu befestigen kann eigentlich nicht Ziel einer Beratung sein – auch wenn man sich dabei als Informierter und „Wissender" profilieren kann.

Wissenschaftliche oder Expertenentscheidungen sind immer „Laborentscheidungen", aber die betroffenen Organisationen verhalten sich nicht wie Labors. Wiederum wird klar, was Beratung hier ist: Nach „gehöriger" Komplexitätserweiterung hat sie dafür zu sorgen, daß jene in die Lage versetzt werden, *ihre* (höchsteigenen) Entscheidungen zu treffen, die sie dann auch tragen müssen und durchzuführen haben. Deutlich auch die Vermittlungsposition: Im Stadium der Komplexitätserweiterung verhält sie sich analog zur wissenschaftlichen Neugierde im Sinne der „unendlichen Reflexion"; im Stadium der Reduktion geht es nicht um Wissen, sondern um Entscheidung. Darum geht es auch sonst im Unternehmen – der Unterschied besteht aber darin, daß nun Entscheidungen mit mehr Hintergrundwissen, mehr Übersicht und damit mehr Sicherheit getroffen werden können. Beratung verhindert so naives Entscheiden in komplexen Situationen; naives Entscheiden verfährt nämlich nach Modellen und Bildern, die aus einer Zeit kommen, als die Welt noch einfacher war oder man jedenfalls glaubte, sie nach einfachen Vorstellungen ordnen zu können (z. B. nach Oben und Unten, Ursache und Wirkung, Einzelentscheidungsprinzip etc.). Beratung ist daher immer ein Balanceakt zwischen Komplexitätserweiterung und Komplexitätsreduktion.

1.4 Unternehmenskultur

Seit geraumer Zeit wird von *Unternehmenskultur*, von *Unternehmensidentität* etc. gesprochen. Auch wenn diesbezüglich oft vieles in vager, mythischer Andeutung bleibt, läßt sich mit diesen Begriffen einiges anfangen. Sie sagen nämlich zweierlei: erstens eben, daß jedes Unternehmen Theorie (Weltanschauung, interpretierende Ordnungsschemata) verkörpert und zweitens, daß jedes Unternehmen als „Individuum" *seine* Theorie repräsentiert. Diese ist nicht bloß Produkt der zweckbezogenen Eigenlogik (hier gibt es in so manchem systemtheoretischen Ansatz Verkürzungen), sie enthält auch alle *Reaktionsformen* auf sie (Stützung, Rechtfertigung, Abwehr ihrer Reduktion etc.). Und hier entwickelt nun tatsächlich jedes lebendige Gebilde, d. h. jedes Unternehmen, seine eigenen (theoretischen)

Entscheidungen, die ein ihm adäquates Überleben sichern. Überleben ist nun oft nicht Sache des einen rationalen Zwecks (z. B. Autos zu produzieren). Vieles wird mittransportiert, kann sogar die Oberhand gewinnen. Unternehmensidentität herstellen bzw. erreichen heißt auch, diese Zwecke aufeinander abzustimmen und sie auszubalancieren. Es wird ebenso fatal enden, wenn der „Hauptzweck" (nämlich z. B. Autos zu produzieren) unter „ferner liefen" figuriert, wie es wahrscheinlich dem Hauptzweck schadet, wenn man meint, ihn allein gegen alle anderen verfolgen zu müssen.

Organisationsberatung ist nun Mithilfe zur (theoretischen) selbstreflexiven Erfahrung der Organisation. Damit wird die neue Vermittlungsrichtung von Beratung klar: Es kann nicht mehr darum gehen, allgemeine Theorien über Organisationen herzunehmen (oder sich diese in der Ausbildung anzueignen) und dann zu sehen, ob die jeweilige Organisation dazupaßt, es muß vielmehr darum gehen, daß Organisationen jene theoretisch-selbstreflexive Kompetenz entwickeln, die es ihnen ermöglicht, ihre eigene, zu ihnen passende Theorie zu entwickeln.

Hierzu verfügt sie über Angebote auf zwei Ebenen: Einmal stellt sie Arrangements zur Verfügung, in denen diese Kompetenz erworben und ausgeübt werden kann, und zweitens hilft sie mit Theoriestücken, Formulierungen, Modellen, Bildern aus; sie unterstützt hier Sprachbildung. Denn die über sich selbst erworbene Theorie bringt keinen Identitäts- und Steuerungsgewinn, wenn sie nicht eine gewisse, das gesamte Unternehmen erfassende Sprachverbindlichkeit hat.

Unternehmensrichtlinien, Führungsgrundsätze etc. sollten Resultat solcher selbstreflexiven Prozesse und Sprachregelungen sein. Das sind sie heute meistens nicht. Ihre appellativ-postulatorische Form (versteckt in Hochglanzpapier) bringt ihren Ursprung zum Ausdruck: Einige Verantwortliche finden, daß es so sein sollte, ohne die Realität ihrer Kultur wirklich untersucht zu haben. Deshalb sind auch alle diese Grundsätze einander so ähnlich und allgemein.

Präventive Steuerung ist nicht häufig. Ein Grund dafür liegt im Mangel an institutionalisierter Selbstreflexion (Feedback), im Mangel an einer ständig erneuerten „Theorie" über sich selbst. Denn klar ist, daß man ständig zu neuen Entscheidungen gezwungen ist. Es macht aber einen Unterschied, ob man diese ad hoc und zufällig oder aus einem versicherten Gesamtkonzept trifft. Zwar wird immer beides notwendig sein, gegenwärtig fehlt es aber meist an letzterem.

Gesamtkonzepte, erstellt auf Grund von Selbsterfassungen, sind immer auch neue Komplexitätsreduktionen; diese müssen aber stattfinden; allerdings sollten sie nicht zufällig erfolgen – oder als hierarchische Vorgabe, sondern als theoretisch ausgewiesene Resultate kollektiver Überlegungs- und Entscheidungsprozesse. In ihnen ist nämlich die vorhandene Komplexität am besten repräsentiert. Beratung kann dazu beitragen, daß diese Prozesse in Organisationen stattfinden und eingerichtet werden. Gerade neue Entscheidungen für Umstrukturierungen, Organisationsveränderungen bedürfen dieses Backgrounds. Da jedes Individuum in einer Organisation seine eigene perspektivische Theorie entwickelt, setzt es auch Schwerpunkte und daraus Handlungskonsequenzen. Es kann nicht angenommen werden, daß Vorgaben von oben oder von außen immer zu diesen passen. Daher ist eine gemeinsame „Theorie", die erst eine gemeinsame Sichtweise der Unternehmensidentität „entscheidet", so wichtig, denn nur in ihr werden gesetzte Maßnahmen verankerbar und plausibel.

2. Zu Person und Verhalten

Beratung, die darauf aus ist, Organisationen in den Stand zu versetzen, sich ihre Theorie selbstreflexiv zu erwerben, ist in jedem Fall mit Sinnfragen konfrontiert, die über das unmittelbare Organisations-Know-how hinausgehen. Ich meine, als Berater sollte man diese Fragen nicht abwehren, sondern sich Arrangements überlegen, in denen sie Platz haben. Ich halte davon mehr als von den modernen Mythen, die sich heute gerne um Organisationstheorien ranken. Diese Erscheinungsformen bezeugen aber letztlich wiederum nur eines: Man scheint wieder mehr Heimat in sinnstiftenden, orientierenden Theorien zu brauchen.

Es kommt noch ein Weiteres erschwerend hinzu: Andere Therapeuten-, Trainer- und Beratungsberufe haben ihre bereits erprobten Settings, in denen sich Selbsterfahrung in Konstellationen, die der zukünftigen Tätigkeit entsprechen, üben läßt. Für Organisations-Selbsterfahrung gibt es kaum Entsprechendes. Die Kernfrage also lautet: Wo kann man Selbsterfahrung in Organisationen erwerben und welchen Stellenwert hat sie für Ausbildung? Es gibt nun sicher einige Angebote, die empfehlenswert sind (Tavistock-Programm, MundO, Hernstein, ÖGGO, Universität Klagenfurt etc.).

Meine Erfahrungen mit solchen und ähnlichen Programmen haben mich folgende Grundprobleme bemerken lassen:

- Sie sind notwendigerweise stark strukturiert und erlauben wenig experimentelle Bewegungsräume (insofern sind sie realen Organisationen zwar nicht unähnlich, teilen mit ihnen aber auch das Schicksal einer gewissen Starrheit; was diese individuell und emotional bedeutet, läßt sich allerdings ganz gut erleben).
- Sie sind zu kurz – um eine umfassendere prozeßorientierte Selbsterfahrung zu ermöglichen, müßten sie etwa doppelt so lang sein.
- Dasselbe gilt für die Aufarbeitung der Bedeutung der unterschiedlichen Sozialelemente; ich habe noch kein Seminar erlebt, in dem es gelungen ist, alle wirklich relevanten Konstellationen (Individuen, Paar- und Gruppenbildung, Koalitionen, informelle Gruppen, bürokratische Elemente etc.) aufzugreifen und zu besprechen.
- Dadurch entsteht viel ungeklärte und oft auch unklärbare emotionale Diffusion, die man als Restbestand mit nach Hause nimmt.
- Wenn es „gefährlich" bzw. aktionistisch chaotisch wird, wird dies im allgemeinen nur beschränkt zugelassen und durch Theorie-, Interpretations- und Organisationsmaßnahmen gesteuert und zugeschnitten.

Man lernt hier zweifellos einiges, ganz befriedigend ist es aber für mich nicht. Ergänzend dazu gibt es noch zwei andere Settings; längere experimentelle Organisationslabs, in denen man meist zwar die ganze menschheitsgeschichtliche Organisationsentwicklung *in nuce* Revue passiert, sehr aufregend und intensiv, nur haben diese Seminare recht wenig mit unseren realen, differenziert verfaßten Organisationen zu tun. Schließlich gibt es auch noch „harmlosere" Seminare über Organisationsdynamik (besser – „management"), in denen man sich durch Fallbeispiele und deren Analyse den realen Organisationen zu nähern versucht. Der Nachteil hier: Wenn nicht gerade der eigene Fall dran ist, sinken Interesse und emotionelle Beteiligung. Bleibt als eine der wichtigsten Ausbildungsmöglichkeiten: das „aufgeklärte Meisterprinzip" in realen Beratungsprojekten mit realen Organisationen.

2.1 Zugang zur eigenen Angst

Wer nicht in Routine erstarrt ist oder seine Arbeit auf technische Verfahren beschränkt hat, wird zugeben müssen, daß er sich der Organisation mit mulmigen Gefühlen im Magen, zumindest mit innerer Gespanntheit nähert. Man ist sich fremd, die Situation ist diffus überdeterminiert, die Unsicherheit unabwendbar. Beide Seiten streben aus dieser Situation heraus – so rasch wie möglich soll Bekanntes, Vertrautes sich einstellen. Letzteres dient nicht unbedingt einer günstigen Weichenstellung – eigentlich müßte Unsicherheit bestehen bleiben, ausgehalten und produktiv genützt werden. Die Hauptlast hat hier zweifellos der Berater zu tragen. Organisationen sind es eher gewohnt, Probleme schnell aus der Welt zu schaffen, auch wenn dies Lösungen produziert, die erst recht Probleme sind. Analyse, Selbstreflexion kann nur dann funktionieren, wenn man zunächst das Problem – die Schwierigkeit, den Konflikt – *sein* läßt, indem man zwar in reflexiver Distanz, aber doch eine Zeit mit ihm lebt und die damit verbundenen Unannehmlichkeiten auf sich nimmt. Dies führt zu einem emotionalen Dauerdruck, der von Klienten leicht auf Berater übertragen wird; diese müssen aber auch gewisse Anteile übernehmen, damit das System *lernfähig* wird. D. h. ganz schlicht, daß sie nicht nervös oder überaktiv werden dürfen, sondern mit dem notwendigen Zeitmaß auch Ruhe, Geduld und Gelassenheit vermitteln müssen. Letzteres gelingt aber meiner Erfahrung nach nur, wenn man Zugang zu seiner eigenen Angst und seinen Reaktionsformen hat.

Psychoanalytische, gruppendynamische und viele andere Settings mögen dazu das ihre beitragen und sind wohl auch zur lebensgeschichtlichen Selbsterfassung unentbehrlich. Nur – eine Organisation ist noch einmal etwas anderes. Es ist zwar wichtig, auch bei Ängsten, die durch die Organisation ausgelöst werden, den lebensgeschichtlichen Ich-Anteil zu kennen, darüber hinaus gibt es aber auch Gefühle, die mit der organisatorischen Konstellation zusammenhängen. Diesbezüglich Anlässe, Auslöser, Verdichtungen zu erfassen, ist ebenso wichtig, wie sie von denen zu unterscheiden, die anderswoher kommen.

Ohnmachtsgefühle und Angst vor Zugehörigkeitsverlust begleiten wohl jedes Individuum. Nun könnte der Berater das eine zugeben und vom anderen profitieren, soll doch seine Zugehörigkeit ohnehin nicht ohne Distanz stattfinden. Einmal muß man aber doch auch zur Kenntnis nehmen, daß Berater Menschen sind, wie andere auch, und selbstsichere Autonomie nur über einen steinigen Weg erreicht werden kann, zum anderen, daß in Organisationen Distanz und Autonomie bisher kaum gefragt war und zu Außenseitertum und Zugehörigkeitsverlust geführt hat. Erst in letzter Zeit ändert sich hier etwas, trotzdem bleibt das Paradoxon: im Berater verlangen Organisationen eine „Person" mit Eigenschaften, die sie selbst verhindern.

2.2 Steuerung permanenter Überforderungen

Jeder Beratungsprozeß ist in jeder Situation *überdeterminiert*. Es gilt, bestimmte, entschiedene Wege zu gehen und klare Ziele zu erreichen. Dennoch wird er darüber hinaus ständig von Umwelten begleitet und beeinflußt, die nur zum geringen Teil behandelt und gesondert betrachtet werden können. Überdeterminiertheit produziert ständig Überforderung. Beratung kann auch als ein Prozeß der *Steuerung permanenter Überforderungen* angesehen werden. Dies gilt zwar für das Leben insgesamt, in Beratungen hat es aber eine professionelle Pointe: Man darf es nämlich weder – wie sonst oft – verdrängen noch davor resignieren, vielmehr muß man es in Teilen zulassen und zugleich die Angst davor nehmen – wahrlich eine Quadratur des Kreises.

Der Berater seinerseits hat nun mit Übertragungen und eigenen Reaktionsbildungen zu kämpfen, weiß sich vor einer neuen komplexen Situation und kann die erwünschte Sicherheit weder sich selbst noch dem anderen anbieten – erst recht nicht, wenn er analytisch Komplexität zu erweitern beginnt, neue Sichtweisen und Differenzschemata anbietet. Zunächst wächst die Verwirrung, bevor es gelingt, im System Energieblockaden zu lockern.

Was ist hier nun „echte" Beraterkunst? Einfach gesagt: aus Überforderungen Herausforderungen zu machen. Doch wie geht dies? Es handelt sich um einen Balanceakt, der ständig reflektiert werden muß. Die Dialektik lautet nämlich: Man muß so viel Überforderung zulassen, daß jedenfalls Verunsicherung entsteht, aber man muß so viel Überforderung ausschließen, wie das System braucht, um sich lernfähig zu erhalten. Strukturen, Settings, Designs etc. stellen für mich das einzige Mittel dar, das der Dialektik des Angebots gerecht werden kann. In ihnen erfährt der Klient auch etwas über seine Möglichkeiten in Zumutungen und Erträglichkeiten, oft erstaunlich, was diesbezüglich in Organisationen möglich ist.

Die Steuerung dieses Prozesses der Balance zwischen Sicherheit und Überforderung zu lernen, halte ich für ein wichtiges Ausbildungsstück. Für die Person heißt dies übrigens, gut Bescheid zu wissen über die eigene Balance zwischen möglichen „sadistischen" und „masochistischen" Anteilen in sich selbst.

Mit dem Problem des Umgangs mit kollektiv gebündelter Emotionalität hat die klassische, an betriebswirtschaftlicher Rationalität orientierte Beratung nichts anzufangen gewußt. In der Tat weiß man nicht viel darüber. Natürlich hängt die neue Beachtung von Phänomenen wie Unternehmenskultur, latenten Strukturen etc. mit dem Wandel der Organisationen selbst zusammen – und damit auch dem ihres Begreifens.

Die Schwierigkeit, Ganzheit adäquat zu erfassen, liegt aber nicht bloß im Grundsätzlich-Erkenntnistheoretischen (Problem der Grenzziehung, Problem des Denkens, das immer auch „außerhalb" ist, etc.), sie liegt auch darin, daß wir uns mit dieser Metaebene begrifflich äußerst schwer tun. Eigentlich wissen wir nämlich über die organisatorische Wirksamkeit von Gefühlen noch recht wenig. Wir vermuten zwar einen bedeutenden Einfluß – wie dieser aber konkret und im einzelnen erfolgt, ist weitgehend *terra incognita;* daher wissen wir auch wenig über ihre Steuerbarkeit. Es liegen zwar in der Systemtheorie diesbezüglich einige Versuche vor – soweit ich sie kenne, möchte ich aber von einer *funktionalen Unterbestimmung* sprechen, der sie unterworfen werden. D. h., daß sie zwar sehr wohl „Kulturfaktoren" (Normen, Muster, latente Strukturen) einordnen und gelten lassen und insofern die Aufmerksamkeit beträchtlich erweitert haben, diese aber analog zu sonstiger Funktionalität zu beschreiben versuchen. Zwar ist es durchaus berechtigt zu fragen, welche *Funktion* eine bestimmte Unternehmenskultur innerhalb einer Organisation hat – was sie fördert, verhindert, welchen Status sie aufrechtzuerhalten versucht –, die Gefahr aber, sich bei dieser Betrachtungsweise zu beruhigen, besteht für mich in einem neuen „Vernetzungsmechanismus", in dem sich aufs neue Funktionen nur wie Kulissen hin und her schieben – wiederum „emotionsfrei". Nun meine ich, daß mit dem Erreichen der beschriebenen Metaebene eine neue Qualität erreicht ist, die sich gerade nicht bloß funktional beschreiben läßt. Es handelt sich nämlich um jene des *Selbstwiderspruchs*.

2.3 Notwendige Widersprüche und systemeigene Emotionalität

Management bedeutet demnach immer mehr das Steuern notwendiger Widersprüche – von Gegensätzen unterschiedlicher „Logiken". Notwendige Widersprüche haben es nun an sich, nicht funktional lösbar zu sein – etwa dadurch, daß man eine neue Normkulisse setzt. Sie reproduzieren sich ständig selbst und sind für ausreichend Emotionen und Unruhe gut. Meine Vermutung ist, daß wir erst dann Organisationen wirklich steuern lernen (d. h. übrigens im großen: Massengesellschaften organisieren können), wenn uns allmählich klar wird, was spezifisch organisationsbedingte Emotionalität eigentlich ist.

Schließlich sorgt die Beziehung von Berater und Klient ihrerseits für alle möglichen Emotionen, die sich immer und ungewollt einstellen. Nun gibt es Übereinstimmung darin, daß man in diesem Gefühlswirrwarr möglichst viel transparent machen und aufklären soll, was sicher richtig ist, aber Vollständigkeit wird auch hier nicht erreichbar sein. Jedenfalls sollte man sich ein gewisses Wissen bzw. Erfahrung darüber zulegen, mit welchen Gefühlen und Energien man arbeiten kann und welche eher hinderlich sind.

366

Erschwerend kommt noch hinzu: Aus vielen Untersuchungen und Übungen wissen wir, daß sich die wenigsten Menschen darum reißen, über Organisationen nachzudenken; eher sind Organisationen, für sich genommen, emotional negativ besetzt, und man will so wenig wie möglich damit zu tun haben. Diese Tatsache versetzt den Berater in eine mehrfach paradoxe Situation: erstens deshalb, weil er emotionale Grundbarrieren überwinden muß (er muß die negative Grundeinstellung überwinden und den Gegenstand Organisation als Reflexionsthema attraktiv machen); zweitens, weil die Emotionen, die in der Beratungssituation aktiviert werden, nicht immer jene sind, die für Organisationsanalyse tauglich sind (z. B. dyadische Projektionen und Übertragungen); es kann nicht gut ausgehen, wenn er letztere benützt, um die Attraktivität ersterer zu erreichen. Auch aus diesem Grund ist es wichtig, *organisationseigene* Emotionalität zu identifizieren und mit ihr zu arbeiten.

Es ist entwicklungsgeschichtlich wahrscheinlich, daß wir, ohne auf der Erlebnisebene aktiviert zu werden, nicht wirklich lernen – im Sinne von *Aneignung*. „Emotionalisiert" man aber an der falschen Stelle, wird zwar verschiedenes gelernt, nur oft etwas anderes als erwünscht (z. B., wie gut Gruppen funktionieren, wie schön es in ihnen zum Unterschied von der Organisation ist). Ich glaube nun nicht, daß wir allgemein in den nächsten Jahrzehnten unsere Lust an Abstraktionen entdecken und entwickeln werden, obwohl es wahrscheinlich nottäte. Ich halte aber auch nichts davon, die damit verbundenen Entfremdungserlebnisse zu verschleiern. In Organisationen ist nun einmal der ausgeruhte Verstand gefragt, der nicht durch „den Bauch" ersetzt werden kann. D. h., daß es generell notwendig werden wird, über diese Tatsachen aufzuklären.

3. Zur Frage der Kompetenz

Die Frage nach dem *Können* stellt sich in allen Beratungsberufen mit besonderer Intensität. Dies hängt mit der Vermittlungs- und Koppelungsrolle zusammen. Im Wissenschaftssystem bleibt das Können im allgemeinen auf innerwissenschaftlichen Methoden- und Instrumentengebrauch beschränkt; nach *außen* wirkt man entweder über technische Anwendung oder über Appelle an Einsicht und Vernunft. Ersteres funktioniert unter gleichen „Laborbedingungen", letzteres nur in sehr beschränktem Maße.

Die gängigen Managementausbildungen scheitern nicht bloß an der Dominanz wirtschaftlicher Eigenlogik, sondern an drei Mißverständnissen: erstens dem nach wie vor individualisierten Lernbegriff, zweitens am Mangel an Organisationsverständnis und drittens am Festhalten direkter Steuerungsmöglichkeiten. Natürlich hängen alle drei miteinander zusammen. Individuen können zwar für sich alles mögliche lernen, aber gegenüber Organisationen ist individuelles Wissen und Können, wenn es nicht deren Mustern und Standards entspricht, unanwendbar. Dies erfährt jeder Manager schmerzlich, wenn er Seminarerfahrung und -wissen nach Hause übertragen will. („Der Alltag hat mich wieder geschluckt", hört man oft.) Es ist daher wichtig, die organisatorische Verankerung zu berücksichtigen. In Organisationen kommt es nur dann zu Lernprozessen, zu Entwicklungen und Veränderungen, wenn diese kollektiv organsiert sind, also eigentlich Systemdifferenzen repräsentieren. Letztere gilt es, *organisiert* einzurichten, und dafür ist Organisations-*Können* zu erwerben. Die Meinung, es gebe direkte individuelle Eingriffs- und Steuerungsmöglichkeiten, kommt nicht bloß aus maschinenanalog-mechanistischem Denken, sie ist vielmehr *Restbestand* der alten Hierarchie, in der es noch möglich war (auf Grund höherer Übersichtlichkeit und Einfachheit), durch autorisierte Einzelentscheidungen zu steuern. Diese Zeit scheint unwiederbringlich vorbei.

Wenn nun aber Management im Sinne *indirekter Steuerung* mit Begriffen wie Selbstberatung, Selbstvermittlung und Systemdifferenz in Zusammenhang zu bringen ist und damit Strukturähnlichkeit zu Beratung überhaupt bekommt, gewinnt daraus Organisationsberatung eine besondere Aufgabenzuweisung: Es muß ihr nämlich darum gehen, jene Managementkompetenz zu vermitteln, die in Zukunft die „Systeminsassen" instand setzt, ihre eigene „Beratung" durchzuführen. Ihr *Können* sollte partienweise zu jenem der Manager werden. Vom technisch-instrumentell eingreifenden Können unterscheidet sich aber Beratungskönnen (trotz aller Routinen und „Techniken") fundamental: Es geht nämlich (transzendental) um ein Können, das anderes Können ermöglicht, bildet, formt. Es ist nicht ein immer gleicher Eingriff mit vorhersehbarem Resultat, es ist vielmehr ein Eingriff, der Prozesse in Gang setzt, die sich allmählich selbst zu lenken haben. Nun müssen zwar Manager – in Berücksichtigung der wirtschaftlichen Eigenlogik – durchaus auch von anderen Eingriffsformen Gebrauch machen, in wesentlichen Teilen ihres Managements gilt es aber, sich einer anderen „Eingriffsform" zu befleißigen. Dafür ist nicht zuletzt ein organisatorisches Können vorausgesetzt, das sich aus analogen Gründen im Beratungsprozeß lernen läßt.

Hier nur einige wichtige Aufgaben aus dem Kompetenzfeld des Beraters – sie entsprechen zunächst der *Autoritätsaufteilung*. Während dem Klienten im Beratungsprozeß zweifellos zu Beginn die *Inhaltsautorität*, später die *Entscheidungs-* und *Lösungsautorität* zukommt, muß der Berater mindestens drei Autoritätsfunktionen übernehmen, die erst allmählich auf den Klienten übergehen können – ich nenne sie die *Strukturautorität, Balanceautorität* und *Prozeßautorität*. Alle drei sind an ein bestimmtes Können gebunden, das für mich ein ganz wichtiger Teil der Ausbildung sein muß.

3.1 Strukturautorität

Die Strukturautorität hängt mit der Konstituierung von System- und Reflexionsdifferenz zusammen. Es ist zuwenig, Individuen zum Denken aufzufordern (dies provoziert auch das individualistische Mißverständnis), es müssen kollektive Reflexions- und Lernprozesse eingeleitet werden, und dazu bedarf es einer Regie und organisatorischer Maßnahmen (Gruppenbildungen, plenar gesteuerter Prozesse, Konfrontationssitzungen, arbeitsteilige Verfahren, Selbstdarstellungsformen usw.). Hier ist soziale Phantasie verlangt und Übung, in alternativen ungewohnten Organisationsformen zu arbeiten. Strukturangebote müssen zunächst vom Berater kommen, weil Klienten nicht nur meist darin ungeübt sind, sondern weil es aus vielen zum Teil bereits beschriebenen Gründen nicht üblich ist, Systemdifferenzen zu organisieren, die es gestatten, sich selbst als Organisation genauer anzusehen. Neue soziale und organisatorische Arrangements sind zunächst in gewissem Sinn „Verführung" dazu.

Das systemische Management und die systemische Beratung sieht als eine ihrer Hauptaufgaben *Deblockierung* und – damit verbunden – Freisetzung gebundener Energie, neue „Verflüssigungen". Dieser Zielsetzung kann man nur zustimmen. Eine andere Frage ist aber, wie denn solche Deblockierungen erreichbar sind. Ein wesentliches Hilfsmittel besteht m. E. in der Erfahrung neuer Organisationsformen. Diese bedingen nämlich meist nicht nur neue „Beweglichkeiten", sondern führen zur Entdeckung neuer Kommunikations- und Kooperationsmöglichkeiten. Andere Strukturen ermöglichen andere Denk- und Handlungsweisen. Jede Organisation bindet durch ihre spezifischen Organisationsformen die dadurch erfolgenden Reduktionen, Verdrängungen und Tabuisierungen, Energien. Es ist einleuchtend, daß keine zielorientierte Organisation um diese Bindung herumkommt; hier bedürfte es einer Lösung, einer Verflüssigung; diese ist in neuen Strukturen (wobei diese oft nur Anstoßcharakter haben müssen) zu erreichen. Wenn man Arrangements findet und organisiert, die andere Umfangsformen mit Konflikten möglich machen, durch die ein höheres Maß an Offenheit erreicht wird, kann man sich über das Potential an nun freiwerdenden Energien manchmal nur so wundern.

Organisationsentwicklungen und -veränderungen gehen meist von neuen Ideen, Vorstellungen, Zielsetzungen aus – bzw. von der Tatsache, daß es neue Probleme gibt, denen gegenüber die Organisation sich „suboptimal" verhält. Dieses Neue setzt automatisch Systemdifferenzen. Diese äußern sich zunächst meist individuell und informell. Man kritisiert sein Unternehmen, spricht viel darüber, aber meist in Pausen, beim Kantinenessen, in der Freizeit. Diese Äußerungsformen bewirken meist wenig, sind individuell aufgesplittert, ja sie stützen auf gewisse Art deshalb den Status quo, weil sie Ventilfunktion haben und damit Emotionen ableiten helfen.

Wenn Beratung etwas mit der Erstellung neuer *leitender Systemdifferenzen* zu tun hat, wenn Management in Teilen auch als *Selbstberatung* verstanden werden muß, so folgt daraus, daß neue Organisationsformen zur Ermöglichung dieser Tätigkeit unabdingbar sind. Systemdifferenzen werden im Inneren nur wirksam, wenn sie auf organisatorischem Fundament stehen. Selbstreflexion ist nur dann kein beliebiger Luxus, wenn sie *organisatorisch* in die bestehende Organisation *eingebaut* ist. Ansonsten verkommt sie eben zum müßigen individuellen Gedankenspiel oder zur informellen Begleitmusik des Bestehenden. Wenn noch dazu der Belastungsdruck der Konsequenzen wirtschaftlicher Eigenlogik steigt, wird man für Selbstreflexion wenig Spielraum haben; man will dann auch gar nicht mehr nachdenken, weil dies nur das „unglückliche Bewußtsein" verstärkt.

Zusammenfassend: Organisationsentwicklung und -veränderung ist selbst Sache einer Einrichtung alternativer Organisationselemente; nur über sie ist Veränderung möglich, direkte Eingriffe müssen scheitern. Beratung ist als Übungs- und Beispielsfeld, sich hier das nötige Know-how zu verschaffen, anzusprechen (siehe dazu eingehender den Beitrag „Beratung als Projekt" von Heintel und Krainz in diesem Buch).

Das bereits besprochene Management der unterschiedlichen Eigenlogiken und ihrer Widersprüche wird in der Organisationsform Hierarchie wahrscheinlich nicht mehr möglich sein. Diese ist nämlich die Organisationsform der widerspruchsfreien Logik und der zu vermeidenden Widersprüche (s. Schwarz 1987). Auch wenn wir auf Hierarchien nicht verzichten können und sie für technisch-praktische Abläufe auch durchaus funktional sind, bedeutet modernes Management Berücksichtigung dialektischer Vorgänge und Prozesse. Dazu bedarf es aber anderer Organisations- und Kommunikationsformen. Diese sind in unserem Kulturkreis unterentwickelt. Es gehörte m. E. zur Beraterausbildung, diesbezüglich zu erfinden, zu erproben, zu experimentieren.

3.2 Balanceautorität

In all unseren Systemen, Organisationen mehren sich die Widersprüche. Von dieser Entwicklung sind auch die „rationalsten" zielbestimmten Unternehmen nicht ausgenommen. Nun wären Widersprüche nicht so „schlimm", wenn wir sie nach altem Muster lösen könnten. Dem ausschließlich logischen Denken und Verfahren sind Widersprüche ein Greuel; sie sind zu eliminieren. Es geht darum, wer recht hat, was richtig ist, wer unrecht hat, was falsch ist. Führen solche Widersprüche zu Konflikten, wird weniger nach deren zentralen Ursachen gefragt – in den Vordergrund drängt sich sogleich die Frage nach der Schuld. Es ist auffällig und nicht ohne Pikanterie, daß in unserem Denken der „widerspruchsfreien" Logik auf emotionaler Seite das Schuldzuweisen entspricht. Für all dies stellt die hierarchische Struktur die „ideale" Organisationsform zur Verfügung: Treten auf gleicher Ebene Widersprüche oder Konflikte auf, die in ihr nicht lösbar sind, gibt es jeweils eine höhere Instanz (den Richter, Schiedsrichter, Vorgesetzten), der per Amt und Position zu entscheiden hat, was wahr ist und wer recht hat. Die jeweils oberste Position ist im Besitz der „Letztwahrheit", die sie meist von außerhalb (durch Eingebung, von Gottes Gnaden) bezieht.

Diese Art der Widerspruchsregelung funktioniert unter zwei Voraussetzungen: Erstens muß das System vergleichsweise übersichtlich sein, so daß der jeweils Obere durch Kommunikations- und Informationsmonopolisierung tatsächlich so einigermaßen weiß, worum es geht. Zweitens muß das System selbst über genügend Macht verfügen, seine Entscheidungen auch durchsetzen zu können. Beide Bedingungen sind heute nicht mehr gegeben. Die wachsende Komplexität führt zur Dependenzumkehr (Kompetenz findet sich oft bei „Untergebenen") und damit zum Machtverlust hierarchischer Positionen. Widersprüche bleiben ungelöst und können nicht wie früher eliminiert werden. „Roma locuta, causa finita", lautete der Schlußsatz des klassisch-hierarchischen Wahrheitsfeststellungsverfahrens. Heute bemerkt man zweierlei: Wenn Autoritäten „Wahrheiten" ausgeben, so ist dies sehr oft erst der Beginn heftiger und widersprüchlicher Diskussionen; oder man droht, durch Berücksichtigung und Durchführung derselben („Dienst nach Vorschrift") diese ad absurdum zu führen.

Hinzu kommt die Einsicht, daß es gar nicht mehr effizient und daher auch nicht sinnvoll ist, Widersprüche nach logischem Muster zu lösen. Es geht nicht mehr darum, wer recht hat, sondern eher darum, wie man unterschiedliche Positionen, Perspektiven, Ansichten (Wahrheiten), die *alle ihre* Berechtigung haben, koordiniert, aufeinander beziehbar macht und Lösungen findet, in denen sie ihren Platz haben. (Den bekannten Dauerkonflikt zwischen Produktion und Verkauf logisch-hierarchisch zu lösen, ist längst erkannter Unsinn.)

Alle *substantiellen* Widersprüche haben aporetischen Charakter (d. h., sie sind nie endgültig nach wahr oder falsch zu entscheiden, daher jeweils nur prozessual lösbar) und genügen daher der dialektischen Logik. Ihre Struktur lautet „gegen" die formale Logik: Es gibt mindestens zwei einander widersprechende Aussagen (Interessen), beide sind wahr (berechtigt), beide sind voneinander abhängig. Hier zu Lösungen zu kommen, bedarf eines besonderen *Konsensmanagements* (s. Schwarz 1990).

Ein Beratungsprojekt soll sich für die *ganze* Organisation interessieren und der vermischten „Gemengelage" von Interessen, Widersprüchen etc. gerecht zu werden versuchen. Manchmal ist nämlich ein bisher schwach vertretener Widerspruch für ein System (über)lebenswichtiger als die etablierten Ansichten und Mächte. Deshalb ist es wichtig, zwischen den vorhandenen Widersprüchen eine Balance herzustellen. Manchmal werden damit erst Facetten sichtbar, die man vorher gar nicht zu bemerken gewillt war. Wenn man nämlich im „mainstream" mitschwimmt, wird das Wahrnehmungsvermögen selektiv beeinträchtigt; „Gegenströmungen" und „Wirbel" werden oft gar nicht bemerkt. Balancen herzustellen – dies klingt leichter, als es machbar ist. Denn erstens muß man sich oft mit den mächtigsten Positionen anlegen, zweitens bedarf es geschickter Designs und drittens sind die Menschen (stammesgeschichtlich bedingt) an Widersprüchen und Konflikten und den daraus folgenden oft mühsamen Prozessen des Aushandelns emotional nicht sehr interessiert. Balance heißt natürlich nicht, nichts lösen. Damit man aber zu optimalen Lösungen kommt, muß vorher die Verhältnismäßigkeit hergestellt werden. Eigentlich geht es um die Anerkennung des Gleichberechtigtseins von widersprüchlichen Seiten und von Unterschieden, d. h. wiederum um eine partielle Aufhebung von Hierarchie. Hier wird von Beraterteams einiges verlangt. Da sich Klientensysteme im allgemeinen gegen diese Sichtweise von Widersprüchen und Konflikten zur Wehr setzen, bedarf es der Vorbereitung und Hinführung. Gute Erfahrung habe ich hier mit einer theoretischen Einleitung gemacht, mit Rollenspielen, die noch nicht die Organisation selbst betreffen, und mit dem darauffolgenden Sammeln von aporetischen Widersprüchen im eigenen Unternehmen. Dieser Weg stellt aber auch eine große Entlastung dar: Man muß nicht mehr unbedingt *recht* haben wollen, seine

Position aber auch nicht verleugnen. Dies führt zu einem *freieren* und gelasseneren Umgang mit Konflikten.

Auch der Beratungsprozeß selbst steckt voller Widersprüche, die der Balanceautorität bedürfen – hier einige: Analyse und Komplexitätserweiterung versus Reduktion und Simplifizierung, Entscheidungs- bzw. Lösungsaufschub versus Entscheidungsdruck, „Zeitverzögerung" (Innehalten) versus Zeitdruck, analytische „Zerteilung" versus Ganzes, Kritik und Negation versus Identifikation (Aufrechterhalten des positiven Sinns), Feedback und Selbstreflexion versus Aktion, Berücksichtigung der Emotionalität versus Formalisierung, Steuerungsautorität versus Selbststeuerung usw. M.E. müssen alle diese Widersprüche im Beratungsprozeß ständig im Auge behalten werden. Balance heißt aber nicht, daß alles in Schwebe zu halten ist. Im Gegenteil: Man muß sich immer einmal mehr für die eine oder andere Seite entscheiden; es ist aber wichtig, dabei jeweils die andere nicht zu vergessen.

3.3 Prozeßautorität

Damit dies möglich ist, bedarf es der Prozeßautorität. Hier erreichen wir abschließend die letzte eigentümliche Dialektik. Prozeßautorität heißt nämlich nicht Autorität über den Prozeß – oder besser: Prozeßautorität ist man dann, wenn der Prozeß Autorität ist. Hier ist sozusagen die Spitze der Beratungskunst erreicht, hier schlägt das „aktive" Können in Lassen, Hinhören, Begleiten um. Es ist nämlich zu beobachten, daß Prozesse sich im allgemeinen ganz gut selbst steuern, oft nur geringer Anstöße, Bündelungen bzw. innehaltender Selbstreflexionen bedürfen. Hier kann aktives, zielorientiertes Beraten viel stören.

Die Aufgabe einer Beratung in der von mir vorgeschlagenen Art besteht eher im Initiieren der Prozesse (d. h. Lockerung von systembedingten Blockaden durch Designs und Einführung neuer Organisationselemente), im Schützen derselben vor Zugriffen des Systems und der Ungeduld der Teilnehmer und Akteure sowie im Begleiten und Erfassen ihrer Stadien, Verdichtungen, aber auch Sackgassen und Festgefahrenheiten. Systeme fordern oft Ablaufpläne, exakt nachvollziehbare Designs – das ist ihr gutes Recht. Genauso ist es wichtig, in Beratungsprojekten fixe Meilensteine zu setzen und diese auch einzuhalten, egal, was gerade der Stand der Beratung ist. Das Recht des Beraters ist es aber immer, auch darauf hinzuweisen, daß alles auch ganz anders kommen kann. Diese Voraussicht schafft nicht gerade Sicherheit und hat daher dosiert vorgetragen zu werden, sie entspricht aber m. E. der Realität. Man kann nun als Berater fest und treu an einmal beschlossenen Abläufen festhalten, man verliert aber dabei leicht die Autorität über den Prozeß: Man spult sein Design ab, der Prozeß geschieht aber anderswo.

Lassen heißt aber nicht passiv tatenlos danebensitzen – schließlich ist es wichtig, Struktur-und Balanceautorität ausüben zu können. Wie ist nun diese Dialektik zwischen Lassen und Tun zu lösen? Ich sehe nur eine Möglichkeit: Immer wieder ausreichende Pausen und intensive Staffgespräche im Beratersystem. Pausen ermöglichen Selbstreflexion, Austausch und neue Weichenstellungen. Eigentlich muß man immer am Prozeß dranbleiben, und dies erreicht man, indem man einerseits mitlebt, mitschwingt, selbst ein Teil ist, zum anderen, indem man innehält und über ihn nachdenkt und gemeinsam Sichtweisen bespricht. Erst danach sind wieder neue Schritte zu setzen, dem Stand des Prozesses entsprechend, und nicht solche, die einst einmal beschlossen wurden.

Um hier in dieser Weise *situativ* tätig sein zu können, bedarf es wiederum einiger Voraussetzungen: Man muß sich auf Offenheiten einlassen können (sich vor ihnen nicht oder nur wenig fürchten) und Vertrauen in Selbststeuerung haben. Man sollte über ein Arsenal möglicher Settings und Designs verfügen, das jederzeit abrufbar ist (hierzu gehört auch ein Bündel „guter Fragen"), und sich nicht scheuen, sich „neue" einfallen zu lassen (Arrangementphantasie). Schließlich muß man sich auf Staffgespräche einstellen und sie „suchen". Dies kann manchmal mühsam sein.

4. Schlußbemerkung

In diesem Beitrag ging es mir darum, den Hintergrund des Lernfeldes Organisationsberatung ein wenig auszuleuchten. Ohne ein solches, sicher noch weiter zu entfaltendes und zu differenzierendes Hintergrundswissen läßt sich kaum fundierter über Beratungslernen sprechen. Wie wir bemerken konnten, geht es aber nicht bloß um Wissen, sondern auch um Verhalten und Kompetenz. Dies bedeutet Lernen auf qualitativ völlig unterschiedlichen Ebenen und es geht schließlich, um die Komplexität noch deutlicher zu machen, zwar um ein Lernen von *Individuen* – einzelne müssen sich kompetent machen – zugleich aber, dem Gegenstand Organisation entsprechend, um dessen ständige „Aufhebung" in Teams, Projekten, eben *kollektiven Lernprozessen*. Unser Verein ist eben dabei, eine Ausbildungsordnung für das Berufsbild Organisationsberater zu erstellen. Soweit ich sehe, wurde den unterschiedlichen Lernebenen durch die verschiedenen Module gut entsprochen (Theorieseminare, Gruppendynamik, Organisationsprojekte etc.). Darum allein aber kann es nicht gehen. Was mir nämlich für Lernende und Lehrende noch wichtiger erscheint, ist die *Existenz* eines Vereins dieser Art, der ständig Professionalisierung im Auge behält, der nicht bloß „neue" Mitglieder ausbildet, sondern auch für alle „alten" Heimat und kritische Instanz ist. Für die Organisation des Vereins heißt dies nicht mehr und nicht weniger, als daß sie selbst sich als „lernende" Organisation verstehen, aber auch als solche strukturieren muß. Sie muß ein Ort sein, wo die Erfahrungen „draußen" gebündelt und diskutiert werden können, wo man gemeinsam Maßstäbe und Standards entwickelt, wo man nachfragen kann, neugierig sein darf, wo man Unsicherheiten zugeben und offene Probleme besprechen kann. Dafür müssen Zeiten, Orte, Gelegenheiten geschaffen werden. So kann der Verein an seiner Organisation selbst erproben und „beweisen", was er durch seine Vertreter „draußen" repräsentieren will.

Literatur

BUCHINGER, K.: Gruppendynamische Arbeit im Bereich öffentl. Verwaltung. In: Zeitschrift für Gruppendynamik, 1/1988, S. 29–45.

CLAESSENS, D.: Das Konkrete und das Abstrakte. Soziologische Skizzen zur Anthropologie. Frankfurt/Main 1980.

EXNER, A.: Unternehmensidentität. In: Königswieser, R./Lutz, Ch. (Hrsg.): Das systemisch-evolutionäre Management. Wien 1990, S. 195–207.

HEINTEL, P.: Organisationstheoretische Aspekte. In: Zukunftswerkstatt Genossenschaft. Wien 1988.

HEINTEL, P./KRAINZ, E. E.: Gruppendynamische Arbeit im Bereich öffentlicher Verwaltung. In: Zeitschrift für Gruppendynamik, 1/1988, S. 3–6.

HEINTEL, P./KRAINZ, E. E.: Projektmanagement. Eine Antwort auf die Hierarchiekrise? (2. Aufl.), Wiesbaden 1990.

HEINTEL, P./KRAINZ, E. E.: Die Rückseite der Vernunft. Das Unbewußte und Irrationale im Unternehmen. In: Hernsteiner 1/1989, S. 4–7.

HEINTEL, P.: Hierarchiekrise und Projektorganisation. Unveröff. Manuskript, 1989.

JARMAI, J.: Wahrnehmung – Verantwortung – Führung. In: Königswieser, R./Lutz, Ch.: Das systemisch-evolutionäre Management. Wien 1990, S. 262–270.

KASPER, H.: Organisationskultur. Über den Stand der Forschung. Wien 1987.

KRAINZ, E. E.: Alter Wein in neuen Schläuchen? Zum Verhältnis von Gruppendynamik und Systemtheorie. In: Gruppendynamik: 1/1991, S. 29–44.

LUHMANN, N.: Ökologische Kommunikation. Opladen 1986.

PESENDORFER, B.: Organisationsdynamik. In: IBM-Management-Symposium, Wien 1983.

PIETSCHMANN, H.: Die Wahrheit liegt nicht in der Mitte. Von der Öffnung des naturwissenschaftlichen Denkens. Stuttgart/Wien 1990.

RIECKMANN, H./WEISSENGRUBER, P.: Managing the unmanageable? Oder: Lassen sich komplexe Systeme überhaupt noch steuern? Offenes Systemmanagement mit dem OSTO-System-Ansatz. Klagenfurt 1989.

RIECKMANN, H.: Organisationsentwicklung. Von der Euphorie zu den Grenzen. In: Sattelberger, T. (Hrsg.): Die lernende Organisation. Wiesbaden 1991, S. 125–144.

SCHWARZ, G.: Konfliktmanagement. Sechs Grundmodelle der Konfliktlösung. Wiesbaden 1990.

SCHWARZ, G.: Die heilige Ordnung der Männer. (2. Aufl.) Opladen 1987.

STOLLBERG-RILINGER, B.: Der Staat als Maschine. Zur politischen Metaphorik des absoluten Fürstenstaats. Berlin 1986.

WILLKE, H.: Systemtheorie entwickelter Gesellschaften. Dynamik und Riskanz moderner gesellschaftlicher Selbstorganisation. Weinheim/New York 1989.

WIMMER, R.: Das Herstellen einer tragfähigen Arbeitsbeziehung zwischen Berater- und Klientensystem. Ein Grundproblem systemischer Organisationsberatung. In: Zeitschrift für systemische Therapie, 4/1988

WIMMER, R.: Die Steuerung komplexer Organisation. Ein Reformulierungsversuch der Führungsproblematik aus systemischer Sicht. In: Sandner, K. (Hrsg.): Politische Prozesse in Unternehmen. Berlin/Heidelberg 1989.

WIMMER, R.: Wozu noch Gruppendynamik? Eine systemtheoretische Reflexion gruppendynamischer Arbeit. In: Gruppendynamik, 1/1990, S. 5–28.

WIMMER, R.: Organisationsberatung – Eine Wachstumsbranche ohne professionelles Selbstverständnis. In: Hofmann, M. (Hrsg.): Theorie und Praxis der Unternehmensberatung. Bestandsaufnahme und Entwicklungsperspektiven. Heidelberg 1991.

WIMMER, R.: Zur Eigendynamik komplexer Organisationen. Sind Unternehmungen mit hoher Eigenkomplexität noch steuerbar? In: Fatzer, G. (Hrsg.): Organisationsentwicklung für die Zukunft – Ein Handbuch. Köln 1992.

Die Autoren

FRANK BOOS, Dr., geschäftsführender Gesellschafter der Beratergruppe Neuwaldegg, Mitglied der Forschergruppe Neuwaldegg; A-1170 Wien, Dornbacher Straße 63.

KURT BUCHINGER, Dr., Univ.-Doz. an der Universitätsklinik für Tiefenpsychologie und Psychotherapie, A-1090 Wien, Währinger Gürtel 18–20.

VERONIKA DALHEIMER, Dr., Psychoanalytikerin, freiberufliche Trainerin und Organisationsberaterin, Geschäftsführerin der Österreichischen Gesellschaft für Gruppendynamik und Organisationsberatung (ÖGGO); A-1030 Wien, Landstraßer Hauptstraße 6/20.

GERHARD FATZER, Dr., Gastprofessor für Organisationsentwicklung an der Gesamthochschule Kassel, freiberuflicher Trainer und Berater von OE-Projekten; CH-8627 Grüningen, Zelgmatt 16.

PETER FÜRSTENAU, Dr., Honorarprofessor für Psychoanalyse und Soziologie im Fachbereich Humanmedizin der Universität Gießen, Leiter des Instituts für angewandte Psychoanalyse Düsseldorf, Unternehmensberater und Familientherapeut; D-40235 Düsseldorf, Grafenberger Allee 365.

RALPH GROSSMANN, Dr., Leiter der Abteilung Gesundheit und Organisationsentwicklung am Institut für interdisziplinäre Forschung und Fortbildung; Mitglied des Vorstandes der ÖGGO; A-1070 Wien, Siebensterngasse 42/10.

PETER HEINTEL, Dr., Univ.-Prof. am Institut für Philosophie und Gruppendynamik sowie am Institut für interdisziplinäre Forschung und Fortbildung an der Universität für Bildungswissenschaften in Klagenfurt, A-9010 Klagenfurt, Sterneckstraße 15.

BARBARA HEITGER, Dr., geschäftsführende Gesellschafterin der Beratergruppe Neuwaldegg, Mitglied der Forschergruppe Neuwaldegg, A-1170 Wien, Dornbacherstraße 63.

GUNNAR HJELHOLT, Prof. Dr., international tätiger Trainer und Organisationsberater; DK-9690 Fjerriztslev, Ellidsbolvej 37, Dänemark.

MARIN IGNATOV, Dr., Univ.-Prof. am Institut für Psychologie, Bulgarian Academy of Science, Nadeshda – po. Box 98, BG-1220 Sofia.

ALFRED JANES, Dr., Arbeitswissenschaftler, geschäftsführender Gesellschafter von Conecta-Managementberatung; A-1190 Wien, Sieveringerstraße 36.

EWALD E. KRAINZ, Dr., Ass.-Prof. am Institut für Philosophie und Gruppendynamik der Universität für Bildungswissenschaften Klagenfurt, Vorsitzender der Österreichischen Gesellschaft für Gruppendynamik und Organisationsberatung; A-9020 Klagenfurt, Universitätsstraße 65–67.

WOLFGANG LOOSS, Dr., freiberuflicher Trainer und Organisationsberater, Mitglied der Beratungssozietät für Organisations- und Personalentwicklung „Lanzenberger-Dr. Looss-Stadelmann", D-64285 Darmstadt, Bessunger Straße 30–32.

JÜRGEN, M. PELIKAN, Dr., Univ.-Prof. für Soziologie an der Universität Wien, Leiter des Ludwig Bolzmann Institutes für Medizin- und Gesundheitssoziologie, A-1060 Wien, Stumpergasse 56.

HERBERT SCHOBER, Mag., Betriebswirt, geschäftsführender Gesellschafter von Conecta-Managementberatung, Mitglied des Vorstandes der ÖGGO; A-1190 Wien, Sieveringerstraße 36.

RICHARD TIMEL, Eignungsdiagnostiker, Trainer und Organisationsberater, Geschäftsführer der Firma OSB, Organisationsberatung GesmbH, A-1080 Wien, Josefstädter Straße 27/12.

WOLFGANG WEBER, Dr., Geschäftsführer von Alcatel/Austria-ELIN Forschungszentrum GesmbH; A-1210 Wien, Ruthnergasse 1–7.

HELMUT WILLKE, Dr., Univ.-Prof. für Soziologie an der Universität Bielefeld, D-33501 Bielefeld, Postfach 10 01 31.

RUDOLF WIMMER, Dr., Univ.-Doz. für Gruppendynamik und Organisationsentwicklung, Geschäftsführer der Firma OSB, Organisationsberatung GesmbH, A-1090 Wien, Josefstädter Straße 27/12.

ALFRED ZAUNER, Dr., Univ.-Doz. für Verwaltungswissenschaften an der Wirtschaftsuniversität Wien, A-1090 Wien, Augasse 2–6.

Weitere Management-Literatur

Weitere Management-Literatur

Attila Oess
Total Quality Management
Die ganzheitliche Qualitätsstrategie
348 Seiten, 84,– DM

Jagdish Parikh
Managing Your Self
Streßfrei und gelassen auf
dem Weg zu Spitzenleistungen
240 Seiten, 78,– DM

Ute von Reibnitz
Szenariotechnik
Instrumente für die unter-
nehmerische und persönliche
Erfolgsplanung
280 Seiten, 148,– DM

Friedrich Reutner
Die Strategie-Tagung
Strategische Ziele systematisch
erarbeiten und Maßnahmen
festlegen
328 Seiten, 148,– DM

Horst Rückle
Mit Visionen an die Spitze
Zukunftsorientiert denken, handeln
und führen
256 Seiten, 68,– DM

Balz Ryf
Die atomisierte Organisation
Ein Konzept zur Ausschöpfung
von Humanpotential
268 Seiten, 78,– DM

Thomas Sattelberger (Hrsg.)
Die lernende Organisation
Konzepte für eine neue Qualität
der Unternehmensentwicklung
274 Seiten, 89,– DM

Dana Schuppert (Hrsg.)
Kompetenz zur Führung
Was Führungspersönlichkeiten
auszeichnet
248 Seiten, 68,– DM

Dana Schuppert / André Papmehl /
Ian Walsh (Hrsg.)
Interkulturelles Management
Abschied von der Provinzialität
236 Seiten, 78,– DM

Gerhard Schwarz
Konfliktmanagement
Sechs Grundmodelle
der Konfliktlösung
191 Seiten, 68,– DM

Georg Turnheim
Chaos und Management
328 Seiten, 98,– DM

Zu beziehen über den Buchhandel
oder den Verlag.

Stand der Angaben und Preise:
1.12.1994
Änderungen vorbehalten.

GABLER

BETRIEBSWIRTSCHAFTLICHER VERLAG DR. TH. GABLER, TAUNUSSTRASSE 52-54, 65183 WIESBADEN